Aufgaben als Katalysatoren von Lernprozessen

Waxmann Verlag GmbH
Steinfurter Straße 555, 48159 Münster
info@waxmann.com

Josef Thonhauser (Hrsg.)

Aufgaben als Katalysatoren von Lernprozessen

Eine zentrale Komponente organisierten Lehrens
und Lernens aus der Sicht von Lernforschung,
Allgemeiner Didaktik und Fachdidaktik

Waxmann 2008
Münster / New York / München / Berlin

Bibliografische Informationen der Deutschen Nationalbibliothek
Die Deutsche Nationalbibliothek verzeichnet diese Publikation in
der Deutschen Nationalbibliografie; detaillierte bibliografische Daten
sind im Internet über http://dnb.d-nb.de abrufbar.

ISBN 978-3-8309-1914-8

© Waxmann Verlag GmbH, 2008
Postfach 8603, 48046 Münster

www.waxmann.com
info@waxmann.com

Umschlaggestaltung: Christian Averbeck, Münster
Satz: Jörg Sams; Stoddart Satz- und Layoutservice
Druck: Hubert & Co., Göttingen

Gedruckt auf alterungsbeständigem Papier,
säurefrei gemäß ISO 9706

Inhalt

Teil 5 – Die Bedeutung von Aufgaben in der Aus- und Fortbildung der Lehrer/innen

Teil 6 – Die Bedeutung von Aufgaben für evaluative Maßnahmen im Bildungswesen

Josef Thonhauser, Salzburg (Herausgeber)

Vorwort

Mit den in diesem Band versammelten Beiträgen, so beanspruchen wir, wird in Summe ein Thema, das bisher trotz des mit ihm angesprochenen didaktischen Potenzials weder in der einschlägigen Forschung noch in der Praxis genügend beachtet wurde, von vielen Seiten beleuchtet. Damit sollen sowohl vielfältige theoretische Implikationen erhellt als auch praktisch relevante Hinweise geliefert werden, wo sich ein Hebel befindet, mit dem im schulisch organisierten Lernen mit großer Wahrscheinlichkeit eine beträchtliche, gewünschte Wirkung erzielt werden kann. Den Entscheidungsträgern in der Bildungspolitik sollte damit vor Augen geführt werden, dass die (notwendige, wenn auch längst nicht immer fruchtbringend geführte) Debatte um Strukturreformen – verpflichtendes Vorschuljahr, Senkung der Klassenschülerhöchstzahlen, gesamtschulartige Organisation der Sekundarstufe I, Vorbereitung auf pädagogische Berufe an einer tertiären Ausbildungsstätte mit entsprechenden Differenzierungen innerhalb eines umfassenden organisatorischen Rahmens, Änderungen im Dienstrecht der Lehrer/innen etc. – um die vielschichtige Frage ergänzt werden sollte, auf welchem Wege das Kerngeschäft der Schule, nämlich der Unterricht, den Ertrag hinsichtlich sowohl seiner objektiven als auch von den Lernenden subjektiv wahrgenommenen Bedeutsamkeit, seiner Effizienz und seiner Nachhaltigkeit zu steigern vermag.

Zur Struktur des vorliegenden Bandes

Die insgesamt 17 Beiträge des vorliegenden Bandes behandeln jeweils einen eigenen Schwerpunkt. Sie sind sechs thematischen Bereichen zugeordnet.

Der Herausgeber geht in seiner Einführung der Frage nach, wie das (neue) Interesse am Thema *Aufgaben* theoretisch, praktisch und bildungspolitisch begründet ist bzw. begründet werden könnte.

In der *Grundlegung* weisen **Andreas Müller und Andreas Helmke, Landau,** die Qualität von Aufgaben als Merkmale der *Unterrichtsqualität* aus. **Tina Hascher und Franz Hofmann, Salzburg,** argumentieren in ihrem Beitrag für die Bedeutung von Aufgaben für *Adaptives Lernen.* Der Frage nach einer *lernrelevanten Anordnung* der Aufgaben geht **Hermann Astleitner, Salzburg,** nach.

Drei Beiträge beschäftigen sich speziell mit *Funktionen von Aufgaben.* **Georg Hans Neuweg, Linz,** tut dies im Lichte des *tacit knowing view.* Der Abhängigkeit der *Lernwirksamkeit* von bestimmten Aufgabenmerkmalen einerseits, des *Feedbacks* andererseits widmet sich **Bernhard Jacobs, Saarbrücken.** Mit der ihm eigenen Sensibilität für die Individuallagen der Lernenden beschreibt **Felix Winter, Zürich,** wie mithilfe von Aufgaben *Lernen zu sondieren* ist.

Vier Beiträge untersuchen die Bedeutung von Aufgaben unter fachdidaktischen Aspekten. Nicht zufällig gehört die Mehrzahl ihrer Autoren der Universität Kassel an, wo ein umfangreiches, von der DFG unterstütztes Projekt betrieben wird. **Werner Blum, Kassel, und Karl Josef Fuchs, Salzburg,** beschreiben, mit welchen Aufgaben *selbständiges Lernen im Mathematikunterricht* gefördert werden kann; **Claudia Finkbeiner und Markus Knierim, Kassel,** beantworten die gleiche Frage für den *Englischunterricht*. **Detlev Leutner, Essen,** und seine Mitarbeiterin bzw. seine Mitarbeiter **Hans E. Fischer, Alexander Kauertz, Nina Schabram und Jens Fleischer** wählen einen *instruktionspsychologischen Aspekt* für kritische Betrachtungen der Qualität von Lernaufgaben und Testaufgaben im Physikunterricht. Für **Lutz Stäudel und Rita Wodzinski, Kassel,** sind der *naturwissenschaftliche Unterricht* im Allgemeinen und der *Chemieunterricht* im Besonderen der Kontext ihrer Analysen.

Mit der *Bedeutung von Aufgaben in der Aus- und Fortbildung der Lehrer/innen* befassen sich **Konrad Krainer und Thomas Stern, Klagenfurt bzw. Wien,** – insbesondere mit Bezug auf das aufwändige und langfristige, nicht zuletzt von den (enttäuschenden) PISA-Ergebnissen ausgelöste IMST-Projekt[11]. Wie wichtig die Qualität von (Lern-)Aufgaben gerade für die pädagogische Betreuung von Lehrergruppen ist, die bisher wenig bildungspolitische Aufmerksamkeit erreichen konnten, zeigen **Ilsedore Wieser und Maria Schaffenrath, Innsbruck,** anhand von sehr konkret beschriebenen *Professionalisierungsversuchen von Berufsschullehrer/innen.* **Karl-Heinz Flechsig, Göttingen,** bricht in seinem Beitrag – nicht zuletzt aufgrund eigener biographischer Erfahrungen – wohlbegründet eine Lanze *für komplexe Lernaufgaben.*

Schließlich geht es im letzten Teil des Bandes noch um die *Bedeutung von Aufgaben für evaluative Maßnahmen im Bildungswesen.* **Rolf Dubs, St. Gallen,** zeigt auf, welche Ausprägungen die Qualitätsmerkmale von Aufgaben haben sollen, damit diese – z.B. im Rahmen einer internen Evaluation von Schulen – für *Benchmarking* herangezogen werden dürfen. Mit Blick genau auf solche Merkmale untersucht **Ferdinand Eder, Salzburg,** die Tauglichkeit von *Aufgaben aus TIMSS und PISA* für evaluative Zwecke. **Werner Specht und Harald Freudenthaler, Graz,** gehen schließlich der Frage nach, ob die Qualität der Aufgaben für die *Akzeptanz durch die Lehrkräfte,* die im Rahmen eines Standardsprojekts mit ihnen arbeiten sollen, eine entscheidende Rolle spielt.

---

1   In Klagenfurt wurde unter dem Titel IMST (= Innovations in Mathematics, Science and Technology Teaching) 1998 eine Initiative zur Weiterentwicklung des Mathematik-, Naturwissenschafts- und Informatikunterrichts in Österreich gestartet. Das international beachtete und evaluierte Projekt befindet sich bereits in seiner 4. Phase (IMST3 Plus).

Dank

Den Autorinnen und Autoren, die sich über ihre Beiträge hinaus aktiv an den Inhalt und Struktur des Bandes betreffenden Überlegungen des Herausgebers kollegial beteiligt haben, sei an dieser Stelle für ihre Arbeit herzlich gedankt. Viele, hier nicht namentlich erwähnte Helferinnen und Helfer, die sich als kritische Freunde oder in anderer Funktion für die Beiträge oder das Produkt als Ganzes verdient gemacht haben, mögen sich hier ebenfalls angesprochen fühlen. Meinem ehemaligen Mitarbeiter Mag. Jörg Sams danke ich dafür, dass er es wiederum übernommen hat, in bereits mehrfach bewährter Weise für die aufwändige und ansprechende Gestaltung der Druckvorlagen zu sorgen. Und last but not least danke ich der Geschäftsführerin des Waxmann Verlages, Frau Dr. Ursula Heckel, für die gute Zusammenarbeit und die – sowohl unter sachlichen als auch unter persönlichen Aspekten betrachtet – umsichtige Betreuung unseres Projektes.

Salzburg, im Sommer 2007

Josef Thonhauser

Teil 1

Einführung

Josef Thonhauser, Salzburg

Warum (neues) Interesse am Thema ‚Aufgaben'?

Wer in einschlägigen Publikationsorganen recherchiert, wird feststellen, dass *Aufgaben als spezifische unterrichtliche Maßnahmen bzw. zur Evaluation des Unterrichtsertrags* in letzter Zeit mit zunehmender Intensität Beachtung finden. Das Thema ist allerdings nicht prinzipiell neu. Zumindest implizit ist es schon lange präsent: in Zusammenhang mit kognitiver Aktivierung[1], mit Innerer Differenzierung (z.B. Herber) und Adaptivem Unterricht (z.B. Snow) ebenso wie mit Offenem Unterricht (z.B. Peschel), mit Intelligentem Üben (z.B. Meyer) oder der für nachhaltige Motivation so bedeutsamen self efficacy (z.B. Bandura oder De Charms). Neu sind einige Kontexte bzw. spezielle Perspektiven, unter denen das Thema abgehandelt wird.

Allein zum Thema *Lernaufgaben im Rahmen schulischen Lernens* verzeichnet Google derzeit an die 800 Einträge. Sie beziehen sich erwartungsgemäß auf Beiträge der unterschiedlichsten Art. Da ist es naturgemäß schwer, einen roten Faden oder eine Struktur zu finden, welche diese heterogene Materie in eine übersichtliche Ordnung bringt. Das aber ist wichtig, wenn zum Thema *Aufgaben* Erkenntnisfortschritte für die scientific community einerseits und ihre in der Praxis tätige Klientel andererseits aufbereitet und nutzbar gemacht werden sollen. Der vorliegende Band will dazu einen Beitrag leisten.

1. Vor Aufgaben bestehen: Prüfungen

Im Zusammenhang mit schulisch organisiertem Lernen werden *Aufgaben* von Beteiligten und Betroffenen einerseits mit *Lernkontrollen* und *Prüfungen* assoziiert, andererseits mit *Übungen*, die nicht zuletzt auf Prüfungen vorbereiten sollen. Mit Aufgaben werden im Rahmen mündlicher, schriftlicher, gestalterischer oder praktischer Leistungsfeststellungen die jeweiligen Anforderungen operationalisiert. Wegen der großen Bedeutung dieser Prozeduren für Schulkarrieren und damit für Lebenschancen wird den kontrollierbaren Rahmenbedingungen der Aufgaben von Schuljuristen ein erhebliches Aufgabenmerk geschenkt.[2] Die jeweils zulässige An-

---

1   So heißt es beispielsweise in einem Bericht über das vom MPI Berlin betreuten Projekts COAKTIV: „Ein weiteres wichtiges Qualitätsmerkmal (sc. des Mathematikunterrichts) stellt die kognitive Aktivierung der Lernenden dar. Nur wenn Lernende im Unterricht ihren individuellen Voraussetzungen entsprechend zu selbständigen Denk- und Problemlöseprozessen angeregt werden, ist davon auszugehen, dass aktives, konstruktives Lernen möglich ist." (www.mpib-berlin.mpg.de/coactiv).

2   Im Folgenden beziehe ich mich exemplarisch auf die in Österreich geltenden gesetzlichen Bestimmungen (Schulunterrichtsgesetz § 18 und die Verordnungen, auf die dort verwiesen wird).

zahl der Aufgaben, das Zeitlimit, die Ankündigungspflicht, die Rückmeldepflicht, die Verträglichkeit mit anderen Leistungsfeststellungen oder mit der Abfolge von Unterrichtstagen müssen von Lehrerinnen und Lehrern streng beachtet werden, wollen sie – bei für die Schüler/innen ungünstigem Verlauf der Prüfung – nicht einen Einspruch riskieren. Was die Qualität der Aufgaben betrifft, sind die Vorgaben weit spärlicher und lange nicht so genau definiert: Aufgaben müssen dem – in der Regel sehr weit interpretierbaren – Lehrplan und dem bis dato erteilten Unterricht entsprechen – und in diesem Sinne *fair* sein; gegebenenfalls sind zwei voneinander unabhängige Aufgaben zu stellen. Hinsichtlich anderer Qualitätsmerkmale vertraut man den professionellen Kompetenzen der Lehrer/innen. Und diese sind im Bereich der pädagogischen Diagnostik, in deren einem Brennpunkt die Aufgaben stehen, nicht besonders stark ausgeprägt, wie ein internationaler Vergleich zeigt (Döbert & Fuchs 2005).

In einem seinerzeit vielbeachteten Buch hatte Dietrich Dörner vorgeschlagen, zwischen *Problemen* und *Aufgaben* zu unterscheiden (Dörner, 1976, 10). Er hat zur Definition drei Komponenten herangezogen: (a) einen unerwünschten Ausgangszustand, (b) einen erwünschten Endzustand (die Lösung) und (c) eine Transformation, durch die der erwünschte Endzustand erreicht werden kann. Bei einer *Aufgabe* sind seiner Definition zufolge die tranformatorischen Operationen bekannt – sie wurden im Unterricht vermittelt und geübt. Bei einem *Problem* ist das nicht der Fall; da müssen sie erst gefunden werden. Unter (implizitem) Bezug auf diese Unterscheidung wird in didaktischer Literatur und normativen Vorgaben für den Unterricht häufig gefordert, dass bei Prüfungen mit selektiven Konsequenzen oder Hausübungen, welche die Schüler/innen ohne unmittelbare Unterstützung durch eine Lehrperson bewältigen können sollen, sensu Dörner nicht Probleme, sondern Aufgaben gestellt werden.

In diesem Beitrag folge ich dieser Unterscheidung nicht, sondern gehe davon aus, dass die Verfügbarkeit transformatorischer Operationen bei den Lernenden jeweils auf einem Kontinuum angesiedelt ist und die Sinnhaftigkeit bzw. Zulässigkeit eines geringeren Bekanntheitsgrades der transformatorischer Operationen von Fall zu Fall zu begründen und unter Berücksichtigung der *Fairness* zu entscheiden ist – ggf. mit der Konsequenz individueller Differenzierungen.

Im Gefolge von TIMSS und PISA, wobei insbesondere Deutschland und Österreich hinter den Erwartungen zurückblieben, hat das Interesse an der Qualität von Aufgaben stark zugenommen. Eine Reihe von Nachfolgeprojekten in Deutschland, Österreich und der Schweiz konzentrieren sich darauf. Die Wichtigsten seien genannt: SINUS, IMST, MARKUS und WALZER, DESI, VERA (siehe Helmke 2005[3], 135ff. und 205ff.), ein interessantes Mittelstufenprojekt in der Schweiz

---

3   Die Standesvertretungen der Lehrerschaft scheinen einer solchen Entwicklung nicht überall ein entsprechendes Verständnis entgegen zu bringen. Das beweist der merkwürdige Vorschlag der österreichischen Lehrergewerkschaft, vor der 2006 durchgeführten PISA-Testung mit jenen Schülerinnen und Schülern, die für den nationalen Test ausgewählt worden waren, mehrere Wochen hindurch formal entsprechende Aufgabentypen zu üben, damit die Ergebnisse besser ausfallen würden (GÖD 2006).

(Moser & Rhyn 1999) und nicht zuletzt die von intensiven Diskussionen und Publikationen begleiteten Projekte, über die man zu *Bildungsstandards* zu gelangen trachtet (z.B. Eder, Gastager & Hofmann 2006; Benner 2007). Obwohl sich der Erfolg dieser Projekte zu einem guten Teil in der Qualität der Aufgaben manifestieren sollte, ergeben erste Analysen (Eder & Thonhauser 2007), dass es auch für engagierte Projektgruppen schwierig ist, die an sie gestellten Ansprüche (vgl. Klieme u.a. 2003, 24f.) zu erfüllen. Immerhin verdient der Ansatz, die möglichen Funktionen von Aufgaben (Operationalisierung von Lernzielen, [als Lernaufgaben] zum Lernen anregen, [als Prüfungsaufgaben] den Lernertrag feststellen) differenziert zu präsentieren, Beachtung, weil damit der Horizont erweitert wird, in dem die didaktische Bedeutung von Aufgaben wahrgenommen werden kann. In der einschlägigen Literatur kündigte sich diese Tendenz bereits seit einiger Zeit an (z.B. Ball u.a. 2003). Sie soll mit dem von uns hiermit vorgelegten Band verstärkt werden.

Aufgaben stehen indes nicht nur – wie es nur einer vordergründigen Annahme entspräche – am Ende von Lehr-/Lernprozessen, sondern, nicht weniger gewichtig, an deren Anfang, indem sie dem Lernen sowohl in inhaltlicher Hinsicht (Was wird gelernt?) als auch in formaler Hinsicht (Auf welchem intellektuellen Niveau und bei welchen emotionalen Ansprüchen wird gelernt?) die Richtung weisen. Wir haben dafür die Metapher der *Katalysatoren von Lernprozessen* gewählt, als welche Aufgaben fungieren.

2. An Aufgaben lernen: Lernaufgaben

Von den Funktionen, die der Schule zugeschrieben werden, erfährt jedenfalls jene der *Qualifikation* eine uneingeschränkte Zustimmung. Sie wird in dem Maße erfüllt, als es gelingt, schulisches Lernen so zu organisieren, dass möglichst alle Schüler/innen zu gleicher Zeit zu nachhaltigem (= *outcome*-orientiertem) Lernen[4] angeregt werden. Praktisch hilft diese – im Grunde einer abstrakten Wenn-dann-Beziehung entsprechende – Aussage allerdings erst dann weiter, wenn die Bedingungen genannt werden können, unter denen heterogene Schülergruppen gleichzeitig *on task* sind (vgl. Hofer, 2003, 240). Das verweist auf den Begriff *Lernen*.

An Definitionen des Begriffs *Lernen* fehlt es nicht. Inwieweit sie befriedigen, bleibe dahingestellt. Die Frage, wie Lernen in Gang kommt, ist oft gestellt worden. Die zahlreichen Versuche, sie zu beantworten, zeigen immerhin, dass die Frage ursprünglich unzulässig einfach formuliert wurde und infolgedessen eine einfache,

---

4   In der einschlägigen Literatur wird – nicht ganz einheitlich – zwischen *output* und *outcome* unterschieden. Mit output werden Lerneffekte bezeichnet, die mehr oder minder unmittelbar nach den speziell dafür organisierten Lernprozessen erhoben werden. Dabei kann es sich auch um sehr kurzfristige Effekte handeln (extrem: bei teaching bzw. learning to the tests). Outcome bezeichnet hingegen langfristige Lerneffekte, die sich womöglich in unterschiedlichen Kontexten zeigen (Transfer of learning).

womöglich einer einzigen Theorie folgende Antwort – woran z.B. noch B. F. Skinner (1973) festgehalten hatte – nicht zulässt. Spätestens mit der umfassenden Darstellung des Themas durch Bower und Hilgard (1981/1984) beansprucht diese Überzeugung allgemeine Gültigkeit. Die von Situation zu Situation mehr oder minder stark variierenden Bedingungen, wer lernt, mit welchem Grad von Bewusstheit gelernt wird, was bzw. auf welches Ziel hin gelernt wird, welche Voraussetzungen Lernende allgemein oder in einer konkreten Situation mitbringen, unter welchen sozialen Rahmenbedingungen mehr oder minder motiviert und nachhaltig gelernt wird, welche dabei zum Einsatz kommenden Hilfsmittel eine unterstützende Funktion erfüllen, welche Beschränkungen – zum Beispiel hinsichtlich der Lernzeit oder des Lernortes – herrschen usw., verlangen eine multiperspektivische Betrachtung und differenzierte Antworten.

Ein interessanter Aspekt dieses komplexen Themas richtet sich auf Aufgaben als Anstöße zu Lernprozessen. Dabei muss zunächst gar nicht an Lernen unter der Bedingung systematischen Lehrens oder Unterrichtens gedacht werden. Lernsituationen können auch dann als Aufgabensituationen rekonstruiert werden, wenn sich Lernende selbst und ohne fremdes Zutun vor eine Aufgabe gestellt sehen: ein Kind, das in der Sandkiste Wasser aus einem See in einen zweiten fließen sehen möchte; ein anderes, das dahinter kommen will, mit welcher Taktik es seine Wünsche bei den Eltern mehr, mit welcher weniger erfolgreich durchsetzt; Jugendliche, die ein Sportgerät beherrschen können wollen; Erwachsene, die für ihr berufliches Fortkommen schwierige Texte verstehen wollen.

In diesen Beispielen wird allerdings stillschweigend die Bedingung eingeführt, dass alle Akteure – wenn auch aus unterschiedlichen Motiven – ihre Aufgaben lösen *wollen*. Sie selbst sind zudem, wenn sie sich ernsthaft auf die Aufgabe einlassen, überzeugt, dass sie diese, auch lösen *können*, jedenfalls wenn sie sich gehörig anstrengen. Wer für sich eine Situation als Aufgabe interpretiert, hat ein Ziel vor Augen, d. h. eine Vorstellung davon, wie eine gültige Aufgabenlösung am Ende aussehen könnte; er hat ferner eine Idee, wie er die Aufgabe angehen könnte, und die nötige Portion Zuversicht, dass ihm die Lösung gelingen wird. Wenn diese Bedingungen nicht gegeben sind, suchen Lernende entweder Unterstützung durch ein Lehrsystem – oder sie trachten danach, die Aufgabensituation zu vermeiden.

Ein Schulkind mag eine Barriere im Park dann als Aufgabe, sie zu überspringen, wahrnehmen, wenn es berechtigte Hoffnungen hat, der Höhe gewachsen zu sein. Würde es wahllos Barrieren sehr verschiedener Höhe als Kriterien seiner Sprungfähigkeit auswählen, würde das (zunächst) auf einen (relativ rasch behebbaren) Erfahrungsmangel hinweisen oder (bei Fortdauer) auf die Unfähigkeit, aus Erfahrungen zu lernen, was mitunter unrealistische an sich selbst gestellte Aufgaben zur Folge hätte.

Viele Menschen sind bereit, sich der Aufgabe zu stellen, wenn Fremde sie in einer (halbwegs vertrauten) europäischen Sprache um eine Auskunft bitten, würden hingegen der Situation möglichst rasch zu entkommen suchen, wenn dies in einer gänzlich unbekannten Sprache wie Koreanisch oder Albanisch geschähe.

Manche Menschen klagen über Langeweile, weil sie sich in ihrer freien Zeit keine Aufgaben stellen können bzw. in der konkreten Situation keine erkennen können oder wollen. Andere wiederum verharren lange Zeit ohne Druck von außen in einer Tätigkeit, weil sie Herausforderungen wahrgenommen haben, die genau zu ihren Fähigkeiten oder deren nächster Entwicklungsstufe passen. Unter günstigen Bedingungen kommen sie dabei zu Flow-Erlebnissen (Csikszentmihaslyi, 1995, 11).

Nochmals zurück zur Frage, *wie* wir lernen und inwiefern dabei Aufgaben eine Rolle spielen. Vieles haben wir durch bloßes Zusehen gelernt, verbunden mit der – zumindest implizit selbst gegebenen – Aufgabe, nachzumachen, was wir wahrgenommen haben. Manchmal werden wir uns erfolgreicher Lernprozesse erst bewusst, wenn diese bereits vorüber sind und wir deren Ertrag wahrnehmen. Manchmal sträuben wir uns dagegen, etwas zu lernen, d. h., eine Situation als Aufgabensituation anzunehmen, erkennen später aber dennoch deutliche Veränderungen unserer Dispositionen. Wir haben also insgeheim doch gelernt.

Manche Situationen werden von außen – durch Gestaltung materieller oder sozialer Rahmenbedingungen (Lernumgebungen) – so strukturiert, dass sie von den Betroffenen mit Aufgaben verbunden werden, auch wenn diese nicht explizit gestellt wurden (*implizite Aufgabensituationen*). Dazu zwei Beispiele:

Man muss zum Beispiel Kindern, die mit Motessori-Materialien spielen, nicht unbedingt eine konkrete Aufgabe stellen, um sie anzuregen, Bauklötze nach Größe oder Farbe zu ordnen oder sie in die passende Ausnehmung zu stecken. Die Struktur des Materials regt zu bestimmten Manipulationen an und bietet den Kindern von sich aus Rückmeldungen an, ob ihr Hantieren jenen Möglichkeiten entspricht, die den Materialien absichtsvoll mitgegeben wurden.

Wenn sich Spielfreudige, seien es Kinder, Jugendliche oder Erwachsene, darauf einlassen, paarweise und an den Knöcheln aneinander gefesselt, ein Wettrennen zu bestreiten, so erkennen sie nach kurzer Zeit, dass dieses Spiel mit der Aufgabe verbunden ist, auf einander Rücksicht zu nehmen, zu koordinierten Bewegungen, zu einem gemeinsamen Rhythmus, zu einem angeglichenen Tempo zu finden, andernfalls beide zum Scheitern verurteilt wären. Diese Aufgabe ist diesem Spiel inhärent. Sie gilt, ohne dass sie eigens gestellt werden müsste.

Bisher war von Aufgaben und Lernen ohne den Rahmen einer systematischen Planung die Rede: von *inzidentem Lernen*.[5] Individuen sehen sich, ohne es anzustreben, vor Aufgaben gestellt und geraten so gleichsam zufällig in die unterschiedlichsten Lernsituationen. Sobald Lernen aber wie in Kindergarten, Schule und Unterricht (Lehren) nach Plan und unter bewusst gestalteten Rahmenbedingungen stattfinden soll (*intentionales Lernen unterstützt durch planmäßigen Unterricht*), ändern sich die Bedingungen wesentlich. In der Regel ist es dann nicht

---

5   *Inzidentes (auch inzidentelles) Lernen* ist nicht mit dem in der einschlägigen Literatur häufiger genannten *latenten Lernen* gleichzusetzen. Inzident (inzidentell) beschreibt das *Fehlen einer Absicht* bzw. *die reduzierte Bewusstheit* beim Lernen; latent benennt hingegen die (mehr oder minder starke) *Verzögerung des Sichtbarwerdens* eines Lernertrags (Kompetenz) im Verhalten (Performanz).

mehr beliebig, ob eine Aufgabe von den Lernenden angenommen wird oder nicht. Viele Aufgaben werden gleichzeitig und unter gleichen oder zumindest ähnlichen Rahmenbedingungen einer Gruppe, im konventionellen Unterricht häufig einer ganzen Schulklasse gestellt, obwohl sich alle Beteiligten über die (mehr oder minder) unterschiedlichen Lernvoraussetzungen im Klaren sein müssten. Auch bleibt für den Fortgang der Prozesse nicht ohne Konsequenzen, ob eine gestellte Aufgabe gelöst wird bzw. wie gut sie gelöst wird. Differenziert angebotene Lernaufgaben sind jedenfalls auch eine Antwort auf die Herausforderung heterogener Lerngruppen.

Ob und selbstverständlich was bzw. wie viel anhand von Aufgaben gelernt wird, hängt von ihrer Qualität ab. Das schreibt sich allerdings leichter, als es konkret belegt werden kann. Denn „wodurch sich geeignete Lernaufgaben auszeichnen, ist (noch) nicht ausreichend untersucht." (Pauli & Reusser, 2000, 30) Handelt es sich um Routineaufgaben, deren Bearbeitung zum wiederholten Male unter (annähernd) gleichen Randbedingungen erfolgt – man denke an Schülerklagen über so manche Hausübungsbeispiele (vgl. Paradies & Linser, 2003, 27f.) –, ist der Lernertrag gering; die erfolgreiche, zumindest aber engagierte Bearbeitung von Problemaufgaben, deren Lösung voraussetzt, dass die Lernenden viele und schwierige, oft nicht einfach erinnerbare, sondern neu festzulegende Schritte bewältigen, verspricht hingegen, wenn die Lernenden dabei bleiben, einen hohen Lernertrag. In der Praxis ist es indessen nicht immer einfach, dieser Erkenntnis zu folgen (vgl. z.B. Baumert in Bund-Länder-Kommission, 1997; Meyer, 2004, 105). Warum?

Bei intentionalem, schulisch organisiertem Lernen, sofern es sich als Aufgabensituation interpretieren lässt, stellen sich die folgenden entscheidenden Fragen: Kennen die Lernenden das Ziel (die allgemeine Gestalt der Aufgabenlösung)? Wissen sie, auf welchem Weg sie ans Ziel gelangen können? Sind sie in der Lage, diesen Weg ohne Hilfe zu beschreiten? Sind sie in der Lage zu überprüfen, ob bzw. inwieweit sie erfolgreich waren? Können ihnen Rahmenbedingungen, insbesondere zeitliche, so flexibel angeboten werden, dass möglichst alle damit zurechtkommen? (Vgl. Abbildung 1.) Mit diesen Fragen werden letztlich Bedingungen der Möglichkeit erfolgreichen, schulisch organisierten Lernens angesprochen. Sie sind mit Blick auf die schulische Praxis jedenfalls differenziert und kritisch zu beantworten.

Ich kenne aber keine positive Antwort, die nicht in Vorschläge einer konsequenten Differenzierung mündet. Hilbert Meyer, ein ebenso erfahrener wie engagierter Didaktiker und Lehrerbildner, meint in seinem Buch *Was ist guter Unterricht?*, nachdem er sich über Möglichkeiten und Notwendigkeiten individuellen Förderns durch Innere Differenzierung ausgelassen hat, „die deutlich weitergreifende Differenzierungspraxis der PISA-Siegerländer lehrt, dass in Deutschland die Grenzen individuellen Förderns längst noch nicht erreicht sind." (Meyer, 2004, 103) Jochen und Monika Grell haben das umfangreichste Kapitel ihrer *Unterrichtsrezepte*, eines überaus erfolgreichen, wenn auch – vielleicht gerade deswegen – nicht unumstrittenen Buches, den Lernaufgaben und den Möglichkeiten gewidmet, über sie den Schülerinnen und Schülern bei Herausforderung ihrer selbstverantwortlichen Entscheidungen differenzierte Lernanlässe zu bieten (Grell &

Grell, 1999).[6] In Hans-Jörg Herbers leider viel zu wenig beachteter *Innerer Differenzierung im Unterricht* sind Aufgaben, mit der Funktion sowohl von Lern- aufgaben als auch von Übungsaufgaben, die bevorzugte Strategie, Lernende dort abzuholen, wo sie stehen und mit – nach ihrer Selbsteinschätzung – angemessenen Aufgaben ihre Entwicklung optimal zu fördern (Herber, 1983). Ist diese Bedingung erreicht, steigt auch die Chance, dass die gestellten Aufgaben auch von Lernenden als (subjektiv) bedeutsam angenommen werden.[7]

Eine lange Reihe von Büchern ließe sich anführen, deren Autorinnen und Autoren mit Empfehlungen einer Inneren Differenzierung rasch bei der Hand sind (vgl. z.B. Paradies & Linser, 2001; Graumann, 2002; Bönsch, 2004). Es fehlt nicht an Ermahnungen, Innere Differenzierung zu betreiben (besonders eindringlich z.B. Helmke, 2006, 45). Aber: „Offensichtlich fehlen ... immer noch die *geeigneten Aufgabenstellungen* (Hervorhebung J. T.) und Übungsmaterialien für diese an- spruchsvolle Unterrichtsform." (Meyer, 2004, 102 mit Bezug auf Roeder, 1997, 254ff.) Renate Girmes versucht in ihrem Buch daher einen Weg einzuschlagen, auf dem die Schüler/innen nicht vom Geschick der Lehrer/innen abhängig bleiben, sondern lernen sollen, sich selbst Aufgaben zu stellen. Vorläufig ist es jedoch beim Anstoß geblieben (Girmes 2004).

Im Zusammenhang mit der Forcierung von Lernaufgaben sind auch jene Pro- gramme zu sehen, die dafür plädieren, dass *Fehler* bei der Aufgabenbearbeitung zu einem bevorzugten Lernanlass werden (z.B. Oser & Spychiger, 2005; populär: Kahl, 2000). Die Autoren dieser Programme vertreten – in der Regel explizit – eine mehr oder minder extreme konstruktivistische Position und gehen – implizit – von der optimistischen Annahme aus, den Lehrerinnen und Lehrern sei unter den ge- gebenen Bedingungen des Unterrichts zuzumuten und zuzutrauen, mit einer ent- sprechenden Intensität auf individuelle Fehler einzugehen. Inwieweit es realistisch ist, im Klassenunterricht zu erwarten, was in dyadischen Lernsystemen funk- tioniert, bleibe allerdings dahingestellt (vgl. die skeptische Haltung bei Arnold & Lindner-Müller, 2006, 803).

---

6   In einem Brief an Elisabeth Schaffenrath und Ilsedore Wieser (vgl. ihren Beitrag in diesem Band) bedauert Jochen Grell, dem Thema *Lernaufgaben* nach Erscheinen seines Buches nicht weitere Aufmerksamkeit gewidmet zu haben, weil er nach wie vor von deren didaktischem Potenzial überzeugt sei.

7   Mit der subjektiven Bedeutsamkeit steigen einerseits die Anstrengungsbereitschaft bei der Aufgabenlösung und das Interesse an Rückmeldungen, andererseits aber auch die Angst vor Misserfolg (vgl. Hofer, 2003, 247, M. V. Covington zitierend). Gerade deshalb sind Be- mühungen um individuell herausfordernde, zugleich aber – zumindest mit mittlerer Wahr- scheinlichkeit – lösbare Aufgaben wichtig.

Ergebnisse der Lernprozesse (Produktebene Lernen)	Aktivitäten der Lernenden (Prozessebene Lernen)	Aktivitäten der Lehrenden (Prozessebene Lehren)
Bewusstsein über die Aufgabe (Problembewusstsein)	**sich die Aufgabe bewusst machen / den Problemraum definieren** Ausgangszustand $\downarrow$ transformatorische Operationen Zielzustand	**Komponenten der Aufgaben Problemraumkomponenten** vermitteln (insbesondere Ziele) Rahmenbedingungen des Lernens arrangieren (zeitliche, räumliche, materielle, soziale)
Lösungen / Lösungsversuche[8] (Produkte bzw. Verhalten): = Indikatoren für veränderte psychische / physische Dispositionen, die damit beobachtbar gemacht werden	**Aufgaben / Probleme bearbeiten**	**Hilfen für das Lösen der Aufgaben bereitstellen:** inhaltliche / lösungsbezogene formale / lösungswegbezogene
eigene und/oder von anderen (insbesondere L/L) übernommene **Urteile der Lernenden über die Qualität ihrer Lösungen bzw. Lösungsversuche**	**Lösungen / Lösungsversuche selbst beurteilen (evaluieren)**	**Kategorien und Maßstäbe, ggf. Standards** für die (Selbst-) Beurteilung der Lösungen vermitteln; Lösungen beurteilen

Abb. 1: Grundmodell des Lernens und Lehrens in einem *aufgabenorientierten Unterricht*

Legende:

In diesem Modell, bei dem Dieter Dörner (vgl. oben S. 16) unverkennbar Pate gestanden ist, werden die Aktivitäten der Lernenden ins Zentrum gerückt. Die Aktivitäten der Lehrenden werden in einer komplementären Funktion gesehen. Die aufgabenorientierten Lernaktivitäten vollziehen sich formal gesehen – wenngleich in der Realität nicht immer in dieser Abfolge – in drei Phasen: Zuerst machen sich Lernende die Aufgabe bewusst; dann schreiten sie an die Aufgabenbearbeitung; und schließlich versuchen sie, sich ein Urteil über die Qualität der Lösung bzw. des Lösungsversuches zu bilden. Bei jedem dieser Schritte können sie durch das Lehrsystem (Lehrer/in, Mitschüler/in mit Lehrfunktion, Lehrmaterialien etc.) unterstützt werden. Auf der Produktebene müssen sie letztlich zu einem Urteil über die Qualität der Lösungen bzw. der Lösungsversuche gekommen sein, damit von Lernen, das begrifflich einen intendierten Lernertrag mit einschließt, gesprochen werden kann.[9]

---

8   Selbstverständlich sind hier selbständige Lösungsversuche der Lernenden gemeint.
9   Schon John Dewey hat gegen einen Lehr-/Lernbegriff polemisiert, der sich auf die Intention beschränkt und auf den Effekt als Merkmal verzichtet, indem er meinte: „Man kann genauso gut sagen, jemand habe unterrichtet, wenn niemand gelernt hat, wie man sagen könnte, jemand habe verkauft, wenn niemand gekauft hat."

3.   Erfahrungen über und mit Qualitäten von Aufgaben

Aus dem bisher Gesagten spricht eine gewisse Skepsis hinsichtlich der aktuell vor-
findbaren Qualitäten von Aufgaben sowohl in Schulen als auch an Universitäten.
Diese Skepsis soll mit einigen systematisch gewonnenen Erfahrungen begründet
werden. Die Ergebnisse des Benchmark-Projekts (3.1) waren ein wichtiger Anstoß
für das Buchprojekt. In den beiden zeitlich späteren Universitätslehrgängen wurden
dann bereits gezielt, d. h. hypothesengeleitet, Erfahrungen gesammelt: in Innsbruck
(3.2) vor allem den hochschuldidaktischen Status quo betreffend, in Salzburg (3.3)
zu Hypothesen über den Effekt von Aufgaben, die bestimmten Qualitätsmerkmalen
genügen.

3.1 Ergebnisse des Projektes „Benchmarks von innen"
     (Thonhauser u.a., 2003ff.)

Dieses Projekt gliedert sich in drei Teile. Der erste Teil gilt der Frage, welche
Leistungen eine große Mehrheit von Schüler/innen einer Klasse (8. Schulstufe) in
den Fächern Deutsch (Schreibkompetenz), Englisch und Mathematik bei guten
Lehrer/innen[10] erreicht, wie dabei ihre Teamfähigkeit gefördert wird und unter
welchen objektiven und subjektiven Bedingungen dies geschieht. Die Fachleistungen werden in Aufgaben, die Teamfähigkeit wird in bewältigten sozialen Lernsituationen, die genau beschrieben werden, abgebildet. Ein Ergebnis dieses Teils ist
eine umfangreiche Sammlung von Aufgaben. Sie erfüllen potenziell die Funktion
von Benchmarks.[11]

Im zweiten Teil der Studie wurden diese Aufgaben einer repräsentativen Auswahl von Fachlehrerinnen und -lehrern zur Einschätzung ihrer Schwierigkeit in
Hinsicht auf ihre derzeit unterrichteten Schüler/innen der 8. Schulstufe vorgelegt.
Unabhängig davon wurden die Aufgaben von Expertinnen und Experten der Fachdidaktiken und der Erziehungswissenschaft nach folgenden Merkmalen (in Klammer die Anzahl der möglichen Ausprägungen) klassifiziert:

– Lehrplanbereich (je nach Fach 4 bis 6)

– Curriculare Stufe (2)

– Unmittelbare Hilfestellungen für die Bearbeitung (3)

– Taxonomisches Niveau (6)

– Komplexität (3)

– Bearbeitungsschritte (5)

– unmittelbar vorhergegangene Übung (2)

---

10 Als „gute Lehrer/innen" gelten, die von Schulleiterinnen und Schulleitern bzw. Schulauf-
    sichtsbeamten auf Anfrage als solche bezeichnet wurden. Die Anfrage enthielt die Merkmale
    „regelmäßig überdurchschnittliche Leistungen ihrer Schüler/innen" und „bei zumindest durch-
    schnittlichem Klassenklima" (gemäß Bessoth & Weibel, 2000)

11 Als *Benchmarks* werden in diesem Zusammenhang Aufgaben mit bestimmten Merkmalsaus-
    prägungen bezeichnet, die für die Beurteilung von pädagogischen Institutionen oder Personen
    (insbesondere der Lehrer/innen und Schüler/innen) zur Orientierung dienen.

Im dritten Teil des Projekts wurden die Aufgaben einer repräsentativen Auswahl von Schülerinnen und Schülern der 8. Schulstufe vorgelegt werden, um den tatsächlichen Schwierigkeitsgrad zu ermitteln.

Ein Ergebnis des Projekts war eine Sammlung von Aufgaben für die genannten Fächer mit genau beschriebenen didaktisch relevanten Merkmalen, sozusagen ein Abbild des status quo. Dabei zeigten sich auch an den Aufgaben guter Lehrer/innen erhebliche Mängel:

– fehlende Kontexte (wie es für ‚Schulaufgaben‘ im schlechten Sinn typisch ist),

– Unklarheiten oder Ungenauigkeiten,

– eine (zu) geringe Anzahl von Auswahlantworten bei einer (zu) geringen Anzahl von Aufgaben dasselbe Lernziel betreffend,

– fehlende offenkundige Relevanz der geprüften Kenntnisse,

– Fragen nach nicht vernetztem Wissen,

– unklare Erwartungen hinsichtlich der Antworten bzw. weit offene Aufgabenstellung, was eine zuverlässige Beurteilung schwierig macht.

Der dritte Teil des Projekts lieferte gültige Erfahrungswerte darüber, unter welchen Bedingungen die Aufgaben von Schülerinnen und Schülern der 8. Schulstufe tatsächlich bewältigt werden. Die Ergebnisse zeigen weitere Schwächen der pädagogischen Diagnostik im Bereich der Schulen auf:

– Der *Zeitbedarf* erfolgreicher Schüler/innen wird von den Lehrerinnen und Lehrern in allen Fächern sehr uneinheitlich eingeschätzt.

– Der Zeitbedarf erfolgreicher Schüler/innen wird von den Lehrerinnen und Lehrern generell *überschätzt* (in Deutsch um 100–200% !).

– Der *tatsächliche Bedarf* an Arbeitszeit erfolgreicher Schüler/innen ist in allen Fächern extrem unterschiedlich.

– Die Lehrer/innen selektiver Schultypen (Allgemeinbildende höhere Schule sowie Hauptschule – erste Leistungsgruppe) *unterschätzen* in Deutsch und in Englisch die Erfolgsaussichten ihrer Schüler/innen.

– In M *überschätzen* die Lehrer/innen aller Schultypen die Erfolgsaussichten ihrer Schüler/innen.

– Die *Erfolgsschätzungen* der Lehrer/ innen sind in allen Schultypen und Fächern sehr heterogen, insbesondere in Deutsch (was auf sehr unterschiedliche Konzepte für die Schätzungen hinweist).

– Die *tatsächlichen Erfolge* der Schüler/innen entsprechen hinsichtlich der schwierigkeitsrelevanten Merkmale den theoretischen Annahmen. Die *Schätzungen* der Lehrer/innen sind hingegen zum Teil erwartungswidrig.

3.2 Erfahrungen bei jungen Universitätslehrerinnen und -lehrern

Im Rahmen eines mehrfach wiederholten Universitätslehrgangs wurde jungen Universitätslehrerinnen und -lehrern unterschiedlicher Studienrichtungen (N_{total} = 75) u.a. ein Modul über Leistungsbeurteilung angeboten. Um ihnen ihre Vorerfahrungen bzw. ihre aktuelle Praxis zum Bewusstsein zu bringen, wurden ihre aktuellen Prüfungsaufgaben bzw. Prüfungsaufgaben ihrer vorgesetzten Universitätsprofessoren, deren Lösungen sie zu beurteilen hatten, einer Analyse unterzogen. Dabei zeigten sich in der überwiegenden Mehrzahl der Fälle folgende Mängel der Aufgabenstellungen bzw. der Beurteilungskonzepte (vgl. Gerdsmeier, 2004, 3ff., der ähnliche Beobachtungen auflistet):

–   Sofern Aufgaben überhaupt zielbezogen waren, deckten sie allenfalls den inhaltlichen Aspekt der Ziele ab.

–   Die Mehrzahl der Aufgaben war bestenfalls dazu geeignet, Wissen auf dem untersten taxonomischen Niveau zu erfassen. Die zum Teil von den vorgesetzten Universitätsprofessoren übernommene Begründung dafür lautet: man müsse zuerst grundlegendes Wissen sicherstellen, bevor man an die Vermittlung und Überprüfung höherer Fähigkeiten gehe. Letztere würden in höheren Semestern überprüft.

–   Die Mehrzahl der Aufgaben war nicht in einen sinnvollen Kontext eingebettet, aus dem die Bedeutsamkeit des abverlangten Wissens deutlich geworden wäre. Die Bedeutsamkeit sei in den Lehrveranstaltungen ausreichend vermittelt worden und brauche bei Prüfungen nicht neuerlich nachgewiesen zu werden, war das gängige Argument für den Verzicht. Außerdem hätten die Studierenden bereits mit der Studienwahl angezeigt, dass sie Inhalte und auf sie bezogene Fähigkeiten für bedeutsam hielten.[12]

–   Lehrmeinungen, zu denen es durchaus gleichwertige Alternativen gibt, wurden im Beurteilungskonzept wie lexikalische Konventionen gehandhabt. Eine (selbständige) Auseinandersetzung der Studierenden mit dem, was als *sicheres Wissen* vermittelt wird, wurde damit, zu einem großen Teil unbemerkt, zugunsten einer sanktionierten Anpassung an die vorgetragene Lehrmeinung unterbunden.

–   Im Vergleich zur (geringen) Qualität der Aufgabenstellungen erscheinen die Bewertungsschlüssel auf den ersten Blick als elaboriert. Vielfach dominiert ein differenziertes Punktesystem. Die Begründungen für unterschiedliche Gewichtungen sind hingegen durch die Bank unzureichend. Sie beruhen zumeist auf dem geschätzten (aber nicht empirisch kontrollierten) Schwierigkeitsgrad und auf der Komplexität (d. h., in den meisten Fällen auf dem erwarteten Umfang) der Antworten. Eine curricular begründete Unterscheidung zwischen (oft gering taxierten) Fundamentums- und (in der Regel höher taxierten) Additums-aufgaben war ebenso wenig anzutreffen wie ein Bezug auf das didaktische

---

12   Die (subjektive) Bedeutsamkeit von Aufgaben ist ein wichtiger Faktor der Lernmotivation, der darüber hinaus das Interesse an aufgabenspezifischen Rückmeldungen beeinflusst (vgl. den Beitrag von Bernhard Jacobs in diesem Band.)

Konzept des zielerreichenden Lernens. Das hatte da und dort die bemerkenswerte, wenn auch problematische Konsequenz, dass Leistungen, bei denen
schwere Mängel in grundlegenden Fähigkeiten (Fundamentum) durch die
Beantwortung von Additumsaufgaben kompensiert werden konnten, ohne
Auflagen positiv beurteilt wurden.

– In seminaristischen Lehrveranstaltungen wird für gewöhnlich, in Einzelfällen
bis zu 50%, die *Mitarbeit* in die Leistungsbewertung mit einbezogen.[13] Dabei
werden viele Probleme dieser Praktik übersehen: Was wird beurteilt? Beob-
achtbare Indikatoren von Kompetenzen? Der Fleiß? Zuverlässigkeit oder un-
tadeliges Verhalten? Sofern sich die Beurteilung der Absicht nach auf Fähigkeiten beschränkt, stellen sich mehrere Fragen: Wie sind die Demonstrations-
chancen unter den Studierenden verteilt? Worauf kommt es an: Auf den Mut,
sich zu melden? Auf das Glück, dass zuvor jemand die falsche Alternative genannt hat? Auf unbedacht bzw. unbemerkt gegebene Hinweise seitens der Lehrenden? Wie werden Studierende beurteilt, die sich selten oder nie melden?
Wird dieses Verhalten als mangelnde Fähigkeit ausgelegt?[14]

3.3 Effekte ökologisch valider Aufgaben in Verbindung mit individueller Rückmeldung

Ein für die Qualität von Aufgaben relevantes Merkmal ist ihre ökologische Validität. Sie entscheidet darüber, ob Aufgaben und die Fähigkeiten, sie erfolgreich zu
bearbeiten, nur innerhalb des jeweiligen Lehrsystems („Schulaufgaben") oder
(auch) darüber hinaus (z.B. im späteren Beruf) von Bedeutung sind. Inwieweit
Aufgaben ökologisch valide sind, lässt sich einerseits anhand ihres Kontextes,
andererseits anhand der formalen Anforderung, die sie stellen, beurteilen. Die
ökologische Validität ist umso höher, je eher einerseits die Kontexte von Aufgaben
(auch) auf (wahrscheinliche) spätere Lebenszusammenhänge verweisen (inhaltlicher Aspekt) und je mehr andererseits die formalen Anforderungen der Aufgaben
Transfereffekte auf andere Situationen versprechen (formaler Aspekt). Sofern die
ökologische Validität von den Lernenden (als Bedeutsamkeit der Aufgaben für das
Lernen im Hinblick auf die Bewältigung künftiger Lebenssituationen) erkannt wird

---

13 In der für die österreichischen Schulen maßgeblichen Verordnung über die Leistungsbeurteilung wird klar festgehalten, wie mit Beobachtungen von Schülerleistungen, die im Rahmen
der Unterrichtsarbeit, aber außerhalb angesagter Prüfungssituationen gezeigt werden, umzu-
gehen ist. Werden – im Sinne kriteriumsorientierter curricularer Normen – Kompetenzen *zu-
verlässig* festgestellt, so sind diese (und nur diese) positiv zu bewerten. Es bedarf – Nachhaltigkeit vorausgesetzt – keiner weiteren Überprüfung. In der Praxis wird gegen diese Verordnung allerdings regelmäßig verstoßen (Buschmann & Thonhauser, 2000).

14 An den österreichischen Universitäten ist in den letzten Jahren mehrfach der Versuch
unternommen worden, eine Verordnung durchzubringen, der zufolge Studierende, die keine
Leistung vorlegen, explizit negativ zu beurteilen wären. Den Widerspruch, dass nur vorliegende, nicht aber nicht vorliegende Leistungen bewertet werden können, war man – wohl aus
pekuniären Gründen – hinzunehmen gewillt.

bzw. sofern im Lernprozess ihre Vermittlung gelingt, ist ein positiver Einfluss sowohl auf die Lernmotivation als auch Nachhaltigkeit des Lernertrags zu erwarten.

Im Rahmen eines Universitätslehrgangs für Lehrende in Gesundheitsberufen waren – aus gegebenen Anlässen – die Bemühungen des Kursleiters auf die Entwicklung und Formulierung von ökologisch validen, auf unterschiedlichen taxonomischen Niveaus angesiedelten Aufgaben konzentriert; Zur Unterstützung der didaktischen Absicht dienten ausführliche, individuelle, in formativer Absicht gegebene Rückmeldungen. Der erste Teil der Aufgaben bestand in der detaillierten Beschreibung von aktuellen Leistungsbeurteilungskonzepten, für welche die Teilnehmer/innen des Lehrgangs (mit)verantwortlich waren, in zwei möglichst unterschiedlichen Situationen. Die Rückmeldungen bezogen sich u.a. auf die Inhalte des entsprechenden Moduls, die in der Zwischenzeit behandelt worden waren: u.a. Funktionen und Qualitätsmerkmale von Aufgaben, Formen von Aufgaben, Vor- und Nachteile geschlossener bzw. offener Aufgaben, Qualitätsmerkmale und Fehlerquellen der Leistungsdiagnose etc. Nach Art einer Zweistufenarbeit (vgl. Blüml, 1994) überarbeiteten die Teilnehmer/innen anhand der Rückmeldungen ihre Darstellungen mit dem Ziel, hohen didaktischen und diagnostischen Ansprüchen zu genügen. Das Ergebnis wurde wiederum, diesmal allerdings in summativer Absicht, evaluiert.

Die (dokumentierten) Ergebnisse waren, gemessen an Erfahrungen bei vergleichbaren Anlässen in universitären Studiengängen, in einem Maße herausragend, dass sie meines Erachtens als Beleg für die Erfüllung der theoretisch begründeten Erwartungen (hohe Motivation durch ökologisch valide Aufgaben an die Lernenden und effiziente Lernsteuerung mit individuellen Rückmeldungen) herangezogen werden dürfen, auch wenn sie streng genommen nicht auf der Basis eines elaborierten Untersuchungsdesigns gewonnen worden waren. Sowohl unter quantitativem (Umfang) als auch unter einem qualitativen Aspekt betrachtet (Qualität der von den Teilnehmerinnen und Teilnehmern konstruierten Aufgaben sowie ihre Integration in den Gesamtplan des Unterrichts, Qualität der entwickelten Beurteilungskonzepte) haben die neben einem anstrengenden Full-time-Job abgelieferten Arbeiten der Teilnehmer/innen die aus vergleichbaren Situationen gespeisten Erwartungen bei weitem übertroffen. Die den Teilnehmerinnen und Teilnehmern gestellte Aufgabe erwies sich in der Tat als ein Katalysator von Lernprozessen.

Diese drei konkreten Beispiele mögen die Bedeutung von Aufgaben im Lernprozess fürs erste deutlich gemacht haben. Die einzelnen Beiträge in diesem Band werden dies in Hinblick auf spezielle inhaltliche oder lernpsychologische Aspekte jeweils vertiefen.

Literatur

Arnold, K.-H. & Lindner-Müller, C. (2006³). Übung. In: Rost, D. (Hrsg.): Handwörterbuch Pädagogische Psychologie. Weinheim, Basel und Berlin: Beltz, 798-804.

Ball, H. u.a. (Hrsg.). (2003). Aufgaben. Lernen fördern – Selbstständigkeit entwickeln. Seelze: Friedrich, (Jahresheft).

Benner, D. (Hrsg.) (2007). Bildungsstandards: Instrumente zur Qualitätssicherung im Bildungswesen. Kontroversen – Beispiele – Perspektiven. Paderborn: Schöningh.

Bessoth, R. & Weibel, W. (2000). Unterrichtsqualität an Schweizer Schulen. Hilfen zur Steigerung und Sicherung der pädagogischen Wirksamkeit. Zug: Klett und Balmer.

Blüml, K. (1994). Die sogenannte Zweiphasen- oder Zweistufenarbeit. In: *die*, 18 Heft 2, 73-78.

Bönsch, M. (2004²). Differenzierung in Schule und Unterricht. Ansprüche, Formen, Strategien. München: Oldenbourg.

Bower, G. H. & Hilgard, E. R. (1984³). Theorien des Lernens. 2 Bde, Deutsche Übersetzung Stuttgart: Klett-Cotta, (Original 1981).

Bund-Länder-Kommission für Bildungsplanung und Forschungsföderung (Hrsg.). (1997). Gutachten zur Vorbereitung des Programms „Steigerung der Effizienz des mathematisch-naturwissenschaftlichen Unterrichts". Materialien Heft 60. Bonn.

Buschmann, I. & Thonhauser, J. (2000). Im Namen, aber nicht im Sinne des Gesetzes: zur Praxis der Leistungsbeurteilung. In: Erziehung und Unterricht, 150. Jg., 173-191.

Czigszentmihalyi, M. (1995). Dem Sinn des Lebens eine Zukunft geben. Dt. Übersetzung Stuttgart: Clett-Cotta.

Döbert, H. & Fuchs, H.-W. (Hrsg.). (2005). Leistungsmessungen und Innovationsstrategien in Schulsystemen. Ein internationaler Vergleich. Münster u.a.: Waxmann.

Dörner, D. (1976). Problemlösen als Informationsverarbeitung. Stuttgart: Kohlhammer.

Eder, F., Gastager, A. & Hofmann, F. (Hrsg.). (2006). Qualität durch Standards? Münster u.a.: Waxmann.

Eder, F. & Thonhauser, J. (2007). Bildungsstandards: Anlässe – Konzepte – Potenziale – Umsetzung. Erscheint in: Erziehung und Unterricht, 157. Jg. Heft 5-6.

Gerdsmeier, G. (2004). Lernaufgaben für ein selbstgesteuertes Lernen im Wirtschaftsunterricht. www.jsse.org/2004-2

Gewerkschaft Öffentlicher Dienst (GÖD) (Hrsg.): erfolgreich zu PISA 06. (Schüler Edition und Eltern Edition) www.classroom.at

Girmes, R. (2004). [Sich] Aufgaben stellen. Seelze: Kallmeyer.

Graumann, O (2002). Gemeinsamer Unterricht in heterogenen Gruppen: von lernbehindert bis hochbegabt. Bad Heilbrunn/Obb.: Klinkhardt.

Grell, J. & Grell, R. (1999¹²) Unterrichtsrezepte. Weinheim: Beltz.

Helmke, A. (2005⁴).Unterrichtsqualität erfassen, bewerten, verbessern. Seelze: Kallmeyer.

Helmke, A. (2006). Was wissen wir über guten Unterricht? In: Pädagogik 58. Jg. Heft 2, 42-45.

Herber, H.-J. (1983). Innere Differenzierung im Unterricht. Stuttgart: Kohlhammer.

Hofer, M. (2003). Wertewandel, schulische Motivation und Unterrichtsorganisation. In: Schneider, W. & Knopf, M. (Hrsg.): Entwicklung, Lehren und Lernen. Göttingen: Hogrefe, 235-253.

Kahl, R. (2000). Lob des Fehlers. Hamburg: Pädagogische Beiträge Verlag, (Nachdruck).

Klieme, E. u.a.: Zur Entwicklung nationaler Bildungsstandards. Eine Expertise. [http:/dipf.de]

Leistungsbeurteilungsverordnung (LBVO). (1974). (Österreichisches) Bundesgesetzblatt Nr. 371 (und folgende).

Meyer, H. (2004). Was ist guter Unterricht? Berlin: Cornelsen Scriptor.

Moser. U. & Rhyn, H. (1999). Schulmodelle im Vergleich. Eine Evaluation der Leistungen in zwei Schulmodellen der Sekundarstufe I. Aarau: Sauerländer.

Oser, F. & Spychiger, M. (2005). Lernen ist schmerzhaft. Zur Theorie des Negativen Wissens und zur Praxis der Fehlerkultur. Weinheim u.a.: Beltz.

Pauli, C. & Reusser, K. (2000). Zur Rolle der Lehrperson beim kooperativen Lernen. In: Schweizerische Zeitschrift für Bildungswissenschaften, 22 Jg. Heft 3, 421-442.

Paradies, L. & Linser, H. J. (2001). Differenzieren im Unterricht. Berlin: Cornelsen Scriptor.

Roeder, P. M. (1997). Binnendifferenzierung im Urteil von Gesamtschullehrern. In: Zeitschrift für Pädagogik 43, Heft 2, 241-259.

Skinner, B. F. (1973). Jenseits von Freiheit und Würde. Deutsche Übersetzung (Original 1972).

Thonhauser, J. u.a. (2003ff.): Benchmarks von innen. Erreichbare Leistungsansprüche am Ende der 8. Schulstufe in Englisch, Mathematik, Deutsch (Schreibkompetenz) sowie in Teamfähigkeit. Eine Ergänzung zu TIMSS und PISA. Projektberichte, Salzburg.

Teil 2

Grundlegung

Andreas Müller & Andreas Helmke, Landau

Qualität von Aufgaben als Merkmale der Unterrichtsqualität verdeutlicht am Fach Physik

1. Unterrichtsqualität und Aufgabenqualität

PISA und DESI, TIMSS, IGLU und VERA: Über fachliche Kompetenzen unserer Schülerinnen und Schüler sind wir zunehmend besser im Bilde. Der Weg vom Wissen über Leistungsunterschiede und Kompetenzgefälle zu einer Verbesserung des Unterrichts ist jedoch weit und beschwerlich, zumal die Mehrzahl der o.g. Studien den Unterricht als Bedingungsvariable für Leistungsunterschiede zwischen Schulklassen weitgehend ausgeklammert hat.

Was wir zurzeit beobachten, ist ein Trend der Rückbesinnung auf den Unterricht als dem Kerngeschäft der Schule. Dies kommt etwa in den neueren Projekten der Bildungsforschung zum Ausdruck, in denen der Unterricht einen zentralen Stellenwert hat (Beispiel: DESI-Videostudie des Englischunterrichts in der Sekundarstufe I, UFO-Videostudie des Deutsch- und Mathematikunterrichts in der Grundschule), aber auch in schulübergreifenden Netzwerken wie SINUS, SINUS-Transfer und IMST (in Österreich). Auch die inzwischen in fast allen Bundesländern errichteten Qualitätsagenturen, deren Geschäft die externe Evaluation von Schulen ist, legen einen Schwerpunkt auf die Beobachtung des Unterrichts.

Überschaut man neuere Publikationen zur Frage, welche fachübergreifenden Merkmale „guten Unterricht" charakterisieren, so gibt es trotz unterschiedlicher Professionen und Perspektiven inzwischen doch eine bemerkenswerte Konvergenz, wenn man sich beispielsweise einmal die Kataloge von Meyer, der Qualitätsagentur im ISB Bayern und Helmke (2006a) vor Augen führt (Helmke & Schrader, 2006, 8, s. Tabelle 1).

Angesichts der Tatsache, dass die Substanz des unterrichtlichen Angebotes neben Präsentation, Erklärung und Lehrbuchtexten vor allem *Aufgaben* umfasst, wollen wir im Folgenden anhand exemplarisch ausgewählter Aufgaben aus dem Bereich der Naturwissenschaften der Frage nachgehen, inwiefern sich Gütemerkmale der Unterrichtsqualität in verschiedenen Aufgabentypen manifestieren können.

Helmke (2004, 2006)	Meyer (2004)	ISB Bayern (2005)
Strukturiertheit, Klarheit, Verständlichkeit	Klare Strukturierung des Unterrichts	Strukturiertheit
Effiziente Klassenführung	Hoher Anteil echter Lernzeit	Klassenführung
Lernförderliches Unterrichtsklima	Lernförderliches Klima	Unterrichtsklima
Ziel-, Wirkungs- und Kompetenzorientierung	Inhaltliche Klarheit	Zielorientierung
Schülerorientierung, Unterstützung	Sinnstiftendes Kommunizieren	Individuelle Unterstützung / Fördermaßnahmen
Angemessene Variation von Methoden und Sozialformen	Methodenvielfalt	Variabilität der Unterrichtsformen
Förderung aktiven, selbstständigen Lernens	Individuelles Fördern	Selbständiges Lernen
Konsolidierung, Sicherung, Intelligentes Üben	Intelligentes Üben	Lernerfolgssicherung
Vielfältige Motivierung	Vorbereitete Umgebung	Motivierung
Passung: Umgang mit heterogenen Lernvoraussetzungen	Transparente Leistungserwartungen	Leistungserhebungen: Klarheit, Transparenz, Lehrstoffbezug

Quellen: Meyer (2004); Bayerisches Staatsministerium für Unterricht und Kultus (2005); Helmke (2004, 2006a)

2. Beispiele aus dem Fach Physik

Zwei Grundgedanken liegen den folgenden Beispielen zugrunde. Der *erste* lautet, dass Aufgaben eine wichtige Rolle als Merkmal und Maßnahme für Unterrichtsentwicklung und -qualität spielen, weil sie dieser als Leitlinie oder roter Faden dienen können und wesentliche Schritte des Lernweges betreffen:

– von *Lernaufgaben* („worked examples"), ein instruktionspsychologisch nachweislich höchst wirksamer Ansatz (Renkl, 2002; Stark et al., 2002)
– über *Übungs- und Anwendungsaufgaben* mit wachsender Selbsttätigkeit und Selbstständigkeit, wie sie von Klassikern der Didaktik (von Pestalozzi bis zur Reformpädagogik) und ebenso (fast ausnahmslos) von der modernen Pädagogischen Psychologie gefordert werden (Levin & Arnold, 2006)
– bis hin zur Lern/Leistungsdiagnose und -überprüfung (und der Transparenz der Leistungserwartungen) mit Hilfe von *Prüfungs- und Testaufgaben*, die die Grundlage der heute geforderten Outputorientierung und eines wissenschaftlich begründeten Kompetenzbegriffs bilden (Helmke & Hosenfeld, 2004).

Ein in diesem Sinne verstandenes aufgabenorientiertes Lernen schält sich (zumindest in den Naturwissenschaften, BLK, 1997; Leisen, 2005) gewissermaßen als

Rückgrat der Umsetzung von Bildungsstandards heraus, ist also theoretisch gut fundiert und zugleich von großer praktischer Bedeutung.

Der *zweite* Grundgedanke setzt diese doppelte Verankerung fort und macht sie zu einer programmatischen Forderung, nämlich nach einer systematischen Verbindung von ‚Best Practice‘ und Wissenschaftsorientierung in Fachdidaktik und Lehrerbildung: Dies bedeutet

– eine Ausrichtung nach Ideen und Unterrichtspraxis erfolgreicher Lehrer und *zugleich*

– eine theoretische und empirische Fundierung in der pädagogischen Psychologie.

Genau genommen bedeutet dies eine Verbindung von *drei* Komponenten, nämlich Praxis *und* Empirie *und* Theorie. Dass eine solche Verbindung für eine Verbesserung von Unterricht und Lehrerbildung (s. a. Abschnitt 3) sinnvoll, ja unentbehrlich ist, wird heute unter einer Vielzahl von Perspektiven offenkundig (Helmke, 2006b und die multidisziplinären Forschungsprojekte UPGRadE [2006] und „VERA – Gute Unterrichtspraxis" [Helmke et al., im Druck], aus denen ein Teil der folgenden Beispiele stammt).

Für das Folgende besteht eine Fokussierung auf vier Merkmale, nämlich Motivierung, Aktivierung, Passung und lernförderliches Klima insbes. für das Lernen aus Fehlern. Zusätzlich werden Querverbindungen zu weiteren Merkmalen berücksichtigt. Die Auswahl der Beispiele erfolgte dabei so, dass sie möglichst aussagekräftig in Bezug auf die o. g. Aspekte sind, und dass zusätzlich beide Enden des folgenden Spektrums abgedeckt sein sollen: Einerseits ein Bereich, in dem die o. g. Theorie-Empirie-Praxis-Verbindung schon entwickelt ist und gut sichtbar gemacht werden kann – konkret zu zwei im Zusammenhang mit Lernmotivation gut etablierten Ansätzen, nämlich Situiertem Lernen (Beispiel 1) und der Motivationstheorie von Deci & Ryan (Beispiel 2). Andererseits ein Bereich, der für das Lernen von Naturwissenschaften und Mathematik von großer Bedeutung ist, in dem diese Verbindung aber noch sehr unentwickelt ist und deshalb besonderer Handlungsbedarf besteht (Lernen aus Fehlern, Abschnitt 2.3).

2.1 Merkmale ‚Motivation‘ und ‚Aktivierung‘

Beispiel 1: Situiertes Lernen/Zeitungsaufgaben:

Hierunter werden Aufgaben verstanden, die sich auf einen nach Text und Layout weitgehend unveränderten Zeitungsartikel beziehen (s. Abbildung 1). Solche Aufgaben haben in der Unterrichtspraxis eine gewisse Tradition und zu ihrem erfolgreichen Einsatz liegen aktuelle Beispielsammlungen und Erfahrungsberichte vor, umfangreich in Mathematik (Herget & Scholz, 1998) und mit ersten Vorschlägen in der Physik (Armbrust, 2001).

Der Ansatz passt sehr gut in den generellen theoretischen Rahmen des „Situierten Lernens" (vgl. Gruber et al., 2000; Mandl et al., 1995) und insbesondere dessen spezielle Ausprägung durch „Anchored Instruction" (Bransford, 1990; CTGV 1990, 1993, 1997). „Situiertes Lernen" im Allgemeinen erklärt erfolgreiches Lernen durch Kontextgebundenheit („Situiertheit") und Authentizität, den Anwendungsbezug von ‚Wissen' und ‚Lernen' sowie den sozialen Austausch zur Schaffung von Artikulations- und Reflexionsmöglichkeiten. „Anchored Instruction" im Besonderen gilt als einer der führenden theoriegeleiteten Ansätze offener, lernerzentrierter und lernergesteuerter Unterrichtsformen (Leutner, 1998). Dieser propagiert als zentrales Mittel zur Verwirklichung dieser Charakteristika (und ihrer postiven Lern- nund Motivationseffekte) sog. Ankermedien (kurz ‚Anker'), d.h. interaktive, multimediale Videodisks, mit einem spezifischen Design. Mit den eigenen Worten der Vanderbilt-Gruppe (CTGV, 1993, 52):

> *„The design of these anchors was quite different from the design of videos that were typically used in education ... our goal was to create interesting, realistic contexts that encouraged the active construction of knowledge by l earners. Our anchors were stories rather than lectures and were designed to be explored by students and teachers. "*

Zu den hier hervorgehobenen Charakteristika von Ankermedien gehören also Selbsttätigkeit („*active construction*"), Authentizität („*realistic contexts*") und eine narrative, affektiv ansprechende Einbettung („*Story*"-Charakter). Aus dieser umfassenden Herangehensweise („Lernumgebung") und ihrer technischen Umsetzung (Videodisks) resultiert aber auch neben einem großen Entwicklungsaufwand eine nur ungenügende didaktische und inhaltliche Variabilität – ein Problem, das gerade im Zuge zunehmend heterogener Lerngruppen, erforderlicher individueller Forderung und Förderung sowie systematischer Kompetenzausrichtung schwer ins Gewicht fällt (s. a. 2.2).

Der Gigant kurz vor der ersten Belastungsprobe

VDI nachrichten, Yichang, 30. 5. 03 -
Aus der Luft werden die gigantischen Ausmaße des chinesischen Drei-Schluchten-Staudamms am Jangtse in der chinesischen Provinz Hubei deutlich.

Am 1 Juni will China nach Angaben der Nachrichtenagentur AP die Dammtore schließen und damit beginnen, das Reservoir hinter dem Damm mit Wasser aufzufüllen. Zwei Wochen später, am 15. Juni, soll der geplante Wasserstand von 135 m erreicht sein.

Bereits in diesem Jahr soll mit der Stromproduktion begonnen werden. Die Kapazität soll bis zur endgültigen Fertigstellung 2009 beständig ausgeweitet werden. Das Kraftwerk soll eine Leistung von 18 200 MW haben und jährlich 85 TWh Strom produzieren.   ap/swe

Foto: ap

VDI Nachrichten, 30.05.2003

a) Zeitungstext (links)

b) Konventioneller Aufgabentext
Das Kraftwerk des ‚Drei-Schluchten-Staudammes' am Jangtse soll eine Leistung von 18200 MW haben und jährlich 85 TWh elektrische Energie erzeugen.

Fragen zu a), b)

1. Wie lang muss der Staudamm den Angaben des Zeitungsartikels zufolge jährlich in Betrieb sein? Was meinst du dazu? [Diese Frage suggeriert eine gewisse Beliebigkeit.]

2. Wie viele Haushalte mit einem jährlichen durchschnittlichen Bedarf an elektrischer Energie von etwa 2500 kWh können damit versorgt werden?

3. Welche Nachteile könnte der Bau eines solchen Dammes mit sich bringen oder bereits mit sich gebracht haben?

Abb. 1: Zeitungsaufgabe (a) und konventioneller Aufgabentext (b) im Themenbereich ‚Elektrische Energie'

In dieser Hinsicht sind ‚Zeitungsaufgaben' vergleichsweise leicht zu erstellen und dürfen als ein sehr variables, flexibles ‚Medium' gelten (leichte Anpassung an Themen, Niveau, Kompetenzen, Länge, Offenheitsgrad, um nur die wichtigsten Merkmale zu nennen).

Sie erfüllen insbesondere die Kriterien der Authentizität und des affektiv ansprechenden ‚Story'-Charakters. Darüber hinaus können mit ‚Zeitungsaufgaben' im Prinzip alle erforderlichen Konstruktionskriterien für ‚Anker' nach dem ursprünglichen ‚Anchored Instruction'-Ansatz erfüllt werden – außer der multimedialen Präsentation (Modifizierte Anchored Instruction MAI, vgl. Kuhn & Müller, 2005a, b).

2.2 Merkmal ‚Passung'

Bei den vorgenannten Beispielen war ein Hauptgesichtspunkt eine flexible, leicht adaptierbare Gestaltung von Aufgaben im Rahmen des Situierten Lernens („Ankermedien"). Das heißt, schon dort ging es in gewissem Sinne um Passung, nämlich auf der Ebene der *Gestaltung von Lernmedien*. In diesem Abschnitt geht es darüber hinaus um einen Ansatz, der eine auf die lernenden Individuen und Gruppen bezogene Passung zu einem *Organisationsprinzip des Unterrichts* macht.

Beispiel 2: JiTT-Aufgaben:

Das Kürzel steht für Just-in-Time-Teaching, einem Ansatz, der (wie das situierte Lernen) kognitive und motivationale Aspekte miteinander verbindet. Es handelt sich um ein neues Unterrichtskonzept aus den USA (Novak et al., 1999; Gavrin, 2003 auch hier z. T. schon eingesetzt, s. Poth & Gröber, 2006), bei dem ein oder zwei Tage vor der Unterrichtsstunde Fragen hauptsächlich zu qualitativem und konzeptuellem Verständnis an die Schüler/innen gestellt und von diesen per E-Mail beantwortet werden. Aus den Lösungen wird dann von Lehrerinnen und Lehrern eine Vorlage mit wichtigsten − richtigen *und* falschen − Aussagen der Schüler/innen erstellt (i. a. anonym), die dann in der Klasse gelesen, erörtert und diskutiert werden (abwechselnd mit Phasen, in denen die Gruppe mit üblichen Unterrichtsmedien und -methoden (Arbeitsblätter, Versuche etc. arbeitet). Erfolgversprechende Charakteristika des Verfahrens sind:

−   JiTT kann als besondere Form des adaptiven Unterrichts aufgefasst werden, die Lehrern eine gezielte, kurzfristige („just-in-time") Passung ermöglicht, d. h., sowohl auf etwaige generelle Lernschwierigkeiten (Alltagskonzepte ect.) als auch auf individuelle Verständnisniveaus und Lernvoraussetzungen einzugehen.

−   Es erfolgt weiters die Schaffung von schriftlichen (E-Mail-Beitrag) und mündlichen (Diskussion) Gelegenheiten zur Spracharbeit an fachlichen Inhalten. Dies wird aus Sicht der Allgemeinen Didaktik (Aebli, 1983) und zunehmend auch der naturwissenschaftlichen Fachdidaktik (Leisen, 1991; Merzyn, 1998a, b) als wesentlicher Bestandteil des Lernprozesses angesehen.

−   Darüber hinaus werden die Schülerinnen in besonderer Weise dazu veranlasst, reflexiv und metakognitiv vorzugehen. Die Wahrscheinlichkeit, dass sie ihre Verstehensstrategie im Zuge der Formulierung des (abzusendenden) Statements kritisch überdenken, wird nämlich durch die Präsentation und Diskussion in der Gruppe höher sein als im Falle der herkömmlichen Hausaufgabenerledigung.

−   Das Verfahren kann weiters in besonderer Weise auf der Ebene der Motivation wirksam sein, indem Selbstbestimmung (Mitgestaltung des Unterrichts) und soziale Einbindung (Diskussion der Schülerbeiträge in der Gruppe) in besonderer Weise gefördert und gefordert werden. Selbstbestimmung und soziale Einbindung sind (zusammen mit Kompetenz) Hauptfaktoren einer der führenden Theorien der Motivationspsychologie (Selbstbestimmungstheorie nach Deci & Ryan, 1985; Black & Deci, 2000), nach der von JiTT also nicht nur auch ein positiver Einfluss im kognitiven Bereich, sondern auch im motivationalen Bereich erwartet werden kann.

Auf der Basis der o. g. Charakteristika und des Versuches von deren Anbindung an den State-of-the-Art von Unterrichts- und Motivationspsychologie (Helmke, 2006b; Deci & Ryan, 1985; Black & Deci, 2000) ergibt sich eine Gruppe von Hypothesen über die Lern- und Motivationswirkung des JiTT-Ansatzes, die in einer derzeit laufenden Untersuchung überprüft werden (Poth, 2006). Auch hier werden erste Ergebnisse bis Mitte 2007 vorliegen.

2.3 Merkmal ‚Fehlerkultur'

Eine positive „Fehlerkultur" (Helmke, 2006a) ist aus heutiger Sicht ein wesentlicher Aspekt eines lernförderlichen Klimas: Auftretende Fehler und Lernschwierigkeiten werden nicht negativ sanktioniert, sondern als Lernchance gesehen und konstruktiv für die Verbesserung des Verständnisses genutzt; dabei muss eine klare Trennung von Lern- und Leistungssituationen stattfinden. Dies ist in Mathematik und Naturwissenschaften von besonderer Bedeutung (BLK, 1997), in denen Fehler eher als ein durch die Fachsozialisation verhängtes Tabu denn als Lerngelegenheiten angesehen werden. Ganz im Gegensatz dazu sollten aber Fehler und Lernschwierigkeiten nicht nur da, wo sie gerade zufällig auftreten, sondern in gezielt geplanten Unterrichtsmaßnahmen zum „Lernen aus Fehlern" konstruktiv genutzt werden (Müller, 2003a).

Dies soll an zwei kognitions- und instruktionspsychologisch besonders wichtigen Fehlerquellen verdeutlicht werden, nämlich Alltagskonzepten und -theorien (Beispiel 2) sowie Denkheuristiken oder -biases (Beispiel 3). Als Hinweis sei das träge Wissen als weitere Quelle von Lerndefiziten erwähnt, die eng mit Fehlern verwandt sind und bei denen das Lernen von ähnlichen „Klima-Maßnahmen" profitieren kann (s. Renkl, 1998 und 2004)

2.3.1 Wichtige Typen von Fehlern und Lernschwierigkeiten

Beispiel 3: Alltagskonzepte und -theorien (Prä-/Misskonzepte, „intuitive/ naive Physik"; Duit, 1996):

Abbildung 2 macht klar, was gemeint ist: Auf die Frage, ob ein 12-Tonner oder eine „Ente" beim Zusammenstoß mehr Kraft ausübt, antworten viele Menschen (erwachsene Physiklaien, Schüler vor Mechanikunterricht – und allzu häufig danach): Der LKW, „natürlich!". Physikalisch richtig ist, dass die *Kräfte* gleich sind, wegen des Newtonschen Axioms actio = reactio, dass aber sehr wohl die *Impulse* p = mv verschieden sind (und ebenso die Bewegungsenergien E = ½ mv²). Das ist zunächst ein Problem mangelnder Begriffsdifferenzierung der Alltagssprache (nämlich dass es keinen Alltagsbegriff und wohl auch nicht den Gedanken zu jener Größe gibt, die sich physikalisch nicht ändert; das bloße Festhalten an dem Alltagsbegriff von Kraft, mit dem die o. g. Antwort sinnvoll ist, kann eigentlich nicht als Fehler bezeichnet werden). Ein wirklicher Fehler liegt erst dann vor, wenn klar ist, dass es um den physikalischen Begriff geht, und das Wissen darüber (wie „actio = reactio" etc.) auch im Unterricht behandelt wurde, aber nicht genutzt wird.

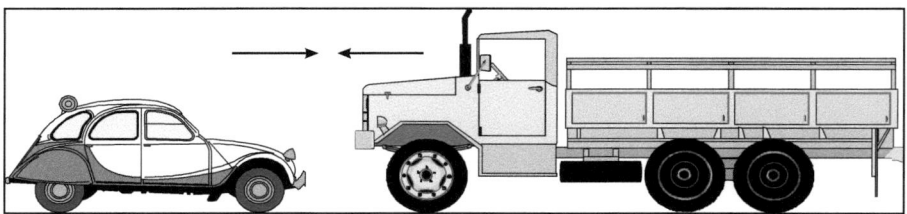

Abb. 2:   LKW gegen 2CV – wer übt mehr Kraft aus?

Alltagskonzepte und Lernschwierigkeiten dieser Art sind quer durch alle Teilgebiete der Physik sehr verbreitet, und es liegen dazu umfangreiche Beispielsammlungen vor (Duit, 1985). Es ist bekannt, dass sie sehr stabil gegenüber konventionellem Unterricht sind („Persistenz"), dass aber Unterrichtsmodelle mit verschiedenen Formen von Aktivierung und Aufgabenorientierung auch hier einen merklichen Lernfortschritt bringen können (Beispiel Mechanik: Haake, 1998). Auch für die psychologischen Mechanismen hinter der Persistenz und ihrer Überwindung liegt mit dem „conceptual change"-Ansatz ein tragfähiges Modell vor (Strike & Posner, 1982, Schnotz, 1998); s. a. unten den Punkt „Träges Wissen" für ein mit der Persistenz verwandtes Phänomen).

Alltagskonzepte und -theorien können auf verschiedenen Ebenen in einer lernförderlichen Aufgabenorientierung im naturwissenschaftlichen Unterricht berücksichtigt werden. Es sei hier der Bezug zu zwei besonders wichtigen Aspekten hergestellt:

Spracharbeit: Das Beispiel der mangelnden Differenzierung von Kraft und Impuls[1] macht sehr deutlich, dass viele Alltagsvorstellungen auch durch eine intensive Spracharbeit thematisiert werden müssen (wie oben schon angesprochen), oder wie Merzyn (1998a) es sagt: „Eine Naturwissenschaft lernen heißt zu einem erheblichen Teil: den Umgang mit ihren Begriffen lernen." Dabei ist es wohl fruchtbarer, von einer *Bereicherung* der Alltagsbegriffe durch die Fachbegriffe zu sprechen und nicht von einer Überwindung (im Alltagskontext bleiben sie ja richtig, aber im technisch-wissenschaftlichen nicht; oder solche Kontexte können gar nicht erschlossen werden).

Diagnose: Voraussetzung für eine gezielte Unterrichts- und Aufgabenarbeit an Alltagskonzepten und -theorien ist eine adäquate Diagnosemöglichkeit. Dabei haben Fragen wie die oben genannte (Abbildung 2) als ein besonderer Aufgabentyp große Bedeutung gewonnen, bei dem es auf konzeptuelles Verständnis ankommt. Solche Aufgaben, die auch *ohne* spezifische Lernvoraussetzung verstanden werden können, sollten auch schon *vor* den differenzierenden Erläuterungen im Unterricht

---

1   Weitere Beispiele: Fragen zur Unterscheidung von Geschwindigkeit/Beschleunigung, Wärme/Temperatur; Gegenbeispiel: Rechenaufgaben zum Umgang mit physikalischen Gesetzen.

gestellt werden., weil sie. Dies ist deswegen wichtig, weil damit die Überprüfung der Lernfortschritt auf der Ebene der Konzepte möglich ist, und Aufgaben dieses Typs wurden zu „Konzept-Tests" in verschiedenen Bereichen zusammengestellt (Hestenes et al., 1992; Evans, 2003), die zunehmend auch den methodischen Anforderungen für psychometrische Instrumente ausgerichtet werden.

Es ist ein Charakteristikum des unter Beispiel 2 genannten JiTT-Verfahrens, dass darin die beiden Aspekte ‚Spracharbeit' und ‚Diagnose' systematisch, nämlich durch die Unterrichtsorganisation bzw. -methode, integriert sind.

Während das Beispiel der Alltagskonzepte und -theorien auf der Ebene spezifischer Wissensinhalte liegt, betreffen die folgenden Beispiele stärker die Ebene der Wissensverarbeitung.

Beispiel 4: Heuristiken/Urteils-Biases.

Im Verlauf seiner persönlichen Entwicklung (und seiner Stammesgeschichte) hat der Mensch bestimmte Denkschemata herausgebildet, die zur Erleichterung der ständigen Entscheidungen und Entlastung von den immer neuen Aufgaben dienen, die dem Menschen im Alltag, bei der Arbeit und in der Schule begegnen. Solche (oft unbewussten) Denkschemata sind zugleich aber auch Quellen von häufig gemachten Fehlern. Diese Zweischneidigkeit ist natürlich u.a. für das Lernen außerordentlich interessant. Effekte dieser Art werden in der Psychologie als ‚Heuristiken' (d.h. Verfahren zum Finden von Lösungen) oder als ‚Urteils-Bias' (Urteilsneigung oder -tendenz) intensiv untersucht (Weniger, 2002).

Das Beispiel der Verfügbarkeitsheuristik (weitere Beispiele s. Müller, 2003a) lässt sich sehr prägnant umschreiben: „Wer nur einen Hammer hat, für den sieht jedes Problem aus wie ein Nagel". Diese Heuristik wird auch bei Aufgabenstellungen des naturwissenschaftlichen Unterrichts häufig angewandt wird, etwa für folgende Aufgabe aus der elementaren Kinematik:

Eine Strecke s wird mit der Geschwindigkeit v_1 auf dem Hinweg und mit der Geschwindigkeit v_2 auf dem Rückweg zurückgelegt; gefragt ist eine Schätzung der mittleren Geschwindigkeit auf der Gesamtstrecke. Die korrekte Lösung folgt direkt aus der Definition der mittleren Geschwindigkeit = Gesamtweg/Gesamtzeit, d.h. $v=2s/(t_1+t_2)$. Das Einsetzen der Hin- und Rückfahrzeiten $t_{1,2} = s/v_{1,2}$ ergibt, dass die gesuchte mittlere Geschwindigkeit das harmonische Mittel von v_1 und v_2 ist:

$$v = v_h := 2/(v_1^{-1}+v_2^{-1}).$$

Sehr häufig liegen die Schätzungen aber bei dem „näher liegenden" (d.h. verfügbareren) arithmetischen Mittel (s. Abbildung 3).

$$v_a = \tfrac{1}{2}\,(v_1+v_2).$$

Dieses Ergebnis ist übrigens wenig beeinflusst von verschiedenen instruktionalen Maßnahmen (wie dem Einsatz von Lernsoftware, *dem eigentlichen Untersuchungsgegenstand von Reed*, 1985), zeigt also die schon bei Beispiel 2 erwähnte Persistenz.

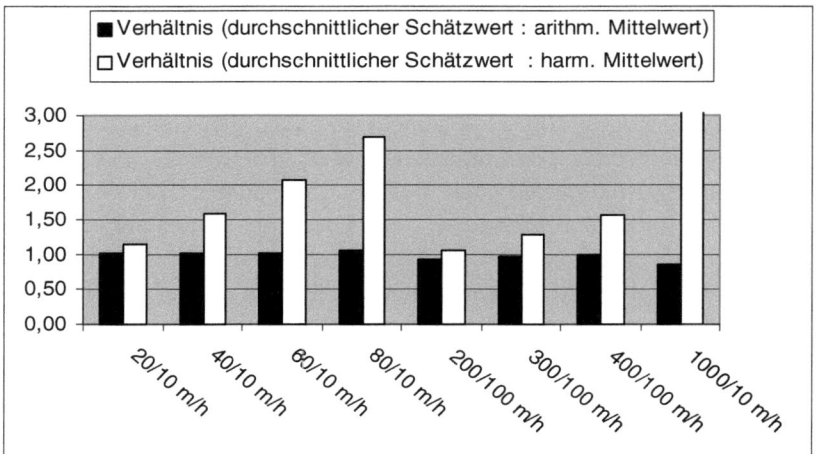

Abb. 3:   Verfügbarkeitsheuristik

Die Graphik (Daten aus Reed, 1985) zeigt die Verhältnisse des mittleren Schätz-
wertes zum arithmetischen bzw. zum harmonischen Mittelwert für verschiedene
Paare von v1 und v2 (in Meilen/Stunde). Auch wenn nach Schätzungen (also nicht
Rechnungen) gefragt war, so ist doch offensichtlich, dass die angegebenen Werte
konsistent nahe beim „näherliegenden" (d. h. verfügbareren), aber inkorrekten
arithmetischen Mittel liegen (Verhältniswerte ca. 1) und z.T. weit entfernt sind von
dem (korrekten) harmonischen Mittel (Verhältniswerte bis über 20).

2.3.2   Aus Fehlern lernen – mit Aufgaben arbeiten!

Der Bezug von Heuristiken und anderen wichtigen Fehlerquellen zu einem
aufgabenorientierten Lernen ist ein doppelter. Erstens tun sich Alltagskonzepte,
träges Wissen, Heuristiken und andere Fehlerquellen anhand von Aufgaben kund,
d.h. Aufgaben sind ein Mittel zu deren *Diagnose*. Zweitens können diese Fehler-
quellen anhand geeigneter Arbeit mit Aufgaben bewusst gemacht und für den
Lernenden besser kontrollierbar werden, d. h. Aufgaben sind auch ein Mittel zur
„*Therapie*". Möglichkeiten hierfür sind z.B.:
–   „Worked Examples" mit expliziter Analyse von Fehlerquellen
–   Führen einer Fehlerkartei durch den Schüler
–   Analyse („Detektivarbeit") von *fremden* Fehlern

Im Zusammenhang mit dem letzten Beispiel soll der Blick noch einmal auf den
Aspekt ‚Motivation' gelenkt werden, während die o. g. Beispiele (Abschnitt 2.3.1)
mehr der Kognition gewidmet waren. Das Problem der Frustration durch eigene
Fehler kann ja dadurch entschärft werden, dass auch *fremde* Fehler als Lern-
gelegenheit herangezogen werden. Dies können Schülerfehler aus anderen Jahr-
gängen sein oder Zeitungs-, Werbungs- oder andere Gebrauchstexte (was dann

zugleich das kritische Denken fördert). Die Einsicht „Irren ist menschlich" stellt einen Schutz vor übermächtigen Selbstzweifeln dar. Überdies ist es sehr viel befriedigender, als Detektiv einen fremden Fehler aufspüren zu können, als sich mit den eigenen Misserfolgen beschäftigen zu müssen. Zugleich macht konzentrierte Arbeit an diesen fremden Fehlern aber auch klar, dass man sie, wie auch die eigenen, nicht einfach auf sich beruhen lassen darf. Die Lernmotivation kann hier noch weiter erhöht werden, indem man die Suche nach fremden Fehlern als Wettbewerb organisiert, etwa unter dem Motto „Wer findet die meisten Fehler?"

Eine Zusammenstellung weiterer Arbeitsformen und Unterrichtsmaßnahmen sowie eine einschlägige Aufgabensammlung findet sich in Müller (2003b, c).

3. Ausblick: Didaktische Konsistenz und Aufgaben in der Lehrerbildung

In Hinblick auf deren Schlüsselrolle ist ein kurzer Ausblick auf die Lehrerbildung angebracht. Sie ist als Hochschulausbildung *Endpunkt* der Bildungskette, und zugleich *Ausgangspunkt* und wesentliche Voraussetzung der Unterrichtsqualität für viele Schülergenerationen. Ein wichtiger Faktor wie Aufgaben in ihren vielfältigen und folgenreichen Kontexten muss daher auch Konsequenzen für die Lehrerbildung haben, wie durch nachstehende Argumente noch genauer begründet wird.

Erstens ist es trotz erheblicher Forschungslücken doch klar, dass viele Faktoren guter (d.h. lernwirksamer) Hochschuldidaktik mit denen guten Unterrichtes durchaus Gemeinsamkeit haben (Helmke, Schrader, 1998): Motivierung und Eigenaktivität der Lernenden, Aufzeigen von Sinn- und Bedeutungsbezügen, Diagnose und Integration alternativer Vorstellungen, Diskussion und Klärung unklarer Fragen u.a. m. Die Bedeutung von Aufgaben für solche Schlüsselelemente des Lehr-Lern-Prozesses wurde in den vorigen Abschnitten ausführlich beschrieben, und dies gilt für Schul- und Hochschulunterricht in ganz ähnlicher Weise.

Zweitens fördert eine in diesem Sinne vielfältige Aufgabenarbeit in der Lehrerbildung anhand des eigenen Lernens der Studierenden das Bewusstsein für die beschriebenen Funktionen und Qualitätskriterien von Aufgaben (s. Teil 1) und schafft somit auch eine wichtige Voraussetzung für die Bewertungskompetenz der späteren Lehrer.

Drittens erlauben Aufgaben in der Lehrerbildung insbesondere auch die schrittweise Erarbeitung einer Verbindung von Wissen aus den verschiedenen Bereichen der Lehrerbildung (Fachwissenschaft, Fachdidaktik, Bildungswissenschaft, Schulpraxis), deren Fehlen nach heutiger Sicht einen der größten Mängel der bisherigen Lehrerausbildung darstellt (Wissenschaftsrat, 2001, II.2; Terhart, 2002, 1.2.3). Es ist nun sehr gut möglich, diese Abstimmung in fachlichen Übungsaufgaben für das Lehramt zu thematisieren, s. etwa Abbildung 4 und folgende weitere Beispiele (FW = Fachwissenschaft, FD = Fachdidaktik, BW = Bildungswissenschaft):

– Vorschläge zur Schülerselbsttätigkeit für ein gegebenes Thema der FW

– Einkleidung einer gegebenen „trockenen" Aufgabe der FW gemäß bekannter Motivierungsmaßnahmen

– Erstellung eines Begriffsnetzes („concept map") für ein Teilgebiet der FW

– Anwendung wichtiger Theorien der BW auf ein Teilgebiet der FW, etwa dessen Strukturierung gemäß der Lernhierarchien nach Gagné

– Strukturierung eines Teilgebietes der FW gemäß wichtiger Unterrichtsmodelle der BW[2], etwa Gagnés „instructional events" (Rost, 1998, 201) oder die Hierarchie der Bildungs- und Lernziele nach Klafki.[3]

Aufgaben dieser Art sind Teil eines Innovationsmodells der Lehrerbildung, das kürzlich genauer beschrieben wurde (LeNa, 2004).

Beispiel 5: Lernaufgaben in der Lehrerbildung: Wissenstypen.

a) Bilden Sie für folgende Wissenstypen [Rost 1998, 200] je ein Beispiel im Zusammenhang mit den Newtonschen Axiomen:

deklaratives Wissen (ich weiß, dass ...),

prozedurales Wissen (ich weiß, wie ...),

kontextuelles Wissen (ich weiß, wann und warum ...),

heuristisches Wissen (ich weiß, wie man eine Lösung findet ...),

metakognitives Wissen (ich weiß, dass ich weiß/nicht weiß ...).

b) Erläutern Sie die Bedeutung dieser Wissenstypen für das Lernen

---

Lösung:

Wissenstyp	a) Beispiele	b) Bedeutung
deklarativ	„Das 3. Newtonsche Axiom lautet *actio = reactio*"	Erste, einfachste Stufe von Lernen: bloße faktische Wiedergabe
prozedural	„Die zweite Ableitung $dv/dt = d2x/dt2$ im Newtonschen Axiom wird nach folgenden Regeln gebildet ..."	Notwendige Stufe des Lernens, um ein Lösungsverfahren für Standardprobleme durchführen zu können
kontextuell	„Die Newtonschen Gleichungen gelten, solange die Geschwindigkeiten klein gegenüber der Lichtgeschwindigkeit sind"	Notwendige Stufe des Lernens, um Bedingungen und Grenzen einer Theorie berücksichtigen zu können
heuristisch	„Bei einem Mechanik-Problem ist es immer gut zu schauen, ob einem eine Erhaltungsgröße weiterbringt (Impuls, Drehimpuls, Energie)." „Ich weiß, dass die Schwingungsgleichung für Wechselstromkreise analog zu der des Federpendels zu lösen ist"	Notwendige Stufe des Lernens, um einen Lösungsweg für Nichtstandard-Probleme zu finden

---

2   Die Bearbeitung einer solchen Übungsaufgabe kann sich über mehrere Wochen erstrecken.

3   N.B.: übungsweise Anwendung einer bildungswissenschaftlichen Idee oder Theorie bedeutet *nicht* Annahme von deren Richtigkeit, sondern ist vielmehr Grundlage der kritischen Überprüfung derselben!

metakognitiv	„Ich weiß, dass ich so eine ähnliche Bewegungsgleichung schon gesehen habe." "Ich weiß, dass ich im 2. Axiom den Ausdruck *dp/dt* im Unterschied zu *mdv/dt* nicht richtig verstanden habe, das aber wichtig ist."	Notwendige Stufe für die Selbst- steuerung und -kontrolle des Lernens

Abb. 4:   Ein Beispiel für Lernaufgaben in der Lehrerbildung

Bemerkung:

Leichtere Aufgabenvarianten entstehen 1. wenn die Beispiele vorgegeben sind und die Wissenstypen daran identifiziert werden sollen, 2. wenn die Lösung der Aufgabe für ein anderes Teilgebiet der Physik vorgegeben wird und per Analogie zu übertragen ist.

Danksagung:

Mehrere der hier vorgestellten Arbeiten werden gefördert durch das Programm „Neue Wege in der Lehrerbildung" des Stifterverbandes für die Deutsche Wissenschaft sowie das Hochschulsonderprogramm „WissenSchafftZukunft" des Landes Rheinland-Pfalz.

Literatur

Aebli, H. (1983). 12 Grundformen des Lehrens. Stuttgart: Klett-Cotta.

Armbrust, A. (2001). Physikaufgaben und -informationen aus der Zeitung. Mathematischer und Naturwissenschaftlicher Unterricht (MNU) 54, 2001/7, 405-409

Arnold, K.-H., Wiechmann, J., Sandfuchs, U. (Hrsg.) (2006). Handbuch Unterricht. Bad Heilbrunn: Klinkhardt.

Bayerisches Staatsministerium für Unterricht und Kultus. (2005). Externe Evaluation an Bayerns Schulen. Das Konzept, die Instrumente, die Umsetzung. München: Staatsinstitut für Schulqualität und Bildungsforschung.

Black, A.E., Deci, E.L. (2000). The Effects of Instructors' Autonomy Support and Students' Autonomous Motivation on Learning Organic Chemistry: A Self-Determination Theory Perspective. Science Education 84, 740-756.

BLK (Bund-Länder-Kommission für Bildungsplanung und Forschungsförderung; Hrsg.) (1997). Gutachten zur Vorbereitung des Programms ,Steigerung der Effizienz des mathematisch-naturwissenschaftlichen Unterrichts'. Bonn: BLK. Verfügbar unter: http://www.blk-bonn.de/download.htm (Heft 60)

Bransford, J. D., Sherwood, R. D., Hasselbring, T. S., Kinzer, C. K. & Williams, S. M. (1990). Anchored instruction: Why we need it and how technology can help. In Nix, D. & Spiro, R. (Hrsg.), Cognition, education and multimedia. Hillsdale/NJ: Erlbaum.

CTGV (Cognition and Technology Group at Vanderbilt). (1990). Anchored instruction and its relationship to situated cognition. Educational Researcher, 19 (6), 2-10.

CTGV (Cognition and Technology Group at Vanderbilt). (1993). Anchored instruction and situated cognition revisted. Educational Technology, 33 (3), 52-70.

CTGV (Cognition and Technology Group at Vanderbilt). (1997). The Jasper project: Lessons in curriculum, instruction, assessment, and professional development. Hillsdale/NJ: Erlbaum.

Deci, E.L., Ryan, R.M. (1985): Intrinsic motivation and self-determination in human behavior. New York: Plenum Press.

Duit, R. (1996): Preconceptions and Misconceptions. In: de Corte, E., Weinert, F. (Eds): International encyclopedia of developmental and instructional psychology. Oxford, UK: Elsevier, 455-459.

Duit, R. (1985): Bibliography „Students' and Teachers' Conceptions and Science Education (STCSE)" (Formerly: Pfundt, H., Duit, R.: Bibliography – Students' Alternative Frameworks and Science Education) Kiel: IPN. URL: http://www.ipn.uni-kiel.de/aktuell/stcse/stcse.html (Zugriff 31.1.2007)

Evans, D.L. (Hrsg.) (2003): Progress on concept inventory assessment tools. In: Proc. form the ASEE/IEEE Frontiers in Education Conference. Boulder: IEEE

Gavrin A., J. X. Watt, J.X., Marrs, K.A. and R. E. Blake, R.E. (2003) „Just-in-Time Teaching (JiTT): Using the Web to Enhance Classroom Learning." Computers in Education Journal, Vol. XIV (2)

Hake, R.R. (1998): A six-thousand-student survey of mechanics test data for introductory physics courses, Am. J. Phys. 66, 64-74.

Helmke, A. (2004). Unterrichtsqualität: Erfassen, Bewerten, Verbessern (3. Aufl.). Seelze: Kallmeyersche Verlagsbuchhandlung.

Helmke, A. (2006a). Was wissen wir über guten Unterricht? Pädagogik (Große Serie 2006: Forschung-Schule-Unterricht. Befunde und Konsequenzen), 2, 42-45.

Helmke, A. (2006b). Unterrichtsqualität: Erfassen, Bewerten, Verbessern (4. Aufl.). Seelze: Kallmeyersche Verlagsbuchhandlung.

Helmke, A., Hosenfeld, I. (2004). Vergleichsarbeiten – Standards – Kompetenzstufen: Begriffliche Klärung und Perspektiven. In: R. S. Jäger, A. Frey & M. Wosnitza (Hrsg.), Lernprozesse, Lernumgebung und Lerndiagnostik. Wissenschaftliche Beiträge zum Lernen im 21. Jahrhundert. Landau: Verlag Empirische Pädagogik, 56-75.

Helmke, A., Heyne, N., Hosenfeld, A., Schrader, F.-W. & Wagner, W. (im Druck). Unterrichtsqualität in der Grundschule. In P. Hanke & C. Möller (Hrsg.). (im Druck). Qualität von Grundschulunterricht entwickeln, erfassen und bewerten. Tagungsband 15. Jahrestagung der Kommission „Grundschulforschung und Pädagogik der Primarstufe" der DGfE (Sektion Schulpädagogik) in Münster, 4.-6.10.2006.

Helmke, A. & Schrader, F.-W. (2006). Lehrerprofessionalität und Unterrichtsqualität. Den eigenen Unterricht reflektieren und beurteilen. Schulmagazin 5-10, 9, 5-12

Helmke, Schrader (1998): „Hochschuldidaktik". In: Rost (1998), 183-187.

Herget, W. & Scholz, D. (1998). Die etwas andere Aufgabe – aus der Zeitung. Mathematik-Aufgaben Sek. I. Seelze: Kallmeyersche Verlagsbuchhandlung

Hestenes, D.; Wells, M.; Swackhamer; G. (1992). Force Concept Inventory. The Physics Teacher, 30 (3), 141-151

Kuhn, J. (2007a) Authentische Aufgaben im Physikunterricht: Nachhaltige Bildung durch Entwicklung von Ankermedien und Kultivierung von Aufgaben. In: D. Lemmermöhle, M. Rothgangen, S. Bögeholz, M. Hasselhorn & R. Watermann (Hrsg.) professionell lehren – erfolgreich lernen Münster: Waxmann, 251-263.

Kuhn, J., Müller, A. (2005a): „Ein modifizierter ‚Anchored Instruction'-Ansatz im Physikunterricht: Ergebnisse einer Pilotstudie." J. Kuhn, A. Müller, Empirische Pädagogik (EP) 19 (Heft 3, 2005), 281-303.

Kuhn, J., Müller, A. (2005b) „Ankermedien und ‚Aufgabenkultur' im Physikunterricht: Zwei empirische Studien im theoretischen Rahmen des situierten Lernens". J. Kuhn, A. Müller in „Vorträge – Physikertagung 2005 Berlin (CD-Rom)", Hrsg. V. Nordmeier (Fachausschuss Didaktik der Physik, Deutsche Physikalische Gesellschaft, Bad Honnef; Lehmanns, Berlin).

LeNa (2004): „LeNa-Lehrerbildung in den Naturwissenschaften" (gefördert durch: „Neue Wege in der Lehrerbildung" des Stifterverbandes für die Deutsche Wissenschaft).

Programmbeschreibung: http://www.uni-landau.de/zlb-landau/html/projekte_ forschung/lena.htm (Zugriff 31.1.2007)

Leisen, J. (1991): Über Sprachprobleme im deutschsprachigen Fachunterricht am Beispiel des Physikunterrichts, Zielsprache Deutsch 22/3, 143-151

Leisen, J. (2005): Zur Arbeit mit Bildungsstandards – Lernaufgaben als Einstieg und Schlüssel. Der mathematische und naturwissenschaftliche Unterricht 58 (2005), 306-308.

Lenzner, A. (2006): Kognitiv-emotionale Effekte von dekorativen Bildern bei der Kommunikation von Wissen am Beispiel der Physik". Teilprojekt im Rahmen von VISKOM (2006).

Levin, A., Arnold, K.-H. (2006): „Selbstgesteuertes und Selbstreguliertes Lernen". In: Arnold et al. (2006)

Mahlmann, A. (2006): „Faszination und Ästhetik in den Naturwissenschaften – lassen sie sich für das Lernen nutzen?" Landau: Zentrum für Lehrerbildung.

Merzyn, G. (1998a): Sprache und naturwissenschaftlicher Unterricht: 10 Thesen. Praxis der Naturwissenschaften: Physik, 47/2, 1

Merzyn, G. (1998b): „Sprache im naturwissenschaftlichen Unterricht", Physik in der Schule, 36/6, Teil 1: 203ff.; Teil 2: 243ff., Teil 3: 284ff.)

Meyer, H. (2004). *Was ist guter Unterricht?* Berlin: Cornelsen.

Mikelskis, H., Seifert, S., Roesler, F. (1999): Optik lernen mit der Simulationssoftware PhenOpt. Mathematischer und Naturwissenschaftlicher Unterricht (MNU) 52/8, 460-466.

Müller, A. (2003a): „Fehlertypen und Fehlerquellen beim Physiklernen: Was weiß die Denkpsychologie?", A. Müller, in: Themenheft: „Aus Fehlern Lernen", Praxis der Naturwissenschaften 52 (1/2003) 2-10.

Müller, A. (2003b): „Aus eigenen und fremden Fehlern lernen: Arbeitsformen und Unterrichtsideen", A. Müller, in: Themenheft: „Aus Fehlern Lernen", Praxis der Naturwissenschaften 52 (1/2003) 11-17.

Müller, A. (2003c): „Aufgaben für das Lernen aus Fehlern", A. Müller, in: Themenheft: „Aus Fehlern Lernen", Praxis der Naturwissenschaften 52 (1/2003) 18-21.

Novak, G., Patterson, E., Gavrin, A. & Christian, W. (1999). Just-In-Time-Teaching: Blending Active Learning with Web Technology. Upper Saddle River: Prentice Hall.

Poth, T. (2006): „Just-in-time-Teaching: Adressatengerechtes Unterrichten, Selbsttätigkeit, Versprachlichung und Begriffsbildung beim Lernen von Physik" Teilprojekt im Rahmen von UPGradE (2006)

Poth, T., Gröber, S. (2006): Maßgeschneiderter Unterricht durch Just-in-Time Teaching – Vorstellung eines Unterrichtsgangs im MultiMechanics Project, Praxis der Naturwissenschaften – Physik in der Schule, 55/3, 43-46

Reed, S. K. (1985): Improving Estimates to Algebra Word Problems. J. of Educ. Psychology 77, 285-298.

Renkl, A. (1998): Träges Wissen. In: Rost (1998) 514-516.

Renkl A. (2004): „Fürs Leben lernen. Träges Wissen aus pädagogisch-psychologischer Sicht.", Schulmagazin 5 bis 10, 4/2004, 5-8.

Renkl, A. (2002). Worked-out examples: instructional explanations support by self-explanations. Learning and Instruction, 12 (5), 529-556.

Rost, D. (Hrsg.)(1998): Handwörterbuch Pädagogische Psychologie.Weinheim: Beltz.

Stark, R., Mandl, H., Gruber, H. & Renkl, A. (2002). Conditions and effects of example elaboration. Learning and Instruction, 12, 39-60.

Schnotz, W. (1998): Conceptual Change. In: Rost (1998), 55-59

Strike, K.A., Posner, G. (1982): Conceptual Change and Science Education. Eur. J. Sci. Ed. 4, 231-240

Terhart (2002): „Empfehlungen zur Weiterentwicklung der Lehrerbildung in Niedersachsen". Hannover: Wissenschaftliche Kommission Niedersachsen

UFO (2006): Forschungsschwerpunkt ‚Unterrichtsforschung' im Rahmen des Hochschul-programms „Wissen schafft Zukunft" des Landes Rheinland-Pfalz. Leitung A. Helmke, Universität Koblenz-Landau.

UPGradE (2006): Unterrichtsprozesse – Graduiertenschule der Exzellenz. Universität Koblenz-Landau http://www.upgrade.uni-landau.de/ (Zugriff 7.3.2007)

Vogt, P. (2006): Lernwirksamkeit authentischer Texte in Physik – von Werbeanzeigen bis zu wissenschaftlichen Originalartikeln. Teilprojekt im Rahmen von UPGradE (2006)

Weniger, G.. (Hrsg.) (2002): Lexikon der Psychologie, Hrsg. G. Weniger (Spektrum Akademischer Verlag, Heidelberg, 2002).

Wissenschaftsrat (Hrsg.)(2001): „Empfehlungen zur künftigen Struktur der Lehrer-bildung". Berlin: Wissenschaftsrat.

Wolf, B. (1998). Effektstärkenmaße. In D. Rost (1998).

VISKOM (2006): Forschungsschwerpunkt ‚Visuelle Wissenskommunikation'. im Rahmen des Hochschulprogramms „Wissen schafft Zukunft" des Landes Rheinland-Pfalz. Leitung W. Schnotz, Universität Koblenz-Landau.

Tina Hascher & Franz Hofmann, Salzburg

Aufgaben – noch unentdeckte Potenziale im Unterricht

> *„Das Ziel, das wir uns als Lehrer stellen, ist, dem*
> *Schüler nach besten Kräften ein fundiertes Ver-*
> *ständnis des Gegenstandes zu vermitteln und ihn*
> *so gut wir können zu einem selbständigen und*
> *spontanen Denker zu machen, daß er am Ende*
> *der Schulzeit allein weiterkommen wird. "*
> (Bruner, 1973, 16)

Der nachfolgende Beitrag widmet sich der Frage, wie das Potenzial von Aufgaben in der Schule noch besser ausgeschöpft werden kann. Argumentiert wird dabei aus einer Perspektive, die Erkenntnisse aus der Lernpsychologie mit Erkenntnissen aus der Unterrichtsforschung verbindet. Deutlich wird dabei, dass es im Unterricht noch stärker darum gehen muss, Schüler/innen anhand eines gezielten Einsatzes von Aufgaben zur Entwicklung von Strategien für die Lösung zukünftiger Problemstellungen zu befähigen. Plädiert wird damit für ein Bildungsverständnis, das Schulerfolg als Ergebnis multipler Bildungsprozesse versteht.

Damit dieses Bildungsverständnis in unterrichtliches Handeln umgesetzt wird, bedarf es nicht zuletzt professioneller Lernprozesse auf der Seite der (angehenden) Lehrpersonen. Das nachfolgende Beispiel soll dies illustrieren:

Heute gab es eine unvorbereitete Lernkontrolle. Bevor ich das Probeblatt aus-
teilte, gab ich noch die Anweisung, dass bei ein paar Rechnungen auch die Formel
notiert werden muss. Einige haben die Formel hingeschrieben, die meisten nicht.
Das hat mir deutlich gemacht, dass solche Anweisungen auf dem Probeblatt stehen
müssen. Auch alles weitere, was für die Lehrperson als verständlich angenommen
wird, muss auf dem Aufgabenblatt vorhanden sein. Nur so lösen die Schülerinnen
und Schüler die Aufgaben so, wie es die Lehrperson erwartet. Diese Feststellung
gilt nicht nur für Proben, sondern auch bei allen anderen Aufgabenstellungen. Der
Schüler und die Schülerin muss von der Lehrperson stets ganz genaue Anwei-
sungen erhalten. Ansonsten weiß der Schüler oder die Schülerin nicht, was er oder
sie machen muss, oder alle versuchen einfach einmal etwas zu machen. (HUA,
E110)

Dieses Beispiel stammt aus einem Lerntagebuch, das Studierende des Lehramts während ihres Praktikums verfasst haben (Hascher & Wepf, 2007). Es steht exemplarisch für drei Aspekte: erstens für den Umstand, dass die Formulierung guter Aufgaben bzw. guter Aufträge gelernt werden muss; zweitens für das Bewusstsein der (angehenden) Lehrpersonen, dass die Qualität der Aufgabenbearbeitung eng mit der Art der Aufgabenstellung verbunden ist; drittens für den Sachverhalt, dass Lehrpersonen zum Teil sehr enge Erwartungen haben, wie die

Aufgabenlösung erfolgen soll. Gerade der dritte Aspekt eröffnet den Blick auf eine Problematik der Aufgabenbearbeitung: Je enger die Vorstellung der Lehrperson, desto enger wird auch der Bearbeitungsspielraum der Lernenden und desto eingeschränkter das Lernpotenzial, das eine Aufgabe in sich birgt. Dementsprechend werden in den nachfolgenden Ausführungen drei Thesen erörtert:

1. Schulerfolg ist häufig ein Resultat gelungener Lernsozialisation, jedoch kein nachhaltiger Lernerfolg.
2. Echter Lernzuwachs erfordert eine neue Lernkultur, die sich in einer neuen Aufgabenkultur manifestiert.
3. Die Etablierung einer neuen Aufgabenkultur gelingt nur, wenn bestimmte Parameter, insbesondere das Verhalten der Lehrperson betreffend, erfüllt sind.

1. These 1: Schulischer Erfolg als Resultat gelungener, doch lernpsychologisch unerwünschter Lernsozialisation

In der Regel verfolgen Schüler/innen primär das Ziel, in ihrer Bildungslaufbahn gut voranzukommen. Dabei geht es ihnen in erster Linie um den Erhalt positiver Noten. Für eine solche Einstellung, die vielen Lehrpersonen entgegen kommt und häufig unhinterfragt als Schülertugend geschätzt wird, hat Holzkamp (1995) den Begriff des „defensiven Lernens" vorgeschlagen: Mit ihm wird ausgedrückt, dass für Schüler/innen weniger der Lern- und Kompetenzzuwachs im Vordergrund steht, als vielmehr die Erfüllung der Leistungsnormen und die Vermeidung von Schwierigkeiten mit der Lehrperson, weil diese ja über Aufstieg oder Repetieren-Müssen entscheidet. Schüler/innen erfinden infolgedessen Schummeltaktiken, raffinierte Strategien zur Vortäuschung vermeintlichen Wissens und passen sich der Lehrperson an – besonders auch an deren Denk- und Argumentationswege.

Die Ursachen für die Entwicklung defensiven Lernens sind jedoch nicht nur bei den Schüler/innen zu suchen. Vielmehr wird es auch durch die schulischen und unterrichtlichen Rahmenbedingungen gefördert. Die Aufgabenkultur ist ein Teilelement dieser Bedingungen, die im Folgenden genauer analysiert werden sollen: Welche Prozesse hinsichtlich der Aufgabenstellung im Unterricht stehen hinter dem defensiven Lernen?

Aufgrund heterogener Lernvoraussetzungen ist anzunehmen, dass Schüler/innen zunächst individuelle Zugänge zum schulischen Lernstoff entwickeln, die nicht mit der Systematik der Aufgaben und der Intention der Lehrperson übereinstimmen müssen. Mit je eigenen Zugängen versuchen sie die gestellte Aufgabe zu verstehen und zu lösen. Weichen diese Zugänge von dem erwarteten bzw. vorgegebenen Lernweg der Lehrperson ab, entsteht eine Diskrepanz. Wir gehen davon aus, dass Lehrpersonen diese Diskrepanz überwiegend als eine Fehlleistung auf der Seite der Schüler/innen deuten: der Schüler/die Schülerin hat den Lösungsweg nicht verstanden, die Regel nicht angewendet, die Voraussetzungen zu wenig berücksichtigt. Diese Deutung mag in manchen Fällen durchaus richtig sein. In anderen jedoch ist sie ein Ausdruck mangelnder Lehrerkompetenzen im Bereich der Fachdidaktik und der Lernpsychologie, da es den Lehrpersonen nicht gelingt, die subjektiven Lösungsansätze als gleichermaßen viable Wege zu erkennen und als eigenständige Schülerleistungen zu interpretieren (Baumert u.a., 2006).

Wenn sich Unterricht überdies durch eine enge Führung auszeichnet, nehmen Aufgaben eine besondere Funktion ein: Sie werden homogenisierend eingesetzt, denn sie sollen dazu dienen, den Lernenden im Rahmen ihres Kompetenzerwerbs enge Leitlinien zu geben und „Irrwege" möglichst auszuschalten. Dies kann eine Lehrperson zur Suche „idealer" Aufgaben verführen, deren Zweck darin besteht, eine bestimmte Abfolge von Lernschritten zu forcieren oder gar zu erzwingen.

Es ist folglich davon auszugehen, dass ein wesentliches Erfolgskriterium in der schulischen Lernbiografie darin liegt, sich den erwarteten und sowohl anhand der Aufgabenstruktur als auch der Aufgabenkorrektur vorgegebenen Lösungsschritten anzupassen. Eigene Lösungsansätze müssen verworfen oder zumindest in den Hintergrund gestellt werden. Diesen Prozess möchten wir als „adaptives Lernen" bezeichnen: Das Lernen erfolgt gemäß des von der Lehrperson erwarteten Lösungsprozederes. Die Anpassungsleistung der Schüler/innen besteht darin, den Lösungsweg der Lehrperson zu erkennen, diesen zu übernehmen, die für diese Art des Wissenserwerbs bzw. Kompetenzerweiterung nötigen Strukturen zu entwickeln und im Prüfungsfall anzuwenden. Sie entwickeln sich damit in eine Richtung, die nicht nur für ihre fachliche Entwicklung, sondern auch für soziale Lernziele wie Selbstständigkeit, Verantwortungs- und Kritikfähigkeit verhängnisvoll ist. Aus lernpsychologischer Sicht fatal ist letztlich, dass die Schülerinnen und Schüler damit die Wahrscheinlichkeit erhöhen, ihre Schulzeit erfolgreich abzuschließen. Schließlich geht es darum, die richtigen Lösungswege anwenden und die erwarteten Antworten im Sinne konvergenten Denkens in Prüfungssituationen formulieren zu können.

Damit wurden nun verschiedene Unterrichtssettings angesprochen. Sie sollen in der nachfolgenden Vierfeldertabelle systematisiert werden (Tabelle 1). Auf der vertikalen Dimension sind idealtypische Haltungen der Lehrpersonen abgebildet, die sich durch geschlossene versus offene Aufgaben charakterisieren lassen. Auf der horizontalen Dimension kann die analoge Unterscheidung kann für die Haltung der Schüler/innen getroffen werden. Unter geschlossenen Aufgaben verstehen wir hier Aufgaben, die nur eine Lösung zulassen. Offene Aufgaben dagegen eröffnen mehrere Lösungswege.

Innerhalb der Felder wurden die verschiedenen Formen des Lernens und Lehrens charakterisiert und die Auswirkungen, die aus der Kombination offener und geschlossener Zugänge zu erwarten sind, abgebildet. Es ist davon auszugehen, dass die Schüler/innen die Lernziele gut erreichen, wenn ihre Lernhaltungen mit der didaktischen Haltung der Lehrpersonen übereinstimmen. Bestehen aber Unterschiede, so kann sich das Kommunikationsproblem (Was wird wechselseitig erwartet?) in einem Schulleistungsproblem der Schüler/innen manifestieren.

Tab. 1: Vierfeldermodell der Aufgabenorientierung von Lehrpersonen und Schüler/innen

Lehrer \ Schüler	bevorzugen *einen* Lösungsweg und *geschlossene* Aufgaben	erarbeiten *mehrere* Wege, suchen andere Zugänge und schätzen *offene* Aufgaben
bevorzugen *einen* Lösungsweg und stellen deshalb *geschlossene* Aufgaben	**(1) defensives Lernen** • Klassischer lehrerzentrierter Unterricht • hohe Passung zwischen Lehrperson und Schüler/innen • Aufgaben auf niedrigem taxonomischen Niveau • Transfer des Wissens gering • Aufbau von trägem Wissen	**(2) adaptives Lernen** • Schüler/innen sind gezwungen, die Lehrerkognitionen zu finden; • es gäbe mehrere Lösungswege, aber nur der Lösungsweg der Lehrperson ist der erwünschte; • Anpassungsleistung auf Seiten der Schüler/innen entscheidet über ihren Lernerfolg
wissen um die Relevanz *verschiedener* Zugänge und stellen daher *offene* Aufgaben	**(3) reduktives Lernen** • Schüler/innen werden verunsichert • kann bei Lehrpersonen auf Dauer zu Frust führen • Bei Lernschwierigkeiten halten Lehrer/innen viele Möglichkeiten offen; • hohes Potenzial für Lernstandsdiagnostik	**(4) aufgabenorientiertes Lernen** • Eigenverantwortung der Lernenden • ermöglicht Reflexion über das Lernen • Bei Lernschwierigkeiten halten Lehrer/innen viele Möglichkeiten offen; • hohes Potenzial für Lernstandsdiagnostik

Aus diesen Ausführungen soll aber nicht der Eindruck entstehen, der Schulalltag bestehe nur aus den Feldern 1 bis 3. Es gibt durchaus Entwicklungen, die bestrebt sind, das defensive und das adaptive Lernen zu durchbrechen. Beispielhaft sei dafür der offene Unterricht genannt.

2. These 2: Echter Lernzuwachs durch eine neue Lern- und eine neue Aufgabenkultur

„Die wichtigste Voraussetzung für wirkungsvolles und erfolgreiches Lernen ist das Ausmaß der aktiven Lernzeit, das heißt der Zeit, in der sich die einzelnen Schüler mit den zu lernenden Inhalten aktiv, engagiert und konstruktiv auseinander setzen", so Weinert (1996, 124). Es ist jedoch davon auszugehen, dass in der Schule noch häufig die Einstellung anzutreffen ist, die Schüler/innen hätten sich dem Lernweg, den die Lehrpersonen vorgeben, anzupassen. Argumentiert wird dabei vor allem inhaltlich bzw. fachdidaktisch: Die Lehrpersonen wählen anhand der Kenntnis der Unterrichtsmaterie (Sachanalyse) und im Wissen um den weiteren Lernverlauf und die folgenden Lernziele nicht nur die passenden Lehrmethoden, sondern auch die geeigneten Lernprozesse aus. Dies ist aber nicht zuletzt deshalb problematisch, weil sich gezeigt hat, dass Lehrpersonen nur bedingt beurteilen können, welche Anforderungen eine Aufgabe an die Schüler/innen stellt und ob sie für die Lernenden grundsätzlich lösbar ist (Moser & Berweger, 2003, 91). Der Lehr-Lern-Kurzschluss, so wie ihn Holzkamp (1995) beschreibt, kommt darin voll zum Tragen.

Dieselben Lehrpersonen, die auf einzelne Lösungswege fokussieren und geschlossene Aufgaben bevorzugen, berichten aber auch, dass Schüler/innen in offen gestalteten Lernumgebungen gerne an Aufgaben (Arbeitsaufträgen, assignments, Wochenplänen) arbeiten, dass sie erfreuliche Lernfortschritte machen und qualitätsvollere Ergebnisse erzielen, als das im eher instruktional orientierten Unterricht der Fall gewesen wäre (Hascher & Wehr, 2005). Eine Stärke dieses didaktischen Designs besteht sicherlich darin, dass weniger Synchronizität (alle müssen dasselbe im gleichen Tempo lernen), weniger reine Reproduktionsleistungen, weniger Wettbewerb („Wer erzielt innerhalb eines bestimmten Zeitraums die beste Lösung?") und Notenfixierung, sondern individuelle Problemlösung, mehr entdeckendes Lernen und (mit höherer Wahrscheinlichkeit) eine stärkere Sachorientierung im Vordergrund stehen. An Lösungsprozessen orientiertes Unterrichten realisiert damit die gut begründete, wenngleich für schulisches Lernen nicht selbstverständliche Überzeugung, dass Lernen im Unterricht nicht heißt, neues Wissen präsentiert zu bekommen, sondern sich neues Wissen zu erarbeiten. Überdies sollen die Schüler/innen auch in fachübergreifenden Bereichen gefördert werden: Sie sollen teamfähig(er) werden (soziale Kompetenz), ihr Repertoire an Lern- und Problemlösestrategien verbreitern (methodische Kompetenz) und – last but not least – an „Ich-Stärke" gewinnen (Selbstkompetenz; vgl. insgesamt Zins et al., 2004).

Professionelles Lehrerhandeln heißt dann konsequenterweise, den Unterricht so zu planen und zu gestalten, dass möglichst viele Schüler/innen ihre optimalen Lernwege finden können (vgl. Herber, 1983). Ein solches Handeln wäre zugleich ein Indikator der Etablierung einer neuen Lernkultur, wie sie idealtypisch von Weinert (1997) beschrieben wurde als aktives, konstruktives, selbstständiges, motiviertes, ganzheitliches Lernen ohne Leistungsdruck in einer Gemeinschaft von Lernenden, die zunehmend unabhängig von den Lehrpersonen wird und in der durch und für die Welt gelernt wird. Es könnte zudem sicherstellen, dass Lernen, nach Steiner (2006) zu definieren als der Aufbau und die fortlaufende Modifikation von Wissensrepräsentationen, als das Konstruieren und Modifizieren von Wissensstrukturen, als der Aufbau von neuen und die Modifikation von bereits vorhandenen Schemata, semantischen Netzwerken oder mentalen Modellen in seiner gesamten Tiefe und Breite stattfinden kann.

Wir sind der Ansicht, dass sich konkrete unterrichtliche Qualitätskriterien identifizieren lassen, die Grundvoraussetzungen für aufgabenorientiertes Lernen darstellen. Deshalb wird im Folgenden der Frage nachgegangen, was Lehrpersonen tun können, damit Schüler/innen das Erkenntnispotenzial, das im aufgabenorientierten Lernen steckt, möglichst gut ausschöpfen. Unsere Argumentation begrenzt sich dabei auf zwei Aspekte:

- *Eine* Antwort auf diese Frage besteht – im Sinne einer notwendigen, aber noch nicht hinreichenden Voraussetzung – darin, dass Lehrpersonen kompetent sein müssen, zu einem bestimmten Ziel mehrere unterschiedliche Aufgaben anzu- bieten und Schüler/innen Wahlmöglichkeiten im Sinne einer „optimalen Passung" zu eröffnen: Die Schüler/innen können dann im Hinblick auf ihre Interessen und den individuell passenden Schwierigkeitsgrad Lernwege einschlagen und sind nicht länger gezwungen, die anstehenden Ziele im „Gleichschritt" mit allen anderen (durch die Bearbeitung einer einzigen Auf- gabe) zu erreichen.
- Der zweite Aspekt thematisiert das Potenzial, das kooperatives Lernen und im Spezifischen die Sozialform der Gruppenarbeit beim Aufgabenlösen bietet: Um dieses nutzen zu können, braucht es entsprechendes Know-how, das aus Erkenntnissen der Unterrichtsforschung gewonnen werden kann. Die Unter- richtsforschung beschäftigt sich mit folgenden Fragen: Welche Lernenden mit welchen Persönlichkeitsmerkmalen bevorzugen eher kooperative Lernsettings und welche individuelle? Wie kann ich als Lehrperson im Hinblick auf meine Klassen möglichst viel darüber in Erfahrung bringen? Wie soll kooperatives Lernen organisiert werden, damit es möglichst erfolgreich verläuft?

2.1 Wahlmöglichkeiten im Hinblick auf Aufgaben im Lernprozess (induktiv vs. deduktiv; Sozialform)

Verschreibt sich eine Lehrperson dem Prinzip der Suche nach dem individuell- optimalen Lernweg, kann dies idealer Weise durch das Anbieten mehrerer Lern- formen geschehen, aus denen die Schüler/innen wählen können (vgl. Hofmann, 2007). Entscheiden sich Schüler/innen für stärker selbst gesteuerte Lernvarianten, besteht die Aufgabe der Lehrperson vor allem in der individuellen Betreuung. Beim Lerncoaching sollen Lehrpersonen darauf achten, dass Schüler/innen Fehler lokalisieren und analysieren können, um das Lernpotenzial, das in Fehlern steckt (vgl. Oser & Spychiger, 2005), auch nutzen zu können.

Wenn Lehrer/innen Wahlmöglichkeiten anbieten wollen, müssen sie bereits bei ihrer Unterrichtsplanung umdenken lernen: Für ein bestimmtes, klar formuliertes Lehrziel sollen den Lernenden wenigstens zwei Lernwege angeboten werden:
- ein Lernweg, der stärker selbst gesteuertes Lernen ermöglicht (entdeckendes Lernen), bei freier Wahl der Sozialform und
- ein Lernweg, der stärker lehrergesteuert angelegt ist (direkte Instruktion).

Folgendes Beispiel soll verdeutlichen, wie eine solche Differenzierung aussehen kann. Ziel der vorgestellten Unterrichtsmaterialien im Fach Englisch ist es, dass die Schüler/innen die Zeitenfolge in den If-Sätzen kennen und in eigenen Beispielen anwenden können. Dazu können die Schüler/innen aus zwei Aufgaben wählen:

Conditional Sentences: learning activity[1]

Exercise 1

There are three main types of conditional sentences. We can group these three main types according to their USAGE: i.e. According to what situation you would use the sentence in.

Use the tables below to arrange the following sentences into three groups according to their USAGE.

Note: In some sentences the *If-clause* comes second!!

Tip:

    I'd = I would

    I'll = I will

    Won't = will not

1. If I had known it was going to hurt you, I would have never said it.

2. If you don't stop teasing me, I'll tell the teacher.

3. If you had told me you were coming, I would have baked a cake.

4. If I found a million dollars on the ground, I'd give it all to the poor.

5. I wouldn't have spent so much money on the tickets, if I had known that the band was so bad.

6. The soup won't taste good if you add too much salt.

7. If I didn't have so much homework, I'd spend more time with my friends.

8. If I had a car, I'd drive to Florida.

9. I'll make dinner if you do the dishes.

Type 1: First Conditional or Future Conditional

Use Type 1 conditional sentences for **Persuasion**: i.e. warnings, threats, making deals.

_____

_____

_____

Type 2: Second Conditional OR Unreal Conditional

Use Type 2 conditional sentences to talk about what **COULD** be.

_____

_____

_____

---

1   Wir danken Frau Margaret Jones für dieses Beispiel.

Type 3: Third Conditional OR "Would have" conditional. Use Type 3 when talking about **regret** or when looking back on **what would have been** if an event did or did not take place.

_____

_____

_____

Conditional sentences: deductive learning activity

Exercise 2

What is the grammatical formula for each sentence type? Typ 2 is already done for you.

Type 1 sentence**: If** you **punch** me, I'll tell the teacher.

Grammatical Formula: [If + _____], [_____]

Type 2 sentence: **If I had** a car, I'd **drive** to Florida.

Grammatical Formula: [If + simple past], [would + infinitive]

Type 3 sentence: **If I had known** it was going to hurt you, **I would have** never **said** it.

Grammatical Formula: [If + _____], [_____ + _____ + _____]

Exercise 3

Think of your own sentences!! Write two sentences for Type 1, two for Type 2, etc. Check your sentences to make sure that they are grammatically correct.

PERSUASION Type 1: warnings, threats, making a deal:

1.

2.

"WHAT COULD BE" Type 2:

1.

2.

REGRET. "WHAT WOULD HAVE BEEN" Type 3:

1.

2.

Abb. 1:   Übungsbeispiel If-Sätze

1. Die Schüler/innen können sich an Hand eines Arbeits- und eines Lösungsblatts die Zeitenfolge individuell aneignen und dazu Übungssätze im Sinn einer Anwendung formulieren (vgl. das Arbeitsblatt auf den nachfolgenden Seiten). Sie legen die selbst formulierten Sätze anderen Schüler/innen zur Korrektur vor. Im Zweifelsfall wird die Lehrperson kontaktiert, die prinzipiell eine stichprobenartige Überprüfung am Ende der Arbeitsphase durchführt.
2. Die Lehrperson erklärt die Zeitenfolge unter Zuhilfenahme des Lehrbuchs. Im Anschluss daran werden einige Übungssätze im (verbliebenen) Plenum besprochen. Dann formulieren die Schüler/innen If-Sätze, die sie mit der Lehrperson im Hinblick auf ihre Richtigkeit kontrollieren können.

Es ist nun Aufgabe der Schüler/innen, einen von beiden Wegen zu wählen. Es ist auch denkbar, die Sozialform in der ersten Variante offen zu lassen, so dass die Schüler/innen das Arbeitsblatt auch zu zweit oder in Kleingruppen bearbeiten können. Die Anwendungssätze sind aber auf jeden Fall individuell zu formulieren.

2.2 Kooperatives Lernen sowie Unterstützung durch die Lehrperson während der Gruppenarbeit

Wenn Lehrpersonen Aufgabenbearbeitungen in kooperativen Settings planen, sind sie gut beraten, einige wichtige Erkenntnisse zu berücksichtigen, die Gruppenarbeit erfolgreich machen (vgl. für die weiteren Ausführungen Cohen, 1993; Dann et al., 1999; Nürnberger Projektgruppe, 2001; Slavin, 1993 und 1996). Die Bearbeitung von Aufgaben in Gruppen stellt eine Sonderform der Aufgabenbearbeitung dar: Anhand von meist vorgegebenen Arbeitsaufträgen erarbeiten Schüler/innen simultan, additiv oder komplementär Lösungen, Beispiele und neue Wissensbestände. In Gruppenarbeiten und ihren Aufträgen spiegelt sich die Aufgabenkultur einer Lehrperson wider.

Eine aufschlussreiche Studie diesbezüglich wurde im Rahmen der Erlanger Forschungen von Dann, Diegritz & Rosenbusch (1999) vorgelegt. Anhand von 41 Gruppenarbeitssequenzen wurden nicht nur die Verläufe der Aufgabenorientierung der Schüler/innen untersucht. Die Auswertungen geben auch Auskunft über die Art der gestellten Aufgaben und der erforderlichen Lösungsschritte. Die ausgewählten Fallanalysen (Diegritz, Rosenbusch, Haag & Dann, 1999) unterstreichen die Bedeutung kompetenter Aufgabenstellung für den Erkenntnisgewinn, die Aufgabenorientierung und die Lernmotivation der Schüler/innen. Sie zeigen auch mögliche Fehler auf, z.B. unklar erteilte Aufträge, inhaltlich problematische Aufgabenstellungen, falsche bzw. nur teilweise passende Lösungstipps, ein unzureichendes Maß an Instruktion, fehlende Differenzierung hinsichtlich des Arbeitstempos der Schüler/innen und des Schwierigkeitsgrads der Aufgaben. Bevor die Bereiche der Aufgabenstellung und Lernprozessbegleitung näher beleuchtet werden, soll zunächst auf eine Persönlichkeitsvariable eingegangen werden, die kooperatives

Lernen ebenfalls nachweislich beeinflusst: auf den dominanten Orientierungsstil eines Menschen.

2.2.1 Orientierungsstile von Lehrpersonen und Schüler/innen

Wie gerne Lehrer/innen kooperatives Lernen anregen und in welcher Qualität sie das tun, hängt unter anderem vom Orientierungsstil der betreffenden Lehrpersonen ab (Tabelle 2). Eher ungewissheitsorientierte Lehrpersonen (nachfolgend UO) interpretieren kooperatives Lernen für sich als Herausforderung bzw. als positiven Anreiz, eher gewissheitsorientierte (nachfolgend GO) sehen darin für sich aber stärker eine (negativ konnotierte) Zumutung bzw. eine Überforderung (vgl. Huber & Roth, 1999; Kempas, 1994; Sorrentino & Roney, 1999). Die beiden erwähnten Dispositionen können mit folgenden typischen Merkmalen charakterisiert werden:

Tab. 2:   Charakteristische Merkmale für ungewissheits- und gewissheitsorientierte Personen (vgl. Huber & Roth, 1999, 21)

ungewissheitsorientiert (UO)	gewissheitsorientiert (GO)
Bedürfnis, etwas zu wissen und zu verstehen	Bedürfnis, neues Wissen – wenn es Ungewissheit erzeugt – abzuwehren
ambivalente Situationen werden als Herausforderung verstanden	Klarheit über sich und andere muss aufrecht erhalten werden
Ziel ist es, Neues über sich und andere zu erfahren	Bedürfnis, die eigenen Meinungen und Einstellungen zu bestätigen
bei der Suche nach Lösungsstrategien werden mehrere Alternativen gefunden, manche wieder verworfen	Suche nach Lösungsstrategien wird beendet, sobald eine Strategie gefunden ist
bei der Informationsverarbeitung erfolgt die Orientierung an wichtigen Prinzipien (tiefere Informationsverarbeitung)	bei der Informationsverarbeitung erfolgt die Orientierung an Experten- oder Mehrheitsmeinung
höhere Empathiefähigkeit und soziale Akzeptanz	geringe soziale Akzeptanz, geringeres Durchsetzungsvermögen
Profit in Situationen kooperativen und diskursiven Lernens	Präferenz für Einzelarbeit oder direkte Instruktion

UO- und GO-Lehrpersonen unterscheiden sich demzufolge im Hinblick auf ihre Bereitschaft, Schüler/innen in Gruppen arbeiten zu lassen (vgl. Kempas, 1994, 32): UO-Lehrpersonen bevorzugen einen Schüler/innen-orientierten, eher demokratisch-partnerschaftlichen Lehrstil. Sie sind im Hinblick auf die Gestaltung des Unterrichts risikobereiter, denn es müssen nicht immer alle Fäden zu jedem Zeitpunkt bei ihnen zusammenlaufen. Sie setzen sich auch Situationen aus, in denen sie nicht alles und alle unter Kontrolle haben und es fällt ihnen leichter, selbständiges Lernen zuzulassen, da sie kooperatives und offenes Lernen schätzen. GO-Lehrpersonen sind dagegen zu ihren Schüler/innen eher distanziert, sie haben ein großes

Interesse an der Aufrechterhaltung der Sicherheit und ihrer Kontrolle und bevorzugen in ihrem Unterricht eher kompetitive Lernsettings. Interessant ist, dass GO-Lehrpersonen, die kooperative Lernformen – aus welchen Gründen auch immer – trotzdem in ihrem Unterricht einsetzen, diese aber sehr wahrscheinlich so umsetzen, dass ihre Schüler/innen daraus keinen Lerngewinn ziehen: Im Sinne einer self-fulfilling-prophecy agieren sie so, dass sich ihre Skepsis dieser Lernform gegenüber in den (zumeist eher bescheidenen) Lernergebnissen bestätigt (vgl. Sorrentino & Roney, 1999, 110).

Wie gut Lehrpersonen die Gestaltung kooperativer Lernumgebungen und die Etablierung einer neuen Lern- und Aufgabenkultur gelingt, hat nicht nur mit ihrer eigenen dominanten Orientierung, sondern auch mit der der Schüler/innen zu tun. UO-Schüler/innen (vgl. Huber, 2001, 234ff.) können sich den unterschiedlichen Sichtweisen ihrer Mitschüler/innen öffnen, sie setzen sich mit deren Ideen und Lösungsvorschlägen aktiv auseinander, fühlen sich bei Gruppenarbeiten wohler als im gebundenen Unterricht und profitieren im Hinblick auf ihre Leistung mehr von kooperativem Lernen als von anderen Lernwegen. GO-Schüler/innen hingegen verfolgen in Gruppensettings eher das Ziel, ihre Sichtweise durchzusetzen und bringen wenig Bereitschaft auf, sich mit den Ideen ihrer Mitschüler/innen aktiv auseinander zu setzen, da sie primär daran interessiert sind, Klarheit aufrecht zu erhalten. Sie fühlen sich im gebundenen Unterricht, in dem die Lehrperson einen definitiven Lösungsweg demonstriert, oder in einer Einzelarbeit, in der sie einen (zumeist vorher von der Lehrperson demonstrierten) Lernweg realisieren, wohler und erzielen durch das Lernen in Gruppensettings schlechtere Leistungen als UO-Schüler/innen.

Aus diesen Befunden ist abzuleiten, dass GO-Lehrpersonen bzw. Schüler/innen nicht nur eine andere Haltung gegenüber Aufgabenstellungen entwickeln als UO-Lehrpersonen und -Schüler/innen, sondern dass daraus auch unterschiedliche Lernprozesse resultieren. Vereinfacht lässt sich schließen, dass GO-Lehrende und -Lernende geschlossene Aufgaben bevorzugen und mit solchen womöglich auch kurzfristig bessere Leistungen erzielen; UO dagegen profitieren von offenen Aufgabenstellungen, da sie ihren Wissenserwerb flexibel gestalten können.

2.2.2 Qualitätsmerkmale für Aufgabenstellungen

Eine Schlüsselrolle für die Qualität des kooperativen Lernens spielt die Struktur der Aufgabenstellung: Darunter fallen die Qualität der Zielformulierung, die Frage der Rollenverteilung in der Gruppe, die Frage der Vorgabe einer bestimmten Arbeitsstrategie sowie die Überlegung, welche Anreize den Schüler/innen gegeben werden, damit sie motiviert arbeiten. Nachfolgend einige empirisch bestätigte Leitlinien für die Aufgabenstellung:
– Aufgaben werden mündlich und schriftlich erteilt, wobei auf eine präzise und verständliche Formulierung geachtet wird. Des Weiteren überprüfen Lehrpersonen durch geeignete Maßnahmen, in welchem Ausmaß die Schüler/innen

die Ziele und die Struktur der Aufgabe verstanden haben (vgl. Dann et al., 2002, 13).

– Für die Schüler/innen ist der „Mehrwert der Gruppe" evident, d. h. es ist für sie klar erkennbar, warum es sich lohnt, das gesteckte Ziel durch die Zusammenarbeit mit anderen Schüler/innen zu erreichen (und nicht in Einzelarbeit), warum sie im kooperativen Prozess mehr profitieren und das Ergebnis qualitativ besser ist, als wenn sie allein gearbeitet hätten. Lehrpersonen können hier steuernd eingreifen, indem sie für die Gruppen komplementäre Rollen festlegen (vgl. Cohen, 1993, 48), weil damit das „Arbeiten auf eigene Faust" unterbunden wird. Ein klassisches Beispiel dafür ist die Gruppenpuzzletechnik (auch „Jigsaw-Methode"; vgl. Aronson et al. 1978). Bei einem solchen Vorgehen werden auch die häufig genannten Probleme der „Trittbrettfahrerei" (social loafing) minimiert (Slavin, 1993, 166). Ähnliches gilt auch für den „free rider effect", bei dem schwächere Schüler/innen die Arbeit den Leistungsstärkeren überlassen, und für den „sucker effect", bei dem Leistungsstärkere ihre Anstrengungen zurückschrauben, weil sie sich ausgenützt fühlen (Petillon, 2004, 133; Webb & Palincsar, 1996).

– Bei der Planung gilt es zu überlegen, wie stark die Prozesse der Aufgabenlösung durch zu beachtende Vorgaben strukturiert werden (vgl. nachfolgende Hinweise zu Kooperationsskripts) bzw. welche Entscheidungen die Gruppen selber treffen soll (Grad der Offenheit von Aufgabenstellungen). Weist die Aufgabe eine eher offene Struktur auf, dürfen Lehrpersonen es nicht unterlassen, ihre Schüler/innen darauf hinweisen, welche strategischen Entscheidungen zunächst getroffen werden müssen und dass sie diese Entscheidungen nicht übersehen dürfen, bevor sie mit der inhaltlichen Arbeit zum Zweck der Zielerreichung beginnen (vgl. Hofmann, 2000, 233). Erfahrungsgemäß stellen die Schüler/innen von sich aus keine oder nur wenige strategischen Überlegungen an, bevor sie mit der inhaltlichen Arbeit beginnen. Hinzu kommt, dass eher gewissheitsorientierte Schüler/innen die „erstbeste" Strategie anwenden, die ihnen einfällt; nur die eher UO-Schüler/innen nehmen sich mehr Zeit, um alternative Strategien zu suchen. Zu beachten ist ferner, dass Schüler/innen häufig unreflektiert eine für sie gewohnte Lernstrategie wählen, wenn ihnen die Wahl selbst überlassen wird: „Aus unserer Übersicht von Interaktionsstudien ergibt sich folgende Verallgemeinerung: Wenn man Schülern nichts anderes beibringt, tendieren sie dazu, auf möglichst konkretem Niveau zu agieren. Wenn Lehrer/innen Operationen höherer Ordnung, insbesondere verbale Interaktion wünschen, muß die Fertigkeit der Schüler für Diskurse spezifisch entwickelt werden, entweder vor dem kooperativen Lernen oder durch direkte Unterstützung während der Gruppenprozesse. Außerdem muß man direktes Fertigkeitstraining oder bessere Motivierungen durchführen, damit die erwünschten Verhaltensweisen auftreten; denn interpersonale Fertigkeiten entwickeln sich nicht automatisch als Folge der Einrichtung kooperativer Gruppen" (Cohen, 1993, 47; vgl. auch Cohen, 1986, 34ff.).

– Des Weiteren ist unter motivationaler Perspektive zu beachten, Schüler/innen wissen zu lassen, in welcher Funktion die Gruppenarbeit und deren Ergebnisse zu einem gesamtgrößeren Ziel stehen. Nicht nur die Qualität der Aufgabenstruktur, sondern auch die Qualität der *Anreiz*struktur ist ausschlaggebend dafür, wie intensiv und lernertragreich Gruppenarbeiten ablaufen (Slavin, 1993, 152ff.). Wenn klar ist, dass Ergebnisse der Gruppenarbeit (im Sinne von Teilzielen) eine wichtige Funktion für das Erreichen eines nachfolgenden, ggf. umfassenderen Ziels haben und die Schüler/innen das Erreichen der Teilziele aus den Gruppenarbeiten individuell (in Prüfungssettings) nachweisen müssen, erhöht das die soziale Kohärenz in der Gruppe in Richtung Teilzielerfolg.

2.2.3 Qualitätsmerkmale für die Unterstützung beim kooperativen Arbeiten durch die Lehrperson

Lehrpersonen scheinen häufig unsicher zu sein, wie sie sich verhalten sollen, wenn Gruppen an ihren Aufgaben arbeiten. Das betrifft insbesondere die Frage, ob sie in die Arbeitsprozesse eingreifen sollen oder nicht. Aus empirischen Studien ist zu dieser Frage folgendes anzumerken (vgl. Fürst, 1999, 121ff.):

– Lehrpersonen sollen insbesondere responsiv (d. h. auf ein entsprechendes Signal der Schüler/innen hin) und situationsbezogen (d. h. fokussiert auf das durch die Schüler/innen geäußerte Problem), und nicht invasiv (d. h. ohne Aufforderung durch Schüler/innen) und allgemein (etwa in der Absicht, eine höhere Arbeitsdisziplin einzumahnen) aktiv werden.

– Es gibt Belege dafür, dass die Konzentration auf die Aufgabe während des Eingreifens der Lehrperson zwar steigt, danach aber sinkt und sich zugleich die Ablenkungsbereitschaft erhöht. Dies mag daran liegen, dass diese Form der Kommunikation selektiv ist, denn die Ansprechpartner/innen der Lehrpersonen sind meist statusstarke Schüler/innen. Von der Lehrperson eingeforderte „Zwischenberichte" dämpfen die Motivation der Schüler/innen, weiterzuarbeiten.

– Auch die Interaktionsfrequenz unter Schüler/innen ist nach „direkter Unterweisung" durch die Lehrperson reduziert, was die Qualität der Ergebnisse beeinträchtigt (vgl. Cohen, 1993, 52).

– Wenn eine Lehrperson responsiv eingreift, soll sie das Prinzip der minimalen Lernhilfe (vgl. Aebli, 1985; ferner Zech, 1998, 315f.) beachten, d. h. lösungs*weg*orientiert helfen, denn Shell & Eisenberg (1996) belegen in einer Studie mit 201 Kindern das Folgende: Wenn Kindern direkt, d. h. *lösungs*orientiert geholfen wird, diese ein solches Vorgehen eher als Bedrohung erleben. Ein solches Vorgehen ruft eine ungünstige Selbstwahrnehmung und in weiterer Folge (z.B. bei nachfolgenden Aufgabenlösungen) stärker gezeigte Abhängigkeitshaltungen auf Seiten der Schüler/innen hervor. Im Extremfall kann diese sogar zu Gefühlen der Hilflosigkeit führen (Shell & Eisenberg, 1996, 1401). Diese Ergebnisse gelten insbesondere für Mädchen, in deren Sozialisation Gefühle der Abhängigkeit (im Vergleich zur Sozialisation von Buben) positiver konnotiert werden: „It appears that girls who received direct help were sensitive to the implicit message that they were incompetent and/or that dependent behavior was expected of them. However, judging from the fact that girls experienced higher threat in response to direct than indirect help, being placed in a dependent role, albeit consistent with the feminine role, may not have been a comfortable situation for them. It should be noted, however, that girls did response favourably to indirect help. Girls (as well as boys) with a greater understanding of the consistency of personality, exhibited greater self-reliance in response to indirect help. Thus, in general, encouraging older girls to be independent through the administration of indirect help appeared to produce favourable results" (Shell & Eisenberg, 1996, 1401).

–   Prinzipiell sollte sich die Lehrperson darauf beschränken, die Gruppen „aus der Ferne" zu beobachten, und ständiges Umhergehen vermeiden.

3.   These 3: Bedingungen für die Etablierung einer neuen Aufgabenkultur

Zum Abschluss unseres Beitrags möchten wir zwei didaktische Fragestellungen thematisieren, die uns für die Etablierung einer neuen Aufgabenkultur als essentiell erscheinen:

–   Passen die Aufgaben für einzelne Schüler/innen?
–   In welcher Qualität werden kooperative Aufgaben geplant, angeleitet und ausgewertet?

3.1 Passung der Aufgaben

Aus den obigen Ausführungen sollte das Folgende deutlich geworden sein: Aufgaben sind ein Bestandteil jeder Form der Unterrichtsgestaltung. Sowohl der lehrerzentrierte als auch der offene Unterricht basieren auf diesen, sowohl Einzelarbeit als auch kooperatives Lernen wird durch Aufgaben gesteuert. Es ist jedoch zu berücksichtigen, dass Aufgaben in verschiedenen unterrichtlichen Settings eine je unterschiedliche Funktionen einnehmen.

–   Eine enge Führung des Unterrichts durch die Lehrperson lässt beispielsweise wenig Freiräume hinsichtlich der Entwicklung unterschiedlicher Lernprozesse zu. Die Aufgaben dienen in diesem Fall eher dazu, den Lernenden enge Leitplanken und eingrenzendes Anschauungs- bzw. Übungsmaterial anzubieten. Stärker gewissheitsorientierten Schüler/innen kommt ein solcher Unterricht im Hinblick auf ihr Sicherheitsbedürfnis entgegen; Lehrpersonen sollen im Hinblick auf diese Gruppe aber langfristig das Ziel verfolgen, diese Schüler/innen dabei zu fördern, bei ihrem Lernen „risikobereiter" zu werden und sich zuzutrauen, auch im Kontext von offeneren Lernsettings erfolgreich zu sein.

– Ein Unterricht, der auf der Verschiedenheit der Lernzugänge basiert, eröffnet indessen Einblicke in den Lernprozess, liefert komplementäre Informationen über Sachverhalte und gestaltet die Lehrer- und Schülerrolle neu. Ein solcher Zugang kommt ungewissheitsorientierten Schüler/innen entgegen.

Für die Etablierung einer neuen Aufgabenkultur in der Schule ist es deshalb nicht notwendig, auf die grundlegende Relevanz des Aufgabeneinsatzes hinzuweisen. Allerdings sind die Fragen nach der *Spezifität* ihres Einsatzes ins Bewusstsein zu rufen. Es geht um die Modifikation und Optimierung der bestehenden Praxis, nicht zuletzt unter der Perspektive einer stärkeren Individualisierung des Unterrichts.

3.2 Qualität der Planung, Anleitung und Auswertung kooperativer Aufgaben

Weil aus unserer Sicht manchmal vorschnell auf die vermeintlichen Vorteile kooperativen Lernens hingewiesen wird, sollte in diesem Beitrag auch akzentuiert werden, wie voraussetzungsreich kooperatives Lernen ist. Der Mehrwert, der durch ein kooperatives Lernsetting ermöglicht wird, läuft überdies auch dann Gefahr ungenutzt zu bleiben, wenn die in der Gruppe gemachten Erfahrungen während der Aufgabenlösung nicht reflektiert werden. Im Folgenden sollen dazu einige Reflexionskriterien und Fragestellungen vorgeschlagen werden (vgl. Hofmann & Moser, 2004, 77; vgl. auch Hofmann, 2000, 194ff.; Palincsar & Webb, 1996), die sich nicht nur für Lehrpersonen, sondern auch für Schüler/innen eignen:

– Wie differenziert erfolgte die Planung des Lernprozesses durch die Mitglieder der Lerngruppe? Wurde Arbeitsteilung vereinbart, synchron oder kompetitiv vorgegangen?
– Wie agierten die Gruppenmitglieder, wenn sachliche Meinungsverschiedenheiten auftraten? Dominierte eine Orientierung an den Argumenten oder an der Meinung der Mehrheit (z.B. nach einer Abstimmung innerhalb der Gruppe)?
– Wie agierten die Gruppenmitglieder, wenn sich Probleme in der Kooperation ergaben? Traten z.B. Rivalitäten (vgl. Krappmann & Oswald, 1995, 141ff.) oder Streit um den Führungsanspruch in der Gruppe zu Tage? Absentierten sich einzelne Gruppenmitglieder und ließen andere für sich arbeiten? Falls ja: Wie wurde mit diesen Schwierigkeiten umgegangen (Ignorieren der Probleme – Aufstellung von Regeln der Zusammenarbeit – Metakommunikation)?
– Wie ist der Beitrag einzelner Gruppenmitglieder zum Lernprozess in der Gruppe einzuschätzen, welche Rollen nahmen sie ein? Wurde „aktives Zuhören" praktiziert? Welche Art der Bewertung der Beiträge, die andere einbringen (im Hinblick auf Zustimmung oder Ablehnung), ließ sich beobachten?

Zusammenfassend lässt sich festhalten, dass Lehrpersonen – von einer Metaebene aus betrachtet – bei ihren Beobachtungen auf folgende zwei Punkte fokussieren sollten (vgl. Dann et al., 2002, 12):

– Die „inhaltliche Progression", die die Bereiche Zielorientierung, Beitrags-
qualität, Interaktionsqualität sowie die Arbeitsorganisation als Bedingung umfasst. Lehrpersonen sollen also beobachten, in welchem Ausmaß die Gruppe
ihre anzuwendenden Arbeitsstrategien bespricht, unterschiedliche Rollen für
die einzelnen Gruppenmitglieder festlegt und wie es um die Qualität der Beiträge zur Aufgabenlösung bestellt ist.

– Unter den Bereich der „Beziehungsentwicklung" fallen die Kommunikationsqualität sowie das Ausmaß an Dirigierung bzw. Lenkung. So existieren beispielsweise zum Lenkungsausmaß folgende empirische Befunde (vgl. Dann et
al., 2002, 12): Schüler/innen leiten Arbeitsgruppen autoritär (ca. 40%), freund-
lich bestimmend (ca. 45%) oder sozio-emotional (ca. 15%). Der letztgenannte
Leitungsstil ist charakterisiert durch eine flexible Rollenaufteilung, ein
ausgewogenes Beziehungsgeflecht und eine freundschaftliche Atmosphäre. Aus
diesen Ergebnissen lässt sich der Hinweis für Lehrpersonen begründen,
insbesondere auch die Schüler/innen zu beobachten, die (sei es nun implizit
oder explizit) Leitungsfunktionen wahrnehmen, und ihnen entsprechende
Rückmeldungen auf ihr Leitungsverhalten zu geben, und zwar in der Absicht,
die Schüler/innen mittelfristig zu einer sozio-emotionalen Führungskompetenz
zu verhelfen.

Beide Punkte sind in wesentlichen Zügen von der Aufgabenstellung durch die
Lehrperson beeinflusst. Zu erwarten ist folglich, dass geschlossene Aufgaben mit
singulären Lösungswegen nicht nur die Verarbeitungstiefe, sondern auch die Möglichkeiten sozialen Lernens bzw. der Entwicklung sog. „soft skills" einschränken.
Ein gezielter und bewusster Einsatz von Aufgaben ist damit ebenso erforderlich
wie ein vertieftes Verständnis des schulischen Lernens (Hascher & Astleitner,
2007).

Literatur

Aebli, H. [2]1985: Zwölf Grundformen des Lehrens. Eine Allgemeine Didaktik auf psy-
    chologischer Grundlage. Stuttgart: Klett-Cotta.
Aronson, E. et al. 1978: The jigsaw classroom. Beverly Hills, CA: Sage.
Baumert, J., Blum, W., Brunner, M., Jordan, A., Klusmann, U., Krauss, S., Kunter, M.,
    Neubrand, M., & Tsai, Y.-M. 2006: Teacher Knowledge ans Student Progress. Vor-
    trag im Rahmen der der Cubberley Lecture, Stanford University, 11. Januar 2006.
Bruner, J. 1973: Der Akt der Entdeckung. In H. Neber (Hrsg.), Entdeckungslernen. Wein-
    heim: Beltz, 15-27.
Cohen, E. G. 1986: Designing Groupwork. Strategies for the Heterogeneous Classroom.
    New York: Teachers College Press.
Cohen, E. G. 1993: Bedingungen für produktive Kleingruppen. In: Huber, G. E. (Hg.):
    Neue Perspektiven der Kooperation. Baltmannsweiler: Schneider Verlag Hohen-
    gehren, 45-53.
Dann, H. D. et al. 1999: Gruppenunterricht im Schulalltag. Realität und Chancen. Erlan-
    gen: Univ. Bibliothek.
Dann, H.-D. et al. 2002: Gruppenunterricht im Schulalltag. In: Pädagogik 1, 11-14.

Dann, H.-D., Diegritz, T. & Rosenbusch H. S. 1999: Gruppenunterricht im Schulalltag. Realität und Chancen. Erlangen: Univ. Bibliothek.

Diegritz, T., Rosenbusch, H. S., Haag, L. & Dann, H.-D. 1999: Intragruppenprozesse und Gruppenstrukturen in Schülerarbeitsgruppen. In: Dann, H.-D., Diegritz, T. & Rosenbusch H. S.: Gruppenunterricht im Schulalltag. Realität und Chancen. Erlangen: Univ. Bibliothek, 57-106.

Fürst, C. 1999: Die Rolle der Lehrkraft im Gruppenunterricht. In: Dann, H.-D. et al. (Hg.): Gruppenunterricht im Schulalltag. Realität und Chancen. Erlangen: Univ. Bibliothek, 105-150.

Hascher, T. & Wepf, L. (erscheint 2007). Lerntagebücher im Praktikum von Lehramtsstudierenden. Empirische Pädagogik.

Hascher, T., & Astleitner, H. 2007: Blickpunkt Lernprozess. In M. Gläser-Zikuda & T. Hascher (Hrsg.), Lernprozesse dokumentieren, reflektieren und beurteilen. Lerntagebuch und Portfolio in Bildungsforschung und -praxis. Bad Heilbrunn: Klinkhardt (im Druck).

Hascher, T., & Wehr, S. 2005: Offener Unterricht im Fach Geografie. Probleme und Wirkungen aus der Sicht von Lehrpersonen. Projektbericht. Universität Bern: Forschungsstelle für Schulpädagogik und Fachdidaktik.

Herber, H.-J. 1983: Innere Differenzierung im Unterricht. Stuttgart: Kohlhammer.

Hofmann F. & Moser, G. [2]2004: Offenes Lernen planen und coachen. Linz: Veritas.

Hofmann, F. 2000: Aufbau von Lernkompetenz fördern. Innsbruck: Studien Verlag.

Hofmann, F. 2007: „Umgang mit Heterogenität" in der Aus- und Fortbildung von Lehrpersonen: In: Journal für LehrerInnenbildung (im Druck).

Holzkamp, K. 1995: Lernen: subjektwissenschaftliche Grundlegung. Frankfurt: Campus Verlag.

Huber, G. L. & Roth, J. H. 1999: Finden oder Suchen? Lehren und Lernen in Zeiten der Ungewissheit. Schwangau: Huber.

Huber, G. L. 2001: Kooperatives Lernen im Kontext der Lehr-/Lernformen. In: Finkbeiner, C. & Schnaitmann, G. W. (Hg.): Lehren und Lernen im Kontext empirischer Forschung und Fachdidaktik. Donauwörth: Auer, 222-245.

Kempas, G. 1994: Lehren lernen. Auswirkungen interpersoneller Differenzen auf die Lernprozesse Lehrender. Als Manuskript gedruckt. Unveröffentlicht. Tübingen 1994.

Krappmann, L. & Oswald, H. O. 1995: Alltag der Schulkinder. Beobachtungen und Analysen von Interaktionen und Sozialbeziehungen. München: Juventa.

Moser, U., & Berweger, S. 2003: Lehrplan und Leistung – Thematischer Bericht der Erhebung PISA 2000. Bundesamt für Statistik (BfS) & Schweizerische Konferenz der kantonalen Erziehungsdirektoren (EDK) (Hrsg.), Bern und Neuchâtel: Schweizerische Konferenz der Kantonalen Erziehungsdirektoren und Bundesamt für Statistik.

Nürnberger Projektgruppe 2001: Erfolgreicher Gruppenunterricht. Stuttgart: Klett.

Oser, F. & Spychiger, M. 2005: Lernen ist schmerzhaft: zur Theorie des Negativen Wissens und zur Praxis der Fehlerkultur. Weinheim: Beltz.

Petillon, H. 2004: Soziales Lernen in der Gruppe gleichaltriger Kinder. Empirische Befunde zu einem zentralen Lernfeld im Unterricht des Primarbereichs. In: Wosnitza, M. et al. (Hg.): Lernprozess, Lernumgebung und Lerndiagnostik. Wissenschaftliche Beiträge zum Lernen im 21. Jahrhundert. Landau: Verlag für Empirische Pädagogik, 126-138.

Shell, R. M. & Eisenberg, N. 1996: Children's Reactions to the Receipt of Direct and Indirect Help. In: Child Development 67, 1391-1405.

Slavin, R. E. 1993: Kooperatives Lernen und Leistung. Eine empirisch fundierte Theorie. In: Huber, G. E. (Hg.): Neue Perspektiven der Kooperation. Baltmannsweiler: Schneider Verlag Hohengehren, 151-170.

Slavin, R. E. 1996: Research on Cooperative Learning and Achievement: What We Know, What We Need to Know. In: Contemporary Educational Psychology 21 (1), 43-69.

Sorrentino, R. M. & Roney, C.J. 1999: The uncertain mind. Individual Differences in Facing the Unknown. Philadelphia: Psychology Press.

Steiner, G. 2006: Lernen und Wissenserwerb. In A. Krapp & B. Weidenmann (Hrsg.), Pädagogische Psychologie. 5. vollständig überarbeitete Auflage. Weinheim: Beltz, 137-202.

Webb, N. M., & Palincsar, S. A. 1996: Group processes in the classroom. In D.C. Berliner & R.C. Calfee (Eds.), Handbook of Educational Psychology. New York: Simon & Schuster Macmillan, 841-868.

Weinert, F.E. 1996: Lerntheorien und Instruktionsmodelle. In F.E. Weinert (Hrsg.), Enzyklopädie der Psychologie – Pädagogische Psychologie – Pädagogische Psychologie, Band II: Psychologie des Lernens und der Instruktion. Göttingen: Hogrefe, 1-48.

Weinert, F.E. 1997: Lernkultur im Wandel. In E. Beck, T. Guldimann & M. Zutavern (Hrsg.), Lernkultur im Wandel. St. Gallen: UVK-Verlag, 11-29.

Zech, F. [9]1998: Grundkurs Mathematikdidaktik. Theoretische und praktische Anleitungen für das Lehren und Lernen von Mathematik. Weinheim: Beltz.

Zins, J. et al. 2004: The Scientific Base Linking Social and Emotional Learning to School Success. In: Zins, J. et al. (Eds.): Building Academic Success on Social and Emotional Learning. What does the Research Say? New York: Teachers College Press.

Hermann Astleitner, Salzburg

Die lernrelevante Ordnung von Aufgaben
nach der Aufgabenschwierigkeit

Aufgaben können als Reize angesehen werden, die eine Reaktion erfordern, die sich auf kognitive Aktivitäten gründet. Für Lernzwecke werden viele oder wenige Aufgaben eingesetzt; es kann eine vollständige Aufgabe oder ein Teil einer Aufgabe präsentiert werden; Aufgaben können einander ähnlich sein oder nicht; die Dauer ihrer Bearbeitung kann genau festgelegt sein, usw. Diese Ausprägungen beschreiben typische lernrelevante Merkmale von Aufgaben. Einem Merkmal von Aufgaben kommt besondere Bedeutung zu: der Aufgabenschwierigkeit. Die Aufgabenschwierigkeit bezieht sich auf die Wahrscheinlichkeit, eine Aufgabe richtig zu lösen: Schwere Aufgaben weisen eine geringe Lösungswahrscheinlichkeit auf, leichte Aufgaben eine hohe.

Das Konzept der Aufgabenschwierigkeit ist mit einer langen Forschungstradition im Bereich der kognitiven Psychologie (vgl. z.B. Byström & Järvelin, 1995) und der Motivationsforschung (vgl. z.B. Rheinberg, 1995) verbunden, was deren allgemeine Bedeutsamkeit anzeigt. Beide Wissenschaftsdisziplinen stellen unverzichtbare Referenzforschungsbereiche dar, wenn es darum geht, Lernen bzw. dessen Förderung im Rahmen einer Lehr-Lern-Forschung bzw. einer forschungsgeleiteten Unterrichtspraxis zu untersuchen und zu gestalten. Aufgaben und damit Aufgabenschwierigkeit sind auch zentral in aktuellen Entwicklungen im Bildungswesen verankert, weil die aktuell und zukünftig zu implementierenden Bildungsstandards mit Aufgaben operieren. Aufgabenschwierigkeit stellt darüber hinaus – sowohl in der klassischen als auch in der modernen Testtheorie – eine Größe dar, die bei der Beschreibung und Bewertung der Messqualität von Aufgaben eine zentrale Entscheidungsgrundlage bildet (vgl. z.B. Rost, 1996). Aufgabenschwierigkeit ist deshalb bei einer empirisch-orientierten Evaluation von Lernprozessen unverzichtbar. Schließlich ist Aufgabenschwierigkeit ein Merkmal, das in der Unterrichtspraxis relativ leicht kommuniziert und für die Lernplanung und die Lernförderung eingesetzt werden kann, weil es viele Merkmale einer Lernsituation kumulativ beschreibbar und veränderbar macht.

In diesem Kapitel werden zunächst exemplarische theoretische Hintergründe und empirische Evidenz dargestellt, die Anhaltspunkte dafür liefern, dass die Aufgabenschwierigkeit mit einer Reihe von lernrelevanten Größen in Zusammenhang steht. Aufgabenschwierigkeit kann objektiv ermittelt werden, ist aber auch als subjektive Einschätzung lernrelevant. Deshalb werden Bestimmungsfaktoren einer objektiven und subjektiven Aufgabenschwierigkeit behandelt. Da Aufgaben – in der Regel – nicht einzeln, sondern in einem Set eingesetzt werden, stellt sich die Frage, wie man mehrere Aufgaben hinsichtlich der Aufgabenschwierigkeit lern-

wirksam ordnet und präsentiert. Der schwierigkeitsbezogenen Ordnung der Aufgaben kommt auch eine bedeutsame Funktion in der Anpassung und der Steuerung
des Lernprozesses zu, was besonders bei Maßnahmen der Inneren Differenzierung
zum Tragen kommt, bei der eine flexible Reaktion auf individuelle Lernbedürfnisse
notwendig ist. Abschließend wird die unterrichtspraktische Bedeutung von Aufgabenschwierigkeit dargestellt, wobei der Einsatz bei Lernaufgaben, im Rahmen
der Leistungsüberprüfung und im Leitmedium Schulbuch besprochen wird.

1. Kumulierte Forschungsergebnisse und Theorien zur Aufgaben-
schwierigkeit am Beispiel des Spracherwerbs

Aufgabenschwierigkeit wurde – seit vielen Jahrzehnten – vor dem Hintergrund
einer großen Zahl von unterschiedlichen theoretischen, kognitiven, motivationalen
und emotionalen Konstrukten untersucht und als multipel wirksam befunden, so
z.B. in Bezug zu Aufgabenwahlverhalten, Zielorientierung, Entscheidungsve-
rhalten, Sprachproduktion, Arbeitsleistung, Leistungsmotivation, Gedächtnis-
belastung, Suchverhalten, Angst, etc. (vgl. z.B. Campbell, 1988). Sucht man Anfang 2007 z.B. in der Literaturdatenbank PSYCINFO mit den Stichworten „task"
und („difficulty" oder „complexity") und „learning" erhält man weit über 4.000
Einträge über entsprechende Studien. Eine Systematisierung dieser Befundlage
würde eine umfassende und elaborierte Theorie menschlicher Informationsverarbeitung und darauf bezogenen Verhaltens voraussetzen, wobei auch motiva-
tional-emotionale Ursachen und Effekte zu berücksichtigen wären. Eine solche
Theorie ist derzeit nicht in Sicht, auch nicht durch modernste Ansätze, die Erleben
und Verhalten als Interaktion psychischer Subsysteme beschreiben, wie das z.B.
Kuhl (2001, 697) in seiner PSI-Theorie tut.

Kumulierte Forschungsergebnisse. Nunan und Koebke (1995) haben dennoch
versucht, aus der einschlägigen Forschung empirisch belegte Zusammenhänge
zwischen Aufgabenschwierigkeit und anderen lernrelevanten Variablen aufzuzeigen und zwar beispielhaft für den Spracherwerb (vgl. Tabelle 1). Der Spracherwerb wird hier deshalb ausgewählt, weil er in der aktuellen Bildungsdiskussion
eine wichtige Rolle als zentrale Basisbedingung erfolgreichen Lernens einnimmt
(vgl. z.B. Prenzel & Allolio-Näcke, 2006). Es wird dabei angenommen, dass Aufgabenschwierigkeit vor allem in der Interaktion zwischen Lernendem, der Aufgabe
und dem Kontext (Text) entsteht und lernwirksam ist. Die Aufstellung von Nunan
und Koebke (1995) ist weder exklusiv noch saturiert, sie macht aber deutlich, dass
Aufgabenschwierigkeit ein komplexes Konstrukt ist, das mit vielen anderen lernrelevanten Größen zusammenhängt bzw. sich aus Interaktionen bildet. Dabei gilt
allerdings, dass dieser Zusammenhang nicht konstant gleich ist, sondern, je nach
Variablenkonstellation variieren kann. Es ist z.B. im Gegensatz zur Aufstellung
von Nunan und Koebke (1995) denkbar, dass Aufgaben, die in reichhaltige Kontexte eingebunden sind, durchaus schwierig sein können, wenn relevantes Vorwissen nicht gegeben ist.

Tab. 1: Faktoren, die mit Aufgabenschwierigkeit in Zusammenhang stehen (vgl. Nunan & Koebke, 1995, 2; leicht modifiziert)

leichter	Spracherwerb	schwieriger
	Lernender	
ist zuversichtlich, die Aufgabe bewältigen zu können		ist nicht zuversichtlich
ist motiviert, die Aufgabe durchzuführen		ist nicht motiviert
verfügt über Vorwissen		hat kein Vorwissen
kann im benötigten Tempo lernen		kann das geforderte Lerntempo nicht einhalten
verfügt über die nötigen sprachlichen Fertigkeiten		hat die nötigen sprachlichen Fertigkeiten nicht
hat das relevante kulturelle Hintergrundwissen		hat das Hintergrundwissen nicht
ist aktiv involviert		ist passiv
agiert als Teilnehmer		agiert als Beobachter
	Aufgabe	
ist von geringer kognitiver Komplexität		ist von hoher kognitiver Komplexität
besteht aus wenigen Schritten		besteht aus vielen Schritten
ist in Kontexte eingebunden		ist kontextfrei
Lernhilfe ist verfügbar		Lernhilfe ist nicht verfügbar
grammatikalische Richtigkeit ist nicht gefordert		grammatikalische Richtigkeit ist notwendig
enthält ausreichend Bearbeitungszeit		enthält nur kurze Bearbeitungszeit
	Text	
hat wenige detaillierte Fakten		enthält viele Details
ist klar strukturiert		ist unklar strukturiert
enthält kontextuelle Hinweise		enthält keine Hinweise
betrifft vertraute Inhalte		betrifft unbekannte Inhalte
präsentiert Information sequenziert		präsentiert Information in keiner bestimmten Reihenfolge
enthält graphische, non-verbale Hilfen		enthält keine zusätzlichen Hilfen
ist erzählend		ist argumentativ
hat einen Sprecher		hat mehrere Sprecher
hat eine einfache Syntax		hat eine komplexe Syntax
hat spezifisches Vokabular		hat allgemeines Vokabular
hat eine temporäre Struktur		hat keine temporäre Struktur

Auch gilt es zu berücksichtigen, dass diese Faktoren jeweils anders ausfallen, wenn man ein anderes Fach betrachtet. Für das Fach Mathematik spielen z.B. das kulturelle Hintergrundwissen oder die verfügbaren sprachlichen Fertigkeiten eine geringere Rolle als für den Spracherwerb. Die Aufstellung von Nunan und Koebke (1995) basiert auf einer Aufarbeitung empirischer Forschungsergebnisse und bildet somit einen empirischen Referenzrahmen für theoretische Ansätze zur Erklärung, was Aufgabenschwierigkeit ausmacht. Forschungsarbeiten mit Überblickscharakter zu empirischen Arbeiten bezüglich Spracherwerb und Aufgabenschwierigkeit liegen z.B. auch von Brindley und Slatyer (2002) vor.

Theoretische Ansätze. Neben empirischen Forschungsergebnissen lassen sich auch Theorien finden, welche die Aufgabenschwierigkeit in den Kontext von Spracherwerb stellen (vgl. Gilabert Guerrero, 2005, 97 ff.):

Prabhu (1987, 47) sieht fünf Faktoren, die die Schwierigkeit bei Aufgaben zum Spracherwerb ausmachen: Menge der Information (wenig / viel), Menge der notwendigen Schlussfolgerungen (wenige Schritte / viele Schritte), Grad an geforderter Genauigkeit (vage Begriffe / präzise Begriffe), Grad an Vertrautheit (unbekannt / bekannt) und Grad an Abstraktheit (konkrete Objekte, Handlungen oder Konzepte / keine konkreten Objekte, Handlungen oder Konzepte).

Skehan (1998) nimmt die Sprachkomplexität, die kognitive Komplexität, den kommunikativen Stress und Lernerfaktoren als entscheidend für die Aufgabenschwierigkeit an. Die Sprachkomplexität betrifft die linguistische und auf Vokabeln bezogene Vielfältigkeit und Variabilität. Kognitive Komplexität bezieht sich auf die Vertrautheit mit dem Thema und der Aufgabe und dem Ausmaß an notwendiger kognitiver Verarbeitung, die vor allem von der Strukturierung der Information abhängig ist. Kommunikativer Stress wird vor allem durch Zeitdruck, die Anzahl der zu berücksichtigenden Kommunikationspartner oder Kontrolloptionen bestimmt. Die Lernerfaktoren sind Intelligenz, Vorstellungskraft und persönliche Erfahrung.

Robinson (2001, 28) spricht von Aufgabenkomplexität und sieht kognitive, interaktive und schwierigkeitsbezogene Faktoren für deren Ausprägung als zentral an. Kognitive Faktoren betreffen Aufgabenschwierigkeit (z.B. beeinflusst durch die Anzahl von Aufgabenelementen, dem Hier-und-Jetzt-Bezug, dem Ausmaß an notwendigen Schlussfolgerungen oder Planungsaktivitäten). Interaktive Faktoren setzen sich aus Aufgabenbedingungen (z.B. hinsichtlich Offenheit bzw. Geschlossenheit der gegebenen Situation) zusammen. Schwierigkeitsbezogene Faktoren betreffen affektive und fähigkeitsbezogene Variablen (wie z.B. Angst, Motivation oder Einstellungen).

Diese Ansätze zeigen, dass einerseits eine relativ große Varianz gegeben ist, was als theoretische Bestimmungsfaktoren für Aufgabenschwierigkeit beim Spracherwerb angenommen wird. Andererseits zeigt sich, dass Aufgabenschwierigkeit das Ergebnis eines komplexen Interaktionsprozesses ist, bei dem Aufgabenmerkmale, Kontextmerkmale und Merkmale des Lernenden in einem zeitlichen Ablauf zusammenwirken. Es stellt sich damit die Frage, wie diese hohe theoretische Komplexität erfasst und lernrelevant genutzt werden kann.

2. Bestimmungsfaktoren der objektiven und subjektiven Aufgabenschwierigkeit

Wenn man die mitunter komplexen Theorien zur Aufgabenschwierigkeit berück-sichtigt, scheint es ein schwieriges Unterfangen zu sein, die Schwierigkeit von Aufgaben zu erfassen. In der Literatur sind demnach auch komplexe Verfahren zu finden, z.B. in Bezug zur Bestimmung der „kognitiven Last", die eine Aufgabe beim Lernen produziert (vgl. z.B. Paas, Tuovinen, Tabbers & Van Gerven, 2003). Andere Verfahren betreffen differenzierte Analysen von Aufgabenlösungsschritten bzw. deren kognitive Prozesse und werden als Aufgabenanalysemethoden („task analysis methods") zusammengefasst (vgl. z.B. Jonassen, Tessmer & Hannum, 1999).

Bei der Ermittlung der Aufgabenschwierigkeit haben sich aber einfachere Methoden durchgesetzt. Die Aufgabenschwierigkeit kann demnach objektiv durch empirische Datenerhebung bestimmt werden. Annahme dabei ist, dass nicht der Prozess der Interaktion zwischen unterschiedlichen (theoretisch angenommenen) Bestimmungsfaktoren der Aufgabenschwierigkeit objektiv erfasst wird, sondern zumindest das Produkt dieses Prozesses, nämlich die erfolgreiche oder nicht erfolg-reiche Lösung einer Aufgabe.

Die *objektive Aufgabenschwierigkeit* betrifft demnach die tatsächlichen Lösungsprozent, die über folgende Frage Auskunft geben: Wie viel Prozent der Schülerinnen und Schüler lösen die betreffende Aufgabe, wenn sie damit konfron-tiert werden? Diese Prozentzahl (p) kann – wie bekannt – folgendermaßen ermittelt werden: p = nk/n*100, wobei nk die Anzahl der Schülerinnen und Schüler ist, die die Aufgabe korrekt gelöst haben und n die Anzahl aller Schülerinnen und Schüler darstellt, die die Aufgabe bearbeitet haben. Haben z.B. 20 von 25 Schülerinnen und Schüler die Aufgabe korrekt gelöst, dann ergäbe sich ein Lösungsprozentsatz von 80 % (= 20/25*100) für diese Aufgabe. Auf der Basis dieser Lösungsprozent wird die Aufgabenschwierigkeit bestimmt, wobei sehr unterschiedliche Grenzen ge-zogen werden. In der Regel werden Aufgaben mit Lösungsprozent deutlich über 50 % als leicht (L) eingeschätzt, solche um 50 % als mittelschwer (M) und solche deutlich unter 50 % als schwer (S).

Weitere, vor allem stärker prozessorientierte Informationen zur Bestimmung der objektiven Aufgabenschwierigkeit können darüber hinaus durch Beobachtun-gen bei der Aufgabenlösung gewonnen werden. Dabei sind von besonderer Wich-tigkeit: Fehler, die bei der Lösung der Aufgabe gemacht werden; die Zeitdauer, die für die Lösung der Aufgabe verbraucht wird oder Lernhilfen, die von Schülerinnen und Schülern abgefragt bzw. eingeholt werden. Fehler, Zeitdauer und angeforderte Lernhilfen können dann zu einem prozessorientierten Aufgabenschwierigkeitsindex integriert werden.

Die *subjektive Aufgabenschwierigkeit* stellt hingegen eine Einschätzung der Schwierigkeit einer Aufgabe dar, die nicht anhand objektiver Daten gewonnen wird und nicht mit der objektiven Aufgabenschwierigkeit übereinstimmen muss. Solche Schätzurteile sind von einer Reihe von Faktoren abhängig, so z.B. dem Wissen über bzw. der Expertise zu einem Sachverhalt, Fertigkeiten in der Aufgaben-analyse, der Kenntnis von kognitiven Theorien zum Wissensaufbau, eigenen Lern-präferenzen, etc. Die subjektive Aufgabenschwierigkeit wird - in der Regel - nach dem Lesen von Aufgabenvorgaben und in selteneren Fällen durch Bearbeiten einer Aufgabe geschätzt. Daten über die objektive Aufgabenschwierigkeit werden dabei nicht oder nicht ausreichend beachtet. Impara und Plake (1998) belegten z.B., dass Lehrerinnen und Lehrer nur ungenau die Schwierigkeit von Aufgaben, die sie im Unterricht verwendeten, einschätzen konnten (vgl. dazu auch Thonhauser, Busch-mann & Schmich, 2003). Unter anderem deshalb ist eine klare Orientierung an ob-jektiven Aufgabenschwierigkeiten im Unterricht notwendig.

3. Typen der Ordnung von Aufgaben nach der Aufgabenschwierigkeit

Liegen Aufgaben mit objektiven Aufgabenschwierigkeiten vor, können sie den Schülerinnen und Schülern in einer bestimmten Ordnung präsentiert werden. Hier gibt es verschiedene Möglichkeiten, wie leichte (L), mittelschwere (M) und schwere (S) Aufgaben in Aufgaben-Sequenzen kombiniert werden können (vgl. Astleitner, 2006, 46):

a) *Kontinuierlicher Anstieg der Aufgabenschwierigkeit*: Jede Aufgabe, die einer Schülerin oder einem Schüler präsentiert wird, ist ein wenig schwieriger als die Vorgängeraufgabe, wobei sehr leichte bis sehr schwere Aufgaben vorkommen: L+L+L...M+M+M...S+S+S. Dieser Anstieg in der Aufgabenschwierigkeit wird in Unterrichtstheorien häufig als lernoptimal vorgeschlagen (vgl. z.B. Reige-luth, 1999).

b) *Schwach wechselnde Veränderung der Aufgabenschwierigkeit*: LLL MMM SSS LLL MMM SSS... Nach drei Aufgaben wird die Aufgabenkomplexität je-weils um eine Stufe erhöht. Nach neun Aufgaben beginnt die Aufgabensequenz wieder bei leichten Aufgaben usw. Vorteil dieser Sequenz wäre es, dass Ler-nende nicht aus dem Lernprozess aussteigen, was bei einem kontinuierlichen Anstieg der Schwierigkeit der Fall sein könnte. Mit der Wiederholung von leichten Aufgaben gibt es die Chance, wieder Erfolge zu sammeln und im Lernprozess zu bleiben. Außerdem bietet ein Block von leichten und mittel-schweren Aufgaben nach schweren Aufgaben die Möglichkeit, kognitive Res-sourcen zu sparen, die für eine Restrukturierung der Aufgabenanforderungen und des Gelernten verwendet werden.

c) *Stark wechselnde Veränderung der Aufgabenschwierigkeit*: LMS LMS LMS LMS LMS LMS... Dieses Aufgaben-Set beginnt mit einer leichten Aufgabe, dann folgt eine mittelschwere und schließlich eine schwere Aufgabe. Genau diese Sequenz wird mit anderen ähnlich komplexen Aufgaben so lange wieder-holt, bis der Lernprozess beendet ist. Hier liegt die Annahme zugrunde, dass es weniger schwierig ist, sich auf schwierigere Aufgaben umzustellen, wenn man nur kurze Zeit auf einem bestimmten Schwierigkeitsgrad gearbeitet hat. Ergebnisse von Studien zu „kognitiven Wechselkosten" bestätigen diese Annahme (vgl. z.B. Gilbert & Shallice, 2002). „Wechselkosten" sind Belastungen des Arbeitsgedächtnisses, die entstehen, wenn sich das Informationsverarbeitungssystem auf neue Anforderungen einstellen muss.

d) *Mit Priorität leichter Aufgaben*: Den Schülerinnen und Schülern werden leichte Aufgaben zu Beginn und am Ende des Lernprozesses präsentiert und nach Aufgaben mit erhöhter Misserfolgswahrscheinlichkeit: LLLLMLLMLSLLM LSLL... Leichte Aufgaben und damit verbundene Erfolge sollten vor allem positive motivationale Effekte produzieren, die lernförderlich wirken (vgl. Herber & Vásárhelyi, 2002).

e) *Konstante Aufgabenschwierigkeit*: z.B. LLL LLL LLL ... Denkbar ist auch, dass die Aufgabenschwierigkeit konstant bleibt. Bönsch (2004, 238) führt z.B. an, dass im Programmierten Unterricht bzw. beim mastery learning Lösungsprozent von über 90 Prozent angestrebt werden, was den Einsatz von überwiegend leichten Aufgaben bedeuten würde.

Welche dieser fünf Ordnungstypen letztendlich im Unterricht eingesetzt werden, hängt von den Zielen im Unterricht ab. Aufgabenordnungen mit der Priorität leichter Aufgaben führen z.B. gerade bei misserfolgsängstlichen Schülerinnen und Schülern zu verstärkten Erfolgserlebnissen, die langfristig positiv auf Interesse und Ausdauer wirken. Wichtig ist allerdings weniger, welche Art von Aufgabenordnung eingesetzt wird, sondern, dass Aufgabenschwierigkeiten überhaupt explizit für den Lerner ersichtlich sind, dass Aufgaben systematisch geordnet sind und bei den Lernbemühungen beachtet werden. Erst damit stellen sie eine wichtige Lernhilfe dar.

Alternative Ordnungen von Aufgaben. Hier sei auch erwähnt, dass es möglich ist, andere Ordnungsmöglichkeiten von Aufgaben zu realisieren, die nicht direkt an der Aufgabenschwierigkeit orientiert sind. Diese betreffen:

a) *lernergebnis-sensible Aufgabenordnungen*: die Schwierigkeit einer neu zu bearbeitenden Aufgaben hängt von der Leistung bei der letzten bearbeiteten Aufgabe ab. Solche Aufgabenordnungen werden beim „adaptiven Testen" eingesetzt und setzen komplexe methodisch-statistische Überlegungen voraus. Eine gewisse Form der individuellen Anpassung kann über Anweisungen im Rahmen von Maßnahmen zur Inneren Differenzierung erreicht werden (vgl. den nächsten Abschnitt).

b) *lernzieltaxonomisch-orientierte Aufgabenordnungen*: die Ordnung der Aufgaben ist an typische Lehrzieltaxonomien angelehnt (vgl. z.B. Krathwohl, 2002). Hier liegt eine enge Verwandtschaft mit Aufgabenordnungen nach der Aufgabenschwierigkeit vor, weil auch Lehrzieltaxonomien nach angenommener kognitiver Schwierigkeit hierarchisch gestuft sind.

c) *sachlogisch-orientierte Aufgabenordnungen*: Diese Art von Aufgabenhierarchien basiert auf einem (logisch) systematisierten thematischen Aufbau eines Lehrstoffes.

Alle hier dargestellten Aufgabenordnungen haben ihre Berechtigung, wenn bestimmte Bedingungen des Lernens gegeben sind. Sie schließen einander auch nicht aus, sondern können bei Bedarf kombiniert angewandt werden. Aufgabenhierarchien nach Bildungsstandards dürften eine Mischform darstellen, bei der sowohl sachlogische, lehrzieltaxonomische, aber auch aufgabenschwierigkeitsbezogene Aspekte eine Rolle spielen bzw. spielen sollten (vgl. z.B. Thonhauser, 2005; Thonhauser u. a., 2003). Die Ordnung von Aufgaben nach der Aufgabenschwierigkeit eignet sich aber besonders gut zur Lernförderung, speziell dann, wenn Maßnahmen der Inneren Differenzierung gefordert sind.

4. Die Bedeutung der Aufgabenschwierigkeit im Konzept der Inneren Differenzierung

In theoretischen Ansätzen zur Inneren Differenzierung spielen Aufgaben und explizit auch die Aufgabenschwierigkeit eine zentrale Rolle. Eine ausgereifte Konzeption, wie Aufgaben und Aufgabenschwierigkeit für Zwecke der Inneren Differenzierung genutzt werden können, stammt von Herber & Vásárhelyi (2002, 5). Sie definieren detailliert, welche Voraussetzungen für einen differenzierenden Unterricht gegeben sein müssen:

1. Eine sachlogische Analyse des durchzunehmenden Lehrstoffes: Dabei werden – im Rahmen der Unterrichtsplanung – das Wesentliche des Lehrstoffes herausgefiltert sowie kurz- und langfristige Zielsetzungen bzw. Aufgabenstellungen formuliert.
2. Eine psychologische Analyse der Schülerinnen und Schüler: Es wird in Planungsaktivitäten versucht, die Schülerinnen und Schüler hinsichtlich ihrer kognitiven Leistungsfähigkeit zu beurteilen, wobei übliche Modelle der kognitiven Entwicklung berücksichtigt werden.
3. Festlegen von Fundamentums- und Additumszielen: Unter Nutzung der sachlogischen und psychologischen Analyse werden in Vorbereitung auf den Unterricht Zielsetzungen bestimmt. Fundamentumsziele gelten für alle Schülerinnen und Schüler, sind in lebensweltlich-alltagssprachigen Kontexten angesiedelt und sollten von geringer und mittlerer Aufgabenschwierigkeit sein. Additumsziele ermöglichen eine fachspezifische Begründung, Vertiefung und Weiterführung. Sowohl Fundamentums- als auch Additumsziele können in Bildungsstandards verankert sein (so z.B. die Fundamentsaufgaben als „prototypische Aufgaben" bzw. Mindeststandards).
4. Lehr-/Lernvoraussetzungsanalyse: Bevor Unterricht gestartet wird, ist es Aufgabe der Lehrerinnen und Lehrer, die aktuellen Bedingungen in der Lerngruppe zu erkunden. Dabei ist zu überprüfen, ob die Planungsschritte und -ergebnisse aus 1. bis 3. auch tatsächlich für die aktuelle Lehr-Lern-Situation passend sind bzw. wie die Planungsergebnisse in die konkrete Unterrichtsrealität umgesetzt werden können.

5. Problembegegnung I: In dieser Phase haben die Schülerinnen und Schüler die Möglichkeit, prototypische Aufgaben, die auf Fundamentumsziele bezogen sind, auszuwählen und zu bearbeiten. Nach und nach sollen alle Aufgaben von allen Schülerinnen und Schülern bearbeitet werden. Schwierigere Aufgaben, die den Additumszielen entsprechen, werden – je nach Bedarf bzw. Leistungsfähigkeit der Schülerinnen und Schüler – als zusätzlicher Leistungsanreiz eingesetzt. Die Lösungen einzelner Lernender können auch den anderen Schülerinnen und Schülern zur Verfügung gestellt werden.

6. Lernfortschrittskontrolle: Dabei soll überprüft werden, wie weit jeder einzelne Lernende das Wesentliche (Fundamentum) verstanden hat und damit das Kriterium zum Weiterarbeiten erfüllt. Gleichzeitig stellt diese Phase eine Übungsreihe unter Nutzung vieler Aufgaben dar. Treten Probleme bei der Aufgabenbearbeitung auf, kann die Lehrperson hilfreich eingreifen. Fundamentums- und Additionsaufgaben sollten einander abwechseln, wobei nach einer schwierigeren Additiumsaufgabe (A) mindestens eine leichtere oder höchstens mittelschwere Fundamentumsaufgabe (F) zu lösen ist: FFFAFFAFAFAFAFF.

7. Problembegegnung II: Hier wird eine zweite Übungsreihe mit Aufgaben eingeschaltet, die Fehlanwendungen des Gelernten vermeiden helfen soll. Durch Vermischung von Aufgaben, die auf das Gelernte passen oder nicht passen, soll sichergestellt werden, dass die Schülerinnen und Schüler die gelernte Aufgabenlösung bei den dafür passenden Aufgaben einsetzen. Auf diese Weise sollen Übergeneralisierungen bzw. fehlerhafte Analogiebildungen verhindert werden.

8. Frei gewählte Sozialform: Mit Ausnahme der Phase der Lernfortschrittskontrolle, bei der Einzelarbeit notwendig ist, um das Erreichen der gewünschten Kriteriumsleistung individuell festzustellen, können Sozialformen bzw. Unterrichtsmethoden (Gruppenarbeit, etc.) frei gewählt werden.

Hier zeigt sich, dass der Aufgabenschwierigkeit eine zentrale lernsteuernde Funktion im Unterricht zukommen kann. Die Wichtigkeit von Aufgaben, Aufgabensequenzen und Aufgabenschwierigkeit wird auch im Ansatz von Leutner (2004), der für Innere Differenzierung genutzt werden kann, bestätigt. In der Folge soll weiter untersucht werden, welche Bedingungen beim Unterrichtseinsatz von Aufgabensequenzen mit unterschiedlichen Schwierigkeitsgraden beachtet werden müssen.

5. Die Bedeutung der Aufgabenschwierigkeit im Unterricht

Zur unterrichtspraktischen Nutzung des Lernfaktors Aufgabenschwierigkeit muss geklärt werden, woher Lehrerinnen und Lehrer passende Aufgaben bekommen und wie diese in typischen Unterrichtsphasen einzusetzen sind. Darüber hinaus ist auch festzulegen, welche Rolle die Aufgabenschwierigkeit bei der Leistungsüberprüfung spielt. Da nicht nur von den Lehrerinnen und Lehrern Lehrfunktionen ausgehen, sondern auch vom Schulbuch, ist zu klären, wie das Konzept der Aufgabenschwierigkeit in dieses zentrale Lernmedium integriert wird bzw. werden könnte. Abschließend werden in diesem Abschnitt zusammenfassende Empfehlungen ausgesprochen.

5.1 Lernaufgaben und Unterrichtsphasen

Quellen von Aufgaben. Lehrerinnen und Lehrer können in einer Reihe von Quellen Aufgaben (idealerweise mit Lösungsprozent) finden: in Schulbüchern, in Lehrerheften zu Schulbüchern, in Aufgabensammlungen eines Lehrwerks, bei anderen Kolleginnen und Kollegen, in Expertennetzwerken, in Arbeitsblättern, auf Schulservern im Internet, in Fachbüchern und -zeitschriften, in pseudowissenschaftlicher Literatur (z.B. Rätselheften), in Prüfungen, bei Schülerinnen und Schülern und im Rahmen ihrer eigenen Alltagserfahrungen.

Unterrichtsphasen und Lernaufgaben. Im Unterricht wird üblicherweise neuer Lehrstoff erarbeitet (Erarbeitungsphase mit Erarbeitungsaufgaben), dieser Lehrstoff wird angewendet und geübt (Übungsphase mit Übungsaufgaben) und schließlich wird überprüft bzw. getestet, ob der Lehrstoff erfolgreich gelernt wurde (Überprüfungsphase mit Überprüfungsaufgaben). Alle drei Typen von Aufgaben fördern letztlich potentiell das Lernen.

Erarbeitungsaufgaben haben das Ziel, den Wissensaufbau zu fördern. Sie sollen sich aus Aufgaben mit unterschiedlichen Schwierigkeitsgraden zusammensetzen. Die Schwierigkeit einer Aufgabe soll allerdings durch den Einsatz von insbesondere lösungswegbezogenen Lösungshilfen eher niedrig gehalten sein bzw. bei Bedarf gesenkt werden. Lösungshilfen betreffen lernstrategische Anweisungen, die das Finden einer Aufgabenlösung erleichtern. Sie können teilweise oder vollständige Informationen über einzelne Lösungsschritte oder das Endergebnis einer Lösung enthalten. Lösungshilfen können auf mehrere alternative Lösungsstrategien bezogen sein und auch nicht korrekte Information enthalten (jedoch explizit gekennzeichnet und mit eingeforderter Korrektur).

Übungsaufgaben haben das Ziel, die Lerneffektivität und -effizienz zu erhöhen. Übungsaufgaben sollten zu Beginn leicht sein, dann allerdings viele mittelschwere und auch einige schwere Aufgaben enthalten. Vor allem die mittelschweren Aufgaben sollten dazu führen, dass eine optimale (d.h. lernwirksame) Herausforderung gegeben ist, was sowohl zu motivationalen als auch kognitiven Lerneffekten führen soll. Lösungshilfen werden sparsamer eingesetzt als in der Erarbeitungsphase, sollen aber ein selbstständiges Lernen und Überprüfen des Lernerfolges ermöglichen.

Überprüfungsaufgaben haben das Ziel, den Lernerfolg möglichst genau und gültig abzubilden. Sie müssen deshalb das gesamte Spektrum an Schwierigkeit umfassen. Lösungshilfen werden keine gegeben. Wohl könnte aber überlegt werden, inwieweit vertraute Arbeitsunterlagen verwendet werden dürfen.

Hinsichtlich des Einsatzes von Überprüfungsaufgaben gilt es weitere Bedingungen zu beachten, die im folgenden Abschnitt ausgeführt werden.

5.2 Leistungsüberprüfung und Aufgabenschwierigkeit

Die Zusammensetzung von Aufgaben bei der Leistungsüberprüfung. Hier gilt grundsätzlich, dass Überprüfungsaufgaben in Bezug zur Aufgabenschwierigkeit ausgewogen zusammengesetzt sein sollen. Die eingesetzten Überprüfungsaufgaben sollten ein repräsentatives Abbild der Aufgaben sein, die auch bei der Erarbeitung und Übung des Lehrstoffes eingesetzt wurden. Ausgewogen meint, dass keine Gruppe von Schülerinnen und Schülern bevorteilt oder benachteiligt wird. Das kann z.B. dadurch erreicht werden, dass im Rahmen von Leistungsprüfungen folgende Aufgaben eingesetzt werden: 25 % leichte Aufgaben, 50 % mittelschwere Aufgaben und 25 % schwere Aufgaben (z.B. bei 8 Aufgaben: L, L, M, M, M, M, S, S). Mit dieser Verteilung haben alle Schülerinnen und Schüler eine gute Chance gemäß ihren Fähigkeiten und ihren durchgeführten Lernbemühungen abzuschneiden:

a) Lernende mit geringen Lernvoraussetzungen (Fähigkeiten), die sich wenig bei der Prüfungsvorbereitung anstrengen: Sie werden aller Voraussicht nach höchstens die leichten Aufgaben schaffen (z.B.: 25 %). Eine negative Beurteilung ist wahrscheinlich.

b) Lernende mit geringen Lernvoraussetzungen, die sich aber bei der Prüfungsvorbereitung angestrengt haben: Sie werden aller Voraussicht nach die leichten und auch einen bedeutsamen Teil der mittelschweren Aufgaben schaffen (z.B.: 5 von 8 Aufgaben, das sind ca. 63 %). Eine durchschnittliche oder mitunter gute Beurteilung ist wahrscheinlich.

c) Lernende mit hohen Lernvoraussetzungen, die sich wenig bei der Prüfungsvorbereitung anstrengen: Sie werden – geschätzt – die leichten Aufgaben schaffen und wohl auch einen Teil oder alle der mittelschweren Aufgaben. Das wird wahrscheinlich zu einer durchschnittlichen Beurteilung führen.

d) Lernende mit hohen Lernvoraussetzungen, die sich intensiv auf die Prüfung vorbereitet haben: Sie können alle oder fast alle Aufgaben schaffen (z.B. 7 von 8 Aufgaben, das sind ca. 88 %). Eine gute bis sehr gute Beurteilung ist wahrscheinlich.

Einfache teststatistische Empfehlungen. Im Rahmen von Aufgabenanalysen werden in der empirischen Sozialforschung Empfehlungen dafür abgegeben, wie Aufgabenschwierigkeiten von Tests gewählt werden sollen, damit möglichst genaue und gültige Ergebnisse erzielt werden können. Solche Richtlinien spielen bei Erarbeitungs- und Übungsaufgaben eine geringere Rolle, weil es bei diesen Aufgaben um die Lernunterstützung und weniger um die Lernbewertung geht. Bei Überprüfungsaufgaben können allerdings folgende relativ einfach umzusetzende Kriterien beachtet werden (vgl. z.B. Bortz & Döring, 1995, 199):

a) *Variation der Aufgabenschwierigkeit*: Die Aufgabenschwierigkeiten bzw. Lösungsprozent der eingesetzten Überprüfungsaufgaben variieren zwischen 20 % und 80 % (d.h. eine einzelne Aufgabe wird höchstens von 80 % und von mindestens 20 % der Schülerinnen und Schüler gelöst).

b) *Durchschnittliche Aufgabenschwierigkeit*: Die durchschnittliche Aufgaben-schwierigkeit über alle Überprüfungsaufgaben sollte 50 % betragen.

c) *Homogenität*: Die Überprüfungsaufgaben sind relativ homogen, d.h. sie messen die Erreichung eines Lehrzieles in Bezug zu einem Thema. Sie messen mög-lichst ähnliche Facetten eines Lehrzieles und nicht sehr unterschiedliche Kom-petenzen und Lehrinhalte.

Die Gewichtung von Aufgaben bzw. Aufgabenlösungen. Werden bei einer Leistungsüberprüfung z.B. 8 Überprüfungsaufgaben (L, L, M, M, M, M, S, S) ein-gesetzt, so kann eine beispielhafte Beurteilung so aussehen: Jede Überprüfungs-aufgabe erhält die gleiche Anzahl von Punkten: Es zählt nur, wie viele Aufgaben korrekt gelöst wurden. Die Punkte (z.B. für alle Aufgaben 2 Punkte) werden auf-summiert. Je nach Punktezahl bzw. Prozentsatz korrekter Lösung ergibt sich z.B. folgende Beurteilung: Sehr gute Beurteilung: 100-85 % der maximalen Punkte-anzahl erreicht, gute Beurteilung: 85-75 %, durchschnittliche Beurteilung: 75-60 %, unterdurchschnittliche Beurteilung: 60-40 %, ungenügende Beurteilung: weniger als 40 %.

5.3 Aufgabenschwierigkeit und Schulbücher

Mittlerweile zeigen Schulbücher prinzipiell gute Möglichkeiten auf, wie Aufgaben und Aufgabenschwierigkeit lernfördernd eingesetzt werden können. Zum Beispiel weist die Englisch-Schulbuch-Reihe „The new You & Me" (vgl. z.B. Gerngroß, Puchta, Davis & Holzmann, 2006) folgende aufgabenrelevanten Merkmale auf: a) eine hohe Zahl von Aufgaben, mit denen der Lehrstoff erarbeitet, geübt und eine Lehrzielerreichung überprüft werden kann; b) eine Differenzierung von Texten und Aufgaben in folgende Schwierigkeitsgrade: „einfach", „etwas anspruchsvoller" und „mit erhöhten Leistungsanforderungen"; und c) Lösungen zu den Aufgaben, zu-mindest von manchen Aufgaben, speziell, wenn mit der computergestützten „Inter-netergänzung" zum Schulbuch (SchulbuchExtra, URL http://www.sbx.at) ge-arbeitet wird.

Strategien zur Verbesserung der Aufgabenorientierung in Schulbüchern. Schul-bücher, die diese Merkmale nicht aufweisen, können mit relativ einfachen Mitteln so verbessert werden, dass sie als Basis für aufgabenorientiertes Lernen dienen können. Diese Verbesserungen betreffen:

a) Anlegen eines Aufgabenpools, z.B. durch Austausch von Aufgaben mit Kolle-ginnen und Kollegen, die die gleichen Fächer unterrichten; solche Aufgaben-pools können in Ordnern gesammelt werden, mit einem konkreten Bezug zu einem bestimmten Schulbuchkapitel versehen werden und als Kopiervorlage dienen;

b) Kennzeichnen von Aufgaben hinsichtlich ihrer Schwierigkeit, z. B. durch Reihung von Aufgaben (Nummerierung von leicht zu schwer) oder durch entsprechende Anmerkungen; solche Kennzeichnungen können von der Lehrperson gemacht werden und den Schülerinnen und Schülern unmittelbar vor dem Start des Lernprozesses mitgeteilt werden;

c) Ergänzen oder Sammeln von Lösungen zu den Aufgaben, wobei Lösungsprozente, Lösungsschritte, die endgültigen Lösungen oder auch Lösungshinweise systematisch aufgezeichnet und den Schülerinnen und Schülern zugänglich gemacht werden können.

Der Aufwand für diese Verbesserungen kann reduziert werden, wenn aus Listen von Schulbüchern jene Schulbücher ausgewählt werden, die viele Aufgaben enthalten, die zudem hinsichtlich Schwierigkeit gekennzeichnet sind und Lösungen aufweisen oder Arbeitsblätter, oder wenn andere Informationsträger gesammelt werden, die von anderen Lehrpersonen oder selbstständig regelmäßig im Rahmen der Unterrichtsvorbereitung erstellt worden sind.

Diese relativ geringen Veränderungen ermöglichen es den Schülerinnen und Schülern den Lernprozess auf der Basis der Informationen, die auf einer Schulbuchseite enthalten sind, zu planen, durchzuführen und zu bewerten:

a) Die erhöhte Anzahl von Aufgaben erlaubt es den Schülerinnen und Schülern, mehr Lernerfahrungen zu machen bzw. das gelernte Wissen umfangreicher und vielfältiger zu üben und anzuwenden.

b) Die Nummerierung der Aufgaben bietet die Möglichkeit, die Bearbeitung der Aufgaben so zu wählen, dass sich die jeweiligen Aufgaben in ihren Lerneffekten nicht stören bzw. dass schrittweise Wissen erworben wird, das für weitere Lernaufgaben benötigt wird (kumulatives Lernen).

c) Die Kennzeichnung der Aufgabenschwierigkeit erlaubt es Schülerinnen und Schülern mit unterschiedlichen Vorkenntnissen gezielt die Aufgaben zu wählen, die ihrem jeweiligen Wissensstand entsprechen. Lernende mit geringen Vorkenntnissen werden, speziell, wenn sie auch darauf hingewiesen werden, leichte oder mittelschwere Aufgaben wählen, um ihr Lernen optimal zu fördern. Lernende mit hohen Vorkenntnissen werden hingegen eher mittelschwere und schwere Aufgaben wählen, um – ihrem Ausgangsniveau gemäß – optimal gefördert zu sein.

d) Die Lösungshilfen begünstigen sofortige Rückmeldung über die Qualität des eigenen Lernprozesses. Kann eine Aufgabe nicht oder nicht vollkommen erfolgreich gelöst werden, dann unterstützen Lösungswege und Lösungen dahingehend, dass eigene Schwierigkeiten selbstständig durch Vergleiche mit den Angaben auf einer Schulbuch-Seite gelöst werden können. Die Lösungshilfen sollen so eingeführt werden, dass selbstverantwortliches Lernen realisiert wird: Lernende müssen lernen, dass es nicht lernwirksam ist, wenn sie nur die Lösung abschreiben ohne die Lösung ernsthaft selbst zu versuchen. Dieses Ziel lässt sich durch entsprechende Begleitmaßnahmen (Forcierung von lösungswegbezogenen in Ergänzung zu lösungsbezogenen Hilfen, Lösungen auf einem Extrablatt, Erinnerungen, Zwischenprüfungen, etc.) erreichen. Wird auf diese Weise aufgabenorientiertes Lernen realisiert, kann davon ausgegangen werden, dass Lehrerinnen und Lehrer entlastet werden, weil von Aufgaben Lehrfunktionen ausgehen. Diese Entlastung kann für andere pädagogische Aufgaben (z.B. zusätzliche Förderung von besonders leistungsschwachen oder -starken Schülerinnen und Schülern) genutzt werden.

5.4 Zusammenfassung und Empfehlungen

Anstelle einer Zusammenfassung und von Empfehlungen wird in Tabelle 2 eine beispielhafte Unterrichtseinheit dargestellt, deren zentraler Bestandteil Aufgaben mit unterschiedlichen Schwierigkeiten darstellen.

Tab. 2: Beschreibung einer beispielhaften aufgaben-orientierten zweistündigen Unterrichtseinheit

Zeitanteil im Unterricht	Unterrichts-phasen	Aufgaben	Unterrichts-methoden	Gestaltungshinweise
50 %	Erarbeitung des neuen Lehrstoffes	L L L M	Lehrervortrag (Tafel, Schulbuch)	[] Wiederholung des Lehrstoffes, [] Lehrzielangabe (Fundamentum, Additum) [] Motivierung, [] Präsentation mit Erklärungen, [] Aufgaben als „Prototypen" mit Bezug zu Bildungsstandards, [] Aufgaben mit Lösungshinweisen
40 %	Übung	L L L L L M M M S S	Einzelarbeit Gruppenarbeit (Schulbuch, Arbeitsblätter)	[] bei niedrigen Lernvoraussetzungen: Sequenz-Vorschlag: LLMLSLML [] bei hohen Lernvoraussetzungen: Sequenz-Vorschlag: LMMLSMSL [] Aufgaben mit Lösung für Vergleichszwecke [] Lehrperson und Lernende coachen [] ca. 75 % der Aufgaben in der Klasse, ca. 25 % zuhause
10 %	Überprüfung	L M M S	Einzelarbeit (Test)	Rückmeldung/Beurteilung: [] keine A. korrekt: ungenügend [] L korrekt: genügend [] L, M korrekt: befriedigend (Lehrziel, Fundamentum erreicht) [] L, M, M korrekt: gut [] L, M, M, S korrekt: sehr gut (Additum erreicht)

Die Beschreibung einer beispielhaften Unterrichtseinheit in Tabelle 2 zeigt, dass insgesamt 9 leichte, 6 mittelschwere und 3 schwere Aufgaben benutzt werden. Übung und Überprüfung des Lernfortschrittes machen einen ebenso großen Anteil an der Unterrichtszeit aus wie die Erarbeitung eines neuen Lehrstoffes. Unterschiedliche Vorschläge für Schülerinnen und Schüler mit niedrigen und hohen Lernvoraussetzungen sorgen für eine wenig aufwendige Form der Inneren Differenzierung. Das Lehrziel (Fundamentum, verankert als „Prototypen" in Bildungsstandards, sofern sich diese als verbindliche Mindeststandards verstehen) wird dann als erreicht angesehen, wenn in der abschließenden Leistungsüberprüfung zumindest eine leichte und eine mittelschwere Aufgabe erfolgreich gelöst werden können.

Dieses Beispiel soll abschließend zeigen, dass Aufgaben mit geordneten Aufgabenschwierigkeiten eine praktikable Orientierung und Alternative darstellen, wie Schülerinnen und Schüler individuell gefördert werden können, speziell auch dann, wenn es um die Erreichung von Bildungsstandards geht.

Literatur

Astleitner, H. (2006): Aufgaben-Sets und Lernen. Instruktionspsychologische Grundlagen und Anwendungen. Frankfurt/M. u. a.: Lang.

Bortz, J. & Döring, N. (1995): Forschungsmethoden und Evaluation für Sozialwissenschaftler. Berlin u.a.: Springer.

Bönsch, M. (2004): Intelligente Unterrichtsstrukturen. Eine Einführung in die Differenzierung (2. durchgesehene Auflage). Baltmannsweiler: Schneider.

Brindley, G. & Slatyer, H. (2002): Exploring task difficulty in ESL listening assessment. In: Language Testing, 19/4, 369-394.

Byström, K. & Järvelin, K. (1995): Task complexity affects information seeking and use. In: Information Processing & Management, 31/2, 191-213.

Campbell, D. J. (1988): Task complexity: A review and analysis. In: The Academy of Management Review, 13/1, 40-52.

Gerngroß, G., Puchta, H., Davis, R. L. & Holzmann, C. (2006): The new You & Me. Textbook 4 – Enriched course. Wien: Langenscheidt.

Gilbert, S. J. & Shallice, T. (2002): Task-switching. A PDP model. In: Cognitive Psychology, 44/2, 297-337.

Gilabert Guerrero, R. (2005): Task complexity and L2 narrative oral production. Unveröffentlichte Dissertation, Universität Barcelona, Spanien.

Herber, H.-J. & Vásárhelyi, É. (2002): Das Unterrichtsmodell „Innere Differenzierung einschließlich Analogiebildung" - Aspekte einer empirisch veranlassten Modellentwicklung. In: Salzburger Beiträge zur Erziehungswissenschaft, 6/2, 5-19.

Jonassen, D. H., Tessmer, M. & Hannum, W. H. (1999): Task analysis methods for instructional design. Mahwah, NJ: Erlbaum.

Impara, J. C. & Plake, B. S. (1998): Teachers´ ability to estimate item difficulty: A test of the assumptions in the Angoff Standard Setting Method. In: Journal of Educational Measurement, 35/1, 69-81.

Krathwohl, D. R. (2002): A revision of Bloom's taxonomy: an overview. Theory Into Practice, 41/4, 212-218.

Kuhl, J. (2001): Motivation und Persönlichkeit. Interaktionen psychischer Systeme. Göttingen, u. a.: Hogrefe.

Leutner, D. (2004): Instructional-design principles for adaptivity in open learning environments. In: Seel, N. M. & Dijkstra S. (Eds.): Curriculum, plans and processes of instructional design: international perspectives. Mahwah, NJ: Erlbaum, 289-307.

Nunan, D. & Koebke, K. (1995): Task difficulty from the learners perspective: Perceptions and reality. In: Hong Kong Papers in Linguistics and Language Teaching, 18/1, 1-12.

Paas, F., Tuovinen, J. E., Tabbers, H. & Van Gerven, P. W. M. (2003): Cognitive load measurement as a means to advance cognitive load theory. In: Educational Psychologist, 38/1, 63-71.

Prabhu, N. S. (1987): Second language pedagogy. Oxford: University Press.

Prenzel, M. & Allolio-Näcke, L. (Hrsg.). (2006): Untersuchungen zur Bildungsqualität von Schule. Münster u. a.: Waxmann.

Reigeluth, C. M. (Ed.). (1999): Instructional-design theories and models. A new paradigm of instructional theory. Vol. II. Mahwah, NJ: Erlbaum.

Rheinberg, F. (1995): Motivation. Stuttgart u. a.: Kohlhammer.

Robinson, P. (2001): Task complexity, task difficulty, and task producation: Exploring interactions in a componential framework. In: Applied Linguistics, 22/1, 27-57.

Rost, J. (1996): Lehrbuch Testtheorie, Testkonstruktion. Bern: Huber.

Skehan, P. (1998): A cognitive approach to language learning. Oxford: University Press.

Thonhauser, J. (2005): Diagnostische Kompetenzen von Lehrerinnen und Lehrern und die aktuelle Diskussion über Standards. Ein Beitrag über Österreich. In: Döbert, H. & Fuchs, W. (Hrsg.): Leistungsmessung und Innovationsstrategien in Schulsystemen. Ein internationaler Vergleich. Münster u.a.: Waxmann, 103-124.

Thonhauser, J., Buschmann, I. & Schmich, J. (2003): Nach welchen Faktoren schätzen Lehrer/innen die Schwierigkeit von Aufgaben ein? Vortrag auf der 64. Tagung der Arbeitsgemeinschaft für empirisch-pädagogische Forschung (AEPF), Hamburg, 29.9.-2.10.2003.

Teil 3

Funktionen von Aufgaben

Georg Hans Neuweg, Linz

Zur Funktion von Aufgaben im Lichte des tacit knowing view

„Aufgegeben" ist uns letztlich die Auseinandersetzung mit der didaktisch unver-stellten Wirklichkeit. Kaum ein Konzept thematisiert Lernen konsequenter vor dem Hintergrund eines solchen Anspruchs als das Konzept des impliziten Wissens. Nach (1.) einigen einführenden Vorbemerkungen zum Lernen unter dem Anspruch der Lebensnähe werden (2.) in sehr geraffter Form die Grundkonturen des *tacit knowing view* entfaltet und vor diesem Hintergrund (3.) die diagnostische Funktion von Aufgaben ebenso erörtert wie (4. und 5.) ihre Bedeutung im Lernprozess.[1]

1.   Lernen unter dem Anspruch der Lebensnähe

Welche Funktion man Aufgaben zuweist und was in der Folge als ihre funktions-gerechte Ausgestaltung gilt, hängt entscheidend davon ab, ob das Problem eine bloß innerschulische Rahmung erfährt oder aber der Anspruch der externen Vali-dität von Aufgaben und der Bezug des Lernens auf das Leben überhaupt perspek-tivengebend wirkt. Es tut Bildungseinrichtungen zwar nicht gut, wenn die durch sie inszenierten Lernprozesse und deren Ergebnisse ausschließlich am Maßstab des Utilitären abgetragen werden. Es tut ihnen aber auch nicht gut, wenn das Bewusst-sein dafür abhanden kommt, dass sich letztlich jedes Lernen am Maßstab des Lebens zu bewähren hat.

   Dass sich in Schulen und an Universitäten unter ungünstigen Umständen Formen des Wissens und des Leistens etablieren und dann ein Eigenleben führen können, die kaum mehr in eine sinnvolle Beziehung zu den Anforderungen des Lebens gebracht werden können, ist eine nicht eben neue Einsicht. In den unter-schiedlichsten Kontexten haben Soziologie, Bildungstheorie, Erziehungswissen-schaft und Pädagogische Psychologie das Problem schon verhandelt, zum Beispiel: in Form des Hinweises darauf, dass Schulen eine Qualifizierungs-, eine Selektions-und eine Legitimationsfunktion erfüllen, was den zweifelhaften Trost einschließt, dass eine Schule, die am Leben vorbeiqualifiziert, qua Erfüllung ihrer beiden ande-

---

1   Wo und wann solche Lernprozesse angesiedelt und vor allem auch, in welchem Maße und wie sie institutionell verankert werden sollten, bleibt dabei offen. Die Frage, ob Schulen sich durch „Praxisrelevanz" auszeichnen sollen und was genau darunter verstanden werden soll, kann man bildungstheoretisch unterschiedlich beantworten. Es ist wichtig, im Auge zu behal-ten, dass Arbeiten zum impliziten Wissen meist durchgängig auf die Dimension des prakti-schen Könnens abstellen, aber kaum je mit dem Bildungsbegriff operieren und von daher Ge-fahr laufen, jene Bestände expliziten Wissens aus dem Blick zu verlieren, über die verfügen muss, wer als mündiger Mensch freie und zugleich verantwortliche Urteile in einer zuneh-mend komplexer werdenden Welt treffen möchte.

ren Funktionen gesellschaftlich immer noch funktional sein kann; als berufs-
bildungstheoretisch motivierte Sorge nach allzu großen Unterschieden zwischen
dem in der „Buch- und Wortschule" vermittelten Wissen einerseits, dem Erfah-
rungswissen andererseits; in Gestalt der Transferforschung mit ihrer Frage danach,
wie Lernergebnisse nicht nur zwischen Aufgaben, sondern auch von der Schule auf
das Leben übertragen werden können; in den Anstrengungen zur Vermeidung
„trägen Wissen" durch die Anwendung „konstruktivistischer" Lehr-Lern-Arrangements; in der Diskussion darüber, ob ein wichtiger Impuls von Leistungs-
vergleichsstudien vom Typ PISA nicht auch darin liegen könnte, weniger über
Unterschiede zwischen Nationen, als vielmehr über Unterschiede zwischen Schulaufgaben und PISA-Aufgaben unter dem Aspekt ihrer Lebensnähe nachzudenken.

Im Lichte des *tacit knowing view* wird ein weiteres, sehr grundsätzliches
Problem von Aufgaben sichtbar. Er ist um das Konzept der „Könnerschaft" und
damit von Grund auf um den erfolgreichen Transfer des Gelernten in praktische
Anforderungssituationen zentriert. Als solche geraten vor allem schlecht-struk-
turierte Problembereiche in den Blick, die nicht oder nur sehr eingeschränkt
algorithmisch bewältigt werden können, vor allem, weil die kontextsensitive An-
forderungsbewältigung von besonderer Wichtigkeit ist. Die Vergrößerung einer
Fabrik, die Betreuung eines Patienten durch eine Krankenschwester, das Halten
einer Unterrichtsstunde, das Prognostizieren der wirtschaftlichen Entwicklung – all
das stellt Anforderungen, die sich in einer wichtigen Weise von vielen „Schulaufgaben" unterscheiden und bei denen es weniger darauf ankommt, viel Explizites zu
wissen, als eher darauf, eine Menge zu können und insofern implizit zu „wissen,
wie es geht".

Auf dieser Interpretationsfolie erfahren Aufgaben eine enorme Aufwertung.
Zwar ist die Einsicht, dass man zum Lehren nicht nur das Lehrer/innen/wort und
zum Prüfen nicht nur die Wissensfrage, sondern beim Lehren wie beim Prüfen
immer *auch* die Aufgabe braucht, nicht neu. Im *tacit knowing view* aber radikali-
siert sich das Plädoyer für die Aufgabenorientierung. *Vor allem und bisweilen nur
an Aufgaben lernen wir*, und *vor allem und bisweilen nur* über Aufgaben ist der
Lernerfolg diagnostizierbar.[2]

---

2 Es scheint das Schicksal der Aufgaben zu sein, eine immer nur abgeleitete Rolle spielen zu
   dürfen – gleichsam als wichtigste Nebensache der didaktischen Welt, dem Katalysator in der
   Katalyse ähnlich. Aber die Reagenzglasmetapher im Titel des vorliegenden Sammelbandes ist
   verfänglich – nicht nur, weil sich in Reagenzgläsern keine Subjekte tummeln, während sich
   Lernprozesse in Subjekten und vor allem auch durch Subjekte vollziehen. Katalysatoren sind
   Stoffe in minimalen Mengen, die die Geschwindigkeit chemischer Reaktionen erhöhen, ohne
   selbst verbraucht zu werden. Aufgaben aber beschleunigen nicht einfach Lernprozesse; diese
   vollziehen sich vielmehr ganz wesentlich erst im Medium der Aufgabe. Auch erweisen sich
   minimale Mengen von Aufgaben in der Regel nur bei sehr trivialen Lernvorgängen als hinreichend. Und schließlich werden Aufgaben im Gegensatz zu Katalysatoren durch den Prozess
   entscheidend verändert. Wären sie für den Lerner nachher immer noch, was sie vorher waren,
   hätte kein Lernen stattgefunden.

2. Der tacit knowing view

Der *tacit knowing view* ist ein spezifischer handlungs- und lerntheoretischer Denkstil, der sich als Gegenparadigma zum kognitivistischen Programm versteht. Er ist in den letzten Jahren mehrfach in seinen zentralen meta- und objekttheoretischen Facetten dargestellt worden (vgl. insbes. Neuweg, 2004, 2005a, b), sodass im Folgenden eine Kurzkennzeichnung genügen muss und Leserin und Leser auf weiterführende Literatur verwiesen sind.[3]

Die Position ist zentriert um das Konzept des impliziten Wissens *(tacit knowing)*. Im weiteren Sinne verweist dieser Begriff auf eine aus der Beobachterperspektive vor dem Hintergrund bestimmter Kriterien gelingende Praxis und auf die ihr korrespondierenden Könnensdispositionen. Methodologisch bedeutsam dabei ist die konsequente Anwendung von Ockhams Rasiermesser auf die durch die Kognitionspsychologie betriebene Vermehrung der Entitäten: Jemandem eine Disposition zuzuschreiben, heißt zunächst nämlich nur, ihm ein bestimmtes Können zuzuschreiben, *nicht* aber eine hinter diesem liegende, es irgendwie erzeugende *zusätzliche* Substanz. Implizites „Wissen" meint also eigentlich Könnerschaft (vgl. Neuweg, 2004). Wissen kommt erst als Resultat eines Zuschreibungsprozesses ins Spiel. Denn für den Könner lässt sich auch sagen, er verhalte sich wiederholt und nicht bloß zufällig so, *als ob* er Wissen dieser oder jener Art anwenden würde. In diesem Sinne „impliziert" eine als regelmäßig wahrnehmbare Praxis (sozusagen logisch, nicht notwendig auch psycho-logisch!) Wissen – ganz so, wie wir auch im Alltagssprachgebrauch sagen, dass jemand „weiß, wie es geht".

Was die Modellierung der inneren Erzeugungsprinzipien anlangt, die hinter dem stehen, was jemand kann, zeichnet sich der *tacit knowing view* im Vergleich zu kognitivistischen Positionen, die die Performanz eines Subjekts immer nur als Epiphänomen innerer mentaler Strukturen aufzufassen vermögen, durch Sparsamkeit aus. Verzichtet wird mangels Falsifizierbarkeit insbesondere auf die Behauptung, Können sei Resultat teilweise oder gänzlich *unbewussten* Wissens und teilweise oder gänzlich *unbewussten* Denkens („Informationsverarbeitung"). Weiters: Die Frage, ob und in welchem Maße ein je bestimmtes Können auf *explizites* Wissen und Vorgänge *bewussten* Denkens zurückgeht, wird – auch hier wieder im Unterschied zu kognitivistischen Positionen, beispielsweise der psychologischen Handlungstheorie – nicht definitorisch (etwa: „Von intelligentem Können oder Handeln im Vollsinne des Wortes sprechen wir, wenn und nur wenn jemand denkt,

---

3   Wichtige Impulsgeber sind insbes. Philosophie und Erkenntnistheorie (z.B. Wittgenstein, 1984; Schneider, 1993; Polanyi, 1964, 1969, 1985), analytische Handlungstheorie (Ryle, 1969; Kemmerling, 1975; Neuweg, 2000a), Kognitionswissenschaft und AI (z.B. Searle, 1987; Suchman, 1987; Dreyfus & Dreyfus, 1987; Dreyfus, 1989), theoretische Psychologie (Nisbett & Wilson, 1977), experimentelle Psychologie (z.B. Reber, 1989, 1993; Berry 1997; Neuweg, 2000b), Wissenschaftssoziologie (z.B. Kuhn, 1996), Wissenssoziologie (z.B. Collins & Kusch, 1998), Kultursoziologie (z.B. Bourdieu, 1992), Arbeitspsychologie (Volpert, 1994, 2003), Expertiseforschung (z.B. Schön, 1983; Benner, 1984; Bromme, 1992; Büssing, Herbig & Ewert, 2002), Berufs- und Wirtschaftspädagogik (z.B. Eraut, 1994, 2000; Fischer, 2000; Neuweg, 1998, 2004, 2005a, b) und Organisationsforschung (z.B. Ortmann, 2003).

bevor er tut.") vorab entschieden, sondern der empirischen Prüfung im Einzelfall überantwortet.

Über diesen metatheoretischen Rahmen hinaus sind für den *tacit knowing view* objekttheoretische Annahmen kennzeichnend, die zu einem stärker substanziellen Begriff impliziten Wissens führen. Im engeren Sinne von implizitem Wissen wird gesprochen, wenn behauptet werden soll, das Explizit-Sprachliche hole das Praktische nicht vollständig ein oder könne es gar nicht vollständig einholen, sodass explizites Wissen weder beschreibend noch instruierend vollständig an Praxis heranreicht. Im Einzelnen wird angenommen und gibt es zahlreiche Indizien dafür, dass

– sich Können über erhebliche Strecken gar nicht oder nicht nur als Wissensapplikation auffassen lässt,

– vor allem bei erfahrenen Personen nicht-deliberative Momente im Wahrnehmungs- und Handlungsgeschehen eine zentrale Rolle spielen,

– Könner/innen die „Wissensbasis" ihres Handelns nicht oder nur unzulänglich zu verbalisieren vermögen,

– intelligente Praxis auch für den äußeren Beobachter nur eingeschränkt kodifizierbar ist und folglich

– zentrale Leistungsvoraussetzungen nicht durch Mitteilung erworben werden können, sondern durch Erfahrung und Beispiel, am Modell und in Praktikergemeinschaften erworben werden und werden müssen.

Die den *tacit knowing view* kennzeichnende Draufsicht auf die Beziehung zwischen Wissen und Können folgt also nicht der Modellvorstellung, Können sei Anwendung von Wissen. Vertreten wird stattdessen ein *Differenztheorem*: Es ist eine Sache, etwas zu wissen, und es ist eine andere Sache, etwas zu können. Ob überhaupt und was genau das eine mit dem anderen zu tun hat, ist eine in weitaus höherem Maße offene Frage, als gemeinhin angenommen wird.

Damit gerät der *tacit knowing view* in Opposition zu der nicht zuletzt in Didaktik und Pädagogischer Psychologie weit verbreiteten Vorstellung einer Kongruenz von Wissen und Können. Der ideelle Hintergrund dieses *Integrationstheorems* – er kann im Anschluss an Ryle (1969) als „intellektualistische Legende" bezeichnet werden – ist an anderer Stelle ausführlich dargestellt und kritisiert worden (vgl. insbes. Neuweg, 1998, 2000a, 2004). Im Kontext des vorliegenden Aufsatzes entscheidend ist, dass Aufgaben im Lichte des Integrationstheorems nicht, wie im *tacit knowing view*, primär von der final gesollten, ganzheitlichen Performanz her gedacht werden, sondern ihre Rolle letztlich immer am Wissen und Denken abgetragen wird. Die Zauberworte lauten „anwenden" und „begründen". Wer erfolgreich gelernt hat, so meint man, kann anwenden oder umsetzen, was er weiß, und er kann umgekehrt begründen, was er tut.[4]

---

4   Meist tritt diese Vorstellung als schwer durchschaubare Mischung aus deskriptiven und präskriptiven Aussagen auf. Es wird sowohl kognitionspsychologisch postuliert, dass Können ein bewusstes oder unbewusstes Anwenden von Wissen *sei*, als auch gefordert, dass der Praktiker Wissen anwenden und sein Tun unter Bezugnahme auf Wissen begründen können *solle*.

Das ist nicht grundsätzlich und immer falsch. Oft haben Aufgaben tatsächlich die Funktion, eine Brücke zwischen Wissen und Können zu schlagen. Aber das Wissensanwendungskonzept führt, pars pro toto beansprucht, in die Irre, weil Könner/innen in komplexen Domänen in hohem Maße intuitiv-improvisierend handeln. Für die „Wissensfrage" und die „Anwendungsaufgabe" bleibt im *tacit knowing view* deshalb deutlich weniger Raum als im klassischen, dem Instruktionsparadigma folgenden Unterricht. Vor allem: Was dem Konzept „Können als Wissensanwendung" als Ausnahme vom vermeintlichen Normalfall „handlungssteuernden Wissens" oder als Resultat eines didaktischen Betriebsunfalles gelten muss, erfasst der *tacit knowing view* als geradezu typische Konstellationen, auf die eine angemessene Aufgabenkultur Rücksicht zu nehmen hat: das Scheitern an der Aufgabe trotz beträchtlichen Wissens (träges Wissen) und das Scheitern an der Begründungsverpflichtung trotz beträchtlichen oder gar exzeptionellen Könnens (implizites Wissen).

3. Aufgaben im Dienste der Diagnose

Eine Prüfungsdidaktik, die Wissen als notwendige und hinreichende Bedingung für praktisches Können unterstellt, läuft immer Gefahr, sich dem Können indirekt über die Abfrage des Wissens zu nähern und solcherart Fehlschlüsse zu begehen (vgl. dazu näher Neuweg, 2002). Der Fehler erster Art besteht darin, dem Prüfling aufgrund seines Wissens ein Können zuzuschreiben, über das er nicht verfügt. Der Fehler zweiter Art besteht darin, dem Prüfling aufgrund seiner Sprachlosigkeit ein Können abzusprechen, über das er durchaus verfügt.

Aufgaben mit maximaler Nähe zur Verwendungssituation sind daher das ultimative Mittel der Lernstandsdiagnose und der Lernerfolgskontrolle. Für eine solche Behauptung bedarf es keiner allzu starken Annahmen über Dissoziationen zwischen Wissen und Können; denn selbst wenn explizites Wissen notwendige, aber nicht hinreichende Bedingung für Know-how wäre, würde man die Leistungsmessung sinnvollerweise auf Letzteres abstellen. Hans Aebli (1974, 180) hat das einmal so formuliert:

> *„Wir haben einem Schüler Schwimmunterricht erteilt und möchten den Unterrichtserfolg kontrollieren. Was sollen wir tun? Die Antwort ist einfach: Wir werden von ihm nicht verlangen, dass er uns eine Definition des Schwimmvorgangs hersagt, wir werden ihn keinen Aufsatz über das Schwimmen schreiben lassen, wir werden ihn die Schwimmbewegungen auch nicht als Trockenübung vorturnen lassen, sondern wir werden ihn ganz einfach ins Wasser schicken und schwimmen heißen. Damit ist die im Unterricht angestrebte Leistung in direkter Weise ins Spiel gesetzt. Alles andere wäre ein Prüfen auf Umwegen, dessen Unzulänglichkeit auf der Hand liegt. "*

Wenn wir daher die Urteilsfähigkeit prüfen wollen, dann fordern wir auf zum Urteil; wir fragen nicht nach Merkmalen, Definitionen und Gründen, und wo wir es tun, hoffen wir, dass der Lernende uns antwortet mit dem Satz: „Das kommt darauf an." Wenn wir prüfen wollen, ob jemand mit einer Situation zurechtkommt, stellen wir ihn in die Situation; wir lassen ihn nicht beschreiben, was er in ihr täte. Wenn wir wissen wollen, ob jemand eine bestimmte Einstellung erworben hat, beobachten wir, was er tut, und schließen auf die Einstellung zurück; wir fragen ihn nicht nach seinen Überzeugungen und Werten. Wenn wir den Denkstil des Kandidaten prüfen, dann lassen wir ihn denken und beobachten die Urteile und Handlungen, in denen sich diese Art des Denkens äußert; wir lassen den Denkstil nicht beschreiben. Selbst wenn uns darum zu tun war, theoriegeleitetes Wahrnehmen und Tun auszuformen, beobachten wir die Qualität des Urteils und des Tuns. Gerade dann, wenn ein Lerner vieles von dem, was er theoretisch angeeignet hat, scheinbar „vergessen" hat, mag er eine umso wirksamere, durch Wissenschaft geprägte Kompetenz der Weltdeutung erworben haben, die wir eher in dem wiederfinden, was er tut, als in dem, was er zu explizieren vermag.

Der der obigen Liste von Beispielen impliziten Behauptung, nur die Verhaltensbeobachtung könne das Vorliegen von Dispositionen erweisen und jede darüber hinausgehende Befragung sei mehr oder weniger obsolet, wird oft mit dem Vorwurf einer unangemessen behavioristischen Verkürzung des Subjekts begegnet. Darin steckt ein wahrer Kern. Komplexe Dispositionen besitzen in der Tat Eigenschaften, die einen direkten Schluss vom Verhalten auf die Disposition unsicher machen (vgl. dazu Kemmerling, 1975, v. a. 160): (a) Es gibt keine einzelne Reiz-Reaktions-Verknüpfung, aus der wir gerechtfertigt schließen könnten, dass die Disposition wirklich vorliegt, zukünftige Erfahrungen können diesen Schluss widerlegen. (b) Es gibt keine Reaktion, die jemand, der einer bestimmten Situation ausgesetzt ist und über die Disposition verfügt, unbedingt zeigen muss. (c) Es gibt keine wie immer umfängliche Liste von Reiz-Reaktions-Verknüpfungen, die die Bedeutung einer solchen Disposition vollständig ausdrückt.

Bei allen anspruchsvolleren Formen des Könnens muss man daher tatsächlich über die einzelne Handlung hinausblicken. Aber das heißt nicht, dass man eine aus Definitionen, Regeln und Theorien bestehende Wissenssubstanz im Prüfling aufzuspüren hätte. Vielmehr beobachtet man Verhalten in einer Vielzahl *einander ähnlicher und dennoch variierender* Situationen.

„Wir beobachten z.B., wie ein Soldat beim Scharfschießen ins Schwarze trifft. War es Glück oder Können? Wenn es Können ist, dann kann er wieder ins Schwarze oder dicht daneben treffen, auch wenn der Wind stärker bläst, wenn die Entfernung sich ändert oder die Zielscheibe sich bewegt. [...] Keine einzelne Handlung beweist, dass einer wirklich schießen kann. Aber eine mäßige Anzahl verschiedenartiger Leistungen genügt im Allgemeinen, um jeden Zweifel daran zu beheben" (Ryle, 1969, 54f.).

Was eine „mäßige Anzahl" ist, lässt sich nicht allgemein angeben, aber es wäre absurd zu behaupten, keine Anzahl wäre je genügend. Wir schreiben im Alltag ständig Fähigkeiten zu oder sprechen sie ab, wir tun das mit einigem prognostischen Erfolg, wir tun das immer auf der Grundlage einer endlichen Zahl von Beobachtungen und wir tun das so gut wie nie auf der Basis von Befragungen.

Die spezifische Natur komplexer Könnensdispositionen erfordert im Übrigen, dass der Aufgabenkonstrukteur diese Dispositionen *versteht*. Seine diagnostische Kompetenz kann nicht dadurch ersetzt werden, dass ihm – etwa in der Form: Bildungsstandard plus Aufgabenbeispiele – Diagnoseinstrumente auf Vorrat geliefert werden. Denn eine komplexe Könnensdisposition lässt sich durch die Angabe eines beobachtbaren Verhaltens zwar exemplifizieren, nicht aber ohne Bedeutungsverlust operationalisieren. Sie muss zuvor verstanden worden sein, um anschließend operationalisiert werden zu können, ohne dass die damit einhergehenden Reduktionen unkontrollierbare Ausmaße annehmen; und wenn sie verstanden worden ist, wird der Beurteilende – und im Übrigen auch und besonders der Lernende – sich mit Leichtigkeit aus der Knechtschaft einzelner Aufgabenbeispiele befreien, wenn der Kontext es gebietet.

Der Prüfer also muss auf die Handlung, zugleich aber auch durch die einzelne Handlung hindurch auf das in ihr zum Ausdruck kommende Können blicken. Das heißt einerseits, dass die Grenzen zwischen Verhaltensbeobachtung und Verhaltensinterpretation fließend sind. Das heißt andererseits aber nicht, dass die Beurteilung dadurch beliebig würde. Angehörige einer Praxisgemeinschaft, in der dieses Können praktiziert wird, können sich in der Regel darüber verständigen, ob Können zugeschrieben werden kann oder abgesprochen werden muss. Damit ist zugleich angedeutet, dass der Prüfer jenes Können ein Stück weit selbst beherrschen muss, von dem er Beispiele bewerten soll. „Der kompetente Kritiker für Prosastil, Experimentalverfahren oder Stickereien muss wenigstens schreiben, Versuche anstellen oder nähen können" und „wenn einer die Witze eines anderen verstehen will, dann braucht er dazu unbedingt einen Sinn für Humor, und zwar gerade jene Sorte von Humor, die in diesen Witzen zum Ausdruck kommt" (Ryle, 1969, 67).

4. Aufgaben in Prozessen der Aneignung expliziten Wissens

Keineswegs nur beim Erfahrungslernen, sondern auch in Prozessen der Aneignung expliziten Wissens spielen Aufgaben aus der Perspektive des *tacit knowing view* eine sehr wichtige, wenn auch durchaus unterschiedliche Rolle.

(1.) Dies ist zunächst dort der Fall, wo es darum geht, subjektive und objektive Theorien, Vorwissen und neu anzueignendes Wissen, implizites und explizites Wissen bewusst miteinander zu konfrontieren. Wo das Alltagswissen des Lerners entweder überhaupt nicht in Ansatz gebracht oder ohne nähere Untersuchung despektierlich als naiv gebrandmarkt wird, führt es häufig trotzig und alle formellen Lernprozesse überdauernd sein Eigenleben und lässt Pädagogische Psychologen dann von „Wissenskompartmentalisierung" sprechen (vgl. z.B. Renkl, 1996) – womit im Wesentlichen gemeint ist, dass sich der Betreffende bei Prüfungen aus dem Fundus seines oberflächlich angeeigneten Schul- und Buchwissens bedient, während seine praktischen Handlungen nach wie vor durch sein über weite Strecken implizites Hintergrundwissen gesteuert werden. Aufgaben haben daher schon am

Beginn des Lernprozesses die Funktion, implizites Hintergrund- und Alltagswissen sichtbar und bewertbar zu machen und explizit mit dem neu anzueignenden Wissen in Beziehung zu setzen – mit durchaus offenem Ausgang. Einmal mag sich erweisen, dass es sich um Wissen handelt, das die neu anzueignenden Objektivationen durchaus wirkungsvoll ersetzen kann und den ganzen Aneignungsvorgang obsolet macht. Ein anderes Mal mag es darum gehen, Übergeneralisierungen im Bestand der subjektiven Theorien durch deren Bewusstmachung abzubauen. Wieder ein anderes Mal dienen Aufgaben im Gegenteil dazu, die Reichweite eines schon bekannten Prinzips durch Abstraktion zu vergrößern. Und vielfach schließlich macht die Aufgabe Lücken oder Irrtümer im Vorwissen sichtbar, die überhaupt erst dazu motivieren, sich mit neuem expliziten Wissen auseinanderzusetzen.

(2.) In einigen Fällen stellt sich Können durchaus als Regelanwendung dar, weswegen die Vermittlung von Prinzip oder Regel dann auch wichtiges didaktisches Gebot sein kann. Aber auch diesfalls wird in der Auseinandersetzung mit Aufgaben ein spezifisches Können erworben, das im anzuwendenden Wissen selbst noch nicht aufgehoben ist. Das gilt einerseits dort, wo Können sich erst durch wiederholtes Üben ausformt (vgl. dazu Bollnow, 1991, als lesenswerte Hommage an den „Geist des Übens"). Es trifft andererseits und in besonderer Weise aber auch dort zu, wo im Gegenteil keinerlei Art von Automatisierung sinnvoll, sondern Virtuosität in der Anwendung gefordert ist. Können schließt in solchen Fällen die Kunst der Kontextualisierung des Wissens auf besondere Fälle ein. Das Anwenden einer Regel ist immer ein An-Wenden, „ein Abwenden vom allgemeinen Verfahren und ein Hinwenden zum besonderen Fall; ein Wenden des allgemeinen Verfahrens derart, dass es auf den besonderen Fall passt" (Ortmann, 2003, 34). Und weil dies Interpretation sowohl der Regel als auch der Situation verlangt, ist Könnerschaft niemals bloße Wissensapplikation. Mitzudenken und mitzuschulen ist vielmehr die Kontextualisierungskompetenz des Anwenders. Schon Kant sprach in diesem Zusammenhang von der „Urteilskraft", durch die der Praktiker entscheiden könne, „ob etwas der Fall der Regel sei oder nicht", und deren es bedürfe, weil bei jeder Regel „von einer Menge Bedingungen abstrahiert wird, die doch auf ihre Ausübung notwendig Einfluss haben" (Kant, 1793, 275). Die Urteilskraft, so Kant weiter, wolle „gar nicht belehrt, sondern geübt sein", müsse durch „Beispiele und wirkliche Geschäfte" erworben werden oder aber sei „Naturgabe" (Kant, 1787, 131f.).

(3.) Nicht alle Didaktiker/innen haben ihren Thomas Kuhn gelesen, und wenn, dann wohl kaum als einen der ihren. Das ist schade. Kuhn (so z.B. 1969, 203) vertritt nämlich, dass „Natur" und „Worte" immer gemeinsam gelernt werden und macht auf diese Weise sensibel dafür, dass Aufgaben nicht einfach der Anwendung des Wissens, sondern vor allem seinem Verständnis dienen. Wenn Verbalismus verhindert werden soll, dann muss die Aneignung expliziten Wissens immer zugleich auch eine Aneignung der Dinge sein, auf die dieses Wissen referiert. Erst der Gebrauch des Wissens unterfüttert Syntax semantisch und pragmatisch und erlaubt, von Wissen auch im psychologischen Sinne zu sprechen.

Folgt man Kuhn, so lernen selbst Wissenschafter „Begriffe, Gesetze und Theorien niemals *in abstracto* und an sich", sondern „innerhalb eines historisch und pädagogisch vorgegebenen Komplexes, der sie mit ihren Anwendungen und durch diese darbietet" (Kuhn, 1969, 60). Gelernt wird damit zweierlei. Erstens werden Begriffe zusammen mit ihren Bedeutungen gelernt, werden Sache und Wort gleichzeitig aufgeschlossen und müssen auch so aufgeschlossen werden, weil sich die Bedeutung der Begriffe letztlich erst im Gebrauch voll erschließt. Zweitens lernt der Studierende an Musterbeispielen, welche einander ähnlichen Problemstellungen durch welche symbolischen Verallgemeinerungen bearbeitet werden können, womit erst sich ihm Situationen *und* Theorien gleichzeitig erschließen. Ähnlich weist Polanyi, der Schöpfer des Begriffes „tacit knowing", darauf hin, man könne Theorien nur durch praktische Anwendungen erlernen und habe „sie erst dann wirklich begriffen, wenn man sie anzuwenden versteht" (1985, 25), „sie verinnerlicht und ausgiebig zur Deutung von Erfahrungen verwandt hat" (1985, 28). Dabei ist das Begreifen kein Vorgang mit definitivem Ende. So wie die Semantik eines Begriffs mit jeder begrifflichen Subsumtion geringfügig verändert wird, so verändert sich auch die Bedeutung einer Theorie implizit mit jedem mit ihr bearbeiteten Anwendungsfall in einem Wechselspiel von Assimilation und Adaptation (Polanyi, 1964, 104f.).

5. Aufgaben in Erfahrungslernprozessen

Es ist alles andere als eine triviale Aufgabe zu begründen, warum der Versuch, Erfahrungslernprozesse durch das Wort abzukürzen, an Grenzen stößt, worin genau diese Grenzen liegen und warum und in welcher Weise jenseits dieser Grenzen Aufgaben mit ihren Anforderungen zu „sprechen" beginnen müssen. Unter den diesbezüglichen Begründungsleistungen des *tacit knowing view* ragt vor allem die Nichtformalisierbarkeitsthese heraus, derzufolge sich für bestimmte Klassen von Herausforderungen keine Ausführungsregeln kodifizieren lassen, die die eigentliche Essenz der fraglichen Kompetenz abbilden und sich als Wissen vermitteln lassen würden. Ursächlich dafür ist, dass sich expertenhaftes Wahrnehmen, Denken und Handeln als „situiert", als zu einzelfallbezogen und kontextsensitiv erweist, als dass seine Flexibilität und das ihr unterliegende situative Verstehen erschöpfend auf Regeln abgebildet werden könnte.

Vor diesem Hintergrund wird die Auseinandersetzung mit Lernaufgaben, die den späteren Verwendungssituationen möglichst stark angeähnlt sind, zum Herzstück eines Lernprozesses, der zur Könnerschaft führen soll. Das didaktische Interesse verlagert sich im *tacit knowing view* also vom Lernen in unterrichtsähnlichen Situationen auf ein Lernen im Funktionsfeld oder in funktionsfeldähnlichen Lernumgebungen, vor allem auf ein Lernen durch Sozialisationsprozesse in Expertenkulturen, vom Lernen durch Beschreibung auf das Lernen durch Bekanntschaft, vom Lernen aus Büchern auf ein Lernen im face-to-face-Kontakt zwischen Experten und Novizen und vom Lernen durch die Mitteilung von Abstraktionen auf ein Lernen durch komplexe, lebensnahe Aufgabenstellungen und paradigmatische Fälle.

In Abhängigkeit vom jeweiligen theoretischen Bezugsrahmen ergeben sich aus dem *tacit knowing view* zahlreiche Hinweise auf die Wirkmechanismen und Gestaltungsmöglichkeiten situierten, impliziten, informellen und/oder inzidentellen Lernens, die trotz ihres Facettenreichtums im Detail auf einige basale Prinzipien zurückgeführt werden können (vgl. ausführlich Neuweg, 2004, 376ff.), allen voran:

– *Das Prinzip der Annäherung der Lern- an die Verwendungssituation:* Der Lernende muss mit Anwendungsproblemen im Funktionsfeld oder in funktionsfeldähnlichen Lernumgebungen konfrontiert werden. Simplifizierende und elementarisierende Lernumgebungen können immer nur Vorstufen im Lernprozess sein und müssen mit ständigem Blick auf die Komplexität der späteren Verwendungssituation entwickelt werden.

– *Das Prinzip des Modell-Lernens:* Auch eine Didaktik, der es um Können zu tun ist, tradiert Wissen und lässt nicht bloß selbst entdecken. Aber sie tradiert nicht in erster Linie durch Belehrung, sondern durch Vormachen, über Meister-Lehrling-Beziehungen, die das Erfahrung-Machen im Tun unterstützen.

– *Das Prinzip der Anforderungsvariabilität:* Alle Lernprozesse sind Induktionsvorgänge. Dann und nur dann wurde gelernt, wenn der Lerner der Lernsituation mehr Information entnimmt, als in ihr aufgehoben war. Weil diese Abstraktionsvorgänge aber vielfach Mustererkennungsprozesse mit begrenzter Formalisierbarkeit sind, folgt der Umgang mit Aufgaben nicht dem Prinzip „Regel und Beispiel", sondern dem Grundsatz der maximalen Variation von Situationen um einen gleichbleibenden inhaltlichen Kern („zentrierte Variabilität" sensu Volpert 1994, 103, 114).

– *Das Prinzip der Parallelisierung von Sprache und Sache:* Die Unterstützung durch das Wort spielt auch im *tacit knowing view* eine große Rolle. Der Meister oder Coach kann ein Objekt, ein Ereignis, eine Situation, einen Fall benennen, Merkmale beschreiben, Instruktionen geben, das Werk oder die Handlung des Lerners kritisieren oder an theoretische Konzepte und Modelle erinnern und sie dem Lerner als Deutungsangebote antragen. Aber das Licht geht gleichzeitig über der Instruktion und dem Ausführenkönnen dessen auf, was sie anbefiehlt. Der Coach, meint Schön (1987, 102f.; Hervorh. G. H. N.) richtig, „muss zum Lernenden sprechen, *während* er sich mitten in einer Aufgabe befindet (und sich in ihr vielleicht festgelaufen hat), dabei ist, eine neue Aufgabe zu beginnen, an eine gerade vollendete Aufgabe zurückdenkt oder in seiner Phantasie eine Aufgabe durchspielt, die er in der Zukunft vielleicht ausführen wird. [...] Solange wir noch nicht wissen, wie etwas geht, gibt es immer eine Lücke zwischen der Instruktion und der durch sie beschriebenen Handlung – eine Lücke, die wir wahrscheinlich nicht entdecken, wenn wir nicht im Modus tätiger Aufmerksamkeit zuhören."

– *Das Prinzip des Feedbacks aus der Situation selbst:* Es gibt kein Erfahrungslernen ohne Rückmeldung über die Erfolgswirksamkeit des eigenen Handelns. Aus der Sicht des *tacit knowing view* geht es aber entscheidend darum, Feedback nicht aus der Einhaltung von Regeln, sondern aus der Situation selbst zu beziehen – mit Schön (1983, 1987) gesprochen: auf den „back talk" der Situa-

tion zu hören. Das heißt gleichzeitig: Wo Ziele erreicht und richtige Urteile gefällt werden, muss nicht immer auch Begründung eingefordert werden; häufig
können die gelungene Handlung oder das rechte Urteil auch für sich selbst
sprechen.

Ungeklärt freilich ist, wie die für den Erwerb von Könnerschaft erforderlichen Erfahrungslernprozesse mit Prozessen expliziten Lernens zu verzahnen sind. Es ist
außerordentlich schwierig und auf hoher Abstraktionsebene sicher unmöglich, die
Reichweite impliziter Lernbedingungen exakt festzumachen und zu bestimmen, bei
welchen Lernaufgaben und Lerner/inne/n explizite Instruktion in welchem Ausmaß, zu welchen Zeitpunkten und für einen wie langen Zeitraum sinnvoll ist. Auch
innerhalb des *tacit knowing view* finden sich denn auch recht unterschiedliche Auf-
fassungen hinsichtlich der Makrostrukturierung von Lehr-Lernprozessen. So warnt
beispielsweise Volpert (1994, 144) davor, „am Anfang von Lernprozessen den
Handlungsmodus der rationalen Analyse und Planung einseitig zu betonen", weil
„das intuitive Tätigsein auf der Basis des Erfahrungswissens [...] die umgreifende
Handlungsform" sei, außerhalb derer man Lernprozesse nicht ansiedeln dürfe,
wenn man „die Kontinuität der intuitiven Situationserfassung und Handlungsvornahme" fördern wolle. Bei Polanyi finden sich dagegen wichtige Hinweise auf
eine grundsätzlich parallel verlaufende sprachlich-intellektuelle und wahrnehmend-
handelnde Durchdringung von Lerngegenständen (vgl. etwa 1964, 101).
   Das Kernproblem einer angemessenen Modellierung der Verzahnung von
Informationsaufnahme und Aufgabenbearbeitung, „Theorie" und „Praxis",
„Analytik" und „Intuition" und damit einer differenzierteren Betrachtung der Auf-
gabenproblematik besteht darin, dass es derzeit keine theoretisch anspruchsvolle
und empirisch begründete Vorstellung davon gibt, auf welchen Wegen und in
welchen Phasen sich Expertise in komplexen Domänen mit schlecht-strukturierten
Anforderungen entwickelt bzw. entwickeln soll. Erst von dort her nämlich ließe
sich die Rolle von Aufgaben lernphasenspezifisch differenzierter und im Idealfall
sogar mit berufsbildungsbiographischer Spannweite bestimmen.
   Außerordentlich interessante Impulse lassen sich allerdings dem Fünf-Stufen-
Modell der Expertiseentwicklung von Dreyfus & Dreyfus (1987; vgl. dazu aus-
führlich Neuweg, 2004, 296ff.) entnehmen, das eine schritweise Hinführung des
Lerners vom regelgeleiteten über den hierarchisch-planerischen zum intuitiven
Problemlösemodus vorsieht. Das Modell ist vor allem deshalb interessant, weil es
sich nicht auf urwüchsige Erfahrungslernprozesse, sondern auf einen didaktisierten
Kompetenzerwerb bezieht, der zwar in hochkomplexer Expertise mündet, jedoch
mit schriftlicher oder verbaler Instruktion beginnt. Der Übergang von Stufe zu
Stufe wird dabei jeweils durch Störimpulse ausgelöst, die sich aus der Anforderungsstruktur von Aufgaben ergeben (vgl. dazu auch Knoll, 2005). Der folgende
kurze Abriss verdeutlicht den Grundgedanken.

Stufe eins (Neuling):
Der Lerner wird mit präzisen Handlungsregeln ausgestattet, die ihm die Verarbeitung eindeutig definierter Aufgabenelemente ermöglichen, obwohl er noch
nicht oder kaum über Erfahrung im Realfeld verfügt. Die Regeln ignorieren den
Kontext, der ihre Ausführung in der Praxis oft entscheidend mitbestimmt, und sie
berücksichtigen kaum Ausnahmen. Die Störinduktion erfolgt durch die Konfronta-
tion mit wirklichen Situationen (oder zumindest deren dichte Illustration), die den
Lerner einerseits ermutigen, eine größere Zahl objektivierbarer Fakten und kompli-
ziertere Regeln zu berücksichtigen, die ihn vor allem aber auch lehren, dass es bedeutsame situative Elemente gibt, die sich nur sehr schwer begrifflich objektivieren
lassen.

Stufe zwei (Fortgeschrittener):
Die Leistungen des Lerners haben sich beträchtlich verbessert. Er wendet relativ
komplizierte Regeln mit einer gewissen Leichtigkeit an und berücksichtigt dabei
„weiche" Faktoren. Aber er gerät in eine Komplexitätsfalle, weil er die Fülle dessen, was er für berücksichtigenswert hält, noch nicht durch den Blick für das
Wesentliche reduzieren kann. Dazu bräuchte er Ziele, Pläne und Problemlösungs-
verhalten. Neben der Komplexitätssteigerung, die für sich genommen schon einen
Übergang auf die nächste Stufe erzwingen kann, liegt die bedeutsamste didaktische
Intervention, die auf Stufe 3 hinführen kann, darin, Aufgaben zu finden, die dazu
führen, dass der Lerner seinen inneren Abstand zu den Konsequenzen seines Handelns verliert. Während er auf den Stufen 1 und 2 Verantwortlichkeit für Erfolg und
Versagen an Regeln delegieren kann, fühlt er sich mit den Konsequenzen seines
Handelns auf Stufe 3 unmittelbar verbunden – denn es ist dort nämlich *sein* Plan,
der gelingt oder scheitert.

Stufe drei (Kompetenz):
Auf dieser Stufe nun finden sich distanziert-abwägendes Analysieren von Handlungsalternativen, echtes Entscheiden und Planen. Der Lerner befreit sich aus der
Knechtschaft der Regeln, definiert Ziele, organisiert sein Vorgehen. In Lichte der
Ziele analysiert er die Situation und bestimmt Relevanzen. Erst in der Folge
gelangen hierarchische geordnete Entscheidungsprozeduren und zielangemessene
Regeln zur Anwendung. Auch diese Stufe kann, folgt man Dreyfus & Dreyfus
(1987), unter gewissen Umständen noch ohne realweltliche Kontakte, etwa durch
angemessen konstruierte Fallstudien, erreicht werden. Spätestens der Übergang auf
Stufe 4 setzt aber eine ausgedehnte Lehrzeit in der Praxis voraus.

Stufe vier (Gewandtheit):
 Während der Lerner auf den Stufen 1 und 2 im Grunde gar nicht und auf Stufe 3
bewusst und kalkulierend urteilt, kann er auf Stufe vier eine Anforderungssituation
hochgradig intuitiv typisieren. Grundlage dafür ist ein Mustererkennungsvorgang,
der auf eine lange Kette früherer, konkreter Erfahrungen mit ähnlichen Situationen
zurückgeht. Das Endglied – die Handlungsausführung selbst – ist zwar noch ge-

hemmt, hier wird häufig noch bewusst entschieden, aber die Situationsauffassung erfolgt holistisch und spontan.

Stufe fünf (Expertise):
Die Vollform der Könnerschaft ist dann gekennzeichnet dadurch, dass der Könner aufgrund weiterer, ausgedehnter Erfahrung in der Situation gleichsam auch schon die in ihr angelegte Handlungsaufforderung mitsieht. Situationsauffassung und Handlungsvornahme verschmelzen zu einer Einheit.

Die auf der letzten Stufe typische Form der Handlungsregulation wird in verschiedensten Forschungszusammenhängen phänomenologisch ähnlich rekonstruiert, wenn auch unterschiedlich benannt: als intuitiv-improvisierendes (Volpert, 1994, 2003), intuitives (Dreyfus & Dreyfus, 1987), künstlerisches (Brater, 1984; Brater u.a., 1989), subjektivierendes (Böhle & Milkau, 1988; Böhle & Schulze, 1997) oder situiertes Handeln (Suchman, 1987). Gesteuert wird ein solches Handeln weniger oder gar nicht durch Pläne und die Applikation von Wissen als vielmehr vorrangig oder gänzlich durch die sensible Einlassung auf die situativen und ständig wechselnden Umstände.

Das mag nicht das typische Umfeld sein, das Schulen und Universitäten in ihren künstlich algorithmisierten Welten den Lerner/inne/n bieten; dort mag zweckrationales (Brater, 1984) oder gar bloß Algorithmen verarbeitendes Handeln gefordert sein. Spätestens die Aufgaben des Lebens aber zeichnen sich durch genau diese Umstände aus, weswegen Brater nicht zufällig das „künstlerische Handeln" als den Modus der Bewältigung der bedeutsamsten aller Aufgaben, der Lebensaufgabe, auszeichnet:

> *„Am schwierigsten ist der Beginn, wenn sich noch nichts oder erst wenig von dem gezeigt hat, ‚was dieses Leben werden will'. Dieser Anfang – etwa bei der Berufswahl – ist immer ein Sprung ins kalte Wasser; er kann von Vorstellungen ausgehen, aber diese müssen hoch flexibel bleiben und im Lauf der weiteren Gestaltung modifiziert und aufgegeben werden können. Nichts aber bewahrt vor dem Abenteuer, mehr oder weniger ins Blaue hinein anzufangen, irgendwo auch ohne vollkommene Absicherung mit ersten Setzungen zu beginnen – auf das Risiko hin, diese Setzungen später wieder überwinden zu müssen. Aber aus den ‚Gestaltungsmitteln', die jede Biographie vielfältig, wenn auch begrenzt und in dieser Form einmalig bietet, lässt sich jeder Anfang weiterentwickeln, verwandeln, umgestalten.*

> *Dieses ‚künstlerische' Abenteuer der Gestaltung des eigenen Lebens hat ein offenes Ende: Niemand weiß, wohin die Reise gehen wird, aber darin, diesen Verlauf in seiner Gesamtgestalt herauszuarbeiten, liegt gerade die Aufgabe. Es kann sich erst am Ende zeigen, was dieses Leben nun gebracht hat, was sein Sinn war. Es kann hier nicht darum gehen, feste Ziele zu erreichen, sondern die biographische Gestaltung betrifft allein den Weg, den Prozess, den Lebenslauf selbst.*

> *Diese grundsätzlich künstlerische Haltung der eigenen Biographie gegenüber erlaubt es, relativ gelassen den Wandlungen und unbekannten Ereignissen im Leben entgegenzusehen, sind sie doch nicht ängstlich zu befürchtende Bedrohungen eines ‚Lebensplans', sondern aktiv zu verarbeitende Gestal-*

tungselemente. Jedes berufliche Ereignis, jede Veränderung, jede Chance kann aus dieser künstlerischen Haltung dem eigenen Berufslebenslauf gegenüber als zu gestaltendes Element, als schöpferisch aufzugreifendes und zu verwandelndes Gestaltungsmaterial aufge-fasst und produktiv integriert werden. Sie sind jetzt nicht Katastrophen oder Bedrohungen, sondern Herausforderungen und Chancen." (Brater, 1984, 78f.; im Orig. tw. kursiv)

Literatur

Aebli, H. (1974): Grundformen des Lehrens. Ein Beitrag zur psychologischen Grundlegung der Unterrichtsmethode. 8. Aufl. Stuttgart: Klett.

Benner, P. (1984): From Novice to Expert. Excellence and Power in Clinical Nursing Practice. Menlo Park: Addison-Wesley.

Berry, D. C. (Hrsg.) (1997): How Implicit Is Implicit Learning? Oxford University Press.

Böhle, F. & Milkau, B. (1988): Vom Handrad zum Bildschirm. Eine Untersuchung zur sinnlichen Erfahrung im Arbeitsprozess. Frankfurt a. M.: Campus.

Böhle, F. & Schulze, H. (1997): Subjektivierendes Arbeitshandeln. Zur Überwindung einer gespaltenen Subjektivität. In: Schachtner, C. (Hrsg.): Technik und Subjektivität. Das Wechselverhältnis zwischen Mensch und Computer aus interdisziplinärer Sicht. Frankfurt a. M.: Suhrkamp, 26-46.

Bollnow, O. F. (1991): Vom Geist des Übens. Eine Rückbesinnung auf elementare didaktische Erfahrungen. 3. durchges. u. erw. Aufl. Stäfa: Rothenhäusler.

Bourdieu, P. (1992): Die Kodifizierung. In: Ders: Rede und Antwort. Frankfurt a. M.: Suhrkamp, 99-110 (Original: 1986).

Brater, M. (1984): Künstlerische Übungen in der Berufsausbildung. In: Projektgruppe Handlungslernen (Hrsg.): Handlungslernen in der beruflichen Bildung. Wetzlar: W.-v.Siemens-Schule, Projekt Druck, 62-86.

Brater, M. u.a. (1989): Künstlerisch handeln. Die Förderung beruflicher Handlungsfähigkeit durch künstlerische Prozesse. Stuttgart: Verlag Freies Geistesleben.

Bromme, R. (1992): Der Lehrer als Experte. Zur Psychologie des professionellen Wissens. Bern: Huber.

Büssing, A., Herbig, B. & Ewert, T. (2002): Implizites Wissen und erfahrungsgeleitetes Arbeitshandeln. Entwicklung einer Methode zur Explikation in der Krankenpflege. In: Zeitschrift für Arbeits- und Organisationspsychologie 46/1, 2-21.

Collins, H. & Kusch, M. (1998): The Shape of Actions. What Humans and Machines Can Do. Cambridge, Mass.: MIT Press.

Dreyfus, H. L. & Dreyfus, St. E. (1987): Künstliche Intelligenz. Von den Grenzen der Denkmaschine und dem Wert der Intuition. Reinbek b. Hamburg: Rowohlt. (Original: 1986).

Dreyfus, H. L. (1989): Was Computer nicht können. Die Grenzen künstlicher Intelligenz. Frankfurt a. M. (Original: 1972).

Eraut, M. (1994): Developing Professional Knowledge and Competence. London: The Falmer Press.

Eraut, M. (2000): Non-formal learning and tacit knowledge in professional work. In: British Journal of Educational Psychology 70, 113-136.

Fischer, M. (2000): Von der Arbeitserfahrung zum Arbeitsprozesswissen. Rechnergestützte Facharbeit im Kontext beruflichen Lernens. Opladen: Leske + Budrich.

Kant, I. (1787): Kritik der reinen Vernunft. 2. Aufl. In: Kants Werke. Akademie-Textausgabe, Bd. III, Berlin: de Gruyter, 1968.

Kant, I. (1793): Über den Gemeinspruch: Das mag in der Theorie richtig sein, taugt aber nicht für die Praxis. In: Kants Werke. Akademie-Textausgabe, Bd. VIII, Berlin: de Gruyter, 1968, 273-314.

Kemmerling, A. (1975): Gilbert Ryle. Können und Wissen. In: Speck, J. (Hrsg.): Grundprobleme der großen Philosophen. Philosophie der Gegenwart III. Göttingen: Vandenhoeck & Ruprecht, 126-166.

Knoll, G. (2005): Zu den komplexitätstheoretischen Grundlagen einer am Können orientierten Didaktik. Möglichkeiten und Grenzen der Einflussnahme auf nicht-triviales Lernen im Lichte des Expertiseentwicklungsmodells von Dreyfus/Dreyfus. Linz: Trauner.

Kuhn, T. (1996): Die Struktur wissenschaftlicher Revolutionen. 2., rev. u. um d. Postskriptum von 1969 erg. Aufl., 13. Aufl. Frankfurt a. M.: Suhrkamp (Original: 1970).

Neuweg, G. H. (1998): Wissen und Können. Zur berufspädagogischen Bedeutung psychologischer und didaktischer Kategorienfehler. In: Zeitschrift für Berufs- und Wirtschaftspädagogik 94/1, 1-22.

Neuweg, G. H. (2000a): Können und Wissen. Eine alltagssprachphilosophische Verhältnisbestimmung. In: Neuweg, G. H. (Hrsg.): Wissen – Können – Reflexion. Ausgewählte Verhältnisbestimmungen. Innsbruck, Wien: Studienverlag, 65-82.

Neuweg, G. H. (2000b): Mehr lernen, als man sagen kann. Konzepte und didaktische Perspektiven impliziten Lernens. In: Unterrichtswissenschaft 28/3, 197-217.

Neuweg, G. H. (2002): Wenn die einen nicht können, was sie wissen, und die anderen nicht wissen, was sie können. Über den problematischen Versuch, Können auf Umwegen zu prüfen. In: Baumgartner, Peter/Welte, Heike (Hrsg.): Reflektierendes Lernen. Beiträge zur Wirtschaftspädagogik. Innsbruck, Wien: StudienVerlag, 86-103.

Neuweg, G. H. (2004): Könnerschaft und implizites Wissen. Zur lehr-lerntheoretischen Bedeutung der Erkenntnis- und Wissenstheorie Michael Polanyis. 3. Aufl. Münster, New York: Waxmann.

Neuweg, G. H. (2005a): Implizites Wissen als Forschungsgegenstand. In: Rauner, F. (Hrsg.): Handbuch Berufsbildungsforschung. Bielefeld: Bertelsmann, 581-588.

Neuweg, G. H. (2005b): Der Tacit Knowing View. Konturen eines Forschungsprogramms. In: Zeitschrift für Berufs- und Wirtschaftspädagogik 101/4, 556-573.

Nisbett, R. E./Wilson, T. D. (1977): Telling More Than We Can Know. Verbal Reports on Mental Processes. In: Psychological Review 84/3, 231-259.

Ortmann, G. (2003): Regel und Ausnahme. Paradoxien sozialer Ordnung. Frankfurt a. M.: Suhrkamp.

Polanyi, M. (1964): Personal Knowledge. Towards a Post-Critical Philosophy. Revised edition. New York: Harper & Row.

Polanyi, M. (1969): Knowing and Being. Ed. by M. Grene. London: Routledge & Kegan Paul.

Polanyi, M. (1985): Implizites Wissen. Frankfurt a. M.: Suhrkamp (Original: 1966).

Reber, A. S. (1989): Implicit Learning and Tacit Knowledge. In: Journal of Experimental Psychology: General 118/3, 219-235.

Reber, A. S. (1993): Implicit Learning and Tacit Knowledge. An Essay on the Cognitive Unconscious. Oxford University Press.

Renkl, A. (1996): Träges Wissen. Wenn Erlerntes nicht genutzt wird. In: Psychologische Rundschau 47, 78-92.

Ryle, G. (1969): Der Begriff des Geistes. Stuttgart (Original 1949).

Schneider, H. J. (1993): Die Situiertheit des Denkens, Wissens und Sprechens im Handeln. Perspektiven der Spätphilosophie Wittgensteins. In: Deutsche Zeitschrift für Philosophie 41/4, 727-739.

Schön, D. A. (1983): The Reflective Practitioner. How Professionals Think in Action. New York: Basic Books.

Schön, D. A. (1987): Educating the Reflective Practitioner. Toward a New Design for Teaching and Learning in the Professions. San Francisco: Jossey-Bass.

Searle, J. R. (1987): Intentionalität. Eine Abhandlung zur Philosophie des Geistes. Frankfurt a. M.: Suhrkamp (Original: 1983).

Suchman, L. (1987): Plans and Situated Actions. The problem of human-machine communication. Cambridge University Press.

Volpert, W. (1994): Wider die Maschinenmodelle des Handelns. Aufsätze zur Handlungsregulationstheorie. Lengerich: Pabst.

Volpert, W. (2003): Wie wir handeln – was wir können. Ein Disput als Einführung in die Handlungspsychologie. 3. Aufl. Sottrum: Artefact.

Wittgenstein, L. (1984): Philosophische Untersuchungen. Werkausgabe, Bd. 1. Frankfurt a. M. (Original: 1953).

Bernhard Jacobs, Saarbrücken

Was wissen wir über die Lernwirksamkeit von Aufgabenstellungen und Feedback

1. Einleitung

Nach Jahren intensiver praktischer Beschäftigung mit Übungsprogrammen zur Nutzung verschiedener Aufgabentypen am Computer (z.B. Jacobs, 1997) sowie der inhaltlichen Ausgestaltung solcher Aufgaben für Übungs- und Prüfungszwecke in der universitären Lehre (Jacobs, 1998) habe ich mich dazu entschlossen, etwas genauer der Frage nach zu gehen: „Was sagt die empirische Forschung zur Lernwirksamkeit von Aufgaben und Feedback". Die Antwort auf diese Frage (Jacobs, 1998-2007) umfasst mittlerweile den Umfang eines Buches. Ich versuche an dieser Stelle lediglich einige Aspekte in der notwendigen Kürze zu behandeln.

Ich betrachte Aufgaben hier vornehmlich in ihrer Funktion als Lernanregungen. Aufgaben konfrontieren den Lerner durch die Fragestellungen mit den Anforderungen der Lehrziele und sollen die eigene Auseinandersetzung mit dem Lehrstoff anregen. Seine Antworten im Vergleich mit den richtigen Lösungen offenbaren das gegenwärtige Wissen sowie das Unverständnis des Lerners und eröffnen somit durch geeignete Rückmeldungen – die Chance, eine erneute Beschäftigung mit bestimmten Defiziten auszulösen und der Beherrschung der Lehrziele näher zu kommen.

Aufgaben bestehen im Wesentlichen aus Fragen. Mehrere Fragen ergeben zusammengefasst einen Test. Fragen, Aufgaben und Tests werden daher häufig in synonymer Bedeutung verwendet. Da das Spektrum der Lehrziele von Aufgaben einfaches Faktenwissen, Begriffs- und Regellernen, Anwendungswissen, Problemlösung und kreative Anforderungen umfasst, sind generelle Aussagen zur Wirkung von Aufgaben schwerlich möglich, was man bei etlichen Schlussfolgerungen beachten sollte, die hier auf der Basis empirischer Forschung gezogen werden. Im Mittelpunkt des Beitrags steht ein informatives, sachorientiertes Feedback, welches vom Lehrsystem bzw. Lehrer auf die Antwort des Lerners folgt. Das Feedback bezieht sich hierbei hauptsächlich auf didaktische Aspekte der Aufgabenbearbeitung, z.B. die Rückmeldung zur Korrektheit der Beantwortung sowie alle für die Lösung der Aufgabe notwendigen und hilfreichen Informationen. Seine Funktion liegt darin, richtige Antworten bzw. den zutreffenden Lösungsweg zu festigen sowie falsche Antworten durch die korrekte Antwort zu ersetzen, wobei im Idealfall das fehlerhafte Vorgehen eingesehen und die korrekte Lösungsstrategie verstanden werden sollte. Aufgaben mit sachorientiertem Feedback sollen Lernen somit auf direktem Wege stärken und verbessern.

2.   Aufgaben, Fragen bzw. Tests verbessern das Lernergebnis

Umfangreiche Studien zum Erlernen von Texten, z.B. die Metaanalyse von Hamaker (1986), belegen: Das Beantworten von Fragen bzw. die Bearbeitung eines Tests während oder im Anschluss an eine Instruktion verbessern das Lernergebnis. Der Lernvorteil des Fragens gilt für einfache Wissensfragen wie für high-order-questions und zeigt sich auch dann, wenn dem Lerner keinerlei Informations- oder Rückmeldemöglichkeiten gewährt werden. Fragen machen die relevanten Lehrziele in operationalisierender Form transparent. So erfährt der Lerner, worauf es ankommt. Fragen zwingen ihn, sich aktiv mit dem Lehrstoff auseinander zu setzen. Wichtige, zuvor enkodierte Informationen werden so aus dem Langzeitgedächtnis hervorgerufen (Retrieval-Effekt) und stärken dadurch das Behalten. Reines Testen begünstigt den Lernerfolg meistens dann ziemlich deutlich (Effektstärke um $d = 1$), wenn dieselben oder sehr ähnliche Fragen im Übungstest wie in der späteren Lernerfolgskontrolle zur Anwendung kommen (= trivialer Übungseffekt). Der Lerneffekt bleibt aber in der Regel auf die erfragten Inhalte beschränkt (Ausnahme: Chan et al., 2006) und generalisiert weder auf eine höhere Ebene im Sinne größerer Einsicht oder umfassenderer Gesamtsicht noch auf neue Fragen. Das Beantworten von Fragen führt meist nicht zu einer Zunahme des Wissens, sondern mindert eher das Vergessen. Reines Testen als Instruktionsmaßnahme zur Förderung des Lernens macht somit vornehmlich dann Sinn, wenn der Lerner während der Testung auch viele Fragen richtig beantworten kann.

An die Überprüfung der Lernwirksamkeit des Testens können unterschiedlich strenge Maßstäbe gelegt werden. Ältere Studien (z.B. Glover, 1989) lassen häufig nur die Schlussfolgerung zu, Testen sei besser als gar nichts, weil die Experimentalgruppe (EG) getestet und die Kontrollgruppe (KG) nicht getestet wurde. Anspruchsvollere Ansätze verwenden eine KG, die z.B. den Text erneut durchliest, während die EG den Test bearbeitet. Roediger und Karpicke (2006a) gaben Studenten zunächst einen Lehrtext zu lesen und überprüften anschließend mehrfache Testung gegen mehrmaliges Lesen des Textes. Mehrmaliges Lesen führte im Vergleich zu mehrmaliger Testung zu signifikant höherem unmittelbaren, aber deutlich schlechterem langfristigen Lernerfolg, was erneut die Behaltens stabilisierende Wirkung des Testens unterstreicht. Eine sehr strenge Forschungsfrage lautet: Soll man nach einer Lernaneignungsphase die Schüler ganz gezielt informieren oder besser testen. Hierbei müsste man Testen mit der Präsentation der bereits beantworteten Fragen vergleichen. Spätestens hier aber ist Testen mit Feedback Erfolg versprechender. Wenn Tests das Lernen fördern, dann sollten mehr Tests im Schulsystem zu einem stabileren Lernerfolg führen. Die Metaanalyse von Bangert-Drowns et al. (1991a) liefert gewisse Hinweise für etwas höhere Abschlussleistungen bei häufigerer Testung und deutliche Hinweise für schwächere Abschlussleistungen bei gar keiner zwischenzeitlichen Testung.

Angesichts der Vielfalt existierender Aufgabentypen verwundert das relativ geringe Forschungsinteresse an der Frage, welche Aufgabenformen sich am ehesten für Übungszwecke eignen. Die öfters geäußerte Hypothese „Freie Beantwortungsaufgaben setzen anspruchsvollere Anforderungen und aktivieren deshalb wirksamere Übungen als Multiple Choice-Verfahren", ließ sich nach einer Analyse der empirischen Befunde zum Vergleich „Multiple Choice" vs. „Kurze Freiantwortaufgabe" nicht bestätigen (z.B. Proske, 2000; Jacobs, 2006a). Sehr offene Fragestellungen (Free Recall bzw. Essay-Tests) in der Form, einen Lehrtext mit eigenen Worten wiederzugeben (Glover, 1989) oder ein umfangreiches Lernprotokoll zu erstellen, zeigen häufig deutliche Übungseffekte. Essay-Tests erfordern aber eher einen gewissen äußeren Druck, diese Mühen auch auf sich zu nehmen (Sundre & Kitsantas, 2004). Meiner Meinung nach erbringen neuere, bisher nicht untersuchte, komplexere Aufgabenstellungen wie z.B. Two-tier-test- oder Assertion-reason-Aufgaben, die eine Antwortbegründung fordern, keine deutlichen Verbesserungen gegenüber einfachen Aufgabenformen, da sie eher das Aufgabenverständnis erschweren und die kognitive Belastung erhöhen. Die bisherigen Erfahrungen veranlassen mich insgesamt zu der Schlussfolgerung, viele Aufgabenformen seien für Übungen geeignet und die Bedeutung des speziellen Aufgabenformats sei abgesehen von bestimmten Spezialfällen von eher untergeordnetem Gewicht.

3. Feedback im Anschluss an die Testung bewirkt mehr Lernerfolg als reine Testung

Gewährt man der EG im Anschluss an die Aufgabenbeantwortung eine Rückmeldung, die der KG vorenthalten wird, so erfasst die Differenz der beiden Gruppen im nachfolgenden Kriteriumstest den Lerneffekt des Feedbacks. Die Metaanalysen von Bangert-Drowns et. al. (1991b) sowie Kluger & DeNisi (1996) fassten die Ergebnisse aus vielen empirischen Untersuchungen zusammen und ermittelten durchschnittliche Effektstärken, welche den Lernvorteil des Feedbacks gegenüber der reinen Testung statistisch belegen. Ohne im Einzelnen auf die mit Metaanalysen verbundenen Probleme einzugehen, legen diese Metaanalysen sowie weitere Forschungsergebnisse insgesamt folgende Schlussfolgerungen nahe:

Die Rückmeldung „richtig bei korrekter Antwort – falsch bei falscher Antwort" (= Knowledge of response/result: KOR) ist ziemlich wirkungslos und führt meistens zum gleichen Lernergebnis wie gar keine Rückmeldung. Ein Schüler wird somit keinen Lernnutzen aus der Rückgabe einer Arbeit ziehen können, die lediglich eine Markierung seiner Fehler und seiner korrekten Lösungen enthält. Die Mitteilung der korrekten Antwort (= Knowledge of correct response/result: KCR) ist notwendige Bedingung der Lernwirksamkeit des Feedbacks. Denn Feedback wirkt hauptsächlich dadurch, dass dem Lerner durch die Mitteilung der korrekten Antwort die Möglichkeit gegeben wird, seinen Fehler zu korrigieren. Differenzierte Analysen der Testergebnisse von EG und KG zeigen im Lernerfolgstest kaum Unterschiede bei den in der Übung bereits korrekt gelösten Aufgaben, aber deutliche Lerngewinne der Feedbackgruppe gegenüber der Fragegruppe ohne Feedback bei den in der Übung falsch gelösten Aufgaben. KCR-Feedback erbringt in der Regel Lernvorteile im mittleren Effektstärkebereich.

KOR kann meistens keine Lernwirkung entfalten, weil eine Bestätigung der korrekten Lösung – bis auf wenige Sonderfälle, z.B. zufällig richtig gelöste Aufgaben in einem MC-Test – unnötig, die Verbesserung von Fehlern aber unmöglich ist. Der KCR-Feedbackeffekt lässt sich häufig nur nachweisen, wenn die Schüler etliche Fehler in der Übung machen. Aus diesem Grund erwies sich etwa KCR-Feedback bei der Programmierten Unterweisung als erfolglos, da bei mindestens 90% richtiger Lösungen kein großer Spielraum mehr für Fehlerkorrekturen bleibt. Wenngleich KCR-Feedback bei absoluter Unwissenheit das höchste Lernpotenzial verspricht – so auch schon in Experimenten zur Anwendung kam und riesige Effektstärken hinterließ –, erscheint es nicht ratsam, es dann einzusetzen, weil es effizientere Methoden einer Lernaneignung gibt. Die subjektiv eingeschätzte Qualität eines Tutoriums bzw. einer Übung lässt sich steigern, wenn die entsprechende Übung zu den formulierten Fragen unmittelbares KCR-Feedback anbietet. Feedback sollte möglichst frühzeitig einsetzen, am besten unmittelbar nach der Beantwortung einer Aufgabe, spätestens aber nach der Bearbeitung eines Tests.

4.   Die Lernwirksamkeit umfangreichen bzw. aufwändigen Feedbacks

Besonders interessant und noch nicht hinreichend geklärt ist die Frage, ob ein über die korrekte Antwort hinaus gehendes Feedback mehr Lernerfolg bewirkt als KCR. Aufwändigere Rückmeldungen sollten überhaupt nur bei anspruchsvolleren Lehrzielen in Erwägung gezogen werden.

5.   Mehrfache Lösungsversuche

Bei der Feedbackvariante Answer-until-correct (AUC) bzw. Multiple-Try-Feedback (MTF) erhält der Kandidat zunächst KOR und nach einem Fehler die Chance, die Lösung selbst zu finden. Der erneute Lösungsversuch erscheint sinnvoll, wenn der Lerner mit relativ hoher Wahrscheinlichkeit die Lösung findet und das erneute Lösungsbemühen fruchtbare Denkarbeit beinhaltet, welche die zusätzliche Lernzeit rechtfertigt. Im Falle des dann eintretenden Erfolgs hat der Lerner seinen Fehler selbst korrigiert und kann sich als Verursacher seiner Leistung erleben, was motivationale Vorteile bieten könnte. In den experimentellen Vergleichsuntersuchungen zwischen MTF- und KCR-Feedback wurden meist MC-Aufgaben verwendet, die auch bei AUC den Zugriff auf die korrekte Lösung garantieren. Erneute Lösungsversuche bei Fehlern erbrachten dabei im Mittel sehr vergleichbare Lerneffekte wie direktes KCR-Feedback (Clariana 1993, 2000). Dennoch erfreut sich dieser Aufgabentyp bei Studenten großer Beliebtheit und wurde häufig wirksamer als die unmittelbare Rückmeldung der korrekten Antwort eingeschätzt. Besonders leistungsfähige Lerner können manchmal etwas von erneuten Lösungsversuchen profitieren. Schwache Lerner werden durch die vielen Fehler bei mehrmaligen Versuchen zunehmend frustriert und schneiden bei einfachem KCR-Feedback gelegentlich etwas besser ab. Ich empfehle daher eine Aufgabenkonzeption, die dem Lerner die Entscheidung überlässt, im Falle eines Fehlers direkt die korrekte Lösung anzufordern oder einen erneuten Antwortversuch zu wagen. Wie Narciss (2006, Kap 7.) aufzeigt, können spezielle Hilfestellungen nach dem ersten Fehler die Lösungswahrscheinlichkeit im zweiten Versuch mitunter bedeutsam steigern. Allerdings ließ sich dieser aktuelle Lernvorteil einer Hilfestellung gegenüber einer Variante, die ohne Hilfestellung nach dem zweiten Versuch letztlich KCR enthielt, in einem Posttest nicht mehr nachweisen.

6.   Antwortabhängiges Feedback

Antwortabhängiges Feedback, auch response-contingent-feedback (RCF) genannt, welches etwa spezielle Kommentare zu allen Alternativen einer MC-Aufgabe bereit hält, erzielt in der Regel keinen über KCR hinaus gehenden Lerneffekt (Jacobs, 2004; Walker, 2005). Zum einen treten die Unterschiede zwischen KCR-Feedback und Antwort abhängigem Feedback nur bei Fehlern in Erscheinung, und hier wirkt KCR-Feedback durch die Fehlerkorrektur schon sehr deutlich. Zum andern ist das Wissen, warum eine Antwort falsch war, weniger wichtig als das Verständnis für die korrekte Antwort, so dass insgesamt wenig Spielraum übrig bleibt, durch reine Fehlereinsicht noch deutlichere Lernvorteile erzielen zu können. Die aufwändigeren Aufgabenstellungen erfordern im Vergleich zu KCR häufig mehr Lernzeit, die sich jedoch selten in höherem Lernerfolg niederschlägt. Es ist schon ein ganz erheblicher didaktischer Aufwand erforderlich, um etwa mit Hilfe eines speziellen Computerprogramms unter Nutzung empirisch fundierter Fehleranalysen ein adaptives Lernprogramm zu erstellen, welches die Hoffnung erkennen lässt, es könne die Wirkung einfachen KCR-Feedbacks ziemlich klar übertreffen (z.B. Huth, 2004). Noch schwieriger dürfte es freilich sein, direktes KCR in Verbindung mit einer ausgearbeiteten Musterlösung an Effizienz zu übertreffen.

7.   Elaboriertes Feedback

Die nahe liegende Hypothese, nähere Erklärungen zur korrekten Lösung (elaboriertes Feedback: EF) versprächen mehr Lernerfolg als die schlichte Rückmeldung der korrekten Antwort, hinterlässt bei etlichen Versuchen ihrer empirischen Bestätigung eine ziemlich verworrene Befundlage, die dazu ermahnt, theoretisch präzisere Vorstellungen zu formulieren, unter welchen Bedingungen dies überhaupt zu erwarten ist. Eine plausible Antwort lautet etwa: Mehr Lernerfolg ist zu erwarten, „wenn zu Beginn der Übung wenig Wissen vorhanden ist, aus der korrekten Antwort selbst der Lösungsweg bzw. das Lösungsverständnis nicht hinreichend hervorgeht und elaborierte Rückmeldungen vorhandene Lerndefizite durchaus beheben können" (z.B. Moreno, 2004). Bei reinem Faktenwissen (Beispiel: Wie heißt die Hauptstadt von Albanien?) genügt die korrekte Antwort (= lösungsbezogenes Feedback), weil es darüber hinaus nichts zu erklären gibt. Geht es um das Erlernen komplexer Begriffe (Tennyson, Steve & Boutwell, 1975), können Rückmeldungen zu vorhandenen oder fehlenden notwendigen Attributen des zu identifizierenden Begriffs oder Vorschläge zum strategischen Vorgehen (lösungswegbezogenes Feedback) den Begriffserwerb verbessern. Beim Regellernen bzw. Problemlösen sollte wirksames elaboriertes Feedback so gestaltet sein, dass aus ihm klar hervorgeht, wie man das anstehende Problem löst. (z.B., Collins, M., Carnine, D. & Gersten, R., 1987). Musterlösungen im Feedback erklären und begründen manchmal in detaillierter Weise das Lösungsvorgehen. Inwiefern metakognitive Ratschläge im Feedback, die weniger an Fachkenntnis gebunden sind, sondern generell lernstrategische Bedeutung haben (z.B.: „Wie könnte man das Problem strukturieren? Was ist gegeben?"), wichtiger sind als fachspezifische, inhaltsgebundene Informationen, wurde bisher zu wenig untersucht. Vermutlich ist beides sinnvoll.

Wie elaboriertes Feedback letztlich aussehen soll, ist weniger eine spezielle Frage der Feedbackforschung, sondern eine grundsätzliche Frage der Lernkonzeption für das anstehende Lehrziel. Das Feedback ermöglicht lediglich die Chance einer erneuten Lernaneignung. Dessen Ausgestaltung hängt von der didaktischen Grundposition ab, sprich: inwieweit sie alle lernrelevanten Faktoren und angestrebten Ziele des Unterrichts umfasst. Man kann keine generellen Aussagen zur Wirkung elaborierten Feedbacks geben, weil dessen Wirkung unter anderem vom vorausgehenden Unterricht abhängt. Wie z.B. Rosa & Leow (2004) aufzeigten, sind elaborierte Rückmeldungen bei unzureichender Lernaneignung offenbar notwendig, während sehr knappe Rückmeldungen bei vorausgehender solider Lernaneignung durchaus genügen.

8.   Hilfestellungen und Anregungen während der Aufgaben- und Feedbackbearbeitung

Im Zusammenspiel von Aufgabenstellung, Aufgabenbearbeitung und Rückmeldung bieten sich vielfältige didaktisch durchaus vernünftige Varianten für sehr differenziertes Feedback an, z.B.: abgestufte Hilfestellungen vor oder während der Aufgabenstellung, um notwendiges Vorwissen bereitzustellen, die Aufforderung, nach der Rückmeldung die wesentlichen Aspekte der Lösung selbst zusammenzufassen oder die Antwort zu begründen, um eine tiefere Verarbeitung zu fördern sowie weitergehende Anregungen, etwa über Variationen der Aufgabenstellung, zu reflektieren (Jacobs, 2003). Es wurden bisher aber zu wenige Studien durchgeführt, und deshalb fehlen hinreichend gesicherte Erkenntnisse zur Wirkungsweise dieser Sonderformen. Zusätzliche Anregungen, die für einige Lerner durchaus positiv sein können, lassen sich in experimentellen Studien aber vermutlich statistisch nur sehr schwer belegen. Dialogbasierte Computerlernprogramme versuchen etliche der zuvor genannten Vorschläge aufzugreifen. Ziel dieser Ansätze ist es, ein eng umrissenes Lerngebiet analog einer natürlichen Lehrer-Schüler-Interaktion gemeinsam erarbeiten zu lassen und dabei verstärkt die Eigenaktivität der Lerners herauszufordern. Da bei der Konzeption dieser Programme häufig nicht auf gesichertes pädagogisches Wissen zurückgegriffen werden kann, basieren die notwendigen Entscheidungen auf sogenannten Fuzzy-Regeln, die zum Teil aus Beobachtungen realer Lehrer-Schüler-Interaktionen abgeleitet werden. Die empirische Basis der Lerneffizienz derartiger Prototypen ist zurzeit allerdings recht dünn und die gelegentlich gefundenen Vorteile gegenüber einfacheren Verfahren fallen vom Effektausmaß her relativ niedrig aus. Direktes KCR und gegebenenfalls eine knappe Musterlösung bzw. Begründung als bewährte sparsame Feedbackmethoden bieten ein sehr gutes Kosten-Nutzenverhältnis und bilden eine unverzichtbare Kontrollgruppe, an der komplexere Feedbackformen eine überlegene Lernwirksamkeit nachweisen müssten.

9. Die Bedeutung der Aufgabenkomplexität

Die Metaanalyse von Kluger & DeNisi (1996) ergab unter anderem deutliche Feedbackeffekte bei Memorierungsleistungen (d = .69) und weniger komplexen Anforderungen (d = .55). Bei höchster Aufgabenkomplexität hingegen misslang der Nachweis eines Feedbackeffektes (durchschnittliche Effektstärke aus 107 Vergleichen: d = 0,03). Der klare Feedbackeffekt bei Faktenwissen (z.B. Vokabeln) ist verständlich, weil die Fehlerkorrektur lediglich ein erneutes bzw. verbessertes Enkodieren der relevanten Information erfordert. Beim Lernen aus Texten kann der Lernerfolg aber bereits einbrechen, wenn die Fragestellung im Lernerfolgstest gegenüber der vorausgehenden Übung nur leicht umformuliert wird, weil diese Änderung schon minimales Verstehen erfordert. Das erfolgreiche Einüben bestimmter Analogien generalisiert nicht automatisch auf eine ganz neue Aufgabenklasse von Analogien. Ob Feedback eine Transferwirkung zeigt, hängt von weiteren Faktoren ab, etwa gründlichen Erklärungen formaler Strukturen, Vermittlung abstrakter Schemata und gezielten Aufgabenvariationen. Hoch komplexe Aufgaben erfordern meist ein solides Vorwissen, hohe Abstraktionsfähigkeit sowie ein sehr engagiertes, selbst initiiertes Bemühen. Selbst notwendiges und sehr elaboriertes Feedback liefert keine Garantie für transferwirksames Verständnis. Die Untersuchung von Jacobs zum Erlernen von Kombinatorikproblemen (Jacobs, 2001) deutet aber darauf hin, dass durch Aufgabenstrukturierung und gezieltes Feedback auch bei sehr anspruchsvollen Transferaufgaben gewisse Lernvorteile erzielt werden können.

Ein überaus wichtiges Ziel schulischen Lernens liegt im Erwerb anspruchsvoller Kompetenzen, wie sie etwa mit aufwändig konstruierten Aufgaben im Rahmen verschiedener Studien (z.B. TIMSS, PISA, VERA usw.) gemessen werden.

Nur lassen sich mit der diagnostischen Erhebung und Rückmeldung solcher Kompetenzen sowie der anschließenden Berechnung von Unterschieden zwischen Staaten, Bundesländern, Schulbezirken, Schulklassen, Schichten oder Geschlecht vielleicht Mängel aufdecken, aber nicht Qualität sichern. Ich kann schwer abschätzen, ob ein gezieltes Training solcher Aufgaben mit angemessenen Rückmeldungen überhaupt signifikante Verbesserungen bewirkt, verstehe aber nicht, warum man es nicht wenigstens versucht. Hierbei müsste man überlegen, welche sonstigen Maßnahmen ein derartiges Denktraining unterstützten könnten.

Bei etwas anspruchvolleren Aufgaben, etwa bei Mittel-Ziel-Anwendungsaufgaben (z.B. Gleichungen, statistische Berechnungen), sollten in der Lernaneignungsphase solide Grundlagen vermittelt und viele Lösungsbeispiele dargeboten werden. In einem relativ frühen Lernstadium macht es offensichtlich keinen Sinn, eine Aufgabe längerfristig bearbeiten zu lassen, deren Bearbeitung kaum Aussicht auf Erfolg hat, selbst dann, wenn sich diesem meist frustierenden Leistungsbemühen sehr elaboriertes Feedback anschließt (Paas & Marrienboer, 1994). In einem derartigen Fall ist es hinsichtlich Lernzeit, Lernerfolg und subjektiver Belastung deutlich vorteilhafter, direkt die Lösung zu präsentieren, die Lösungsschritte aufzuzeigen, den Schüler anzuleiten, den Lösungsansatz zu verfolgen und sich diesen selbst verständlich zu machen. Deshalb empfehle ich auch, die Aufgabenbearbeitung nicht um jeden Preis zu erzwingen, sondern im frühen Lernstadium den Lerner gegebenenfalls selbst entscheiden zu lassen, ob er das Aufgabenangebot als eigene Bearbeitung oder als Lösungsbeispiel nutzen will. Die anfänglichen Lösungsbeispiele könnten von unvollständigen Lösungsbeispielen abgelöst werden, welche die Problemstellung strukturieren, die einzelnen Lösungsschritte als einfachere Unteraufgaben präsentieren und jeweils unmittelbares KCR-Feedback gewähren (Stark, 1999). Erst bei einem relativ hohen Wissensstand profitieren die Lerner mehr von eigenständigen Problemlösebemühungen als von Lösungsbeispielen. (Kalyuga et al., 2003). Grundsätzlich empfiehlt es sich, in einer Übung Lösungsbeispiele und Aufgabenstellungen miteinander zu kombinieren (z.B.: Stark et. al., 2000).

10. Wiederholte Aufgabenbearbeitung

Es schadet nichts, Aufgaben mehrmals zu beantworteten, um die verbliebenen Schwachstellen zu beheben sowie die Lernstabilität zu verbessern. Je nach Lehrzielniveau erfordern die Wiederholungen identische, parallele bzw. transfernahe Aufgabenstellungen. Bei beschränkter Übungszeit sollten verstärkt falsch beantwortete Items eingeübt werden, da durch KCR-Feedback wirksame Korrekturmöglichkeiten angeboten werden. Ob dann intelligente, dem Wissensniveau des Einzelnen angepasste Übungen einfachen Wiederholungen aller Items letztlich überlegen sind, wie dies Ergebnisse von Siegel & Misselt (1984) nahe legen, müsste genauer überprüft werden. Jacobs (2006b) fand keine Unterschiede zwischen mehrmaligem Testen mit KCR-Feedback und einer Flash Card Methode, welche falsch beantwortete Items mit KCR-Feedback jeweils an das Ende der Aufgabenliste verschob und so oft vorgab, bis diese richtig gelöst wurden. Insbesondere bei anspruchsvollen Lehrzielen erscheint ein Mastery-Ansatz erwägenswert, d.h., Aufgaben einer neuen Aufgabenklasse erst dann zur Bearbeitung zuzulassen, wenn die Schüler den Nachweis erbracht haben, die Aufgaben der vorausgehenden Aufgabenklasse hinreichend zu beherrschen (Collins et al., 1987; Huth, 2004). Besondere Bedeutung kommt auch dem Abstand zwischen den Übungen zu. Letztlich verbirgt sich dahinter das Problem, wann und wie der Lehrstoff einschließlich der Aufgaben am besten wiederholt werden sollte. Es gehört zu den ältesten Erkenntnissen der allgemeinen Psychologie, verteiltes Üben ziehe einen stabileren Lernerfolg nach sich als massiertes Üben. Für das Lernen von Vokabeln, einfachen Texten, Rechtschreibung sowie einigen Grundrechenprozeduren wurde der Stabilitätsvorteil des verteilten Lernens nachgewiesen (Dempster, 1988). Cull (2000) fand sehr große Behaltensvorteile einer über Tage verteilten Übungsserie gegenüber einer massierten Übungsserie beim Lernen von Vokabeln. Darüber hinaus erbrachte Cull (2000) eindeutige Belege für die Überlegenheit einer Wiederholungsstrategie durch Testen mit KCR-Feedback gegenüber dem erneuten Einprägen vorgegebener Vokabelpaare. Allerdings findet man nur wenige empirische Studien wie etwa die von Rohrer & Taylor (2006), welche die stabilisierende Wirkung verteilter Übungen auch für etwas anspruchsvollere schulische Aufgaben genauer spezifizieren und überzeugend bestätigen würden.

11. Kann ständiges Feedback unerwünschte Folgen für das Lernen nach sich ziehen?

Schmidt und Bjork (1992) haben in ihrer Trainingskonzeption unter anderem die These in die Diskussion geworfen, unmittelbares Feedback im Anschluss an die Reaktion des Lerners erhöhe zwar die Lernleistung in der Lernaneignungsphase, erschwere aber langfristiges Behalten und sei daher für Übungszwecke weniger geeignet. Die Lernaneignung müsse erschwert werden, um die Lernstabilität zu fördern. In der Tat zeigen einige Experimente vorwiegend zu relativ einfachen experimentellen motorischen Aufgaben langfristige Behaltensvorteile, wenn das Feedback nicht nach jeder Verhaltensausführung, sondern seltener gewährt wird. Intermittierendes Feedback, summatives Feedback (z.B. nach dem 10. Versuch eine Rückmeldung zu den Ergebnissen der letzten 10 Versuche), Bandbreitenfeedback (z.B. Rückmeldung einer Zielabweichung nur innerhalb einer bestimmten Bandbreite) und sonstige Feedbackfadingprozeduren erbrachten häufig stabilere Lernresultate und teilweise etwas besseren Transfer als kontinuierliches Feedback. Zu viel externes Feedback hindert den Lerner offenbar daran, die verfügbaren eigenen Feedbackquellen wie etwa eigene äußere Wahrnehmung, motorische oder kinästhetische Informationen zur eigenen Kontrolle einzusetzen. Die Notwendigkeit unmittelbaren Feedbacks hängt offensichtlich von der Aufgabenkomplexität, der Aufgabenschwierigkeit und den eigenen Fähigkeiten ab, Ergebnisse der Aufgabenbearbeitung zutreffend zu interpretieren. Insbesondere ist zu beachten, welche internen Rückmeldungen die zu bearbeitende Aufgabe dem Lerner bei der Aufgabenausführung sowie der Beurteilung des Aufgabenergebnisses zur Verfügung stellt. Schon bei komplexen motorischen Aufgaben lässt sich der oben beschriebene Vorteil geringeren Feedbacks nicht mehr nachweisen. Ob und wie stark sich der Effekt bei kognitiven, schultypischen Aufgaben auswirkt, ist bisher nicht systematisch untersucht worden. Bei komplizierten Programmieranforderungen erwies sich jedenfalls sehr gängelndes, weil jeden Lernschritt kontrollierendes Feedback, keineswegs weniger lernfördernd als Varianten, die dem Lerner bei der Problemlösung deutlich mehr Spielraum gewährten, bevor Rückmeldungen. z.B. in Form von Musterlösungen, folgten (Corbett & Anderson, 2001). Aus didaktischer Sicht bilden kontinuierliches Feedback und weniger Feedback natürlich keine direkten Gegensätze, sondern eher willkommene Ergänzungen, die entsprechend dem Lernverlauf zum rechten Zeitpunkt zum Einsatz kommen sollten. *Wo immer möglich, sollte als eine didaktische Chance in Erwägung gezogen werden, dem Lerner eigene Überprüfungsmöglichkeiten zu vermitteln, um ihn von externem Feedback unabhängiger zu machen*, wobei hierbei auch eine Lernerschwernis einzukalkulieren ist. (z.B. Mathan, 2003).

12. Die Bedeutung motivationalen Feedbacks für die Lernleistung

Motivationales Feedback legt den Fokus auf emotionale, soziale oder motivationale Aspekte, die potenzielle Informationen zur Bedeutung der Aufgabenlösung für die Person beisteuern und im Wesentlichen das Ziel verfolgen, über eine Erhöhung der Leistungsbereitschaft die Lernleistung zu steigern. Dazu gehören Rückmeldungen zu erreichten Punktzahlen, Zielabweichungen, Leistungserklärungen, Leistungsprognosen oder Verstärkungen im weitesten Sinne. Bei adäquatem Einsatz können motivationale Rückmeldungen eine gewisse positive Lernwirkung sowie förderliche Effekte im emotionalen Bereich des Schülers nach sich ziehen. Als besonders förderlich hat sich eine Rückmeldung zur individuellen Leistungsentwicklung, etwa der Feedbackhinweis auf eine Verbesserung gegenüber vorheriger Leistung, erwiesen. 50 Studien aus der Analyse von Kluger & DeNisi (1996) beziehen sich auf den Vergleich „Feedback individuelle Leistungsveränderung" vs. „kein Feedback" und bestätigen eine die Leistung steigernde Wirkung dieser Rückmeldung in Höhe einer durchschnittlichen Effektstärke von $d = .55$. Krampen (1987) konnte nachweisen, dass einfache Lehrerkommentare im Anschluss an Klassenarbeiten nachfolgende Mathematikzeugnisnoten verbesserten, wenn die erzielten Klassenarbeitsnoten anhand der individuellen Leistungsentwicklung (z.B.: „Du hast deine Leistung im Vergleich zur vorherigen Klassenarbeit leicht verschlechtert") oder der sachlichen Bezugsnorm („z.B.: Du kennst die Formel, aber hast falsch gerechnet") bewertet wurden. Im Übrigen können sehr instruktive, sachorientierte Rückmeldungen positive motivationale Konsequenzen nach sich ziehen (z.B. Huth, 2004), was etwa bei freiwilligen Lernangeboten die Nutzungshäufigkeit sowie die Lernmotivation stärken könnte.

Rückmeldungen, welche die Selbstaufmerksamkeit und Selbstwertrelevanz besonders betonen und dabei die Aufgabenorientierung vernachlässigen, üben keinen wesentlichen Effekt auf nachfolgende Leistungen aus. Dazu gehört etwa ein Feedback, das sich in der Mitteilung einer Note erschöpft oder soziale Vergleiche akzentuiert (z.B.: „Deine Leistung liegt knapp unter dem Durchschnitt"). In einem Lernprogramm, welches gelegentlich Lernüberprüfungen durchführt, würden derartig hervorgehobene Rückmeldungen somit keine entscheidenden Auswirkungen auf das Endergebnis bewirken. Die Ergebnisse dieser Studien sagen aber nichts über den Anreiz oder die Bedrohung einer echten Benotung aus. Die Erwartung einer Benotung lässt vielmehr eine sorgfältigere Vorbereitung sowie bessere Konzentration während der Testung vermuten. Die wenigen mir bekannten Studien zum Vergleich benoteter und unbenoteter Tests sprechen klar für höhere Leistungen bei benoteten Tests (z.B. Morrison et al., 1995).

Im direkten Vergleich dürfte sachorientiertes Feedback mit Hinweisen auf Fehler und deren Überwindung einem rein verstärkenden Feedback („gut, hervorragend" usw.) hinsichtlich der Lernleistung überlegen sein, auch wenn positive Rückmeldungen im Sinne von Komplimenten mitunter subjektiv eine höhere Einschätzung der Instruktionsqualität bewirken können (z.B. Boehler et al., 2006). Es lassen sich zurzeit keine Anhaltspunkte finden, ein lerneffizientes, sachorientiertes Feedback durch die Anreicherung mit motivationalem Feedback in seiner Lernwirksamkeit zu steigern. Bearbeitet ein Schüler etwa Aufgaben am Computer und erhält stets KCR-Feedback, so ist kaum mit einer weiteren Leistungssteigerung zu rechnen, wenn nach gewissen Verstärkungsplänen Lob oder Tadel, bestimmte Leistungsattributionen, Hervorhebungen von Abständen zu bestimmten Zielen, witzige Komics, interessante Klingeltöne oder dergleichen hinzukommen. Eine sehr solide empirische Studie von Dresel (2000) belegt die offenbar hinreichende Rückmeldung zur Korrektheit der Bearbeitung sowie den Zugriff auf die Lösungen. Selbst sehr aufwändige Prozeduren zur Optimierung geeigneter Attributionen im Anschluss an bestimmte Leistungsergebnisse über mehrere Übungssitzungen hinweg führten nicht zu verbesserten Rechenleistungen.

Motivationales Feedback kann sachorientiertes Feedback nicht ersetzen, aber sinnvoll ergänzen und vermutlich zu einer Verbesserung der Lehrer-Schüler-Interaktion beitragen. Deshalb sollte z.B. ein Lob des Lehrers die sachbezogenen Aspekte der Aufgabe einbeziehen, hierbei wertschätzende Anerkennung guter Leistung mit aufgabenrelevanten Argumenten verknüpfen, vornehmlich an individueller Bezugsnorm orientiert sein und konstruktive Kritik zur Überwindung von Fehlern anbieten.

13. Feedbacknutzung im realen Schulalltag

Theoretische Erwartungen an bestimmte Feedbackeffekte setzen die konstruktive Nutzung oder doch zumindest die wohlwollende Kenntnisnahme der angebotenen Rückmeldungen voraus. Da mir wenige Studien zur Erforschung der Feedbacknutzung bekannt sind, will ich von eigenen Erfahrungen mit Studenten berichten. Eine Befragung im Anschluss an eine Computerabschlussklausur, welche nach der Klausurabgabe KCR sowie umfangreiche elaborierte Rückmeldungen zu insgesamt 45 Aufgaben anbot, ergab mit einer medianen durchschnittlichen Bearbeitungszeit von ca. 2 Minuten ein ausgesprochen geringes Feedbacknutzungsinteresse, was die These bestätigt, bei finalen, notenrelevanten Leistungsüberprüfungen trete das sachorientierte Interesse völlig in den Hintergrund. Eine vergleichbar umfangreiche anonyme Computerprobeklausur in Form einer Prüfungssimulation wurde von den Studenten im Durchschnitt immerhin 20 Minuten nachgearbeitet und dabei vom überwiegenden Teil im pädagogisch intendierten Sinne angenommen. Denn ca. 80% hatten eigenen Angaben zufolge die zutreffenden Alternativen bei Fehlern angeschaut und ca. 60% die Aufgabenbesprechungen (Feedback) zu den falsch beantworteten Aufgaben durchgelesen. Durch einige programmbedingte Tricks könnte man eine aufmerksamere Bearbeitung der Aufgabenbesprechungen erzwingen. Möglicherweise liest der Lerner die Rückmeldung aufmerksamer durch, wenn er so oft ähnliche Aufgaben bearbeiten muss, bis er mindestens eine davon selbständig korrekt löst. Der Lerner muss letztlich einen hinreichenden Nutzen darin erblicken, Aufgaben zu bearbeiten und insbesondere im Fehlerfall die sachorientierten Rückmeldungen vertieft zu studieren. Narciss (2006) berichtet von einer sehr hohen Nutzung gezielter Hilfe unmittelbar nach einem Fehler. Dieses freiwillig angeforderte Feedback beinhaltete ein konkretes Beispiel zur Illustration zentraler Konzepte bzw. Prinzipien der aktuellen Aufgabenstellung und verbesserte die Lösungswahrscheinlichkeit im nachfolgenden zweiten Antwortversuch. Informelle Tests während des Semesters bzw. Probeklausuren bieten willkommene Lerngelegenheiten und fördern die Motivation, das Feedback intensiv zu bearbeiten. (Jacobs et al., 2004). Alle Studenten (jeweils 100% in insgesamt 3 Probeklausuren) sahen in der Probeklausur eine wertvolle Vorbereitungsmaßnahme auf die echte Klausur. Man darf nicht erwarten, Studenten würden große Abhandlungen im Feedback intensiv studieren oder ausgiebig Verweisen zu weiteren externen Informationsquellen nachgehen. Die elaborierten Rückmeldungen sollten sich daher in möglichst knapper Form direkt auf die gestellte Aufgabe beziehen.

14. Erneutes Studieren, Testen oder Testen mit Feedback?

Ich sehe in der geeigneten Aufbereitung und Präsentation des Lehrstoffs die größte Chance, Lernen wirksam anzuregen. Hierbei wird nicht einfach Wissen vermittelt, sondern dem Lerner eine verständliche Grundlage angeboten, die dieser bei zumutbarer Anstrengung mit Aussicht auf Erfolg selbst erarbeiten kann. Danach bieten sich eine Fülle von Möglichkeiten des weiteren Vorgehens an, die hier auf einige wenige eingeengt werden. Ist nicht viel Wissen hängen geblieben, empfiehlt sich erneutes Studieren, das meist zu relativ schnellem, unmittelbarem Lernerfolg führt. Bei hoher Erfolgswahrscheinlichkeit wäre Testen angesagt, da dieses langfristiges Behalten besser fördert als erneutes Studieren. Testen mit Feedback verbindet den stabilisierenden Vorteil des Testens mit dem eines gezielten erneuten Studierens. Eine vierte Alternative bestünde darin, die Fragen mit den Rückmeldungen zum erneuten Studieren vorzulegen (= gezieltes Studieren bzw. Lösungsbeispiele). Der ganze Aufwand, Aufgaben bearbeiten zu lassen und unmittelbares Feedback anzubieten, lohnt sich nur dann, wenn diese Maßnahme zumindest in bestimmten Unterrichtsphasen mehr Lernerfolg oder Lernstabilität nach sich zieht als ganz gezieltes Studieren. In einigen grundlagenorientierten empirischen Arbeiten an einfachem Lernmaterial (z.B. Carrier & Pashler, 1992; Cull, 2000; Jacobs, 2006b; Roediger & Karpicke, 2006b), teilweise auch schon beim Lernen aus Lehrtexten (Kang et al., in press; McDaniel et al., in press) konnte dieser strenge Nachweis der Überlegenheit von Fragen mit Feedback gegenüber der Präsentation korrekt beantworteter Aufgaben bestätigt werden.

Weitere Untersuchungen in dieser Richtung erscheinen wünschenswert, um an anspruchvolleren schulischen Aufgabenstellungen die angemessene Balance zwischen Informationsdarbietung und Testung zu ergründen und besser abschätzen zu können, wann die Bearbeitung von Aufgaben für einen besseren Lernerfolg geradezu notwendig und für den Unterricht unverzichtbar ist.

15. Schlussbemerkung

Ich habe häufig die Erfahrung gemacht, ein neues Wissensgebiet selbst erst dann richtig verstanden zu haben, nachdem es mir gelungen war, interessante Aufgaben mit den entsprechenden Musterlösungen dazu zu konstruieren. Während der Aufgabenkonstruktion gehen mir unweigerlich alle möglichen didaktischen Gedanken durch den Kopf. Das Lehrzielniveau muss festgelegt, die Lehrziele präzisiert und konkretisiert, potenziell sinnvolle Antworten abgeschätzt, notwendige Vorkenntnisse für eine korrekte Beantwortung eingeschätzt, exakte Auswertungsrichtlinien entworfen sowie darüber hinaus überlegt werden, zu welchem Zeitpunkt sie für welche Zwecke zu Einsatz kommen sollen. Von Aufgaben profitieren nicht nur diejenigen, welche sie beantworten, sondern in besonderem Maße die, welche sie konstruieren. Wie die Forschung (z.B. Glowalla & Glowalla, 2004) im Übrigen aufzeigt, bewirkt „Fragen stellen" einen ähnlich hohen Lernerfolg wie „Fragen beantworten."

Literatur

Bangert-Drowns, R., Kulik, J., & Kulik, C. (1991a). Effects of frequent classroom testing. Journal of Educational Research, 85(2), 89-99.

Bangert-Drowns, R.L., Kulik, C., Kulik, J.A. & Morgan, M.T. (1991b). The instructional effect of feedback in test-like events. Review of Educational Research, 61, 213-238.

Boehler, M., Rogers, D., Schwind, C., Mayforth, R., Quin, J., Williams, R., Dunnington, G. (2006). An investigation of medical student reactions to feedback: a randomised controlled trial. Medical Education 40: 746-749.

Carrier, M., & Pashler, H. (1992). The influence of retrieval on retention. Memory & Cognition, 20, 632-642.

Chan, J.C.K., McDermott, K.B. & Roediger III, H.L. (2006). Retrieval-Induced Facilitation. Initially Nontested Material Can Benefit From Prior Testing of Related Material. Journal of Experimental Psychology. General, 135(4), 553-571.

Clariana, R. B. (1993). A review of multiple-try feedback in traditional and computer-based instruction. Journal of Computer-Based Instruction, 20(3), 67-74.

Clariana, R. B (2000) Feedback in Computer-Assisted Learning. Netg White Papers. URL: http://www.netg.com/research/clarianawp.htm [10.11.2000]

Collins, M., Carnine, D. & Gersten, R. (1987). Elaborated corrective feedback and the acquisition of reasoning skills: A study of computer-assisted instruction. Exceptional Children, 54, 254-262.

Corbett A. T. & Anderson, J.R. (2001). Locus of Feedback Control in Computer-Based Tutoring. Impact on Learning Rate, Achievement and Attitudes. CHI 2001, Vol 2, No.1, 245-252.

Cull, W. L. (2000). Untangling the Benefits of Multiple Study Opportunities and Repeated Testing for Cued Recall. Appl. Cognit. Psychol. 14, 215-235.

Dempster, F.N. (1988). The Spacing Effect. A Case Study in the Failure to Apply the Results of Psychological Research. American Psychologist, 43(8), 627-634.

Glover, J. A. (1989). The „testing" phenomenon: Not gone but nearly forgotten. Journal of Educational Psychology, 81, 392-399.

Glowalla, G. & Glowalla, U (2004). Fragestrategien zu Lehrtexten im Studium. Unterrichtswissenschaft 4, 334-344.

Hamaker, Ch. (1986). The Effects of Adjunct Questions on Prose Learning. Review of Educational Research, 56(2), 212-242.

Huth, K. (2004): Entwicklung und Evaluation von fehlerspezifischem informativem tutoriellem Feedback (ITF) für die schriftliche Subtraktion. Dissertation der Fakultät Mathematik und Naturwissenschaften der Technischen Universität Dresden. URL: http://hsss.slub-dresden.de/hsss/servlet/hsss.urlmapping.
MappingServlet?id=1105354057406-4715

Jacobs, B. (1997). Übungsaufgaben stellen mit Javascript URN: urn:nbn:de:bsz:291-psydok-5162 URL: http://psydok.sulb.uni-saarland.de/volltexte/2005/516/

Jacobs, B. (1998). Einführung in die Versuchsplanung. http://www.phil.uni-sb.de/~jakobs/seminar/vpl/index.htm

Jacobs, B. (2001). Die Wirkung von Lösungsbeispielen, Aufgaben und Feedback auf das Lösen von Kombinatorikproblemen. URN: urn:nbn:de:bsz:291-psydok-3105 URL: http://psydok.sulb.uni-saarland.de/volltexte/2004/310/

Jacobs, B. (2003). Mehr Eigeninitiative und Eigenverantwortung einfordern! URN: urn:nbn:de:bsz:291-psydok-416 URL: http://psydok.sulb.uni-saarland.de/volltexte/2003/41/

Jacobs, B. (2004). Lohnt sich Antwort abhängiges Feedback? URN: urn:nbn:de:bsz:291-psydok-2130 URL: http://psydok.sulb.uni-saarland.de/volltexte/2004/213/

Jacobs, B. (2006a). Die Auswirkungen von Short-Answer- und Multiple Choice-Übungsaufgaben auf das Lernergebnis. URN: urn:nbn:de:bsz:291-psydok-7609 URL: http://psydok.sulb.uni-saarland.de/volltexte/2006/760/

Jacobs, B. (2006b). Erneutes Studieren oder Testen mit Feedback beim Einüben von Faktenwissen am Beispiel des Erlernens der Bundesstaaten der USA. URN: urn:nbn:de:bsz:291-psydok-5992 URL: http://psydok.sulb.uni-saarland.de/volltexte/2006/599/

Jacobs, B. (1998-2007). Forschungsprojekt: Aufgaben stellen und Feedback geben. URL: http://www.phil.uni-sb.de/~jakobs/wwwartikel/feedback/projekt.htm

Jacobs, B., Bernd, H. & Fey, A. (2004). Die Wirkung einer Probeklausur auf Klausurleistung und Angst in einer Statistikklausur. URN: urn:nbn:de:bsz:291-psydok-2720 URL: http://psydok.sulb.uni-saarland.de/volltexte/2004/272/

Kalyuga, S., Ayres, P., Chandler, P. & Sweller, J. (2003) The expertise reversal effect, Educational Psychologist 38, 23-32.

Kang, S. H. K., McDermott, K. B., & Roediger, H. L., III. (in press). Test format and corrective feedback modulate the effect of testing on memory retention. European Journal of Cognitive Psychology.

Kluger, A. N. & DeNisi, A. (1996). The Effects of Feedback Interventions on Performance: A Historical Review, a Meta-Analysis, and a Preliminary Feedback Intervention Theory. Psychological Bulletin, 119(2), pp. 254-284.

Mathan, S. (2003). Recasting the Feedback Debate: Benefits of Tutoring Error. Detection and Correction Skills. Dissertation Carnegie Mellon University, Pittsburg. URL: http://reports-archive.adm.cs.cmu.edu/anon/hcii/CMU-HCII-03-102.pdf [19.6.2006]

McDaniel, M.A., Anderson, J.L., Derbish, M.H., & Morrisette, N. (in press). Testing the testing effect in the classroom. European Journal of Cognitive Psychology.

Moreno, R. (2004). Decreasing Cognitive Load for Novice Students: Effects of Explanatory versus Corrective Feedback in Discovery-Based Multimedia. Instructional Science 32, 99-113.

Morrison, G.R., Ross, S. M., Gopalakrishnan, M. & Casey, J. (1995). The Effects of Feedback and Incentives on Achievement in Computer-Based Instruction. Contemporary Educational Psychology, 20, 32-50.

Narciss, S. (2006). Informatives tutorielles Feedback. Waxmann Münster.

Paas, F. G. W. C., & Van Merrienboer, J. J. G. (1994). Variability of worked examples and transfer of geometrical problem-solving skills: A cognitive-load approach. Journal of Educational Psychology, 86(1), 122-133.

Proske, A. (2000). Behaltenseffekte von Lernaufgaben in Abhängigkeit vom Antwortformat. Unveröffentlichte Diplomarbeit, Technische Universität Dresden.

Roediger, H.L. & Karpicke, J.D. (2006a). Test-enhanced learning: Taking memory tests improves long-term retention. Psychological Science, 17, 249-255.

Roediger, H.L. & Karpicke, J.D. (2006b). The Power of Testing Memory Basic Research and Implications for Educational Practice. Perspective on Psychological Science, 1(3), 181-210.

Rohrer, D. & Taylor, K. (2006). The effects of overlearning and distributed practice on the retention of mathematics knowledge. Applied Cognitive Psychology, 20(9), 1209-1224.

Rosa, E. M. & Leow, R. P. (2004). Computerized Task-Based Exposure, Explicitness, Type of Feedback, and Spanish L2 Development. The Modern Language Journal, 88(2), 92-216.

Siegel, M.A. & Misselt, A.L.(1984). Adaptive Feedback and Review Paradigm for Computer-Based Drills. Journal of Educational Psychology, 76(2), 310-317.

Stark, R. (1999). Lernen mit Lösungsbeispielen. Hogrefe. Göttingen.

Stark, R., Gruber, H., Renkl, A. & Mandl, H. (2000). Instruktionale Effekte einer kom-
    binierten Lernmethode: Zahlt sich die Kombination von Lösungsbeispielen und
    Problemlöseaufgaben aus? Zeitschrift für Pädagogische Psychologie, 14, 205-217.
Sundre, D.L. & Kitsantas, A. (2004). An exploration of the psychology of the examinee.
    Can examinee self-regulation and test-taking motivation predict consequential and
    non-consequential test performance? Contemporary Educational Psychology 29(1),
    6-26.
Walker, D.R. (2005). Investigation of feedback on student performance. Dissertation
    Faculty of the Graduate School of the University of Texas at Austin.
    http://hdl.handle.net/2152/719

Felix Winter, Zürich

Mit Aufgaben das Lernen sondieren

Wenn man sich mit schulischen Aufgaben befasst, ist es grundsätzlich sinnvoll, in drei Richtungen zu blicken. Auf der einen Seite steht die Aufgabe selbst, und man kann versuchen zu analysieren, wie sie beschaffen ist, welchen Konstruktionsprinzipien sie folgt, welche Wissensgebiete sie repräsentiert, welche Ziele mit ihr verbunden sind, oder auch überlegen, welche Anforderungen die Aufgabe stellt, wenn man sie lösen möchte.[1] Mit der zuletzt gestellten Frage wendet man den Blick schon etwas in die zweite Richtung, nämlich zu all jenen Prozessen, die durch eine Aufgabenstellung bei dem ausgelöst werden können, der sie bearbeitet. Im Fokus der zweiten Blickrichtung stehen also die Lern- und Lösungshandlungen, die von Aufgaben in Gang gesetzt werden, und die Resultate, die aus ihnen hervorgehen. Der dritte Blick geht noch etwas tiefer, er versucht die Hintergründe der Resultate und Lösungshandlungen in der Person zu sehen, also z.B. das herangezogene Vorwissen und die Kompetenzen, die ein Schüler bei der Lösung einer Aufgabe gezeigt hat.[2] Selbstverständlich kann man Kompetenzen nicht direkt sehen, sondern nur soweit erschließen, als sie sich in einer Tätigkeit und ihren Produkten entäußert haben. Der erste Blick geht also in Richtung Anforderungsanalyse von Aufgaben. Der zweite hat die Lösungen zum Gegenstand und die Handlungen und Tätigkeiten, die zu ihr führen. Im dritten Fall geht es um eine diagnostische Frage.

1. Auf die Konzepte kommt es an

Um noch etwas deutlicher zu machen, was mit den oben genannten unterschiedlichen Blickrichtungen auf die Aufgaben gemeint ist, möchte ich die sehr bekannte Anekdote aus der Schulzeit des kleinen Carl Friedrich Gauß heranziehen. Der zufolge gab sein Lehrer der Klasse die Aufgabe, die Zahlen von 1 bis 100 zusammenzuzählen. Meistens wird ihm in der Erzählung unterstellt, er habe für ein Stündchen seine Ruhe genießen wollen, und sei gewiss gewesen, die Klasse mit der Aufgabe etwa so lange beschäftigen zu können. Man kann freilich auch annehmen, er habe

---

1   Selbstverständlich hat jede Aufgabe noch einen Bezug zu einer Sache, z.B. zu einem fachlichen Gegenstand, den sie erschließen helfen soll. Diesen Aspekt der Aufgaben werde ich im Folgenden nur am Rande behandeln. Er ist aber mitgedacht.

2   Ich beziehe mich auf einen Kompetenzbegriff, der weit gefasst ist und neben Wissen, Fähigkeiten, Fertigkeiten, Lernstrategien und Metakognition auch damit zusammenhängende Einstellungen, Interessen und Motive einbezieht. Weinert (1999, S. 26f.) entwickelt einen ähnlichen Kompetenzbegriff, den er aus pragmatischen Gründen der Erfassung von Leistungen mittels Tests sogleich wieder einengt. Für die praktische Pädagogik, insbesondere wenn sie förderorientiert arbeiten möchte, scheint mir ein weiteres Verständnis von Kompetenzen unerlässlich zu sein.

seinen Schülern eine Gelegenheit zum Üben des Zusammenzählens geben wollen, und zwar mit zunehmender Schwierigkeit, indem die Additionen mit immer größer werdenden Zahlen zu tun hatten. Bekanntlich wurde sein Konzept vom kleinen Gauß durchkreuzt, weil dieser die implizite Annahme, man müsse entlang der Reihe der natürlichen Zahlen vorgehen, überwand und kurzerhand die kleinste mit der größten Zahl addierte, sodann die zweitkleinste mit der zweitgrößten usw. Dabei erkannte er, dass jeweils 101 herauskam und erhielt so 50 gleich große Summen. Er musste folglich nur 101 mit 50 multiplizieren und fand auf diesem Wege sehr rasch die Lösung 5050 – zur Verblüffung seines Lehrers.

Das Beispiel illustriert, dass der Lehrer bei der Konstruktion seiner Aufgabe ein bestimmtes Ziel und Motiv hatte, nämlich seinen Schülern eine Gelegenheit für eine intensive Übung zu geben und sich, da er das Ergebnis ja schon ausgerechnet hatte, etwas Ruhe zu verschaffen. In Richtung der möglichen Lösungshandlungen hatte er offenbar nicht intensiv geschaut, sonst hätte er vielleicht in Erwägung gezogen, dass es hier unterschiedliche Herangehensweisen gibt. Gleichwohl dürfte er im Sinn gehabt haben, eine bestimmte Fähigkeit auszubilden, nämlich das rasche Addieren auch mit großen Zahlen. Zum heimlichen Lehrplan gehörte vielleicht noch, dass man sich mit wenig sinnvermittelnden Arbeiten plagen können muss, wenn man durch die Schule kommen möchte. Die überraschend kurze Lösungszeit seines Schülers Gauß (als Aspekt von dessen Resultat) war dann offenbar so eindrücklich, dass der Lehrer sich nun dem Lösungsweg zuwandte und das kluge Konzept seines begabten Schülers erkannte. Vermutlich hat er ihn in Folge der Entdeckung dann auch redlich gefördert, denn schließlich ist aus dem kleinen Carl Friedrich Gauß ja ein sehr bedeutender Mathematiker geworden. Damit hätte sein Lehrer dann die Betrachtung des Lösungsweges diagnostisch genutzt und Konsequenzen für die Förderung des Schülers gezogen.

Das Beispiel zeigt aber noch ein Weiteres, dass nämlich der Schwierigkeitsgrad einer Aufgabe sehr davon abhängen kann, wie sie angegangen wird. Je nach dem, welche Zielstellungen der Schüler formuliert und welche Konzepte er anwendet, kann eine Aufgabe schwieriger oder leichter werden.[3] In gleicher Weise kann das Vorwissen wirken (vgl. Stern 2001). Wenn man die – gaußsche – Lösung der Rechenaufgabe kennt, ist sie kinderleicht. Wenn nicht, wird sie schwierig, erfordert Ausdauer und Konzentration und birgt dann sehr viele Gelegenheiten, sich zu verrechnen, was zu einem falschen Endresultat führt, aber nicht unbedingt viel über die Rechenfähigkeit aussagt. Bei Lernaufgaben und mehr noch bei Aufgaben mit diagnostischer Fragestellung interessieren auch die Lösungshandlungen, hier also die Rechenwege. Man muss sie aus mehreren Gründen versuchen, in Erfahrung zu bringen. Ihre Analyse hilft zu verstehen, wie die Anforderung der Aufgabe subjektiv definiert war. So kann man Auskunft darüber erhalten, was die gedanklichen Konzepte der Schülerinnen und Schüler waren, und diese kann man wiederum für die Unterrichtsgestaltung nutzen. Außerdem können die vorliegenden Kompetenzen besser eingeschätzt werden.

---

3   Im historischen Maßstab gibt Klix (1993, Kap. 6) dazu schöne Beispiele.

2. Drei Klassen von Aufgaben

Mit Hilfe der zuvor eingeführten Unterscheidung und mit Bezug zu der hier vor allem interessierenden Frage der Evaluation schulischen Lernens, kann man verschiedene Aufgabenklassen in der Schule genauer betrachten und überlegen, welche Blickrichtung bei ihnen im Vordergrund steht und wie sie diese realisieren.

Im Fall einer *Lernaufgabe* steht die Funktion im Vordergrund, solche (praktischen und geistigen) Lernhandlungen bzw. Lerntätigkeiten auszulösen, die zur Ausbildung erwünschter Kenntnisse, Fertigkeiten, Fähigkeiten, Interessen und Motive führen.[4] Die Anforderungen sollen so sein, dass sie an den vorhandenen Kompetenzen anknüpfen, aber auch darüber hinausführen.[5] Die Aufgabenanforderungen werden von dem anzueignenden Wissen bzw. den angezielten Kompetenzen her bestimmt und müssen – das ist die produktive didaktische Leistung – geeignete Lern- und Lösungshandlungen hervorrufen.[6]

Wenn es sich um eine *Prüfungsaufgabe* handelt, dominiert die Absicht, das Vorliegen bestimmter Kompetenzen möglichst zweifelsfrei festzustellen und einer Bewertung zugänglich zu machen. Das, was in diesem Fall durch die Aufgaben ausgelöst wird, dient dann als Indikator für mehr oder minder komplexe Wissensbestandteile, Wissensstrukturen, oder – allgemeiner gesprochen – Kompetenzen. Zusätzlich braucht man dann noch einen Bewertungsmaßstab, mit dem man Lösungen vergleichen kann. Die Fragestellung bei der Konstruktion solcher Aufgaben ist also durchaus ähnlich wie bei der einer Lernaufgabe, allerdings interessieren die Lösungshandlungen selbst kaum – darauf wird noch einzugehen sein – sondern mehr das Resultat und die Prozeduren der Leistungsfeststellung sowie Bewertung.

Schließlich gibt es *Aufgaben mit förderdiagnostischem Anspruch*. Wenn im Rahmen diagnostischer Bemühungen die Absicht hinzukommt, die Schülerinnen und Schüler zu fördern, stellt sich die Frage, ob die Aufgaben und auch die Auswertung der Lernprozesse und Leistungen Anhaltspunkte dafür liefern, wie die betreffende Person sinnvoller Weise weiter lernen sollte und ob Bedingungen hergestellt werden können, unter denen dies wahrscheinlich gelingt (Horstkemper 2006; Eikenbusch 2006). Dafür braucht man Aufgaben, bei denen Bedingungen variiert werden, um sehen zu können, unter welchen davon Schüler besser vorankommen (Kornmann 1996; 2006). Ein zweiter Zugang ist es, den Bereich der angesprochenen Kompetenzen zunächst weit zu halten, und – ausgehend von der Beobachtung von Lernhandlungen – schaut man, wo sich Stärken und Schwächen der Schülerinnen und Schüler zeigen. Mit den förderdiagnostisch angelegten Aufgaben schließt sich in gewisser Weise der Kreis, denn sie führen unter anderem

---

4 In Anlehnung an Leontjew (1982, S. 101ff.) wird zwischen Handlung und Tätigkeit unterschieden, wobei eine Tätigkeit jeweils ein eigenständiges Motiv voraussetzt.

5 In der Gruppe der Lernaufgabe kann man noch jene der Übungsaufgaben abgrenzen (Girmes 2003). Davon sehe ich hier aber ab.

6 Leuders (2007, S. 224f.) trifft eine ähnliche Unterscheidung und hebt Aufgaben, die Lernprozesse initiieren, von solchen ab, die primär auf die Feststellung von Leistungen zielen. Innerhalb der Lernaufgaben unterscheidet er solche zum Erkunden, zum Sammeln und zum Üben. Bei den Aufgaben zur Leistungsfeststellung sind auch solche angesprochen, die dem Erleben von Kompetenz dienen.

dazu, neue Lernaufgaben zu finden, die bezogen auf die Lernvoraussetzungen der Schülerinnen und Schüler adaptiv sind und in der Zone ihrer nächsten Entwicklung liegen.

In dem vorliegenden Beitrag soll anhand der eingeführten Unterscheidungen nun dargelegt werden, warum die tradierte Art, in Schulen Leistungen zu überprüfen und zu bewerten, zu einer starken Einschränkung der Aufgabentypen, aber auch des Interesses an den Lern- und Lösungshandlungen sowie den Kompetenzen der Schülerinnen und Schüler führt. Mehr noch, sie erweist sich als ein retardierendes Element der Reform der Lernkultur insgesamt (vgl. Schratz 1994). Es wird darüber nachgedacht, mit welchen Mitteln diese Beschränktheit überwunden werden kann. Dabei zeigt sich, dass veränderte Aufgabenstellungen allein nicht notwendig zu einer erweiterten Lernkultur führen; es kommt auch darauf an, in welchen didaktischen Arrangements sie eingesetzt werden und ob es gelingt, die Leistungsbewertung gründlich zu reformieren.

3.   Über die Beschränktheit der herkömmlichen Prüfungsaufgaben

Betrachtet man unter den gerade geschilderten Perspektiven die Praxis der schulischen Leistungsprüfung und auch die ihr zugrunde liegenden Konzepte, so lässt sich zeigen, dass diese bezüglich der eingesetzten Aufgabenarten, der Anforderungsgestaltung und der Auswertung der Ergebnisse in der Regel sehr verengt und reduziert angelegt sind. Es gibt vielfältige Lernaufgaben, aber nur ein geringes Repertoire an Prüfungsaufgaben (s. Girmes 2003, 10; Sacher 2004, 217f.). Bei Prüfungen werden deutlich solche Aufgaben bevorzugt, die zu schriftlichen Darstellungen führen, die individuell bearbeitet werden und auf die man sich speziell vorbereitet. Es ist der Schule auch häufig vorgeworfen worden, sie bevorzuge solche Aufgaben zur Feststellung der Schülerleistungen, die vor allem eine Reproduktion von abfragbarem Wissen und normierten Fertigkeiten verlangten (vgl. Klafki 1985, 228). Dieser Vorwurf hat nach meiner Einschätzung auch heute noch seine Berechtigung. Man muss allerdings dazu sagen, dass diese Bevorzugung mit anderen schulischen Besonderheiten eng zusammenhängt. Insbesondere sind zu nennen:
–   die Bevorzugung eines lehrerzentrierten, darstellenden Unterrichts (direkte Instruktion);
–   die Bevorzugung von klausurartigen Situationen zur Feststellung der Leistung;
–   das dominierende Motiv, die Schülerinnen und Schüler einzustufen, indem man ihre Leistungen untereinander vergleicht, Ränge bestimmt und ihnen Ziffernnoten zuordnet.

Auf die beiden letztgenannten Punkte will ich genauer eingehen und zeigen, wie sie die Möglichkeiten, Aufgaben zu stellen (und entsprechende Leistungen zu zeigen) sowie die Möglichkeiten die Lösungshandlungen auszuwerten, einschränken.

Eine Klausursituation bedeutet, dass man in kurzer Zeit, ohne Hilfsmittel und individuell kleine fremdgestellte Aufgaben lösen muss. In der Regel sind die Aufgaben dabei für alle gleich. Die Kommunikation der Schülerinnen und Schüler untereinander und mit der Lehrperson ist in dieser Situation verboten bzw. einge-schränkt. Innerhalb dieses Rahmens sind zwar durchaus unterschiedliche Auf-gabentypen möglich, z.B. konstruktive Aufgaben oder solche, die einen Perspektiv-wechsel erfordern, diese werden aber selten genutzt. Ganz oder weitgehend aus-geschlossen sind im Klausurarrangement dagegen komplexe längerfristig zu be-arbeitende Aufgaben, die vollständige Lernakte umfassen: die Entwicklung einer Fragestellung, die Bildung von Zielen, das Finden einer Strategie der Erfahrungs-sammlung, die Sammlung von Erfahrungen sowie deren Auswertung und Darstel-lung. Ausserdem fallen bei diesem Prüfungsarrangement Aufgaben weg, die ge-meinsames Arbeiten verlangen, oder solche, bei denen man selbst Initiative er-greifen muss. Schließlich fallen auch Reflexionsaufgaben im Klausurarrangement weitgehend unter den Tisch. Man erkennt unschwer, dass etliche Qualifikationen, die heute gerade im Wirtschafsleben hoch geschätzt werden, außerhalb der Mög-lichkeiten dieses Prüfungskonzepts liegen. Dadurch werden sie schulisch nicht genügend anerkannt und folglich weniger intensiv entwickelt. Wegen dieser Gefahr gibt es seit einigen Jahren intensive Bemühungen, auch andere Prüfungsarrange-ments zu schaffen, an denen Schülerinnen und Schüler gemeinsam, projektartig arbeiten und ihre Ergebnisse in Form einer mündlichen Präsentation vortragen.[7]

Der zweite kritische und einschränkende Punkt des tradierten Prüfungs-Beurtei-lungs-Arrangements ist das Motiv, die Schülerinnen und Schüler entlang der Notenskala einstufen zu wollen. Ganz im Vordergrund steht dabei die Absicht, Leistungshöhe der Schülerarbeiten festzustellen und auf einer eindimensionalen Skala zum Ausdruck zu bringen. Es geht also nicht darum, ihre Leistungen diffe-renziert zu beschreiben oder gar zu verstehen, welche Fähigkeiten und Interessen ihnen zugrunde liegen, sondern um ihre Hierarchisierung und um Trennschärfe bei ihrer Feststellung. Die Platzanweisung auf einer Skala soll möglichst eindeutig und ökonomisch vollzogen werden können. Das alles sind Bestrebungen, welche die schulische Leistungsbeurteilung mit den Bemühungen um Tests, die versuchen Leistungen zu messen, gemein hat. Die Testkonstrukteure gehen dabei empirisch, begründet und transparent vor, die Lehrpersonen meist intuitiv und zum Teil recht willkürlich. Bei der Konstruktion eines Testverfahrens, das zwischen Personen gut differenzieren soll, geht man meist so vor, dass Aufgaben unterschiedlicher Schwierigkeit entworfen und zu einer Skala zusammengefasst werden. Zusätzlich sollen die einzelnen Aufgaben gut zwischen solchen Personen differenzieren, die insgesamt einen hohen oder niedrigen Wert haben, und mithin trennscharf sein. Auf diesem Weg erhält man Testverfahren, anhand derer Leistungsunterschiede deut-lich hervortreten – was das erklärte Ziel ist. Verstärkt wird die beschriebene Strate-gie meistens noch dadurch, dass man einen „speed"-Faktor dazu nimmt, also die Bearbeitungszeit für die Aufgaben begrenzt. Dadurch wird die Verteilung auf der Skala gespreizt. Allerdings misst man dann nicht nur die Leistungsfähigkeit, son-dern z.B. auch noch so etwas wie Auffassungsgabe, Konzentration und Schnellig-keit der Bebarbeitung.

---

7   Siehe z.B. die Projektprüfung an den Hauptschulen in Baden-Württemberg: http:// www.schule-bw.de/schularten/hauptschule/abschlusspr/projpr_bsp/vorbereitung_pro_ pruef

Die Beschränkung der Zeit in Klausuren bzw. Klassenarbeiten wirkt in eine ähnliche Richtung. Lehrpersonen orientieren sich bei der Konstruktion ihrer Prüfungsaufgaben an dem bearbeiteten Stoff und schätzen die Schwierigkeit anhand ihrer Erfahrungen ein. Um zu einer nachvollziehbaren Einstufung zu gelangen, greifen Lehrpersonen häufig zu einer Detailbepunktung oder zum Zählen von Fakten, was recht problematisch ist, da die Leistungsfähigkeit sich nicht einfach und nicht gleichgewichtig in einzelnen Details der Aufgabenbeantwortung bzw. in Fehlern ausdrückt. Anders als bei den Testverfahren brauchen Lehrpersonen ihre Bewertung der Arbeiten erst festzulegen, wenn die Ergebnisse der Lernkontrolle bzw. Klausuren vorliegen, und können daher das Anspruchsniveau noch nachträglich verändern. Sie sind allerdings gehalten, bei der Verteilung ihrer Bewertungen nicht zu stark von einer Normalverteilung abweichen, was eine nicht belegbare Annahme über die Verteilung der Leistungen impliziert.

Nun geht es hier nicht darum, diese Verfahrensweisen im Detail zu erläutern oder zu kritisieren. Ich will vor allem darauf aufmerksam machen, dass bei der Konstruktion von Prüfungsaufgaben die realen Lösungshandlungen in der Regel gar nicht oder kaum im Blick sind. Es wird im Gegenteil meist ganz bewusst von ihnen abgesehen, weil es in erster Linie darum geht, zu einer nachvollziehbaren Einstufung zu gelangen. Die Betrachtung der Qualitäten von Lösungen kann dabei stören, weil sie die Anordnung auf einer einzigen linearen Skala erschwert. Der kleine Carl Friedrich Gauß ist schnell fertig gewesen und hatte die Aufgabe richtig gelöst, das reicht, um ihn einzustufen. Allein der große Zeitunterschied in der Bearbeitung machte darauf aufmerksam, dass hier ein qualitativ anderer Lösungsprozess vorlag. Hätte er geschwiegen und sich beschäftigt gezeigt, bis die anderen auch so weit waren, wäre der Unterschied für seinen Lehrer gar nicht sichtbar geworden. Jedenfalls solange nicht, wie dieser sich mit den Resultaten zufrieden gegeben hätte.

Die Problematik des traditionellen Prüfungs-Benotungs-Systems an den Schulen liegt also darin, dass es sehr spezielle Aufgabentypen und Leistungssituationen bevorzugt, aber auch darin, dass das Interesse an den Aufgabenlösungen eingeschränkt ist (Winter 2004, Kap. 1.2; 2006c). Beides wirkt dahingehend, dass die Prozesse der Arbeit, ihre besonderen Qualitäten und die ihnen zugrunde liegenden Vorstellungen bzw. Konzepte der Schülerinnen und Schüler meist nicht in das Blickfeld geraten. Dadurch kann aber der Anspruch, repräsentative Fähigkeiten oder gar komplexe Kompetenzen damit abbilden zu wollen, gar nicht gestellt werden. Man weiß schlicht nicht, was die Prüfungen eigentlich erfassen. Ihre Validität bleibt inhaltlich ungeklärt. Ihre hauptsächliche Funktion scheint darin zu bestehen, dass sie den Lernforderungen Nachdruck verleihen. Das tun sie sicher, aber in einer spezifischen Weise, die selbst wiederum nicht unproblematisch ist.

Besonders tiefgreifend und nachhaltig wirkt das tradierte Prüfungs-Benotungs-System nämlich dadurch, dass es auf die Lernkultur des Unterrichts zurückwirkt und dort nicht nur das beeinflusst, was gelernt wird, sondern auch das „Wie" des Lernens prägt, indem z.B. vorwiegend auf Reproduzierbarkeit und Anwendung in Prüfungssituationen hin gelernt wird. So kommt es dazu, dass Lehrpersonen ihre

„eigene produktive Lern-/Lehr-Arbeit von hinten demontieren" (Girmes 2003, 10). Unter diesen Umständen versuchen die Schülerinnen und Schüler oft gar nicht erst, die Lerninhalte vertieft zu verstehen. Es werden einfach die vorgeführten, die glatten, die erfolgversprechenden Lösungsalgorithmen oder Analyseschemata gelernt, ohne sie zu entfalten, aktiv zu befragen und in das persönliche Wissenssystem einzuarbeiten. Man spricht in solchen Fällen auch von einem insgesamt prüfungszentrierten Unterricht („assessment-centered").[8]

4. Drei Wege zu einer neuen Lern- und Aufgabenkultur

Sowohl für eine förderorientierte Lerndiagnostik als auch für einen Unterricht, der aktiv mit den Schülerkonzepten arbeiten möchte, braucht man aber einen anderen Fokus. Dieser muss gerade auf die besonderen, die individuellen Lernvorgänge gerichtet sein. Er versucht diese explizit zu machen und für den Unterricht zu nutzen (Winter 2006a). Nun mag man sich fragen, ob solche Ziele und Vorstellungen gegenwärtig nicht chancenlos sind, wo doch in den Schulen ein deutlicher Trend in Richtung Schulleistungstests, zentrale Abschlussprüfungen, genormte Klassenarbeiten besteht.[9] Außerdem wird die Notengebung wieder bis in die unteren Klassen der Grundschule ausgeweitet und insgesamt verschärft. Daher kann man sagen, dass die Normierungsbestrebungen derzeit stark sind und auch auf die präferierten schulischen Aufgabenstellungen und die Lernkultur insgesamt durchschlagen werden. Interessant ist aber andererseits, dass es deutliche Bestrebungen gibt, das selbständige und individualisierte Lernen zu fördern und mehr offenen Unterricht in den Schulen zu etablieren. Dass zwischen beiden Zielen ein Konflikt besteht, scheint den Bildungsverwaltungen bislang nicht bewusst zu sein. Auch das Thema Förderung, das gegenwärtig in Deutschland viel diskutiert wird, legt es den Schulen nahe, die Kinder und Jugendlichen individuell und gezielt anzusprechen, ihre Lernvoraussetzungen aufzuklären und insgesamt stärker adaptiv zu unterrichten. Dieser Trend muss sich eigentlich dahingehend auswirken, dass vermehrt individuell angepasste Lernaufgaben gegeben werden und das Lernen weniger genormt abläuft.

Im Folgenden soll aufgezeigt werden, welche Aufgaben, aber auch welche Rahmenbedingungen für eine neue, stärker förderorientierte Lernkultur gebraucht werden. Wie aus dem oben bereits Dargestellten hervorgeht, scheint es nicht aussichtreich zu sein, Reformen in der Lernkultur nur bei den Aufgabenformaten anzusetzen, weil diese sich z.B. im Rahmen eines prüfungszentrierten Unterrichts kaum werden durchsetzen können. Deshalb werden im Folgenden drei Reform-

---

8   Das geschieht im Gegensatz zu einem Unterricht der „knowledge-", „learner-" oder „communitycentered" arbeitet (vgl. Reinmann & Mandl 2006, S. 617f.; mit Bezug auf Bransford, Brown und Cocking 1999).

9   An den Hochschulen gibt es noch dramatischere Veränderungen, die zu einer enormen Ausweitung der Prüfungen und Benotungen führen und Klausuren zum dominierenden Leistungsmachen (Wex 2006). Zu den möglichen Folgen für das universitäre Lernen gibt es bislang nicht einmal eine öffentliche Debatte.

ansätze diskutiert, die auf unterschiedlichen Ebenen ansetzen, sich aber gegenseitig
stützen können:

– Reformen, welche die Instrumente und Verfahrensweisen der Leistungsbewertung betreffen. Hier wird über den Portfolioansatz berichtet.
– Reformen, welche die Aufgabenformate und die Bedingungen ihrer Bearbeitung betreffen. Hier wird über offene Aufträge und über Lerntagebücher
  gesprochen.
– Reformen, welche die Didaktik und Methodik des Unterrichts betreffen. Hier
  wird vom Dialogischen Lernkonzept die Rede sein.

Alle drei Reformansätze haben das gemeinsame Ziel, in einen intensiven Dialog
mit den Schülerinnen und Schüler über ihr Lernen und ihre Leistung zu kommen
und so die bisherige Sprach- und Bewusstlosigkeit gegenüber den Lernprozessen
zu überwinden (Reusser 2001, 133). Außerdem sind sie geeignet, die Begren-
zungen der tradierten schulischen Aufgabenkultur aufbrechen zu helfen.

5.   Das Portfolio

Unter der hier interessierenden Fragestellung kann das Portfolio zunächst als ein
Gefäß betrachtet werden, in dem Platz für ein breites Spektrum an Leistungsnachweisen ist. So können z.B. längerfristig und selbständig erarbeitete Produkte in
einem Portfolio problemlos dokumentiert und auch bewertet werden. Das Portfolio
erleichtert es, offene und komplexe Aufgaben zu stellen, die von den Schülerinnen
und Schülern individuell ausgestaltet und bearbeitet werden können. Aber auch Reflexionen zu Leistungsnachweisen und zum Arbeitsprozess sind regelmäßig in
Portfolios vorhanden. In einem Unterricht, der Portfolios zum Einsatz bringt, kann
ein breites Spektrum von Aufgabentypen gegeben und bearbeitet werden. Und im
Portfolio können auch die Zusammenhänge zwischen den Aufgaben, der Lern-
arbeit, dem Unterricht, der Leistungsbewertung und den Bildungszielen sichtbar
werden (Winter 2003).
      Ich möchte ein Beispiel zu einem Portfolio geben, bei dem ein individuelles
Thema gewählt und dazu recherchiert wird (Winter 2006b). Die Schülerin einer
Berliner Grundschulklasse sucht sich innerhalb des gemeinsamen Oberthemas „Ein
Spaziergang durch Zehlendorf" ihre Aufgabe. Bei diesem Oberthema geht es
darum, dass der Stadtteil, in dem die Schule liegt, vertieft kennengelernt werden
soll. Daher können sich die Schülerinnen und Schüler ansässige Handwerke und
andere Berufe oder öffentliche Einrichtungen bzw. markante Gebäude suchen, über
die sie etwas schreiben wollen. Nachdem die Klasse gemeinsam das Heimat-
museum besucht hat, entwickelt die Schülerin das Projekt, etwas über den historischen Blaudruck zu schreiben, den eine Frau dort vorgeführt hat. Die Schülerin
formuliert im Gespräch mit ihrer Lehrerin einige Vorhaben, denen sie nachgehen
will. Die Ergebnisse ihrer Recherchen und ihre praktischen Arbeiten wird sie in
einem Themenportfolio dokumentieren. Dazu gehören – entsprechend den Vor-

gaben – auch eine Phantasiereise in die Vergangenheit, eine künstlerische Arbeit und eine Reflexion zum Prozess und zum Produkt. In die Planung fließen auch Ziele ein, die sich aus den Erfahrungen der vorherigen Portfolioarbeit ergeben haben – z.B. dass die Schülerin ihre Texte besser auf Rechtschreibfehler korrigieren möchte. Bei ihrem Vorhaben handelt es sich also um eine komplexe Anforderung mit etlichen Teilaufgaben, in die auch eigene Interessen einfließen. Es ist eine Aufgabenstellung, die sie selbständig – aber im Austausch mit anderen – bearbeiten und dokumentieren muss. Den Abschluss ihrer Portfolioarbeit bildet eine Präsentation vor der Klasse und den Eltern.

Mit dem Portfolio wird ein günstiger Rahmen dafür geschaffen, dass es zu einer intensiven, motivierten Tätigkeit kommt und zu einer hohen Bewusstheit dessen, was be- und erarbeitet wird:[10]

– Es werden Vorgaben gemacht bzw. vereinbart, auf die man immer wieder zurückkommen kann.

– Eigene Ziele werden entwickelt und dabei individuelle Interessen berücksichtigt.

– Die Aufgabe wird sorgfältig formuliert und schriftlich festgehalten.

– Die Produkte können kontrolliert und verbessert werden, bevor sie in das Portfolio eingehen.

– Die halbfertigen und fertigen Produkte werden anderen Personen gezeigt und mit ihnen besprochen.

– Es kommt zu einer mehrperspektivischen Betrachtung der Arbeiten, und es entstehen viele inhaltliche Rückmeldungen.

– Er wird verlangt, den eigenen Arbeitsprozess und seine Ergebnisse zu reflektieren und entsprechende Berichte dem Portfolio beizufügen.

Neben die Aufgaben der inhaltlichen Beschäftigung mit einem fachlichen Gegenstand treten also jeweils zusätzliche Aufgaben, welche die Reflexion, die Bewertung und die operative Steuerung des Lernprozesses betreffen. Sie sind großenteils der Metakognition zuzurechnen. Durch diese Bedingungen wird erreicht, dass die Schülerinnen und Schüler sich intensiv mit der Qualität ihrer Arbeiten beschäftigen. Insgesamt betrachtet sind die Anforderungen im Vergleich mit herkömmlichen Aufgabenstellungen deutlich erweitert und erhöht. Es wird aber auch ein Stützsystem für die Bearbeitung der komplexen Aufgaben geschaffen, das eigenständig und gemeinsam ausgeführte Kontrollen und Planungen umfasst. Zudem entstehen Spuren der Arbeits- und Entwicklungsprozesse, die es möglich machen, diese – zumindest teilweise – zu verfolgen und für eine gemeinsame Auswertung zu nutzen. Die Maßnahmen unterstützen bzw. tragen die Portfolioarbeit und sie haben Bedeutung für das Lernen des Lernens.

Im Portfolio der oben genannten Schülerin befinden sich zum Beispiel Formblätter, in die sie ihr Vorhaben und ihre Ziele eingetragen hat, Protokollnotizen zu

---

10 Zur Charakterisierung der Portfolioarbeit im Unterricht siehe auch die Orientierungspunkte des „Netzwerk Portfolioarbeit" (Winter 2007b) bzw. auf www.portfolio-schule.de.

den Besprechungen mit ihrer Lehrerin und eine abschließende Reflexion. Über ihre Erfahrungen und Eindrücke bei einem erneuten Besuch der Blaudruckerin berichtet sie in drei Sachtexten, in denen sie die Abläufe und Materialien beschreibt. Außerdem hat sie selbst Stoffe bedruckt, von denen sie einige Proben als Einband für ihr Portfolio benutzt. Schließlich verfasst die Schülerin noch eine phantasievolle Geschichte, eine gedankliche Reise in vergangene Zeiten, in der sie das frühere Leben von Blaudruckerinnen einfühlsam beschreibt. Dazu fertigt sie nach einer Bildvorlage auch eine Zeichnung von vier Frauen an, die mit großen Körben beladen umherziehen und ihre Waren verkaufen.[11]

Ein derartiges Portfolio bietet demjenigen, der es liest und beurteilen möchte, viele Anhaltspunkte zu den Leistungen und Fähigkeiten des Kindes. In unserem Beispiel
– über ihre Fähigkeit, Vorgänge zu versprachlichen;
– über den Stand ihrer Schreibentwicklung;
– über ihre künstlerischen Fähigkeiten;
– über ihre Fähigkeit, selbst einen Arbeits- und Lernprozess zu organisieren;
– über besondere Interessen, die sie hat;
– über ihre Phantasietätigkeit;
– über ihre Reflexionsfähigkeit.

Wenn ein derart reichhaltiges Portfolio vorliegt, lassen sich anhand seiner verschiedene Formen von Schülerbesprechungen bzw. Fördergesprächen führen (Winter 2004, Kap. 4.9). So können in einem Auswertungsgespräch mit der Schülerin zur Portfolioarbeit z.B. Ziele für nachfolgende Lernvorhaben formuliert werden. In einer kleinen Förderkonferenz mit anderen Lehrpersonen kann eingeschätzt werden, wie der Lern- und Entwicklungsstand des Kindes zu beurteilen ist und wo Zonen der nächsten Entwicklung liegen. Im Fall der oben genannten Schülerin wurde zum Beispiel gefolgert, dass sie besondere Stärken im künstlerisch-handwerklichen Bereich sowie bei kommunikativen und reflexiven Fähigkeiten hat. Es wurde überlegt, ob weitere Betätigungsfelder für ihr besonderes Interesse an Stoffen und am Nähen geschaffen werden könnten. Anknüpfend an eine offenbare Schwäche wurde überlegt, welche Ordnungsmittel sie nutzen lernen könnte, damit ihre schulischen Arbeitsabläufe nicht durch ihre Tendenz, Unordnung zu produzieren, gestört würden.

Ich habe dieses konkrete Beispiel hier ausführlich geschildert, weil daran deutlich wird, wie mit der Portfolioarbeit ein breites Spektrum von individuell angepassten Lernanforderungen in der schulischen Arbeit bezüglich fachlicher sowie überfachlicher Qualifikationen ausgewertet und bewertet werden kann (Winter 2007a). Außerdem ist es mir wichtig aufzuzeigen, wie man über die reine Feststellung von Leistungen und ihre Bewertung hinausgehen kann, in Richtung einer gemeinsamen Diagnose und förderorientierten Lernplanung.

---

11 Das Portfolio kann auf der Webseite www.portfolio-schule.de eingesehen werden.

6. Aufgabenformate

In den zwei vergangenen Jahrzehnten hat sich das Spektrum der Aufgabenformate, die an Schule Verwendung finden, beträchtlich verändert und erweitert. Diesen Eindruck bekommt man zumindest, wenn man Veröffentlichungen in allgemein-pädagogischen und fachdidaktischen Zeitschriften betrachtet (Ball u.a. 2003). Diese Erweiterung des Aufgabenspektrums hängt einerseits deutlich mit dem vermehrten Einsatz offenen Unterrichts und schüleraktiver Lernmethoden zusammen. Anderer-seits hat sich aber gerade in der Mathematikdidaktik die Ansicht durchgesetzt, dass man weniger Aufgaben mit einem festen bzw. einem einzig möglichen Lösungs-algorithmus braucht und mehr Aufgaben, die zu mathematischem experimentieren und Begründen einladen (Leuders 2006). Also genau solche Aufgaben, bei denen die Lösungswege bzw. Lösungshandlungen interessieren und explizit gemacht wer-den. Allgemeiner gesprochen setzt sich die Ansicht durch, dass man für die Ver-mittlung von intelligentem Wissen, von Handlungskompetenzen und von lern-strategischem Wissen besonders akzentuierte Lernarrangements, Lernmethoden, Aufgabenformate, in denen diese auch selbst zum Ziel des Lernens werden (Bruder 2003; Sacher 2006). Es kann heute als gesichert gelten, dass es nicht sinnvoll ist, das Lernen des Lernens gesondert zu unterrichten, sondern dass dies in Zusam-menhang mit der Vermittlung fachlicher Inhalte geschehen sollte (vgl. Weinert 1994).

Es gibt auch Vorschläge für neue – bildungstheoretisch begründete – Klassifi-zierungen von Aufgabentypen (Girmes 2003, 2004). Allerdings scheinen diese Konzepte noch wenig Einfluss auf die praktische Arbeit der Lehrpersonen gewonnen zu haben. Eine weitaus größere Bekanntheit und auch einen größeren Einfluss hat gegenwärtig noch die Taxonomie der Lernziele von Bloom (1971). Sie ist heuristisch nützlich, aber deutlich von dem Bestreben geprägt, eine Hierarchie der Aufgabenanforderungen bzw. der aufgabenbezogenen Leistungen herzustellen, welche mit dem Motiv zusammenhängt, jeweils eine einstufende Bewertung der Schülerinnen und Schüler vornehmen zu können. Dadurch werden m. E. qualitativ höchst unterschiedliche Anforderungen bzw. entsprechende Leistungen und Teil-leistungen (z.B. Kenntnisse anwenden und Sachverhalte beurteilen) sehr unter dem Aspekt einer gestuften Schwierigkeit betrachtet, was die eingehendere Unter-suchung und das genaue Verständnis der Anforderungen behindern kann. Insge-samt lässt sich feststellen, dass die Anforderungsanalyse von Aufgaben weiterhin ein vernachlässigter Bereich der didaktischen Arbeit ist. Ansätze dazu gibt es vor allem außerhalb der Pädagogik, insbesondere in der Arbeitspsychologie (Hacker 2005, 297ff.), diese werden aber meines Wissens nicht genutzt.

Wenn man die bereits eingangs getroffene Feststellung bedenkt, dass man bei der Betrachtung von Aufgabenstellungen einerseits auf deren objektive Struktur und die erforderlichen bzw. nahegelegten Anforderungen schauen kann, anderer-seits aber auch beachten muss, welche Lern- und Arbeitsprozesse diese beim Schüler auslösen, der damit konfrontiert ist, so ergibt sich für die pädagogische Ar-beit die Notwendigkeit eine Anforderungsanalyse – zumindest auch – gemeinsam mit den Schülerinnen und Schülern zu betreiben. Sie können uns Auskunft darüber geben, wie sie eine Aufgabenanforderung verstanden und wie sie diese für sich formuliert haben. Außerdem sind ihre Berichte und Reflexionen erforderlich, wenn aufgeklärt werden soll, welche Lernprozesse und begleitenden Vorstellungen bei der Lösung von Aufgaben eine Rolle gespielt haben.[12] Für die Bearbeitung von offenen Aufgaben, die zu selbständigen Lernprozessen führen, ist diese Feststellung unmittelbar plausibel, sie gilt aber in ähnlicher Weise auch für geschlossene Aufgaben und selbst dann, wenn diese gewissermaßen vor den Augen der Lehrperson bearbeitet werden. Dass es unter den letztgenannten Bedingungen meist nicht zur Aufklärung der subjektiven Anforderungen und der ausgelösten Lernprozesse kommt, ist zum Teil der bereits dargestellten Bedingung geschuldet, dass viele schulische Aufgabenbearbeitungen unter kommunikationseinschränkenden Bedingungen stattfinden, welche das Prüfungsparadigma bewirkt. Es wäre allerdings ein Irrtum anzunehmen, der Wegfall dieser Bedingung allein reiche, dass Schüler ihre Lösungs- und Lernprozesse frei berichten könnten. Selbstberichte, die begleitend oder rückschauend gegeben werden sollen, beinhalten immer eine schwierige Anforderung. So stellt die Selbstbeobachtung während der Aufgabenbearbeitung eine schwierige Mehrfachanforderung dar, welche die Prozesse stören kann und nicht per se gelingt (Winter 1991). Dazu braucht es oftmals stützende Bedingungen, wie das Vorliegen eines Handlungsmusters oder Handlungsmodells und auch eine gewisse Übung (Winter 2004, Kap. 4.3). Generell erweisen sich dialogische Situationen als günstig für die Aufklärung von Lernvorgängen und die Ausbildung von Fähigkeiten zur Reflexion.

Diese Erkenntnisse muss man auch dort berücksichtigen, wo mit den Instrumenten Lern- und Lesetagebuch gearbeitet wird. Lerntagebücher werden heute propagiert und eingesetzt, um die Schülerinnen und Schüler zur Reflexion ihrer Arbeit anzuregen und ihre Lernprozesse zu dokumentieren (Gläser-Zikuda & Hascher 2007). Mit Hilfe von Lerntagebüchern lassen sich Spuren der Lern- und Lösungshandlungen sichern und für die didaktischen und diagnostischen Fragen nutzbar machen. Allerdings ist das Spektrum dessen, was heut als Lerntagebuch bezeichnet wird, sehr breit und zum Teil irreführend. Auf der einen Seite findet man sehr allgemeine Selbsteinschätzungen zur Person und auf der anderen Seite recht konkrete Beschreibungen von Vorgehensweisen und begleitenden Gedanken bei der Lösung von Aufgaben (siehe z.B. Badr Goetz & Ruf 2007; Landmann & Schmitz 2007; Spinath 2007). Der letztere Typ von Lerntagebüchern findet sich vor allem in Unterrichtskonzepten, die von der Dialogischen Didaktik beeinflusst sind. Eine Auswertung daraufhin, ob die subjektiven Aufgabenanforderungen und die handlungsleitenden Vorstellungen damit erfasst werden können, liegt aber bislang nicht vor.

---

12 Siehe hierzu auch Winter 2004, Kap. 4.3; 4.4 sowie Hascher & Astleitner 2007.

7. Das dialogische Lernkonzept

An den bislang vorgetragenen Gedanken sollte Folgendes deutlich geworden sein: Der Versuch, als Lehrperson vorab und allein Aufgabenanforderungen zu bestimmen bzw. abzuschätzen ist schwierig und in mancher Hinsicht nicht aussichtsreich. Selbst bei geschlossenen Aufgaben ist es schwierig zu antizipieren, wie die Schülerinnen und Schüler sie auffassen, welches Vorwissen sie aktivieren und welche handlungsleitenden Konzepte sie anwenden werden.[13] Damit ist ein grundsätzliches Problem der didaktischen Analyse angesprochen (Hofer 2007). Bei der dialogischen Didaktik wird dieses Problem gesehen und – positiv gewendet – zu einem Bestandteil des eigenen Konzepts gemacht. In Anlehnung und Erweiterung eines Unterrichtsmodells von Fend (2002) geht man davon aus, dass nicht nur das Angebot, also z.B. das dargestellte Wissen oder die gestellten Aufgaben geplant und durchdacht sein müssen, sondern genauso sorgfältig untersucht werden muss, wie diese Angebote von den Schülerinnen und Schüler genutzt werden. Das dialogische Lernkonzept bevorzugt deshalb für den Einstieg in ein Themengebiet bzw. eine Unterrichtseinheit jeweils offene Aufträge, die es allen Schülerinnen und Schüler ermöglichen sollen, viel von ihrem Vorwissen und ihren eigenen Vorstellungen, Gedanken und Gefühlen in die Beantwortung einzubringen (Ruf 2003). Diese (ersten) Auseinandersetzungen mit der Sache werden von der Lehrperson nun nicht nach vorgefertigten Kriterien und Normen betrachtet oder bewertet, sondern diese versucht zu erkennen, welchen Konzepten die einzelnen Schülerinnen und Schüler bei ihrer Aufgabenbearbeitung gefolgt sind und welche Qualitäten die Arbeit demgemäß hat (Ruf & Winter 2006). Das wird dadurch erleichtert, dass die Schülerinnen und Schüler aufgefordert sind, ihre Lösungen und ihre Gedanken in einem Lernjournal aufzuschreiben. Zum Beispiel lässt die Lehrperson zu Beginn der Unterrichtsepoche „spannend erzählen" alle Schülerinnen und Schüler zunächst eine „spannende" Geschichte schreiben, so wie diese es verstehen. Dann betrachtet sie die innere Logik der Geschichten und sucht Passagen heraus, die ihr in diesem Sinne gelungen erscheinen, Spannung ausdrücken (Ruf & Gallin 1999b, 228ff.). Eingedenk der Tatsache, dass sie noch immer nicht viel über die „Spannungskonzepte" der Schülerinnen und Schüler weiß, legt die Lehrperson nun eine kleine Sammlung solcher „spannender" Passagen an (Autographensammlung) und gibt diese – kopiert – der Klasse zur Reflexion und Analyse. Die Schülerinnen und Schüler sollen nun herausarbeiten, wie andere das machen, wenn sie Spannung in einer Erzählung erzeugen wollen und wie sie selbst es versuchen.[14] Das Motto lautet dabei: „So mache ich das – wie machst du das?" Gedanken zu den unterschiedlichen Vorgehensweisen und Lösungen werden im Lernjournal expliziert und festgehalten. Durch die Analyse weiterer spannender Texte (z.B. Kriminalgeschichten) werden später die Konzepte von Spannungserzeugung erweitert und

---

13 Anders ist die Situation, wenn Lehrpersonen bereits viele Erfahrungen über die Bearbeitung einer Aufgabe durch Lernende gesammelt haben, aber auch dann gibt es immer wieder Überraschungen.

14 Dem gleichen Ziel dient es, dass die Schülerinnen und Schüler gelegentlich selbst ähnliche Aufgaben konstruieren sollen (siehe Ruf & Gallin 1999a, S. 103ff.).

verfeinert. Außerdem schreiben die Schülerinnen und Schüler neue spannende Geschichten.[15]

Ein großer Teil der „Lehrtätigkeit" ist beim Dialogischen Lernkonzept darauf gerichtet, die Schülerbeiträge zu verstehen, die „Eigendimension" ihrer Leistungen zu erkennen und in den gemeinsamen Wissensbildungsprozess einzubinden (Ruf & Gallin 1999a, 103ff.). Die Formulierung neuer Aufgaben speist sich aus den Erkenntnissen dieses Prozesses und versucht eine möglichst hohe Adaptivität herzustellen. Das Formulieren einer Aufgabe für die Schülerinnen und Schüler wird als Versuchshandeln verstanden, dessen Eignung erst dann geklärt werden kann, wenn ihre Antworten vorliegen. Die neuen Aufgaben können sich an die ganze Klasse richten oder auch spezifisch einzelnen Schülerinnen und Schülern gestellt werden (a.a.O., 105). So wird einem Schüler, der zwar ideenreich, aber immer wieder ausufernd schreibt, die Aufgabe gestellt, eine Schilderung zu verfassen, die insgesamt nur wenige Minuten dauert (Ruf & Gallin 1999b, 259). Diese Aufgabe führt weiter und wird auch für andere zu einer tragfähigen Kernidee ihres Schreibens. Die Lehrperson gewinnt durch die intensive Auseinandersetzung mit den Schülerarbeiten und durch die Suche nach ihren Besonderheiten und Qualitäten immer wieder Anstöße für neue Sichtweisen auf die Schülerkonzepte und die subjektiven Anforderungen, die mit Aufgaben einhergehen können. Man kann also sagen, dass beim dialogischen Lernkonzept die didaktische Analyse in einen Prozess gebracht wird, in dem alle Beteiligten zusammenarbeiten. Die Antworten der Schülerinnen und Schüler werden dazu genutzt, etwas über die Lern- und Lösungshandlungen der Schülerinnen und Schüler zu erfahren. Bei deren Analyse gewinnt man Einblicke in die Anforderungen, welche mit der Aufgabenstellung einhergingen. Außerdem können wertvolle Einsichten zu Vorkenntnissen, Fähigkeiten, Motiven und Interessen der Schülerinnen und Schüler gewonnen werden. Diese Einsichten werden in die Formulierung neuer Aufgaben eingebracht. Dieses Vorgehen legt es darauf an, die Gedanken und Vorstellungen der Lernenden zu explizieren, schriftlich zu fassen und anderen zugänglich zu machen.[16] Darunter auch und gerade diejenigen, die sehr speziell, subjektiv und scheinbar oder real falsch sind. Ein solches Vorgehen kann als sach- und schülerzentriert bezeichnet werden und steht in deutlichem Gegensatz zu prüfungszentrierten Unterrichtsarrangements, bei denen vor allem darauf geschaut wird, ob die Schülerarbeiten der Norm entsprechen und ihre Resultate das wiedergeben, was zuvor vermittelt wurde. Der kleine Gauß (und neben ihm vielleicht noch einige etwas kleinere Gauße) wären beim dialogischen Lernen vermutlich schon sehr viel früher aufgefallen, und in dem Beispiel aus der Anekdote wäre seine geniale Besonderheit notwendig sichtbar geworden, weil er sie in seinem Lerntagebuch expliziert hätte.

---

15 Weitere Beispiele von dialogisch angelegten Unterrichtseinheiten finden sich bei Keller, Ruf & Winter (in Vorbereitung).

16 Für die Klassen 1 bis 6 liegen Lehrbücher vor, denen viele derartige Aufgaben entnommen werden können (siehe Gallin & Ruf 1995; Ruf & Gallin 1999c).

8. Schlussgedanken

Dieser Beitrag sollte Anstöße geben, die beschränkenden Konzepte schulischer Leistungsprüfung und Leistungsbeurteilung in Frage zu stellen. Zu ihrer Reform braucht man ein deutlich erweitertes Spektrum an Aufgaben, aber noch wichtiger ist der didaktisch-methodische Rahmen, in dem sie eingesetzt werden. Werden die Aufgaben nämlich im Rahmen einer veränderten Lern- und Leistungskultur – z.B. dem dialogischen Lernkonzept – eingesetzt, dann verschwimmen interessanterweise die eingangs gezogenen Grenzen zwischen Lernaufgaben, Prüfungsaufgaben und Aufgaben, die zum Zweck der Diagnose konstruiert werden. Das Potenzial, das sie diesbezüglich entfalten können, scheint also sehr von den unterrichtlichen Rahmenbedingungen und den Vorgehensweisen bei der Auswertung der Antworten der Lernenden abzuhängen. Hinzu kommt noch, dass die Feststellung und Bewertung der Leistungen in einer neuen Lernkultur andere Ziele verfolgen. Beide sind so angelegt, dass sie erstens Material für eine mehrperspektivische Betrachtung liefern und dokumentieren. Zweitens werden auch andere Arten von Leistungen – z.B. reflexive – verlangt, in den Blick genommen und anerkannt. Drittens soll die Leistungsbewertung nützliche Informationen für die Gestaltung nachfolgender Lernvorhaben und die Förderung der Schülerinnen und Schüler liefern (Winter 2004, Kap. 2.1).

Das tradierte, prüfungszentrierte Unterrichten und die dabei bevorzugten Aufgaben kann man – um ein Bild zu gebrauchen – mit einer Schmalspurbahn vergleichen. Der Weg, auf dem es dabei vorangeht, ist festgelegt, und es wird an Leistungen vorwiegend das gesehen bzw. anerkannt, was auf diesem Weg direkt weiterbringt. Demgegenüber wurden hier Unterrichtsinstrumente und Lernarrangements skizziert, bei denen die Aufgabenstellung und der Umgang mit den Schülerleistungen als Sondierungen zum real stattfindenden Lernen konzipiert sind. Ein solches Lernarrangement wäre vergleichbar mit einem schwer überschaubaren Gelände, in das sich eine Gruppe Lernender unter der Führung einer erfahrenen Person aufmacht, die eine Landkarte besitzt. Ein derart offenes Vorgehen lebt von anspruchsvollen, komplexen und sinnvollen Aufgaben, welche die Schülerinnen und Schüler und ihre Kompetenz – in einem weiten Sinn – herausfordern. Die Arbeit mit und an solchen Aufgaben führt zu Arbeits- und Lernprozessen, mit individuellen Varietäten und persönlicher Färbung, die diagnostisch aufschlussreich sind. Ihre Auswertung ermöglicht es, die Konzepte der Schülerinnen und Schüler zu finden, und sie kann für die Unterrichtsgestaltung direkt nutzbar gemacht werden. Im Rahmen des dialogischen Lernkonzepts ist dies ohne großen Aufwand möglich. Man muss allerdings etwas langsamer vorgehen und sich gemeinsam um ein Verstehen der Lernprozesse und der Leistungen bemühen. Lernjournale und Portfolios sind dabei eine unentbehrliche Hilfe, weil sie dazu auffordern, das Lernen explizit zu machen und so zu dokumentieren, dass die Beteiligten in verschiedenen Arrangements darauf zurückgreifen können.

Literatur

Badr Goetz, Nadja; Ruf Urs (2007): Das Lernjournal im dialogisch konzipierten Unterricht. In: Gläser-Zikuda, M.; Hascher, T. (Hrsg.): Lernprozesse dokumentieren, reflektieren und beurteilen. Lerntagebuch und Portfolio in Bidlungsforschung und Bildungspraxis. Bad Heilbrunn: Klinkhardt, 133-148.

Ball, Helga; Becker, Gerold; Bruder, Regina; Girmes, Renate; Stäudel, Lutz; Winter, Felix (Hrsg.) (2003): Aufgaben. Lernen fördern – Selbständigkeit entwickeln. Friedrich Jahresheft 21. Seelze: Friedrich.

Bloom, Benjamin S. (1971): Taxonomie von Lernzielen im kognitiven Bereich. Weinheim: Beltz.

Bransford, J. D., Brown, A. L., & Cocking, R. R. (Eds.) (1999): How people learn: Brain, mind, experience, and school. Washington, DC: National Academy Press.

Bruder, Regina (2003): Konstruieren – auswählen – begleiten. Über den Umgang mit Aufgaben. In: Friedrich Jahresheft 21, 12-15.

Eikenbusch, Gerhard (2006): „Macht richtige Diagnosen" In: Friedrich Jahresheft 24, 20-21.

Fend, Helmut (2002): Mikro- und Makrofaktoren eines Angebots-Nutzungsmodells von Schulleistungen. In: Zeitschrift für Pädagogische Psychologie 16, H.3/4, 141-149.

Gallin Peter & Ruf Urs (1995): Ich mache das so! Wie machst du es? Das machen wir ab. Sprache und Mathematik für das 1.–3. Schuljahr. Zürich: Lehrmittelverlag des Kantons Zürich.

Girmes, Renate (2003): Die Welt als Aufgabe?! Wie Aufgaben Schüler erreichen. In: Friedrich Jahresheft 21, 6-11.

Girmes, Renate (2004): [Sich] Aufgaben stellen. Seelze: Kallmeyer.

Hacker, Winfried (2005): Allgemeine Arbeitspsychologie. Psychische Regulation von Wissens-, Denk- und körperlicher Arbeit. Bern: Huber.

Hascher, Tina; Astleitner, Herrmann (2007): Blickpunkt Lernprozess. In: Gläser-Zikuda & M.; Hascher, T. (Hrsg.): Lernprozesse dokumentieren, reflektieren und beurteilen. Lerntagebuch und Portfolio in Bildungsforschung und Bildungspraxis. Bad Heilbrunn: Klinkhardt, 25-43.

Hofer, Roger (2007): Didaktische Analyse und Kernidee. Annäherungen zwischen bildungstheoretischer und dialogischer Didaktik in kritisch-konstruktiver Absicht. In: Koch-Priewe, B.; Stübig, F.; Arnold, K.-H. (Hrsg.): Das Potenzial der Allgemeinen Didaktik. Stellungnahmen aus der Perspektive der Bildungstheorie von Wolfgang Klafki. Weinheim: Beltz. (Im Druck)

Horstkemper, Marianne (2006): Fördern heißt diagnostizieren. In Friedrich Jahresheft 24, Seelze, 4-7.

Keller, Stefan; Ruf, Urs & Winter, Felix (Hrsg.) (2007): Besser lernen im Dialog. Seelze: Klett/Kallmeyer (in Vorbereitung).

Klafki, Wolfgang (1985): Neue Studien zur Bildungstheorie und Didaktik. Zeitgemäße Allgemeinbildung und kritisch-konstruktive Didaktik. Weinheim: Beltz.

Klix, Friedhart (1993): Erwachendes Denken. Geistige Leistungen aus evolutionspsychologischer Sicht. Heidelberg: Spektrum.

Kornmann, Reimer (1996): Diagnostisches Denken bei Lehrern in der Grundschule. In: Bartmann, Th.; Ulonska, H. (Hrsg.): Kinder in der Grundschule. Anthropologische Grundlagenforschung. Bad Heibrunn: Klinkhardt, 17-40.

Kornmann, Reimer (2006): Ich sehe nur, was ich fordere. In: Friedrich Jahresheft 24, 118-120.

Landmann, Meike & Schmitz, Bernhard (2007): Welche Rolle spielt Self-Monitoring bei der Selbstregulation und wie kann man mit Hilfe von Tagbüchern die Selbstregulation fördern? In: Gläser-Zikuda, M.; Hascher, T. (Hrsg.): Lernprozesse dokumentieren, reflektieren und beurteilen. Lerntagebuch und Portfolio in Bildungsforschung und Bildungspraxis. Bad Heilbrunn: Klinkhardt, 149-169.

Leontjew, Alexej N. (1982): Tätigkeit, Bewusstsein, Persönlichkeit. Köln: Pahl-Rugenstein.

Leuders, Timo (2006): „Erläutere an einem Beispiel ...“ Mathematische Kompetenzen erkennen und fördern – mit offenen Aufgaben. In: Friedrich Jahresheft 24, 78-83.

Leuders, Timo (2007): Fachdidaktik und Unterrichtsqualität im Bereich der Mathematik. In: Arnold, K.-H. (Hrsg.): Unterrichtsqualität und Fachdidaktik. Bad Heilbrunn: Klinkhardt, 205-234.

Reinmann, Gabi & Mandl, Heinz (52006): Unterrichten und Lernumgebungen gestalten. In: Krapp, A.; Weidenmann, B. (Hrsg.): Pädagogische Psychologie. Weinheim/Basel: PVU.

Reusser, Kurt (2001): Unterricht zwischen Wissensvermittlung und Lernen lernen. Alte Sackgassen und neue Wege in der Bearbeitung eines pädagogischen Jahrhundertproblems. In: Finkbeiner, C. & Schnaitmann, G. W. (Hrsg.): Lehren und Lernen im Kontext empirischer Forschung und Fachdidaktik. Donauwörth: Auer, 106-140.

Ruf, Urs (2003): Metakompetenz. Über das Verhältnis von Person und Sache. In: Friedrich Jahresheft 21, 56-60.

Ruf, Urs & Gallin, Peter (1999a): Dialogisches Lernen in Sprache und Mathematik. Bd. 1: Austausch unter Ungleichen. Seelze: Kallmeyer.

Ruf, Urs & Gallin, Peter (1999b): Dialogisches Lernen in Sprache und Mathematik. Bd. 2: Spuren legen – Spuren lesen. Seelze: Kallmeyer.

Ruf Urs & Gallin Peter (1999c): Ich mache das so! Wie machst du es? Das machen wir ab. Sprache und Mathematik für das 4.–6. Schuljahr. Zürich: Lehrmittelverlag des Kantons Zürich (2 Bände).

Ruf, Urs & Winter, Felix (2006): Qualitäten finden. Diagnose als Aufgabe des Unterrichts. In: Friedrich Jahresheft 24, 56-59.

Sacher, Werner (2004): Leistungen entwickeln, überprüfen und beurteilen. Bad Heilbrunn: Klinkhardt.

Sacher, Werner (2006): Didaktik der Lernökologie. Lernen und Lehren in unterrichtlichen und medienbasierten Lernarrangements. Bad Heilbrunn:Klinkhardt.

Schratz, Michael (1994): Das retardierende Moment. Wie die Leistungsbeurteilung den pädagogischen Fortschritt hemmt. Informationen zur Deutschdidaktik 18, H. 2, 17-34.

Spinath, Birgit (2007): Ein Lerntagebuch zur Förderung motivationsbezogener Voraussetzungen für Lern- und Leistungsverhalten bei Schüler/innen mit sonderpädagogischem Förderbedarf. In: Gläser-Zikuda, M.; Hascher, T. (Hrsg.): Lernprozesse dokumentieren, reflektieren und beurteilen. Lerntagebuch und Portfolio in Bildungsforschung und Bildungspraxis. Bad Heilbrunn: Klinkhardt, 171-185.

Stern, Elsbeth (2001): Intelligenz, Wissen, Transfer und der Umgang mit Symbolsystemen. In: Stern, E. & Guthke, J. (Hrsg.): Perspektiven der Intelligenzforschung. Lengerich: Pabst Publishers, 163-204.

Weinert. Franz E. (1994): Lernen lernen und das eigene Lernen verstehen. In: Reusser, K. & Reusser-Weyeneth, M. (Hrsg.): Verstehen. Psychologischer Prozess und didaktische Aufgabe. Bern: Huber, 183-205.

Weinert, Franz X. (1999): Concepts of comptence. http://www.portal-stat.admin.ch/deseco/weinert_report.pdf.

Wex, Peter (22006): Bachelor und Master. Die Grundzüge des Prüfungswesens. In. Berendt, B.; Voss, H.-P.; Wildt, J. (Hrsg.): Neues Handbuch Hochschullehre: Raabe, H. 1.2.

Winter, Felix (1991): Schüler lernen Selbstbewertung. Ein Weg zur Veränderung der Leistungsbeurteilung und des Lernens. Frankfurt/M: Lang.

Winter, Felix (2003): Person – Prozess – Produkt. Das Portfolio und der Zusammenhang der Aufgaben. In: Friedrich Jahresheft 21, 78-81.

Winter, Felix (2004): Leistungsbewertung. Eine neue Lernkultur braucht einen anderen Umgang mit den Schülerleistungen. Baltmannsweiler: Schneider.

Winter, Felix (2006a): Diagnosen im Dienst des Lernens. In: Friedrich Jahresheft 24, 22-25.

Winter, Felix (2006b): Portfolio: Die Leistungsbewertung für die pädagogischen Aufgaben zurückgewinnen! In: Pädagogik 58, H. 1, 34-37.

Winter, Felix (2006c): Die Leistungsbeurteilung als Gestaltungsaufgabe. Sieben kritische Fragen zu einem schwierigen Thema. In: Informationen zur Deutschdidaktik 30, H. 4, 19-31.

Winter, Felix (2007a): Fragen der Leistungsbewertung beim Lerntagebuch und Portfolio. In: Gläser-Zikuda, M.; Hascher, T. (Hrsg.): Lernprozesse dokumentieren, reflektieren und beurteilen. Lerntagebuch und Portfolio in Bildungsforschung und Bildungspraxis. Bad Heilbrunn: Klinkhardt, 107-129.

Winter, Felix (2007b): Portfolioarbeit im Unterricht – Orientierungspunkte und Indikatoren. Pädagogik 59, H. 7/8.

Teil 4

Die Qualität von Aufgaben
unter fachdidaktischem Aspekt

Karl Josef Fuchs, Salzburg & Werner Blum, Kassel

Selbständiges Lernen im Mathematikuntericht mit ‚beziehungsreichen' Aufgaben

1. Die „Neue Aufgabenkultur"

Aufgabenorientierte Sequenzierung zählt zu den bekannten und höchst populären Methoden bei der Organisierung von Mathematikunterricht (Wittmann, 1981). Eine *Aufgabe* kann dabei als Aufforderungen zur gezielten Bearbeitung eines eingegrenzten, mehr oder minder problemhaltigen Themas angesehen werden.

Damit werden *Aufgaben* im Mathematikunterricht zu Mittlern zwischen den vorgegebenen (quasi-)gesetzlichen gesellschaftlichen Normen und dem Handeln von Lehrerinnen und Lehrern sowie Schülerinnen und Schülern in der Schulpraxis (Jordan et al. 2006). Die Schülertätigkeit ist im Wesentlichen auf das Bearbeiten der *Aufgaben* beschränkt. Die Lehrperson gestaltet den Unterricht. Sie wählt die *Aufgaben* aus, konstruiert *Aufgaben* und bestimmt die Sequenzierung der Inhalte.

Die „Neue Aufgabenkultur" ist hingegen durch folgende Merkmale zu charakterisieren:

– durch einen bildungsadäquaten und kompetenzorientierten inhaltlichen Bezug („*Was?*),

– durch die Konzentration auf eine qualitätsvolle Form der Bearbeitung („*Wie?*").

Eine „qualitätsvolle" Bearbeitung von Aufgaben im Mathematikunterricht bedeutet demgemäß (Helmke 2003; Blum & Leiß 2005):

– Eine *fachliche gehaltvolle Unterrichtsgestaltung.* Den Schülerinnen und Schülern muss hinreichend viel Gelegenheit zur Ausführung kompetenzorientierter Aktivitäten gegeben werden. Im Unterricht muss größter Wert auf vielfältige Vernetzung von Inhalten und Me-thoden geboten werden (Wynands & Neubrandt 2003).

– Eine *kognitive Aktivierung der Lernenden.* Aktivitäten bei Schülerinnen und Schülern werden vor allem durch *Aufgaben* hervorgerufen, die

  • auf mehreren Wegen lösbar sind,

  • ein breites Spektrum von Kompetenzen ansprechen,

  • gut über die Anspruchsniveaus gestreut sind,

  • fächerübergreifendes Arbeiten betonen (Siller & Siller 2007)

  • Selbständigkeit beim Lernenden einfordern,

  • Reflexionen über den Lernprozess integrieren.

– Eine effektive und schülerorientierte Unterrichtsführung.

- *Effektiv* sind etwa Unterrichtsstunden, die in den Inhalten und Zielen klar strukturiert sind, die Lern- und Beurteilungsprozesse klar erkennbar trennen, die Störungen und Hemmungsprozesse vermeiden.

- *Schülerorientierung* richtet den Blick zum einen auf die *Methoden*. *Motivation* auf Seiten der Schülerinnen und Schüler wird durch vielfältige, abwechslungsreiche *Methoden* initiiert. Zum anderen setzt *Schülerorientierung* eine *Autorität* mit *nicht direktiven* Zügen voraus. Sie zeichnet sich durch Vertrauen in die Leistungsfähigkeit und Selbständigkeit der Schülerinnen und Schüler aus (Fuchs 2007, S. 85-88).

Eine anspruchsvolle und wohl auch mühevolle Aufgabe der Mathematikdidaktik besteht somit in der Bereitstellung von geeigneten *Aufgaben* im Sinne der „Neuen Aufgabenkultur".

2.   Komplexe Konstruktion anstelle einfacher Reproduktion

Die Hauptkritik an traditioneller Aufgabensequenzierung richtete sich vor allem auf eng umgrenzte Aufgabengebiete, wodurch den Schülerinnen und Schülern das Bild isolierter Inhalte, die in keinen größeren Zusammenhang gestellt werden, vermittelt wurde.

Demgegenüber sollen nun im Unterricht sowie auch in der Prüfungssituation – wie bereits eingangs erwähnt – Aufgaben gestellt werden, die verschiedene Themen miteinander vernetzen. So genannte *Modellierungsaufgaben* verkörpern in besonders prägnanter Weise diese neuartigen Anforderungen.

Unter einer *Modellierungsaufgabe* verstehen wir eine Problemstellung, die von den Schülerinnen und Schülern substantielle Übersetzungsleistungen beim Übergang zwischen Realität und Mathematik einfordert. *Modellierungsaufgaben* sprechen ganze Problemkomplexe an und geben im Idealfall Anlass zu weiteren Fragen und Interpretationen. In mehreren Katalogen fundamentaler Ideen wird die *Modellierung* als zentrale Leitidee für eine qualitative Erneuerung des Mathematikunterrichts angesehen (Bruner 1976; Heymann 1996; Klika 2002). Eine umfassende Klassifizierung, welche Ziele durch komplexe *Modellierung* erfüllt werden, findet sich in der Dissertation von Jutta Möhringer (Möhringer 2006; vgl. auch Blum 1996):

– *Pädagogische Ziele*: *Modellierungsprozesse* vermitteln Problemlöse- sowie Argumentationsfähigkeiten und ermuntern zu kreativem Verhalten (vgl. dazu auch: Österreichischer Lehrplan für die gymnasiale Oberstufe: *Allgemeine Bildungsziele und Didaktische Grundsätze*; BMUKK 2005). Die Schülerinnen und Schüler erwerben damit Anwendungskompetenzen in einfachen und komplexen Situationen.

– *Lernpsychologische Ziele*: *Modellieren* unterstützt das Behalten und Verstehen von mathematischen Inhalten.

– *Kulturbezogene Ziele*: *Modellbilden* fördert ein ausgewogenes Bild von Mathematik als Wissenschaft und ihrer Bedeutung für unsere Kultur und Gesellschaft (Maaß 2005a, 2005b).

– *Pragmatische Ziele*: *Modellierungsaufgaben* helfen, bekannte Umweltsituationen zu verstehen, zu bewältigen und zu bewerten.

Einzelne *Modellierungsschemata* (Blum & Leiß 2005; Klika, Wolpers & Tietze 2000) tragen wesentlich dazu bei, Aufgaben als *Modellierungsaufgaben* klassifizieren und analysieren zu können.

Eine übersichtliche Zusammenstellung und Bewertung einzelner *Modellierungsschemata* findet sich in der Dissertation von Hans-Stefan Siller (Siller 2006). Trotz einiger kleiner Unterschiede sind doch allen Konzepten die Schritte *Konstruieren – Strukturieren / Mathematisieren – Experimentieren / Operieren / Darstellen – Interpretieren – Dokumentieren / Erklären*, die mitunter mehrmals durchlaufen werden, gemeinsam.

Ebenso sind auch die Parallelen sämtlicher *Modellierungsschemata* zur psychologischen Theorie des LBD (= *Learning By Design*) (Reimann & Zumbach 2003) erkennbar.

Computer spielen dabei vor allem in Schritt 3, dem *Experimentieren, Operieren* und *Darstellen*, eine wesentliche Rolle. Hierauf werden wir hier nicht näher eingehen. Beiträge dazu finden sich andernorts (Fuchs 2005, 2007).

Hinsichtlich der Unterrichtsmethode trifft wohl die Ansicht von Frau Möhringer zu, dass „… bei den *Modellierungsaufgaben* die Gruppenarbeit vorherrscht, die sich mit Gesprächen und Diskussionen im Plenum abwechselt …" (Möhringer 2006, S. 190). Die Aufteilung in Gruppen eröffnet die Chance, auf verschiedenen Anspruchsniveaus zu arbeiten, wodurch sich eine natürliche Form des differenzierten Unterrichts ergibt (Herber, 1983).

Neben der Bereitstellung von Materialien für das Arbeiten mit *Modellierungsaufgaben* bedarf es speziell geschulter und trainierter Lehrkräfte, damit der Prozess des *Modellbildens* kompetent begleitet wird (Heymann 2005; Blum 1996). Die Lehrerausbildung sowie die Fort- und Weiterbildung sind hier in besonderem Maß gefordert.

3. Aufgabenbeispiele

3.1 *Modellierungsaufgaben* aus dem DISUM-Projekt

Entstehungskontext für diese Beispiele ist das (seit 2005 von der DFG geförderte) Projekt DISUM (= *Didaktische Interventionsformen für einen selbständigkeitsorientierten aufgabengesteuerten Unterricht am Beispiel Mathematik"*, Leiter: Blum, Messner, Pekrun). Untersuchungsschwerpunkt von DISUM sind Lernumgebungen mit *Modellierungsaufgaben* in den Schulstufen 8–10 aller Schulformen (vgl. Blum 2007).

Aufgabenbeispiel „Feuerwehr"

Zunächst ein Beispiel dafür, wie man eine herkömmliche (eingekleidete) Schulbuchaufgabe zu einer offenen *Modellierungsaufgabe* zielgerichtet verändern kann.

In Schulbüchern findet man als Anwendungsaufgabe zum Satz des Pythagoras oft die Aufgabe zu berechnen, wie hoch eine Feuerwehrleiter an der Hauswand reicht, wobei die Seitenlänge und der Abstand zum Haus gegeben und zumeist in ein Bild eingetragen sind.

Die Münchner Feuerwehr hat sich im Jahr 2004 ein neues Drehleiterfahrzeug angeschafft. Mit diesem kann man über einem am Ende der Leiter angebrachten Korb Personen aus großen Höhen retten. Dabei muss das Feuerwehrauto laut einer Vorschrift 12m Mindestabstand vom brennenden Haus einhalten.

Die technischen Daten des Fahrzeugs sind:

Fahrzeugtyp:	**Daimler 18/28LL Diesel**	
Baujahr:	**2004**	
Leistung:	**205kW**	
Hubraum:	**6374cm3**	
Maße d. Fzg.:	**Länge: 10m**	**Breite 2,5m**
	Höhe 3,19m	
Maße der Leiter:	**30m Länge**	
Leehrgewicht:	**15.540 kg**	
Gesamtgewicht:	**18.000 kg**	

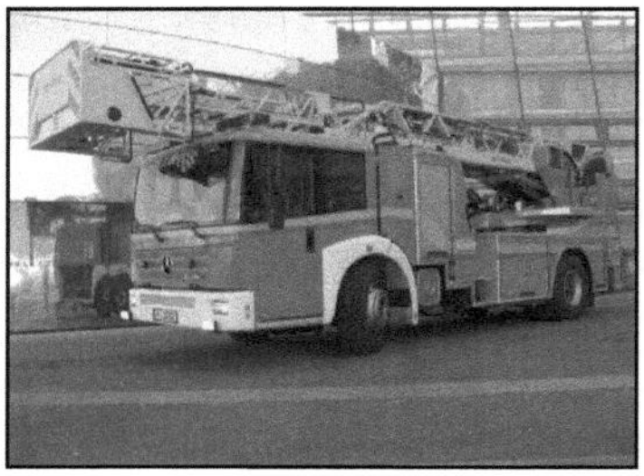

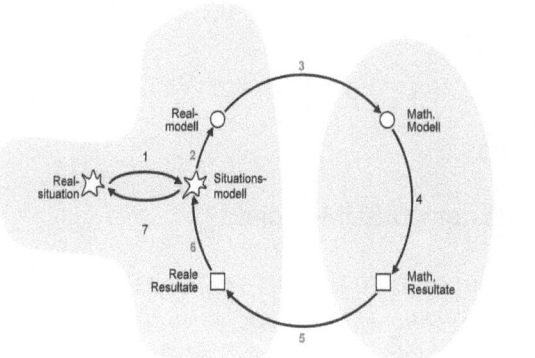

Aus welcher maximalen Höhe kann die Münchner Feuerwehr mit diesem Fahrzeug Personen retten?

Abb. 1: Aufgabe Drehleiter

Die Aufgabe lässt sich wie folgt in das *Modellierungsschema* (Leiß & Blum 2006) einordnen:

Prozessschema des Lösens realitätsbezogener Aufgaben:
Real-situation
Real-modell
Situations-modell
Math. Modell
Math. Resultate
Reale Resultate
1
2
3
4
5
6
7
Modellieren:
1 Konstruieren/Verstehen
2 Vereinfachen/Strukturieren
3 Mathematisieren
4 Mathematisch arbeiten
5 Interpretieren
6 Validieren
7 Darlegen/Erklären

Abb. 2: Modellierungsschema

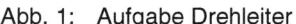

Im ersten Schritt bilden sich die Aufgabenlöser/innen ein mentales Situations-
modell, das das Feuerwehrfahrzeug mit ausgefahrener Leiter an einer Hauswand
zeigt (*Verstehen der Realsituation*).

Danach wird die Situation idealisiert und auf die wesentlichen Informationen
verdichtet: Leiterlänge, Abstand des Fahrzeugs vom Haus, Höhe des Fahrzeugs
(*Vereinfachen im Sinne von Konzentrieren auf das Wesentliche, Strukturieren*).

Im dritten Schritt wird von der konkreten Situation abstrahiert und die
Konstellation in die Mathematik übertragen (*Mathematisieren*), im konkreten Fall
über die Skizze eines rechtwinkeligen Dreiecks.

Mit Hilfe des Satzes von Pythagoras berechnet man sodann (*mathematisch
Arbeiten*) die gesuchte Höhe *H* zu

$$H = \sqrt{(30m)^2 - (12m)^2} + 3{,}2m \approx 30{,}7m$$

Im fünften Schritt wird dieses Ergebnis in Hinblick auf die Realsituation *interpretiert*: Die gesuchte Höhe beträgt etwas mehr als 30 m.

Nun kommt ein wichtiger Schritt, nämlich das *Validieren* der Lösung:

- Ist das Situationsmodell überhaupt adäquat? (z. B.: Wie steht das Feuerwehr-
  fahrzeug zum Haus?) (vgl. dazu auch Siller & Fuchs 2004)
- Wie genau sind die Eingangsdaten?
- Sind alle wesentlichen Einflussgrößen berücksichtigt?
- Ist das Ergebnis plausibel?

Gibt es hier Probleme oder Unklarheiten, so muss das Kreislaufschema mit (teilweise) veränderten Daten nochmals durchlaufen werden. Dieser Prozess kann sich
mehrmals wiederholen, bis schließlich eine *Darstellung* / ein *Ergebnis* von der
Schülerin oder vom Schüler, wie nachfolgend die Lösung eines Hauptschülers, präsentiert wird.

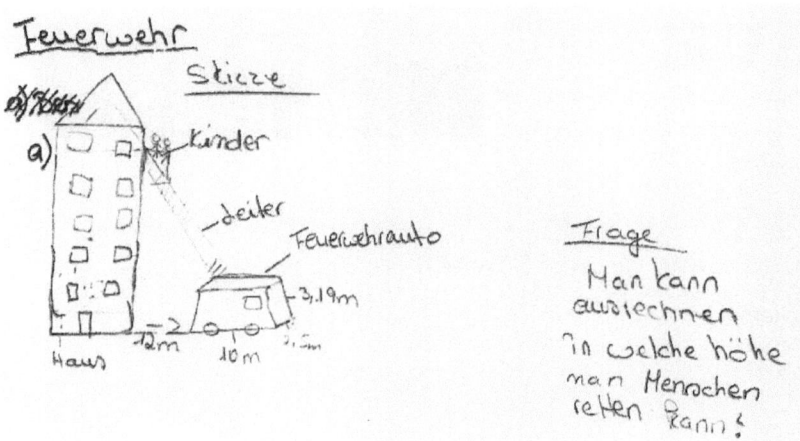

Abb. 3a: Lösungsvorschlag

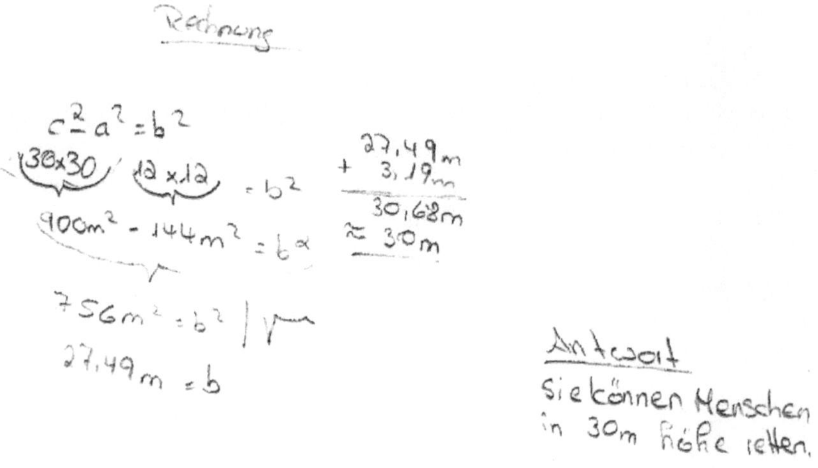

Rechnung

$$c^2 - a^2 = b^2$$

$$\underbrace{(30 \times 30)}_{900 m^2} \underbrace{(12 \times 12)}_{144 m^2} = b^2$$

$$900 m^2 - 144 m^2 = b^2$$

$$756 m^2 = b^2$$

$$27,49 m = b$$

$$\begin{array}{r} 27,49\,m \\ +\ 3,19\,m \\ \hline 30,68\,m \\ \approx 30\,m \end{array}$$

Antwort
Sie können Menschen
in 30m Höhe retten.

Abb. 3b: Lösungsvorschlag

Weitere interessante Modellierungsaufgaben aus dem DISUM-Projekt, die wir hier kurz anführen wollen, sind:

Beispiel „Zuckerhut":

Aus einer Zeitungsmeldung:

Die Zuckerhutbahn benötigt für die Fahrt von der Talstation bis zum Gipfel des als Zuckerhut bekannten Berges rund 3 Minuten. Dabei fährt sie mit einer Geschwindigkeit von 30 km/h und überwindet einen Höhenunterschied von ca. 180 m. Der Cheftechniker Giuseppe Pelligrini würde viel lieber zu Fuß gehen. So wie früher, als er Bergsteiger war und erst von der Talstation über die ausgedehnte Ebene zum Berg rannte und diesen dann in zwölf Minuten bestieg.

Wie weit ist die Strecke ungefähr, die Giuseppe von der Talstation bis zum Fuß des Berges rennen musste? Schreibe deinen Lösungsweg auf.

Abb. 4: Zuckerhut

Die Schwierigkeit bei dieser Aufgabe liegt bereits im ersten Schritt (*Situations-verstehen*). Bemerkenswert ist an diesem Beispiel auch das permanente Thematisieren von *Genauigkeitsfragen* (vgl. nachfolgende Schülerlösung).

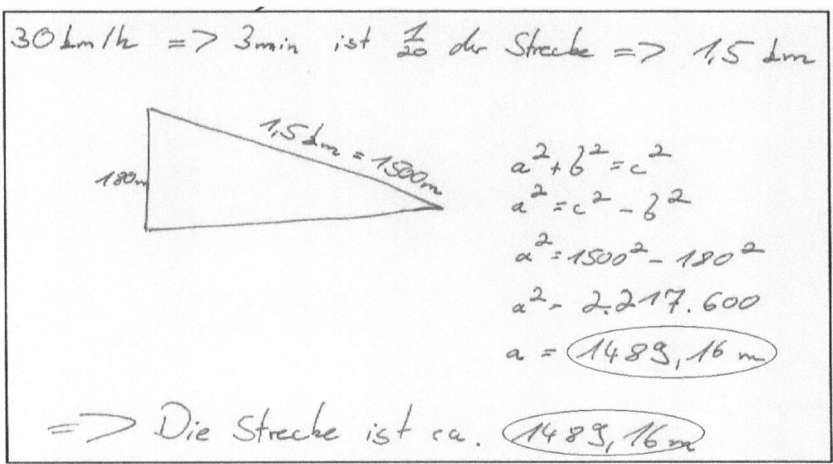

Abb. 5: Zuckerhut – Schülerlösung

Beispiel „Tanken":

Herr Stein wohnt in Trier, 20 km von der Grenze zu Luxemburg entfernt. Er fährt mit seinem VW Golf zum Tanken nach Luxemburg, wo sich direkt hinter der Grenze eine Tankstelle befindet. Dort kostet der Liter Benzin nur 0,85 Euro, im Gegensatz zu 1,1 Euro in Trier.

Lohnt sich diese Fahrt für Herrn Stein? Begründe deine Antwort.

Abb. 6: Aufgabe ‚Tanken'

Zunächst gilt es aus gegebenen Informationen (Automarke = VW Golf) die Daten über den durchschnittlichen Benzinverbrauch dieser Automarke je Kilometer (in Abhängigkeit von der Geschwindigkeit) zu ermitteln. Anschließend stehen *Funktionale Überlegungen*, nämlich die Frage „Wie hängen Ergebnisse von Eingangsparametern ab?" im Mittelpunkt dieser Modellierungsaufgabe (vgl. Vollrath 1984, 1989).

Beispiel „Leuchtturm":

Leuchtturm

In der Bremer Bucht wurde 1884 direkt bei der Küste der 30,7 m hohe Leuchtturm „Roter Sand" gebaut. Er sollte Schiffe durch sein Leuchtfeuer davor warnen, dass sie sich der Küste nähern.

Wie weit war ein Schiff ungefähr noch vom Leuchtturm entfernt, wenn es ihn zum ersten Mal sah? Runde geeignet. Beschreibe deinen Lösungsweg.

Abb. 7: Aufgabe ‚Leuchtturm'

Auffallend waren die zahlreichen Schwierigkeiten der Schülerinnen und Schüler bei den einzelnen Bearbeitungsschritten. Die Defizite fanden unter anderem in Skizzen, die für die Problemstellung nicht oder nur bedingt adäquat waren, den Niederschlag.

Beim Bearbeiten dieses Problems waren daher auch vielfältige selbständigkeitserhaltende *Lehrerinterventionen* nötig (organisatorisch / affektiv / inhaltlich / strategisch) (vgl. Leiß & Wiegand 2005).

3.2 „Beziehungsreiche" Aufgaben der Standardgruppe M8

Auch bei der Klärung künftiger Bildungsstandards spielt eine „Neue Aufgabenkultur" eine besondere Rolle.

„… An Aufgaben kann (man erkennen) …

– welche Ausgangsprobleme zur Lösung angestanden sind (vgl. *Problem verstehen*),

– welche Lösungswege es schon gibt …? (Prozess des *Konstruierens*),

– welche Voraussetzungen für bestimmte Lösungswege (notwendig) sind (*Strukturieren*, allenfalls *Vereinfachen im Sinne von Konzentrieren auf das Wesentliche*),

– wie Lernerfahrungen zu bestimmten Aufgaben verlaufen sind oder verlaufen sollen (*Interpretieren / Darlegen / Erklären*), …" (Stockhammer 2006).

Von diesen Überlegungen ausgehend wurde im Herbst 2004 vom österreichischen Bildungsministerium eine Arbeitsgruppe mit dem Auftrag zur Erstellung und Pilotierung „Neuer beziehungsreicher Aufgaben" eingesetzt. Die Erprobung dieser

Aufgaben erfolgte von Lehrerinnen und Lehrern in 400 Klassen bzw. Leistungsgruppen in ausgewählten Pilotschulen in ganz Österreich. Die Erfahrungen aus mittlerweile vier Pilotierungen wurden im Sommer 2005 reflektiert und in einer Broschüre mit dem Titel „Exemplarische beziehungsreiche Aufgaben" (BM:BWK 2006) publiziert.

Sehr deutlich ist in mehreren Aufgaben die *Modellbildung* als zentrales Organisationsprinzip und Leitidee sichtbar. *Modellieren* wird dabei in unterschiedlichen Komplexitätsniveaus angesprochen. *Mathematisches Arbeiten* vollzieht sich auf der Basis ständig wechselnder Repräsentationsformen (tabellarisch, numerisch / graphisch / symbolisch) (Fuchs 2006).

Werfen wir nun – wie zuvor – einen Blick auf einige prototypische Beispiele aus dem Aufgabenpool.

Aufgabenbeispiel „Cheopspyramide"

Abb. 8: Aufgabe ‚Cheopspyramide'

Die Arbeitsaufträge werden in 3 Varianten (A bis C) angeboten. Nach den Angaben der Autoren sollen die drei Varianten den Übergang von eher geschlossenen zu offenen Aufgabenstellungen zeigen.

In Variante A werden daher noch sämtliche Zwischenschritte einer Modellbildung als Arbeitsaufträge formuliert (z. B. „Was ist vergleichbar?" (*Problem verstehen*)/ „Entscheidet Euch für einen oder zwei Vergleiche!" (*Vereinfachen im Sinne von Konzentrieren auf das Wesentliche/ Strukturieren*) / „Führt entsprechende Berechnungen durch!" (*Mathematisch Arbeiten*) / „In welcher Form findet die Präsentation statt?" (*Darlegen / Erklären*)) während in Variante C eine völlig offene Aufgabenstellung angeboten wird, die in einer äußerst kurzen und knappen Formulierung zum Ausdruck kommt („Überlegt Euch konkrete mathematische Fragestellungen zum Comic und präsentiert Eure Überlegungen und Ergebnisse der Klasse!").

In allen drei Varianten „... lassen sich Erkenntnisse nicht alleine durch Vorzeigen der Lehrperson auf die Schülerinnen und Schüler übertragen. Jede Schülerin und jeder Schüler muss sich das Wissen selbst erarbeiten ..."

Die Autoren sind sich aber durchaus bewusst, dass „ die Schülerinnen und Schüler nur dann der offenen Fragestellung der Variante C gerecht werden können, (wenn) ein gezielter methodischer Aufbau des Unterrichts in den unteren Klassen (erfolgte) …" (BM:BWK 2006, S. 39).

Die Aufgabe, sich entsprechende Daten zu besorgen, „… stellt eine Anforderung aus dem Alltag dar …" (BM:BWK 2006, S. 39). Diese Behauptung stimmt somit klar mit den eingangs formulierten zentralen Faktoren für eine Veränderung des Mathematikunterrichts (*Fachlich gehaltvolle Unterrichtsgestaltung, kognitive Aktivierung des Lernenden, Schülerorientierung*) überein.

Zwei erwähnenswerte Aspekte aus den Reflexionen der Pilotierung:
– Zusätzliche Informationen aus dem Internet (durch Internetrecherche; vgl. WebQuests – Bescherer 2005) regen unterschiedliche Modellbildungen und Lösungswege an.
– Schülerinnen und Schüler kommen auf Lösungswege, die vorher nicht absehbar waren (z. B. ein Schwimmbecken wird mit der Pyramide verglichen: „Da kann man alle Dimensionen vergleichen.").

Durchaus kann man auch vermuten, dass sich die beiden Aspekte aus M8 sehr gut mit folgenden Beobachtungen aus dem DISUM-Projekt vertragen:
– Es sind keine bewussten (auf systematisches Denken aufbauende) Lösungsstrategien bei den Schülerinnen und Schülern erkennbar, sondern eher Versuch und Irrtum.
– Es besteht ein fundamentaler Unterschied zwischen selbständigem Arbeiten mit Lehrerunterstützung und alleiniger Arbeit.

Weitere interessante Beispiele aus dem Aufgabenpool von M8 sind:

Beispiel „Vorteilskoffer":

Es handelt sich um eine Modellierungsaufgabe mit einer „alltäglichen" Problemstellung (Bewerten der Information auf einem Flugblatt).

Abb. 9:   Aufgabe ‚Vorteilskoffer'

Ähnlich wie im Beispiel „Cheopspyramide" erfolgen auch hier die Aufgabenaufträge in drei Stufen, von sehr konkreten einzelnen Aufträgen (Phase 1) bis hin zu einer offenen Problemstellung (Phase 3).

Phase 1:

Es gibt lange Hosen zu 49 Euro, kurze Hosen zu 30 Euro, Pullover zu 29 Euro und T-Shirts zu 19 Euro.

    a) Wieviel Geld brauchst Du, um je eine lange Hose, einen Pullover, zwei kurze Hosen und zwei T-Shirts zu kaufen, wenn du die Vorteilskofferpickerln verwendest?

    b) Wieviel Euro ersparst du dir damit?

    c) Du hast 90 Euro zur Verfügung. Was würdest du damit einkaufen?

Löse die Aufgabe zunächst alleine und überlege dir Begründungen für deine Entscheidungen!

Phase 2:

Bildet Dreiergruppen und vergleicht die Ergebnisse aus (a) und (b)! Einigt Euch auf einen bestimmten Einkauf! Begründet die Entscheidung für diesen Weg! Überprüft die verschiedenen Rechnungen zu Fragestellung (c)!

Aus dem Prospekt: Lösen Sie ihre Vorteilskoffer ab und kleben Sie diese auf die schönsten Teile der aktuellen Sommerkollektion. Nehmen Sie, was Ihnen gefällt. Sie bestimmen wie viel Sie zahlen wollen.

Welche Angabe ist im Prospekt mehrdeutig? Überlegt Euch einen Text für einen Prospekt, der eine eindeutige Aussage enthält!

Phase 3:

Der dritte Modellierungsauftrag ist offen formuliert. Ziel ist das Entwerfen eines eigenen Prospekts sowie das Begründen von Veränderungen an der Vorlage.

Beispiel „Lügner":

Im Mittelpunkt steht das Arbeiten mit *Variablen* und *Funktionalen Abhängigkeiten* (vgl. Modellierungsaufgabe „Tanken") und zwar geht es um möglichst vielfältige Begründungen für die Lösung der Gleichung $3x + 10 = 31$.

Abb. 10: Aufgabe ‚Lügner‘

Die Argumentationen und Begründungen für die Antworten erfolgen auf Basis unterschiedlicher Repräsentationsformen (*Symbolisch* mit Hilfe von Äquivalenzumforungen, *tabellarisch*, *numerisch* durch Einsetzen verschiedener Werte für *x*, *graphisch* durch Zeichnen der beiden Graphen für die lineare Funktion f(x) = 3x + 10 und die konstante Funktion g(x) = 31 und anschließend Bestimmen der *x*–Koordinate des Schnittpunkts).

Sowohl das Bearbeiten von *Modellierungsaufgaben* als auch das Lösen *„beziehungsreicher“ Aufgaben* geht deutlich über das Abfragen und Abrufen von „automatisierten“ Routinen hinaus. Durch Aufgaben, die Freiraum zur Gestaltung lassen, erhält der Prozess mathematischen Problemlösens für Schülerinnen und Schüler eine völlig neue Qualität.

Vielfältig sind aber die Fragen, die für die Fachdidaktik immer noch offen bleiben:
– Unter welchen Rahmenbedingungen werden Modellierungs- bzw. „beziehungsreiche“ Aufgaben für ein erfolgreiches Lernen angenommen? Aufgabenvielfalt allein reicht sicherlich nicht aus (Bruder 2006).
– Mit welchen Maßnahmen überwinden wir die zumeist große Skepsis zahlreicher Lehrerinnen und Lehrer gegenüber der „Neuen Aufgabenkultur? (BM:BWK 2006).
– Mit welchen Schritten werden wir lieb gewordenen und gefestigten Gewohnheiten bei Schülerinnen und Schülern (z. B. Neue Aufgaben mit bekannten und oft erfolgreichen Ersatzstrategien zu lösen (vgl. Baruk 1989)) begegnen?

Literatur

Baruk, St. (1989): Wie alt ist der Kapitän? Über den Irrtum in der Mathematik, Basel: Birkhäuser.

Bescherer, Chr. (2005): WebQuests als Lernumgebung für prozess-bezogene Kompetenzen im Mathematikunterricht. In: Barzel, B. & Leuders, T.: Computer, Internet & Co. im Mathematik-Unterricht, Berlin: Cornelsen, S. 107-117.

Blum, W. (1996): Anwendungsbezüge im Mathematikunterricht – Trends und Perspektiven. In: Trends und Perspektiven (Hrsg.: G. Kadunz u. a.), Schriftenreihe Didaktik der Mathematik, Bd. 23, Wien: Hölder-Pichler-Tempsky, S. 15-38.

Blum, W. (2007): Modellierungsaufgaben im Mathematikunterricht – Herausforderung für Schüler und Lehrer. In: Realitätsnaher Mathematikunterricht – vom Fach aus und für die Praxis (Hrsg.: A. Büchter u. a.). Hildesheim: Franzbecker, S. 8-23.

Blum, W. & Leiß, D. (2005): Modellieren im Unterricht mit der „Tanken" – Aufgabe. In: Mathematik lehren, Heft 128, S. 18-21.

BM:BWK (2006): Exemplarische beziehungsreiche Aufgaben. http://www.gemeinsamlernen.at/siteVerwaltung/mOBibliothek/Bibliothek/Broschuere_M8_Aufgaben_Februar_2006.pdf , Wien.

BMUKK (2005): Lehrplan Mathematik für die Allgemeinbildende Höhere Schule. www.bmukk.gv.at, Wien.

Bruder, R. (2006): Modul 1: Weiterentwicklung der Aufgaben im Mathematikunterricht. In: BM:BWK (Hrsg.) Expertise zur Broschüre Exemplarische beziehungsreiche Aufgaben, Wien.

Bruner, J. (1976): Der Prozeß der Erziehung. Berlin und Düsseldorf: Schwann.

Fuchs, K. J. (2005): How Strict May, Should, Must the Borders be Drawn? In: Mittermeir R. (Hrsg.) Innovative Concepts for Teaching Informatics, Wien: Ueberreuter, S. 7-14.

Fuchs, K. J. (2006): Gutachten zur Broschüre: Exemplarische beziehungsreiche Aufgaben, BM:BWK, Februar 2006. In: BM:BWK (Hrsg.) Expertise zur Broschüre Exemplarische beziehungsreiche Aufgaben, Wien.

Fuchs, K. J. (2007): Fachdidaktische Studien. In: Fuchs, K. J. (Hrsg.) Schriften zur Didaktik der Mathematik und Informatik an der Universität Salzburg, Band I., Aachen: Shaker.

Helmke, A. (2003): Unterrichtsqualität erfassen, bewerten, verbessern. Seelze: Kallmeyer.

Herber, H.-J. (1983): Innere Differenzierung im Unterricht. Stuttgart: Kohlhammer.

Heymann, H. W. (1996): Allgemeinbildung und Mathematikunterricht. Weinheim: Belz.

Heymann, H. W. (2005): Tests und Unterrichtsqualität. In: *PÄDAGOGIK* 57, Heft 5, S. 6-9.

Jordan, A. et al. (2005): Klassifikationsschema für Mathematikaufgaben: Dokumentation der Aufgabenkategorisierung im COACTIV-Projekt. Berlin: Max-Planck-Institut für Bildungsforschung.

Klika, M. (2002): Zentrale Ideen – echte Hilfen. In: *Mathematik lehren*, Heft 119, S. 4-7.

Klika, M., Tietze, U. P. & Wolpers, H. (2000): Mathematik in der S II. Band 1: Fachdidaktische Grundfragen – Didaktik der Analysis. Wiesbaden: Vieweg.

Leiß, D. & Blum, W. (2006). Beschreibung zentraler mathematischer Kompetenzen. In: Blum, W. et al. (Hrsg.) Bildungsstandards Mathematik: konkret. Berlin: Cornelsen Scriptor, S. 33-50.

Leiß, D. & Wiegand, B. (2005): A classification of teacher interventions in mathematics teaching. In: *ZDM* Vol. 37, Heft 3, S. 240-245.

Maaß, K. (2005a): Modellieren im Mathematikunterricht der S I. In: *JMD* 26(2), S. 114-142.

Maaß, K. (2005b): Stau – eine Aufgabe für alle Jahrgänge! In: *PM* Heft 47(3) , S. 8-13.

Möhringer, J. (2006): Bildungstheoretische und entwicklungsadäquate Grundlagen als Kriterien für die Gestaltung von Mathematikunterricht am Gymnasium. Dissertation an der LMU München.

Reimann, P. & Zumbach, J. (2003): Supporting virtual learning teams with dynamic feedback. Lee, K. und Mitchell, K. (Hrsg.) In *The „Second Wave" of ICT in Education. From Facilitating Teaching and Learning to Engendering Education Reform.* Hongkong, AACE, S. 424-430.

Siller, H.-St. (2006): Modellbilden – eine zentrale Leitidee der Mathematik. Dissertation an der Universität Salzburg.

Siller, H.-St. & Fuchs, K. J. (2004): Modellbilden bei Extremwertaufgaben. In: *PM*, Heft 46(2), S. 49-54.

Siller, H.-St.; Siller, A. (2007): Musikalische Grundphänomene mathematisch beschrieben. In: *Praxis der Mathematik in der Schule.* 49(16), S. 34-37.

Stockhammer, R. (2006): Leitende Gesichtspunkte des Auftraggebers zur Weiterentwicklung des Aufgabenpools zu den Bildungsstandards für Mathematik am Ende der 8. Schulstufe. In: BM:BWK (Hrsg.) Exemplarische beziehungsreiche Aufgaben, S. 9-11.

Vollrath, J. (1984): Suchstrategien und Funktionales Denken. In: Dörfler, W.; Fischer, R. (Hrsg.) Empirische Untersuchungen zum Lehren und Lernen von Mathematik, Wien: Hölder-Pichler-Temsky.

Wittmann, E. Ch. (1981): Grundfragen des Mathematikunterrichts. Wiesbaden: Vieweg.

Wynands, A. & Neubrand, M. (2003): PISA und mathematische Grundbildung: Impulse für Aufgaben (nicht nur) in der Hauptschule. In: Hefendehl-Hebeker, L. & Hußmann; S. (Hrsg.) Mathematikdidaktik zwischen Fachorientierung und Empirie. Festschrift für Norbert Knoche. Hildesheim: Franzbecker, S. 299-311.

Claudia Finkbeiner & Markus Knieriem, Kassel

Aufgabenorientiertes Lernen im Fremdsprachenunterricht: Beispiele zur Förderung kognitiver, metakognitiver und sozioaffektiver Lernprozesse

Dieser Beitrag geht von der Prämisse aus, dass aufgabenorientiertes Fremdsprachenlernen (*task-based language learning*, TBLL) Katalysatorwirkung hat auf kognitive, metakognitive und sozioaffektive Lernprozesse. Nachdem auf die Rahmenbedingungen fremdsprachlichen Lehrens und Lernens eingegangen wird, findet eine Erörterung der Entwicklung aufgabenorientierten Lernens statt. Die Prinzipien aufgabenorientierten Lernens werden dargelegt und die Umsetzung dieses Konzeptes in verschiedene Sequenzen und Zyklen wird erklärt. Abschließend werden erprobte und empirisch abgesicherte Beispiele aus der Praxis aufgezeigt. Autorin und Autor sind der Meinung, dass sich aufgabenorientiertes Lernen nur durchsetzen lässt, wenn es integraler Bestandteil einer handlungsorientierten Lehreraus- und -fortbildung wird.

1.   Rahmenbedingungen fremdsprachlichen Lernens

Die Diskussion um „gutes" Fremdsprachenlernen ist inzwischen mehr als dreißig Jahre alt und nach wie vor hoch aktuell. Rubin (1975, 42) leitete die Debatte ein mit ihrem Vorschlag, Erkenntnisse über den „good language learner" auf das Lehren und Lernen von weniger erfolgreichen Sprachenlernerinnen und -lernern zu übertragen. Im Fokus waren dabei in den 70er Jahren des letzten Jahrhunderts vor allem die mit erfolgreichem Fremdsprachenlernen verbundenen Kommunikationsstrategien und ab den 80er Jahren auch die Lernstrategien (Cohen & Macaro, im Druck; Finkbeiner & Knierim, in Vorbereitung).

Bis heute währt die Debatte um die Kriterien „guten" Fremdsprachenlehrens und -lernens (Griffiths, im Druck). Sie ist direkt verknüpft mit zwei grundlegend wichtigen Fragen: (1) Wie müssen fremdsprachliche Lernumgebungen gestaltet werden? (2) Wie müssen Aufgaben kognitiv anspruchsvoll und herausfordernd arrangiert werden (Finkbeiner, Knierim, Ludwig & Wilden, im Druck), um biographisch, ethnisch und kulturell heterogene Lerngruppen in ihren Fremdsprachenlernprozessen optimal zu unterstützen (Finkbeiner, 1995, im Druck)?

Damit unmittelbar verbunden sind Fragen der lernförderlichen oder auch lernhemmenden Rolle von Erstsprache(n), Zweitsprache(n), Tertiärsprache(n) etc. und simultan dazu Möglichkeiten des positiven oder negativen Transfers affektiver, metakognitiver oder auch kognitiver Wissensbestände. Diese Problemstellung führt zur Förderung des Strategieneinsatzes beim fremdsprachigen Lernen (Finkbeiner,

2005) sowie der Adäquatheit des Einsatzes dieser Strategien (Finkbeiner, Ludwig, Wilden & Knierim, 2006). Darüber hinaus sind fremdsprachliche Interessen (Finkbeiner, 2005) und Motivation (Dörnyei, 2001; Seidel, Rimmele & Prenzel, 2003) sowie das Spannungsverhältnis von Lehr- und Lernverhalten (Brophy & Good, 1986) virulent.

Die Ziele modernen Fremdsprachenunterrichts knüpfen an einem zeitlichen Kontinuum von der Vergangenheit über die Gegenwart zur Zukunft der Lernenden an. Fremdsprachenunterricht zielt demnach auf möglichst erfolgreiches fremdsprachliches und kulturelles Lernen unter Einbeziehung der gegenwärtigen sowie der bereits erlebten Welt der Lernenden (Vorerfahrungen und Vorwissen). Darüber hinaus zielt er auf zukünftiges, autonomes, nach soziokulturellem Bedarf und individuellen Bedürfnissen ausgerichtetes fremdsprachliches und kulturelles Lernen (Finkbeiner, 1998).

Die internationalen Schulleistungsstudien TIMSS, PISA, IGLU, DESI etc. (Baumert, Bos & Lehmann, 2000; Baumert et al., 2001; Baumert et al., 2003; Bos et al., 2003; Klieme & Beck, 2006) haben die Debatten um die Ziele guten Unterrichts und die Qualität der Umsetzung inzwischen direkt mit den Leistungen der Lernenden verbunden und versucht, die aus den Ergebnissen abgeleiteten Erkenntnisse auf eine fachlich breite Basis zu stellen. Eine Folge davon ist der Trend zur Schaffung so genannter Bildungsstandards (Pressereferat im Sekretariat der Kultusministerkonferenz, 2002), die im Fremdsprachenunterricht zu einer zunehmenden Evaluation fremdsprachlicher Leistungen führen (Finkbeiner & Fehling, 2003; Nold, 2003). Durch die Standards erhofft man sich u.a. die Entwicklung einer neuen Lernkultur (Klieme, 2006).

Die Tatsache, dass es mittlerweile zahlreiche Publikationen zur Qualität von „gutem" Unterricht (Helmke, 2003; Meyer, 2004) gibt, spiegelt die implizite Annahme wider, dass sich offenbar über die Fächergrenzen hinweg eine Reihe von definierbaren allgemeinen Merkmalen aufstellen lassen, die guten Unterricht ausmachen. Es würde den Rahmen dieses Beitrages sprengen, diese Hypothesen zu testen, jedoch wäre es sicher eine interessante und wichtige Fragestellung für weitere Forschungen, ob diese aus den Ergebnissen der Schulleistungsstudien generierten Merkmale tatsächlich für alle Fächer Gültigkeit haben.

2. Aufgaben als Katalysatoren für fremdsprachliche Lernprozesse

Aufgaben als genuine Katalysatoren müssen idealiter Lernprozesse in Gang setzen, beschleunigen und optimieren, ohne sich dabei als Stoff selbst zu verbrauchen. Schaut man auf biochemische Vorgänge in der Natur, wie zum Beispiel die Atmung oder Photosynthese, so fallen als weitere katalysatorische Prozessmerkmale „Freiwilligkeit" der ablaufenden Prozesse und „Selektivität" auf (Stürmer & Breuer, 2006).

Im Hinblick auf die Beschleunigung von Fremdsprachenlernprozesse, ja möglicherweise jedweden Lernens, muss berücksichtigt werden, dass die Beschleunigung zunächst nicht auf der Performanzebene, also sichtbar und messbar, als vielmehr auf der Kompetenzebene stattfindet. Die Befunde zur „silent period" und zur „Inkubationsphase" fremdsprachigen Lernens bestätigen dies (Billows, 1961; Finkbeiner, 1996). Fortschritte in den Fremdsprachenlernprozessen entziehen sich zunächst der direkten Beobachtung und Messung. Darüber hinaus kann sich Fremdsprachenlernfortschritt nach Chomsky (1967) gerade durch einen Fehler als Resultat einer intelligenten Konstruktion äußern. Es ist deshalb ein wichtiges Grundparadigma, genügend Zeit zum Experimentieren und Handeln in der Fremdsprache zu lassen.

Die Fremdsprachenforschung hat sich lange Zeit schon vom Verständnis des Lernens eines simplen Input-Output-Mechanismus verabschiedet und fokussiert heute insbesondere auf die dazwischen geschaltete Variable des „Intake", d.h. des Teils der Information, die vom Lernenden tatsächlich verarbeitet, mit Bisherigem konstruktiv verknüpft und gespeichert wird. Eine ganz wichtige Rolle spielen dabei die Lernstrategien (Finkbeiner, 2005; Finkbeiner, Ludwig, Knierim & Wilden, im Druck). Davon unabhängig gilt, dass man im unterrichtlichen Alltag, zum Beispiel auf der Ebene der Klassenarbeiten und Tests, noch immer Routinen und Muster finden kann, die sich eher am Behaviorismus orientieren. Dies hängt u.a. damit zusammen, dass bislang keine verlässliche, am Konstruktivismus orientierte und im Rahmen traditionellen Unterrichts umsetzbare Aufgaben- und Testkultur existiert.

3. Zur Entwicklung der Aufgabenorientierung im Fremdsprachenunterricht

Aufgabenorientiertes Fremdsprachenlernen (*task-based language learning*, TBLL) knüpft im Wesentlichen an Konzepte der kommunikativen Fremdsprachendidaktik an und hat seit Mitte der 1980er Jahre insbesondere in der angloamerikanischen Fremd- bzw. Zweitsprachenforschung bzw. -didaktik zunehmende Beachtung gefunden. Zahlreiche TBLL-bezogene Beiträge in Fachzeitschriften sowie mehrere Monographien und Editionen (Bygate, Skehan & Swain, 2001; Edwards & Willis, 2005; Ellis, 2003; Leaver & Willis, 2004; Lee, 2000; Nunan, 2004; Willis, 1996) zeugen hier von einer gegenwärtig sehr produktiven Entwicklung.

Während Konzepte kommunikativen Fremdsprachenunterrichts auch im deutschen Sprachraum rezipiert wurden und werden (u.a. Edelhoff, 1980; Legutke, 2003; Piepho, 1974), ist dies für TBLL bisher in erheblich geringerem Maße der Fall (Eckerth, 2003; Müller-Hartmann & Schocker-v. Ditfurth, 2005a). Dies mag u.a. darauf zurückzuführen sein, dass selbst aktuelle Lehrwerke die zielsprachige Kommunikation, wie sie für eine kommunikative wie aufgabenorientierte Fremdsprachendidaktik essentiell ist, nachrangig behandeln. So konstatieren Müller-Hartmann und Schocker-v. Ditfurth (2005b) u.a. die weiterhin bestehende Dominanz von Grammatik „als systematisch didaktisches Fundament [in] Lehrwerk und Praxis" (a.a.O., 19), während Kommunikation lediglich über „Parallelprogressionen" berücksichtigt werde:

> *„Kommunikative Ereignisse werden nach wie vor in Texten über oder in Dialogen von fingierten, fiktionalen Personen dargestellt. [...] zumeist handelt es sich um eine versteckte Einübung von Redemitteln in linearer Abfolge vorgefertigter Dialogelemente.* " (a.a.O.; Hervorhebung im Original)

Diese Beobachtung zur aktuellen Realität in Lehrwerken, die insbesondere in der Grundschule und in der Sekundarstufe I eine zumeist zentrale Funktion in der Unterrichtsplanung und -gestaltung der Lehrkräfte einnehmen, steht im Widerspruch zu den Prinzipien aufgabenorientierten Fremdsprachenlernens, wie im Folgenden verdeutlicht werden soll.

4.   Zum Begriff der „Aufgabe": Eine Annäherung

Was genau ist nun unter einer „Aufgabe" zu verstehen? Diese Frage lässt sich nicht mit einer in der Fremdsprachendidaktik und -forschung allgemein anerkannten Definition beantworten. Vielmehr hat die intensive und facettenreiche Auseinandersetzung mit TBLL in Forschung und Praxis in dieser Hinsicht zu einer zunehmenden terminologischen Unklarheit geführt (van den Branden, 2006). Ellis (2003) hat den Versuch unternommen, die zentralen Eigenschaften von Aufgaben, wie sie in der Literatur zu TBLL diskutiert werden, in einer Definition zusammenzuführen. Diese Definition soll hier als Ausgangspunkt dienen:

> *"A task is a workplan that requires learners to process language pragmatically in order to achieve an outcome that can be evaluated in terms of whether the correct or appropriate propositional content has been conveyed. To this end, it requires them to give primary attention to meaning and to make use of their own linguistic resources, although the design of the task may predispose them to choose particular forms. A task is intended to result in language use that bears a resemblance, direct or indirect, to the way language is used in the real world. Like other language activities, a task can engage productive or receptive, and oral or written skills, and also various cognitive processes."* (Ellis, 2003, 16)

Aus dieser Definition ist auch die wichtige Unterscheidung zwischen Aufgaben (*tasks*) und Übungen (*exercises*) abzuleiten (Ellis, 2003, 3): Während Aufgaben primär den bedeutungsorientierten, pragmatischen (d.h. situational angemessenen) Gebrauch der Fremdsprache fokussieren, steht bei Übungen das Erlernen sprachlicher Strukturen und kontextunabhängiger Bedeutungen im Vordergrund. Bei der Bearbeitung von Aufgaben verbessern Lernende ihre fremdsprachlichen Fertigkeiten *durch* kommunikative Aktivität, während Übungen Lernende lediglich auf kommunikative Aktivität *vorbereiten*.

5. Kriterien aufgabenorientierten Lernens im Fremdsprachenunterricht

Im Folgenden zeigen wir einige Qualitätsmerkmale und Prinzipien auf, die sich aus unserem oben dargelegten Verständnis aufgabenorientierten Fremdsprachenlernens ableiten lassen. Darüber hinaus wurden diese Prinzipien aus aktuellen Befunden der Lehr- und Lernforschung (Finkbeiner & Schnaitmann, 2001) generiert und basieren auf eigenen wichtigen Vorarbeiten in Forschung und Praxis (Finkbeiner, 1995, 2000, 2002, 2005; Finkbeiner & Knierim, 2006, in Vorbereitung; Finkbeiner, Knierim, Ludwig & Wilden, im Druck; Finkbeiner, Ludwig, Wilden & Knierim, 2006). Es soll unterstrichen werden, dass niemals alle Prinzipien auf einmal einge-löst werden müssen. Vielmehr sollen diese als Richtschnur gelten, die an die jeweilige Aufgabe angelegt werden kann.

Folgende Prinzipien sind leitend für aufgabenorientiertes Lernen im Fremd-sprachenunterricht (vgl. auch Finkbeiner, 2005, 424-478):

1. Entwicklung fremdsprachiger Kommunikationsfähigkeit durch Interaktion in der Zielsprache (Nunan, 2004)
2. Bearbeitung von Aufgaben, die einen realitätsnahen Gebrauch der Fremd-sprache zur Erreichung eines kommunikativen Ziels fordern und fördern (a.a.O.)
3. Verwendung authentischer (d.h., nicht für das Fremdsprachenlernen eigens erstellter) Texte und Materialien (a.a.O.)
4. Prinzip der Textbasiertheit (schriftlich oder verbal) zur Förderung von Literacy als Basis- und Schlüsselqualifikation (Finkbeiner, 1995, 2005)
5. Multimethodischer, multimodaler, ganzheitlicher und handlungsorientierter Ansatz aufgrund der hoch diversen Lerngruppen und Lernertypenvielfalt (Bach & Timm, 2003; Finkbeiner, 1995; van Lier, 2007)
6. Prinzip des aktiven Elizitierens und Förderns von Interessen und Strategien, um Tiefenverarbeitung durch ein differenziertes Aufgabenangebot zu ermöglichen (Finkbeiner, 2005)
7. Lernerzentrierung, Autonomie und Emanzipation, um die Lernenden dreifach zu qualifizieren, als Lernende, als Lehrende und als Forschende (Finkbeiner, 2004); dies bedeutet, einen Bezug zur persönlichen Erfahrungswelt der Lernen-den (*experiential learning*) herzustellen (Nunan, 2004)
8. Fokussierung der eigenen Lernprozesse durch die Lernenden (Lern- und Sprachbewusstheit), d.h. Einbezug metakognitiver Reflexionsphasen zur be-wussten Selbst- und Peer-Diagnose sowie Selbst- und Peer-Evaluation von Lernprozessen (Finkbeiner, Ludwig, Wilden & Knierim, 2006)
9. Individualität sowie Kooperation und Reziprozität (Finkbeiner, 2005, 424), um individuelle und kooperative Lernprozesse zu fördern
10. Prinzip des Einbezugs von Language Awareness (Fehling, 2005) und Cultural Awareness, um einen kulturell adäquaten Gebrauch der Fremdsprache zu sichern und Lernende für kulturelle Unterschiede zu sensibilisieren

11. Lernprozess- und Lernproduktorientierung (Finkbeiner, 1995)
12. Situiertheit bezogen auf Text, Aufgabe und Strategieneinsatz (Finkbeiner, 2006, 302).
13. Fokussierung sprachlicher Mittel (*focus on form*)

Der zuletzt genannte Punkt bedarf einer näheren Erklärung: Von *focus on form* ist dann die Rede, wenn Lernende sich im Verlauf einer kommunikativen, bedeutungsorientierten Aufgabe mit sprachlichen Strukturen auseinandersetzen, um die intendierten Inhalte in der Fremdsprache kommunizieren zu können (Ellis, Basturkmen & Loewen, 2002; Long, 1991). D.h., die Fokussierung sprachlicher Mittel resultiert aus einem kommunikativen Bedürfnis auf Seiten der Lernenden. Hiervon abzugrenzen ist ein *focus on formS*, bei dem die Auseinandersetzung mit zielsprachlichen Strukturen *per se* – quasi zum Selbstzweck – im Vordergrund steht (Long, 1991). Während ein *focus on formS* nicht mit den Prinzipien aufgabenorientierten Fremdsprachenlernens vereinbar ist, wird *focus on form* inzwischen als ein zentraler Bestandteil von TBLL erachtet, gerade auch als Abgrenzung zur bzw. Weiterentwicklung der kommunikativen Fremdsprachendidaktik (van den Branden, 2006, 9).

6.   Aufgabenformate zur Förderung von kognitiven, metakognitiven und sozioaffektiven Lernprozessen

Aufgabenorientiertes Fremdsprachenlernen stellt keine in sich geschlossene, eng definierte oder gar präskriptive Unterrichtsmethode dar. Im Zentrum steht vielmehr die Sequenzierung von Aufgaben auf der Grundlage der zuvor beschriebenen Prinzipien, um die jeweiligen Lernziele zu erreichen. Willis (2004) hält fest: „[TBLL] is not monolithic; it does not constitute one single methodology. It is a multifaceted approach, which can be creatively applied with different syllabus types and for different purposes" (3). Insofern gibt es kein universell anwendbares „Patentrezept" zur Implementierung aufgabenorientierten Fremdsprachenunterrichts, jedoch können Aufgabentypologien einen Orientierungsrahmen für die eigene Unterrichtspraxis liefern. An dieser Stelle sollen einige im Kontext von TBLL weit verbreitete Aufgabenformate kurz vorgestellt werden (Ellis, 2003, 210ff.; Willis, 2004, 21ff.):

– *Information gap tasks* beruhen auf dem Prinzip, dass Lernende, denen unterschiedliche Informationen zur Verfügung stehen (z.B. unterschiedliche Teile einer Bildergeschichte), sich austauschen müssen, um das definierte kommunikative Ziel zu erreichen (z.B. die Rekonstruktion einer Bildergeschichte).

– *Reasoning gap tasks* verlangen von den Lernenden die Anwendung und Transformation der ihnen vorliegenden Informationen (z.B. die Erstellung eines Reiseplans auf der Grundlage von Flugverbindungen, Verfügbarkeit von Hotelzimmern, Budgetlimits).

- *Opinion gap tasks* ermöglichen es den Lernenden, ihre eigenen Präferenzen, Ansichten und Meinungen in die Lösung der Aufgabe einzubringen (z.B. bei der Diskussion darüber, was in der nächsten Folge einer *daily soap* passieren wird).

- *Problem-solving/decision-making tasks* stellen oft eine Kombination der drei vorstehenden Aufgabentypen dar und verlangen eine entsprechend komplexe Verarbeitung der durch die Fremdsprache vermittelten inhaltlichen Informationen, um das jeweilige Problem lösen zu können.

Neben dem Lückenprinzip der *gap tasks* haben sich auch solche Aufgaben als wertvoll erwiesen, die das Erstellen von Listen, das Ordnen, Kategorisieren und Vergleichen von Informationen oder den Austausch persönlicher Erfahrungen beinhalten (Willis, 2004, 22).

Allen hier beschriebenen Aufgabentypen gemeinsam ist die Tatsache, dass sie den Lernenden Gelegenheit zu kognitiven, metakognitiven sowie sozioaffektiven Lernprozessen geben und diese durch eine entsprechende Strukturierung, die je nach Lernergruppe variiert werden kann, unterstützen. Ein Mittel zur Strukturierung des Lernprozesses ist z.B. der *task cycle*, wie er von Willis (1996, 38) vorgeschlagen wird:

(1) Durch einen *pre-task* werden die Lernenden auf die nachfolgende Aufgabe vorbereitet; dies kann eine inhaltliche Hinführung sein, aber auch die Aktivierung sprachlicher Mittel oder die Modellierung der Aufgabendurchführung (z.B. durch das Vorspielen einer auf Kassette oder Video aufgezeichneten Aufgabendurchführung anderer Schülerinnen und Schüler).

(2) Im *task cycle* selbst führen die Lernenden die Aufgabe zunächst – unter Anwendung der ihnen zu diesem Zeitpunkt verfügbaren zielsprachlichen Mittel – selbst durch; dies geschieht oft in Partner- oder Gruppenarbeit. Anschließend sollen die Lernenden ihre *task performance* reflektieren; dies kann anhand von Leitfragen geschehen (Wie sind wir mit der Aufgabe zurechtgekommen? Was ist unsere Lösung, was haben wir herausgefunden? Was haben wir entschieden? Auf welche Schwierigkeiten sind wir gestoßen? Haben wir weitere Fragen? usw.). Diese Reflektionsphase kann der Bewusstmachung der eigenen Lernprozesse, -erfolge und -schwierigkeiten dienen und nimmt zugleich eine ergebnissichernde Funktion ein, indem nicht nur die Lösungen der Aufgabe, sondern auch die Ergebnisse dieser Reflektionsphase mit der gesamten Lerngruppe besprochen werden.

(3) Der sich hieran anschließende *post-task* fokussiert die von den Lernenden im *task cycle* eingesetzten zielsprachlichen Mittel mit dem Ziel, die aufgetretenen „Konflikte" zwischen kommunikativen Bedürfnissen einerseits (Wie kann ich das in der Fremdsprache ausdrücken?) und dem eigenen fremdsprachlichen Können andererseits zu identifizieren. Hiervon ausgehend können Lehrende und Lernende gemeinsam Optimierungsmöglichkeiten erarbeiten (z.B. neuen Wortschatz, Redewendungen, benötigte grammatische Strukturen). Auf diese Weise werden die Lernerfahrungen (insbesondere die *task performance*) der Schülerinnen und Schüler zum unmittelbaren Ausgangspunkt für den weiteren Lernprozess, was auch

dazu beiträgt, dass sich die Lernenden in ihrer Rolle als aktiv Lernende ernstgenommen sehen. Im Rahmen des *post-task* können – anknüpfend an die beschriebene „Aufarbeitung" der *task performance* – auch sprachstrukturelle Übungen (*exercises*) im oben beschriebenen Sinne erfolgen. Eine weitere methodische Option besteht in der wiederholten Durchführung der Aufgabe unter Veränderung ausgewählter Parameter; so könnte der zuvor beschriebene *reasoning gap task* zur Erstellung eines Reiseplans auf der Grundlage neuer Informationen (z.B. alternative Reiseroute, Besuch von touristischen Attraktionen, geänderte Flugrouten) wiederholt werden. Hierdurch können die Lernenden ihre ursprüngliche *task performance* verbessern, indem sie versuchen, die Ergebnisse der Reflektionsphase sowie des *post-task* umzusetzen. Dies ist insbesondere dann erfolgversprechend, wenn zwar ausgewählte inhaltsbezogene Aufgabenparameter verändert werden, jedoch die zur Erreichung des Aufgabenziels benötigten zielsprachlichen Mittel identisch bleiben.

7.   Beispiele einer aufgabenorientierten Lernkultur

Die nachfolgenden Beispiele zur Implementierung einer aufgabenorientierten Lernkultur im Fremdsprachenunterricht basieren auf der eigenen Unterrichts- und Forschungspraxis der Autorin und des Autors dieses Beitrags. Sie folgen systematisch den oben aufgezeigten Prinzipien. Es wird aufgezeigt, welche Kontexte für die Aufgaben konstitutiv sind und welche Merkmalsdimensionen die Aufgaben jeweils erfüllen. Darüber hinaus werden die Zielgruppenvoraussetzungen beschrieben. Die Beispiele sollen zum einen illustrieren, wie Aufgaben im Fremdsprachenunterricht unter Berücksichtigung der hier beschriebenen Prinzipien eine katalysatorische Wirkung entfalten können; zum anderen sind sie auch als Hinweise für eine methodisch-didaktische Weiterentwicklung aufgabenorientierten Fremdsprachenlernens gedacht.

Beispiel 1: Lernerprofile erstellen – Lerner ABCs

Voraussetzungen und Kontext:
Dieses Projekt beinhaltet eine Folge von Aufgaben, die aufeinander aufbauen und entweder direkt im Klassenverbund, in der Schule, vor Ort oder auch online mit Partnern und Partnerinnen vor Ort oder im Ausland (*native speakers* oder Zweit- und Fremdsprachenlernerinnen und -lerner) durchgeführt werden (Finkbeiner, 2005, 439; Finkbeiner & Knierim, in Vorbereitung). Die Aufgabenfolge kann bereits in stark vereinfachter Form in der Grundschule durchgeführt werden, sie eignet sich aber am besten für fortgeschrittene Lernerinnen und Lerner Ende der Sekundarstufe I oder in der Sekundarstufe II sowie in der Berufsschule und in der Universität und darüber hinaus für Lehrerinnen und Lehrer (Wilden, in Vorbereitung) und Personen im Beruf (z.B. internationale Geschäftspartnerinnen und -partner).

Ziel:

Ziel ist es, die eigene Lerngeschichte und die der Partnerin oder des Partners narrativ zu rekonstruieren und einem Vergleich zu unterziehen (Finkbeiner & Knierim, in Vorbereitung), um biographisch und kulturell bedingte Lernskripts zu entdecken. Dies soll zu einer höheren Lern- und Kulturbewusstheit führen. Das Prinzip kann auch auf das Skript von Business-Meetings übertragen werden.

Die Aneignung der eigenen Lerngeschichte sowie jener der Partnerin erfolgt narrativ in selbsttätiger und aktiver Auseinandersetzung durch einen autobiographischen Ansatz (Finkbeiner & Schmidt, 2006; Wilden, in Vorbereitung). Dieser Ansatz wird im ABC's-Model[1] (Schmidt, 1998; Schmidt & Finkbeiner, 2006) verwirklicht; er erfordert einen hohen Anteil an Literacy-Aktivitäten und überträgt somit die Anforderung an Lese- und Schreibkompetenz als Basisqualifikation (Baumert, Bos & Lehmann, 2000; Baumert et al., 2001, 2003) auf die Fremdsprache (Finkbeiner, 2005).

Pre-task:

Zunächst wird eine kleine Einführung zum Lernen und zu persönlichen Lerngeschichten gegeben und anschließend wird von jedem Lernenden die eigene Biographie über relevante Lernereignisse geschrieben. Dazu sollte genügend Zeit gegeben werden (mindestens drei Wochen). Die Autobiographie kann je nach Leistungsstand in der Muttersprache geschrieben werden. Die eigene Lerngeschichte kann je nach Zielsetzung fokussiert sein, das heißt, es kann sich um die Lerngeschichte allgemein oder speziell zum Beispiel um das Erlernen des Radfahrens, Schwimmens, Lesen des ersten Buches, Rechnens, Erlernen von Sprachen oder eines Berufs etc. handeln.

Information gap task:

Daraufhin wird ein Interviewpartner eines anderen kulturellen Hintergrundes gewählt und zu relevanten Lebensereignissen interviewt. Hierbei ist auch eine Partnerschaft zwischen Schülerinnen und Schülern der Hauptschule und des Gymnasiums interessant. Die Interviews können auch in einer computergestützten Lernumgebung erfolgen (Finkbeiner & Knierim, in Vorbereitung). Auf der Grundlage des transkribierten Interviews wird über den interviewten Partner oder die Partnerin eine Biographie geschrieben. Dazu ist ein intensiver direkter oder ein Online-Austausch nötig. Die Biographie wird mit Partner oder Partnerin validiert.

Problem-solving task 1:

Die Autobiographien bzw. Biographien werden in der Folge als Lese- und Analysetexte verwendet und auf Gemeinsamkeiten und Unterschiede hin gelesen. Ergebnis dieses Vergleichs ist ein Venn-Diagramm. Dieses besteht aus zwei einander überlappenden Kreisen, in welche auf der einen Seite die individuellen einzigartigen Lernerlebnisse und die kulturübergreifenden kritischen Lernereignisse (*critical incidents*) als Schnittmenge auf der anderen Seite eingetragen werden. Zu

---

1   „A" steht für „autobiography", B für „biography" und C für „comparison" (=Vergleich).

letzteren zählen zum Beispiel Lob und Tadel vor der Klasse, erlebte Ängste und Freude bei Klassenarbeiten oder bei nicht-schulischem Erfolg oder Misserfolg, Eingliederung in eine neue Klasse oder eine neue Lernkultur, Sitzenbleiben etc. Auf der Grundlage des Venn-Diagramms muss über beide Lerngeschichten reflektiert werden, um Tiefenstrukturen zu entdecken (z.B. Beschreibung und Erklärung für Lernpräferenzen etc.).

Problem-solving task 2:
Alternativ dazu oder zusätzlich kann eine Lerner-Mindmap von sich selbst und vom anderen angefertigt werden (Finkbeiner, 2005, 469f.). Die beiden eigens erstellten Produkte werden dann mit jenen der Kooperationspartnerin verglichen. Dies kann paarweise oder im Klassenverband als Lerngalerie erfolgen. Die Lerner-Mindmaps werden analog zum Venn-Diagramm auf Gemeinsamkeiten und Unterschiede analysiert. Unsere bisherigen Studien zeigen, dass bei der Darstellung des Anderen ein Rückbezug auf das Selbst erfolgt (Finkbeiner & Knierim, in Vorbereitung; Wilden, in Vorbereitung). Dies wird durch die Darstellung und Analyse präsent und dient als wichtiger Anknüpfungspunkt für die weiterführende Reflexion, da es das Gefangensein in der eigenen kulturellen und biographischen Welt bewusst macht.

Post-task:
In dieser Phase wird reflektiert, wie es gelungen ist, die Lerngeschichten zu erfragen, zu hinterfragen und zu ergründen sowie diese zu verschriftlichen. Darüber hinaus wird auf die Gefühle eingegangen, die durch den stark persönlich geprägten Prozess evoziert wurden.

Kommentar:
Wichtig ist, dass alle Beteiligten sowohl die Rolle des Interviewers als auch des Interviewten übernehmen, das heißt, der Prozess ist reziprok. Der Rückbezug auf das Eigene in der Auseinandersetzung mit dem Fremden ist insbesondere beim Lesen von fremdsprachlichen Texten und bei Prozessen des Fremdverstehens relevant (Finkbeiner, 2006). Dies impliziert eine Auffassung von Literacy, die Lesen und Schreiben nicht künstlich trennt, sondern als einen interdependenten Prozess auffasst. Während des Prozesses beginnen die Lernenden zunehmend, über die eigenen Lerngeschichte zu reflektieren und durch den Kontrast zur Geschichte des Anderen die Rolle von Lernprozessen zu begreifen. Durch den starken Eigenbezug und das Sich-Einlassen auf den Anderen fordern die ABCs-Aufgaben die Lernenden nicht nur kognitiv und metakognitiv, sondern in ganz besonderem Maße auch sozioaffektiv. Hierüber hinausgehend kann das hier beschriebene Lerner ABCs einen wertvollen Beitrag zur Entwicklung von Reflexionsfähigkeit (als Bestandteil von Lernkompetenz) leisten, wie sie für eine effektive Implementierung aufgabenorientierten Lernens erforderlich ist; das Lerner ABCs nimmt in diesem Fall die Funktion einer „Meta-Aufgabe" ein.

Beispiel 2: Kooperatives Lesen authentischer fremdsprachiger Texte – „Click & Clunk"

Voraussetzungen und Kontext:

Das Lesen von Texten stellt in aller Regel einen „einsamen" Prozess dar (Finkbeiner, 2005, S. 422), und nach wie vor dominieren Verständnis- oder Textanalysefragen im Anschluss an das stille Lesen – oder das im Hinblick auf verstehendes Lesen kritisch zu sehende laute Vorlesen (Didaktilus, 1991) – den Umgang mit Texten im Fremdsprachenunterricht. Bei diesem zumeist lehrerzentrierten Vorgehen bleiben die Textverstehensprozesse der Lernenden im Dunkeln, und die Potenziale eines leseprozessnahen *scaffolding* (Bruner & Sherwood, 1975) durch die Lehrkraft und die Mitschülerinnen und Mitschüler bleiben ungenutzt. Im Kontext des Forschungsprojekts ADEQUA[2] werden daher Aufgabentypen für den Englischunterricht entwickelt und in der Jahrgangsstufe 9 aller Bildungsgänge erprobt, die gezielt das kooperative Lesen von authentischen englischsprachigen Texten fördern sollen (Finkbeiner, Knierim, Ludwig & Wilden, im Druck; Finkbeiner, Ludwig, Wilden & Knierim, 2006; Knierim, in Vorbereitung). Mit dem Aufgabenformat „Click & Clunk" soll an dieser Stelle ein ADEQUA-Aufgabentyp vorgestellt werden, der in Anlehnung an das von Klingner und Vaughn (1999) entwickelte *Collaborative Strategic Reading* konzipiert wurde.

Ziel:

Im Aufgabenformat „Click & Clunk" sollen die Lernenden in Partnerarbeit einen sprachlich anspruchsvollen Text (Länge: ca. 300 Wörter) abschnittsweise erschließen, um eine auf dem Text basierende, in einen authentischen Kontext eingebettete Aufgabe zur Textzusammenfassung zu bearbeiten. Zentral ist hierbei die Kommunikation der Lernenden über die Inhalte des Texts, die verstanden wurden („clicks"), und Textpassagen, Wörter oder Inhalte, die Verstehensprobleme („clunks") bereiten; die Bezeichnungen „click" und „clunk" sind hierbei der Comicsprache entlehnt.

Pre-task:

Bevor der Text selbst in Partnerarbeit gelesen und bearbeitet wird, kann eine inhaltliche oder auch sprachliche Vorentlastung erfolgen. Wichtig ist jedoch hierbei, dass die inhaltlich zentralen Aspekte des Textes (z.B. die Pointe einer Geschichte) nicht vorweggenommen werden. Dasselbe gilt für Wörter, die den Lernenden zwar bisher unbekannt sind, aber im Kontext oder auch mit Hilfe eines Wörterbuchs selbstständig erschlossen werden können.

---

2   Der vollständige Titel des Forschungsprojekts lautet: ‚Förderung des situationsadäquaten Einsatzes von Lernstrategien in selbständigkeitsorientierten, textbasierten Lernumgebungen im Englischunterricht'. Als Kurzform wird das Kennwort ADEQUA für ‚adequacy of learning strategy use' verwendet. Das Projekt wird seit dem Jahr 2005 von der Deutschen Forschungsgemeinschaft (DFG) gefördert (Az. Fi 684/13-1, Fi 684/13-2) und befindet sich derzeit in der zweiten Laufzeit (bis 2008).

Reasoning gap task:

Das Ziel des *task cycle* besteht bei „Click & Clunk" darin, wie oben erwähnt, eine authentisch kontextualisierte Aufgabe zum Text zu bearbeiten. Hierzu ein Beispiel: Ein Text über *storm chasers* (Sturmjäger) beschreibt die zerstörerische Wirkung von Tornados und darüber hinaus, wie man sich gegen sie schützen kann und wie Sturmjäger arbeiten. In der Aufgabe zu diesem Text sollen die Lernenden ein Berufsprofil der Tätigkeit eines Sturmjägers und der hierfür erforderlichen Qualifikationen sowie persönlichen Eigenschaften verfassen. Hierzu müssen die für das Berufsprofil relevanten Informationen aus dem Text extrahiert und in eine der Textsorte „Berufsprofil" angemessene sprachliche Form gebracht werden. (Berufsprofile sind vielen Schülerinnen und Schülern der Klasse 9 in Deutschland durch die Vorbereitung auf Betriebspraktika bekannt.) Um diese anspruchsvolle Aufgabe – gerade auch aufgrund der sprachlichen Komplexität des Textes – bewältigen zu können, wird den Lernenden über das „Click & Clunk"-Format eine Struktur zur Unterstützung des Leseprozesses zur Verfügung gestellt (Finkbeiner, Knierim, Ludwig & Wilden, im Druck; Knierim, in Vorbereitung): Die Lernenden arbeiten den Text abschnittsweise durch, indem sie (1) den jeweiligen Abschnitt allein lesen, (2) ihre individuellen „clunks" (Verstehensschwierigkeiten) notieren, (3) die „clunks" dann gemeinsam mit dem Lernpartner zu lösen versuchen und (4) die wichtigste Aussage des Abschnitts gemeinsam erarbeiten und in Stichpunkten festhalten. Nachdem der gesamte Text diesem Schema folgend erschlossen wurde, schließt sich die Bearbeitung der Aufgabe zum Text an (siehe oben).

Post-task:

Neben der Präsentation der in Partnerarbeit angefertigten Aufgabenlösungen können im Rahmen des *post-task* gezielt die von den Schülerinnen und Schülern (nicht) gemeisterten Textverstehensschwierigkeiten im Klassenverband thematisiert werden. Hierdurch üben sich die Lernenden in der Verbalisierung ihrer fremdsprachigen Lese- bzw. Lernprozesse und können sich über (nicht) erfolgreiche Problemlösungsstrategien austauschen.

Kommentar:

Durch die Strukturierung des Leseprozesses werden im „Click & Clunk"-Aufgabenformat kognitive, metakognitive und sozioaffektive Strategien elizitiert. Hierzu zählen u.a. Inferierungsstrategien zum Erschließen unbekannter Wörter aus dem Kontext, Strategien zur Überwachung des Erfolgs bzw. Misserfolgs des eigenen Textverstehensprozesses, Planungsstrategien zur zielorientierten Bearbeitung der Aufgabe zum Text sowie Kooperationsstrategien. Eine zentrale Rolle nimmt hierbei die kooperative Interaktion der Lernenden ein, mittels derer die meist völlig verborgenen Verstehensprozesse zumindest teilweise transparent gemacht werden können. Hierdurch ergeben sich sowohl für die Schülerinnen und Schüler untereinander als auch für die Lehrkraft, die das Lesen und die Bearbeitung des Textes moderierend begleitet, Anknüpfungspunkte für ein leseprozessnahes *scaffolding*.

Beispiel 3: Online-Chat mit Mitschülerinnen und Mitschülern als Ergänzung zu mündlicher Kommunikation

Voraussetzungen und Kontext:

Wie eingangs beschrieben stellt die zielsprachliche Interaktion einen wesentlichen Bestandteil von TBLL dar. Neben der mündlichen Interaktion spielt die computergestützte Kommunikation im Alltag ebenso wie im Fremdsprachenunterricht eine zunehmend größere Rolle (Finkbeiner & Knierim, in Vorbereitung; Hegelheimer & Knierim, 2006; Levy & Stockwell, 2006; Pfeiffer, 2005). Eine Möglichkeit stellt hierbei die Nutzung von webbasierten Chatrooms dar, in denen über beliebig große räumliche Distanzen hinweg Textnachrichten nahezu ohne zeitliche Verzögerung ausgetauscht werden können. Der Vorteil des Chattens innerhalb eines Klassenraums liegt im Vergleich zu mündlicher Schüler-Schüler-Interaktion darin, dass ein Chat eine „permanente Spur" in Form eines Transkripts hinterlässt, das am Ende des Chats ausgedruckt und für den weiteren Unterrichtsverlauf genutzt werden kann (Knierim, 2004).

Ziel:

Das webbasierte Chatten verläuft im Vergleich zu mündlicher Interaktion quasi in Zeitlupe („conversations in slow motion"; Beauvois, 1998). Das Tippen der *chat messages* und das Warten auf die *chat messages* des Kommunikationspartners im Chatroom verschafft den Lernenden einen Zeitpuffer, der es ihnen erlaubt, sich stärker auf die grammatikalische und lexikalische Akzeptabilität ihrer Äußerungen zu konzentrieren als dies in spontaner mündlicher Interaktion in der Regel der Fall ist (Beauvois, 1998; Kern, 1995; Warschauer, 1996). Weiterhin kann eine größere inhaltliche Tiefe in chatbasierten Interaktionen erreicht werden. In der im Folgenden beschriebenen Beispiel-Aufgabe, die sich insbesondere mit Fremdsprachenlernenden im zweiten und dritten Lernjahr bewährt hat, sollen die Lernenden den Inhalt und Verlauf einer Bildergeschichte rekonstruieren (Knierim, 2001).

Pre-task:

Als *advance organizer* kann im Klassenverband eines der Bilder aus der Geschichte gezeigt und (in der Zielsprache) von den Lernenden beschrieben werden, um aufgabenrelevanten Wortschatz zu aktivieren. Zusätzlich können die Schülerinnen und Schüler Hypothesen formulieren, was in der Geschichte passieren könnte.

Information gap task:

Immer zwei Lernende arbeiten zusammen, erhalten aber jeweils nur einen Teil der Bilder. Die beiden Lernenden müssen nun die ihnen jeweils vorliegenden Bilder der Partnerin bzw. dem Partner im Chatroom so genau beschreiben, dass eine kooperative Rekonstruktion des Verlaufs der Geschichte möglich wird. Hierbei sitzen die jeweils zusammenarbeitenden Schülerinnen und Schüler an unterschiedlichen Computern und dürfen auch keinen Einblick in die Bilder der Partnerin oder des Partners nehmen, so dass hier eine Informationslücke entsteht, die durch den bedeutungsorientierten Gebrauch der Fremdsprache zu schließen ist.

Post-task:

Zum einen verfasst jedes Lernerpaar im Anschluss an die *chat session* eine kurze Zusammenfassung der Geschichte auf der Grundlage des Chat-Transkripts; zur Selbstkontrolle können die Lernenden die korrekte Wiedergabe des Handlungsverlaufs anhand der Bilder, die nun von beiden Lernenden vollständig eingesehen werden dürfen, überprüfen. Zum anderen kann eine sprachliche Aufarbeitung der *chat session* erfolgen, indem die Lernenden z.B. ihr Chat-Transkript gezielt nach Situationen absuchen, in denen ihnen benötigter Wortschatz „fehlte" und sie z.B. auf Umschreibungen zurückgreifen mussten.

Kommentar:

Chatbasierte Aufgaben ermöglichen die Fixierung von Ergebnissen aus Partner- oder Kleingruppenarbeit in einer Form, die die inhaltliche wie sprachliche Nachbereitung vereinfachen und effektiver gestalten können. Sie bieten zudem der Lehrkraft als auch den Lernenden eine Möglichkeit zur Lernstandsdiagnose, die bei mündlicher Partner- oder Kleingruppenarbeit nur durch eine Audio- oder Videoaufzeichnung in annähernd ähnlicher Weise zu realisieren ist. Vor diesem Hintergrund können chatbasierte Aufgaben eine gute Ergänzung zu Aufgaben darstellen, die die mündliche Interaktion in der Fremdsprache erfordern.

8. Aufgaben im Fremdsprachenunterricht – Katalysator ohne Motor?

Die in diesem Beitrag dargestellten Beispiele können natürlich nur einen sehr selektiven Einblick in die Möglichkeiten einer aufgabenorientierten Lernkultur im Fremdsprachenunterricht bieten.[3] Anhand der ausgewählten Aufgabenbeispiele sind jedoch die wesentlichen Potenziale von aufgabenorientiertem Fremdsprachenlernen (TBLL) gemäß der eingangs dargestellten Prinzipien erkennbar. Dabei lag der Fokus insbesondere auf der Verknüpfung von (a) pragmatischem Gebrauch der Fremdsprache in allen Fertigkeitsbereichen (Lesen, Schreiben, Hören und Sprechen), (b) sprachstrukturellem Lernen und (c) dem Erwerb von Reflexions- und Meta-reflexionsfähigkeit hinsichtlich der eigenen Fremdsprachenlernprozesse. Letztere Komponente ist im Kontext von aufgabenorientiertem Fremdsprachenlernen (*task-based language learning*, TBLL) bisher in der Fremdsprachenforschung und -didaktik nur wenig detailliert diskutiert worden, obwohl sie z.B. im *task cycle* von Willis (1996) bereits angedacht ist und eine aus unserer Sicht notwendige Erweiterung bestehender Konzepte aufgabenorientierten Fremdsprachenlernens darstellt.

Ein weiteres Desiderat hinsichtlich der methodisch-didaktischen Weiterentwicklung des hier vorgestellten Ansatzes (TBLL) liegt in der verstärkten Auseinandersetzung mit der Rolle der Lehrkraft in aufgabenorientierten Lernum-

---

3   Weitere Beispiele finden sich z.B. bei Finkbeiner (2005, S. 424-478).

gebungen. Hier gilt es insbesondere herauszuarbeiten, in welcher Weise Lehrkräfte während der *task performance* durch die Schülerinnen und Schüler unterstützend und moderierend eingreifen können bzw. sollen. Mit diesem Spannungsverhältnis zwischen Lehrerintervention und Hilfen zur Aufgabenbewältigung einerseits und der Selbstständigkeit der Lernenden andererseits befassen sich derzeit mehrere Projekte der Kasseler Forschergruppe 'Empirische Bildungsforschung: Lehren-Lernen-Literacy' (u.a. auch das Projekt ADEQUA, siehe Beispiel 2 oben; Finkbeiner, Knierim, Ludwig & Wilden, im Druck; Finkbeiner, Ludwig, Wilden & Knierim, 2006).

Hinsichtlich der eingangs konstatierten, eher zurückhaltenden Rezipierung von TBLL im deutschsprachigen Raum ist zudem eine stärkere Verknüpfung mit fachdidaktischen Ansätzen wünschenswert, die von Fremdsprachenlehrenden stärker akzeptiert werden. Dies schließt u.a. Konzepte handlungsorientierten Fremdsprachenunterrichts (Finkbeiner, 1995) und somit eine handlungsorientierte Lehrerausbildung sowie die Integrierung bilingualen Sachfachunterrichts mit ein (Fehling, 2005): Diese bilden eine erhebliche Schnittmenge mit den Prämissen aufgabenorientierten Fremdsprachenlernens.

Aus unterrichtspraktischer Perspektive ist zu berücksichtigen, dass die aktuell gängigen Lehrwerke für den Fremdsprachenunterricht an deutschen Schulen die Implementierung aufgabenorientierten Fremdsprachenlernens nicht begünstigen (siehe oben). Aufgrund der zentralen Rolle, die Lehrwerke nach wie vor im Fremdsprachenunterricht (insbesondere der Sekundarstufe I) spielen, erscheint eine „rein" aufgabenbasierte Lernkultur derzeit somit wenig realistisch. Vergleichsweise leicht umsetzbar ist jedoch die komplementäre Integration von Aufgaben in einen ansonsten lehrwerkgestützten Unterricht („task-*supported* language learning"; Ellis, 2003, 27ff.), quasi als „sanfter Einstieg" in TBLL. Voraussetzung hierfür ist jedoch eine entsprechende aufgabenorientierte Fremdsprachenlehreraus- und -fortbildung.

Anhand dieser abschließenden Bemerkungen zur weiteren Entwicklung von TBLL wird deutlich, dass die Potenziale, die aufgabenorientiertes Fremdsprachenlernen zur Förderung kognitiver, metakognitiver und sozioaffektiver Lernprozesse bietet, bisher wenig ausgeschöpft werden.

Wir verfügen somit über Katalysatoren in der Form von Aufgabenformaten, die den Fremdsprachenlernprozess effektiv unterstützen, jedoch noch nicht über wirklich gut laufende Motoren. Als Konsequenz daraus müssen Lehrende weit mehr mit den Prinzipien von aufgabenorientiertem Fremdsprachenlernen vertraut gemacht und bei dessen Implementierung unterstützt werden. Insofern bedarf es gezielter Anstrengungen in der Fremdsprachenlehreraus- und -fortbildung sowie in der Entwicklung von TBLL-kompatiblen Lehr-/Lernmaterialien, um die katalysatorischen Potenziale aufgabenorientierten Fremdsprachenlernens besser nutzen zu können.

Literatur

Bach, G. & Timm, J.-P. (Hrsg.) (2003): Englischunterricht. Grundlagen und Methoden einer handlungsorientierten Unterrichtspraxis (3. Auflage). Tübingen: Francke.

Baumert, J., Bos, W. & Lehmann, R. (Hrsg.) (2000): TIMSS/III. Dritte Internationale Mathematik- und Naturwissenschaftsstudie – Mathematische und naturwissenschaftliche Bildung am Ende der Schullaufbahn. Band 1: Mathematische und naturwissenschaftliche Grundbildung am Ende der Pflichtschulzeit. Opladen: Leske + Budrich.

Baumert, J. et al. (Hrsg.) (2001): PISA 2000. Basiskompetenzen von Schülerinnen und Schülern im internationalen Vergleich. Opladen: Leske + Budrich.

Baumert, J. et al. (Hrsg.) (2003): PISA 2000 – Ein differenzierter Blick auf die Länder der Bundesrepublik Deutschland. Opladen: Leske + Budrich.

Beauvois, M. H. (1998): Conversations in slow motion. Computer-mediated communication in the foreign language classroom. In: The Canadian Modern Language Review, 54/2, 198-217.

Billows, L. (1961): The techniques of language teaching. London: Longman.

Bos, W. et al. (Hrsg.) (2003): Erste Ergebnisse aus IGLU. Schülerleistungen am Ende der vierten Jahrgangsstufe im internationalen Vergleich. Münster: Waxmann.

Brophy, J. E. & Good, T. L. (1986): Teacher behavior and student achievement. In: Wittrock, M. C. (Hrsg.): Handbook of research on teaching. New York: Macmillan, 328-377.

Bruner, J. S. & Sherwood, V. (1975): Peekabo and the learning of rule structures. In: Bruner, J. S., Jolly, A. & Sylva, K. (Hrsg.): Play. Its role in development and evolution. Harmondsworth: Penguin Books, 277-285.

Bygate, M., Skehan, P. & Swain, M. (Hrsg.) (2001): Researching pedagogic tasks. Second language learning, teaching and testing. Harlow: Longman.

Chomsky, N. (1967): A review of B. F. Skinner's Verbal Behavior. In: Jakobovits, L. A. & Miron, M. S. (Hrsg.): Readings in the psychology of language. Upper Saddle River: Prentice-Hall, 142-143.

Cohen, A. D. & Macaro, E. (Hrsg.) (im Druck): Language learner strategies: 30 years of practice and research. Oxford: Oxford University Press.

Didaktilus (1991): Über lautes Lesen im Englischunterricht. In: Neusprachliche Mitteilungen aus Wissenschaft und Praxis, 44/4, 246-247.

Dörnyei, Z. (2001): Teaching and researching motivation. Harlow: Longman.

Eckerth, J. (2003): Fremdsprachenerwerb in aufgabenbasierten Interaktionen. Tübingen: Narr.

Edelhoff, C. (1980): Kommunikative Lernziele im Fremdsprachenunterricht. Vom Verstehen zum Äußern. In: Sprache und Beruf, 2, 61-74.

Edwards, C. & Willis, J. R. (Hrsg.) (2005): Teachers exploring tasks in English language teaching. Houndmills u.a.: Palgrave Macmillan.

Ellis, R. (2003): Task-based language learning and teaching. Oxford: Oxford University Press.

Ellis, R., Basturkmen, H. & Loewen, S. (2002): Doing focus-on-form. In: System, 30/4, 419-432.

Fehling, S. (2005): Language Awareness und bilingualer Unterricht. Eine komparative Studie. Frankfurt: Peter Lang.

Finkbeiner, C. (1995): Englischunterricht in europäischer Dimension. Zwischen Qualifikationserwartungen der Gesellschaft und Schülereinstellungen und Schülerinteressen. Berichte und Kontexte zweier empirischer Untersuchungen. Bochum: Brockmeyer.

Finkbeiner, C. (1996): Möglichkeiten der grammatikalischen Kognitivierung. In: Der Fremdsprachliche Unterricht Englisch, 30/4, 52-57.

Finkbeiner, C. (1998): Bedarfs- und Bedürfnisfelder sprachlichen Handelns. In: Timm, J.-P. (Hrsg.): Englisch lernen und lehren. Didaktik des Englischunterrichts. Berlin: Cornelsen, 22-28.

Finkbeiner, C. (2000). Handlungsorientierter Unterricht (Holistic and Action-Oriented Learning and Teaching). In Byram, M. (Hrsg.): Routledge encyclopedia of language teaching and learning. London: Routledge, 255-258.

Finkbeiner, C. (Hrsg.) (2002): Wholeheartedly English: A life of learning. Festschrift for Johannes-Peter Timm. Berlin: Cornelsen.

Finkbeiner, C. (2004): Cooperation and collaboration in a foreign language teacher training program. The LMR Plus Model. In: Cohen, E., Brody, C. & Sapon-Shevin, M. (Hrsg.): Learning to teach with cooperative learning. Challenges in teacher education. Albany: State University of New York Press, 111-127.

Finkbeiner, C. (2005): Interessen und Strategien beim fremdsprachlichen Lesen. Wie Schülerinnen und Schüler englische Texte lesen und verstehen. Tübingen: Narr.

Finkbeiner, C. (2006): Zur Rolle der Elaboration beim fremdsprachigen Lesen. In: PÄD Forum, 25(5), 300-303.

Finkbeiner, C. (im Druck): Culture and good language learners. In: Griffiths, C. (Hrsg.): Lessons from the Good Language Learner. Cambridge: Cambridge University Press.

Finkbeiner, C. & Fehling, S. (2003): Konzeptuelle Überlegungen zur Evaluation des Fremdsprachenlehrens und -lernen. In: Empirische Pädagogik, 17(3), 285-294.

Finkbeiner, C. & Knierim, M. (2006): The ABC's as a starting point and goal. The online Intercultural Exchange Project. In: Schmidt, P. Ruggiano & Finkbeiner, C. (Hrsg.): The ABC's of cultural understanding and communication. National and international adaptations. Greenwich: Information Age Publishing, 213-244.

Finkbeiner, C. & Knierim, M. (in Vorbereitung): Developing L2 strategic competence through online collaboration. In: Zhang, F. & Barber, B. (Hrsg.): Handbook of research on computer-enhanced language acquisition and learning. Hershey: IGI Global.

Finkbeiner, C., Knierim, M., Ludwig, P. H. & Wilden, E. (im Druck): Textbasierte kooperative Lernumgebungen im Englischunterricht – das ADEQUA-Projekt. In: Blum, W. & Messner, R. (Hrsg.): Lernumgebungen auf dem Prüfstand. Kassel: Kassel University Press.

Finkbeiner, C., Ludwig, P. H., Wilden, E. & Knierim, M. (2006): ADEQUA – Bericht über ein DFG-Forschungsprojekt zur Förderung von Lernstrategien im Englischunterricht. In: Zeitschrift für Fremdsprachenforschung, 15(2), 257-274.

Finkbeiner, C. & Schmidt, P. R. (2006): Introduction. What is the ABC's of cultural understanding and communication? In: Schmidt, P. R. & Finkbeiner, C. (Hrsg.): The ABC's of cultural understanding and communication. National and international adaptations. Greenwich: Information Age Publishing, 1-18.

Finkbeiner, C. & Schnaitmann, G. W. (Hrsg.) (2001): Lehren und Lernen im Kontext empirischer Forschung und Fachdidaktik. Donauwörth: Auer.

Griffiths, C. (Hrsg.) (im Druck): Lessons from the good language learner. Cambridge: Cambridge University Press.

Hegelheimer, V. & Knierim, M. (2006): Das WWW im Fremdsprachenunterricht. In: Jung, U. (Hrsg.), Praktische Handreichung zum Fremdsprachenunterricht (4. Auflage). Frankfurt: Peter Lang, 293-299.

Helmke, A. (2003): Unterrichtsqualität. Seelze: Kallmeyer.

Kern, R. (1995): Restructuring classroom interaction with networked computers. Effects on quantity and characteristics of language production. In: The Modern Language Journal, 79(4), 457-476.

Levy, M. & Stockwell, G. (2006): CALL dimensions: Options and issues in Computer-Assisted Language Learning. Mahwah: Lawrence Erlbaum.

Klieme, E. (2006): Bildungsstandards als Instrumente zur Harmonisierung von Leistungs-bewertungen und zur Weiterentwicklung didaktischer Kulturen. In: Eder, F. u.a. (Hrsg.): Qualität durch Standards? Münster: Waxmann, 55-70.

Klieme, E. & Beck, B. (2006): Unterricht und Kompetenzerwerb in Deutsch und Englisch. Zentrale Befunde der Studie Deutsch-Englisch-Schülerleistungen-International (DESI). Frankfurt a.M.: DIPF.

Klingner, J. K. & Vaughn, S. (1999): Promoting reading comprehension, content learning, and English acquisition through Collaborative Strategic Reading (CSR). In: Reading Teacher, 52(7), 738-747.

Knierim, M. (2001): Comparing the use of second language communication strategies in oral interaction and synchronous computer-mediated communication. Master's Thesis, Florida Atlantic University, USA.

Knierim, M. (2004): Chatten im Fremdsprachenunterricht – making the most of it. In: FMF Hessen, 18, 47-59.

Knierim, M. (in Vorbereitung): Strategien beim aufgabenorientierten Lesen in der Fremd-sprache Englisch. Eine empirische Studie. Dissertation, Universität Kassel, Deutsch-land.

Leaver, B. L. & Willis, J. R. (Hrsg.) (2004): Task-based instruction in foreign language education. Washington: Georgetown University Press.

Lee, J. F. (2000): Tasks and communicating in language classrooms. Boston: McGraw-Hill.

Legutke, M. (Hrsg.) (2003): Kommunikativer Fremdsprachenunterricht: Rückblick nach vorn. Tübingen: Narr.

Long, M. (1991): Focus on form. A design feature in language teaching methodology. In: de Bot, K., Ginsberg, R. & Kramsch, C. (Hrsg.): Foreign language research in cross-cultural perspective. Amsterdam: John Benjamin, 39-52.

Meyer, H. (2004): Was ist guter Unterricht? Berlin: Cornelsen.

Müller-Hartmann, A. & Schocker-v. Ditfurth, M. (Hrsg.) (2005a): Aufgabenorientierung im Fremdsprachenunterricht. Tübingen: Narr.

Müller-Hartmann, A. & Schocker-v. Ditfurth, M. (2005b): Aufgabenorientierung im Fremdsprachenunterricht: Entwicklungen, Forschung und Praxis, Perspektiven. In: Müller-Hartmann, A. & Schocker-v. Ditfurth, M. (Hrsg.): Aufgabenorientierung im Fremdsprachenunterricht. Tübingen: Narr, 1-51.

Nold, G. (2003): DESI – a language assessment project in Germany and the pros and cons of large scale testing. In: Empirische Pädagogik, 17(3), 368-379.

Nunan, D. (2004): Task-based language teaching. Cambridge: Cambridge University Press.

Pfeiffer, H. (2005): Das Internet im Fremdsprachenunterricht. Bestandsaufnahme – Ver-gleiche – Analysen. Wien: Infothek.

Piepho, H.-E. (1974): Kommunikative Kompetenz als übergeordnetes Lernziel im Eng-lischunterricht. Limburg: Frankonius.

Pressereferat im Sekretariat der Kultusministerkonferenz (Hrsg.) (2002): Beschlüsse der 298. Kultusministerkonferenz, 23./24. Mai 2002, Eisenach. Online: http://www. kmk.org/aktuell/home.htm [19.1.2003].

Rubin, J. (1975): What the 'good language learner' can teach us. In: TESOL Quarterly, 9(1), 41-51.

Schmidt, P. R. (1998): The ABC's of cultural understanding and communication. In: Equity and Excellence in Education, 31(2), 28-38.

Schmidt, P. R. & Finkbeiner, C. (Hrsg.) (2006): The ABC's of cultural understanding and communication. National and international adaptations. Greenwich: Information Age Publishing.

Seidel, T., Rimmele, R. & Prenzel, M. (2003): Gelegenheitsstrukturen beim Klassengespräch und ihre Bedeutung für die Lernmotivation – Videoanalysen in Kombination mit Schülerselbsteinschätzungen. In: Unterrichtswissenschaft, 31(2), 142-165.

Stürmer, R. & Breuer, M. (2006): Enzyme als Katalysatoren. Chemie und Biologie Hand in Hand. In: Chemie in unserer Zeit, 40(2), 104-111.

van den Branden, K. (2006): Introduction. Task-based language teaching in a nutshell. In van den Branden, K. (Hrsg.): Task-based language education. From theory to practice. Cambridge: Cambridge University Press, 1-16.

van Lier, L. (2007). Action-based teaching, autonomy and identity. In: Innovation in Language Learning and Teaching, 1(1), 46-65.

Warschauer, M. (1996): Comparing face-to-face and electronic discussion in the second language classroom. In: CALICO Journal, 13(2), 7-26.

Wilden, E. (in Vorbereitung): Selbst- und Fremdwahrnehmung in einem interkulturellen Onlineaustausch von Fremdsprachenlehrerinnen und -lehrern. The ABC's of Cultural Understanding and Communication Online. Eine qualitative Studie. Dissertation, Universität Kassel, Deutschland.

Willis, J. R. (1996): A framework for task-based learning. Harlow: Longman.

Willis, J. R. (2004): Perspectives on task-based instruction. Understanding our practices, acknowledging different practitioners. In: Leaver, B. L. & Willis, J. R. (Hrsg.): Task-based instruction in foreign language education. Practice and programs. Washington: Georgetown University Press, 3-44.

Detlev Leutner, Hans E. Fischer, Alexander Kauertz,
Nina Schabram & Jens Fleischer, Essen

Instruktionspsychologische und fachdidaktische Aspekte der Qualität von Lernaufgaben und Testaufgaben im Physikunterricht

Abstract

Die Validität von Annahmen über die inhaltliche Struktur von Aufgaben und deren Bezug zur Aufgabenschwierigkeit ist ein Qualitätsmerkmal sowohl von Lernaufgaben als auch von Testaufgaben: Wenn die Strukturannahmen zutreffen, wird mit Lernaufgaben das gelernt, was gelernt, und mit Testaufgaben das getestet, was getestet werden soll. Aus der Essener Forschergruppe und dem Graduiertenkolleg „Naturwissenschaftlicher Unterricht" werden drei Studien zur Modellierung von Aufgabenschwierigkeit vorgestellt. Hinsichtlich der Schwierigkeit von Lernaufgaben, die Lehrkräfte im Physikunterricht einsetzen, zeigt sich in zwei Studien, dass viele Schülerinnen und Schüler überfordert werden, jedoch durch individuell adaptierte, mäßig schwierige Aufgaben mit definierter Anforderungsstruktur erfolgreich in ihrer Kompetenzentwicklung gefördert werden können. Hinsichtlich der Schwierigkeit von Testaufgaben zur Kompetenzmessung in der Physik zeigt sich in einer dritten Studie, dass ein fachdidaktisch begründetes Inhaltsstrukturmodell die Aufgabenschwierigkeit besser abbildet als ein Modell mit eher formalen Aufgabeneigenschaften. Die Studien belegen, dass sich die Qualität von Aufgaben in interdisziplinärer Kooperation von Instruktionspsychologie und Fachdidaktik verbessern lässt, so dass die Aufgaben spezifische Anforderungen erfüllen: Dass nämlich mit Lernaufgaben tatsächlich das gelernt wird, was gelernt, und mit Testaufgaben tatsächlich das getestet wird, was getestet werden soll.

1. Einleitung: Lernaufgaben und Testaufgaben

Aus instruktionspsychologischer Sicht lassen sich Lernaufgaben als Leistungsanforderungen definieren, von denen erwartet wird, dass sie Lernprozesse im Sinne des Erwerbs und/oder der Veränderung von Kompetenzen in Gang setzen. Damit unterscheiden sich Lernaufgaben hinsichtlich ihres Zwecks von Testaufgaben, die ausschließlich verwendet werden, um die Ausprägung von Kompetenzen festzustellen. Auch wenn der Zweck unterschiedlich ist, sind Lernaufgaben und Testaufgaben zumindest formal ähnlich: Jede Aufgabe, ob Lernaufgabe oder Testaufgabe, betrifft einen bestimmten Inhalt, bezüglich dessen ein bestimmtes Verhalten erwartet wird (vgl. Klauer & Leutner, 2007), das im Hinblick auf den Inhalt als (mehr oder weniger) richtig beurteilt werden kann.

Einer Aufgabe ist zunächst nicht anzusehen, ob sie eine Lernaufgabe oder eine Testaufgabe ist. Will man eine Aufgabe allerdings als Lernaufgabe optimieren, dann geht es darum, die Lernprozesse in Augenschein zu nehmen, die durch die Aufgabenbearbeitung initiiert werden sollen; will man dieselbe Aufgabe als Testaufgabe optimieren, dann geht es darum, auf ihre psychometrischen Eigenschaften im Rahmen eines Testmodells zu fokussieren. In beiden Fällen wird man nicht umhin kommen, theoretische Vorstellungen über kognitive und motivationale Prozesse der Aufgabenbearbeitung zu entwickeln, die einen engen Bezug zu Kompetenzmodellen haben (vgl. Klieme & Leutner, 2006).

Mitunter werden Aufgaben, die zunächst als Testaufgaben entwickelt wurden, später auch als Lernaufgaben verwendet. So werden die bei Large-Scale-Assessments eingesetzten Testaufgaben üblicherweise vollständig (wie z.B. bei den Lernstandserhebungen in NRW; vgl. Leutner, Orth & Peek, 2007) oder zumindest teilweise (wie z.B. bei TIMSS, PISA und IGLU) veröffentlicht, um Kompetenzniveaus operational zu definieren und zu veranschaulichen und den Schulen damit Gelegenheit zu geben, die Entwicklung der jeweiligen Kompetenzen anhand der veröffentlichten und ähnlicher Aufgaben gezielt fördern zu können.

Schließlich kann die Unterscheidung zwischen Lernaufgaben und Testaufgaben auch hinfällig werden, z.B. wenn es darum geht, Lernprozesse durch die Bearbeitung einer individuell adaptierten Sequenz von Aufgaben zu unterstützen. Die Aufgaben können dann im Rahmen eines einfachen Regelkreismodells zugleich Lern- als auch Testzwecke erfüllen, indem die Bewertung der Lösung einer jeden Aufgabenbearbeitung gleichzeitig auch zur Schätzung des zwischenzeitlich erreichten Kompetenzniveaus herangezogen und nur dann eine weitere Aufgabe vorgelegt wird, wenn das gewünschte Kompetenzniveau noch nicht erreicht ist. Bei einer solchen Vorgehensweise muss die zu schätzende Kompetenz über die Testaufgaben hinweg als variabel angenommen werden, was aus psychometrischer Perspektive zu einem Problem führt, das sich als „Testlängendilemma" beschreiben lässt: Um eine möglichst valide Schätzung des *aktuell* erreichten Kompetenzniveaus zu erzielen, sollten – weil die Kompetenz bei erfolgreichem Lernen kontinuierlich zunimmt – nur *möglichst wenige* der zuletzt bearbeiteten Aufgaben verwendet werden, um jedoch eine möglichst reliable Schätzung des Kompetenzniveaus zur erzielen, sind *möglichst viele* Aufgaben erforderlich; vgl. Leutner, 1992b). Das Dilemma lässt sich durch den Einsatz eines „gleitenden Testfensters" auf recht einfache Weise pragmatisch lösen, z.B. anhand einer Entscheidungsregel wie „Beende die Bearbeitung von Übungsaufgaben, wenn die *letzten fünf Aufgaben in Folge* richtig bearbeitet worden sind". Bei einem solchen Abbruchkriterium von fünf richtigen Antworten unter den letzten fünf bearbeiteten Aufgaben ist die Wahrscheinlichkeit, dass der Lerner mindestens 75% aller ähnlichen Aufgaben richtig bearbeiten kann, mindestens 75%, wie sich anhand des binomialen Testmodells berechnen lässt (vgl. Leutner, 1993, 2004). Entsprechen die zu bearbeitenden Aufgaben einem probabilistischen Testmodell mit Schwierigkeitsparametern, dann lassen sich schließlich Ansätze des computer-adaptiven Testens verwenden, um nicht nur das Abbruchkriterium zu bestimmen, sondern darüber hinaus auch bei der Auswahl der nächsten zu bearbeitenden Aufgabe die Schwierigkeit individuell adaptiert gezielt so auszuwählen, dass der Lernprozess optimiert wird (vgl. Weinberg, Hornke & Leutner, 1994).

Über Qualität verfügt ein Produkt, wenn es spezifizierten Anforderungen gerecht wird (vgl. z.B. *DIN EN ISO 9000ff*). Im Hinblick auf Testaufgaben sind die Qualitätskriterien hinlänglich bekannt: Es geht um Objektivität, Reliabilität und Validität des aus den Aufgaben zusammengesetzten Tests. Sind diese Kriterien erfüllt, entspricht der Test also den psychometrischen Anforderungen, sind Messungen definierter Qualität möglich, wobei – je nach Einsatzzweck – noch weitere Qualitätskriterien hinzukommen können, z.B. die Forderung nach Effizienz, nach kultureller Fairness etc.

Im Hinblick auf Lernaufgaben sind die Qualitätskriterien dagegen weniger eindeutig. Die psychometrischen Forderungen nach Objektivität und Reliabilität können hier nicht im Vordergrund stehen, da es bei Lernaufgaben (mit Ausnahme des zuvor beschriebenen Falls der Doppelverwendung als Lern- und als Testaufgaben) nicht um möglichst präzises Messen oder Diagnostizieren geht, sondern um Lernen. Lernaufgaben müssen aber, wie auch Testaufgaben, valide sein: Es muss sichergestellt werden, dass durch ihre Bearbeitung überhaupt etwas gelernt wird und tatsächlich auch das gelernt wird, was gelernt werden soll. Das bedeutet aber, dass man zur Konstruktion von Lernaufgaben (in gleicher Weise wie bei der Konstruktion von Testaufgaben) eine Theorie benötigt, die das, was gelernt (bzw. bei Testaufgaben: gemessen oder diagnostiziert) werden soll, präzise beschreibt und inhaltlich strukturiert.

Beispiele für Theorien zur Konstruktion von Lern- und Testaufgaben sind Kompetenzmodelle, wie sie in den jüngeren Large-Scale-Assessments verwendet werden (vgl. Klieme & Leutner, 2006; Kauertz & Fischer, 2006). Offen ist dabei allerdings noch, ob die bisher lediglich querschnittlich überprüften Kompetenz*struktur*modelle, die beschreiben, welche (Teil-)Kompetenzen in einer Stichprobe von Schülerinnen und Schülern in welcher Ausprägung vorhanden sind, sich auch als längsschnittlich nutzbare Kompetenz*entwicklungs*modelle eignen, die wiederum beschreiben, welche (Teil-)Kompetenzen sich in welcher Reihenfolge entwickeln bzw. entwickeln lassen. Für Lernaufgaben bedeutet dies, dass dann, wenn lediglich ein validiertes Kompetenz*struktur*modell vorliegt, bestenfalls angenommen werden kann, dass durch die Aufgabenbearbeitung diejenigen (Teil-)Kompetenzen gelernt werden, die zur Lösung der jeweiligen Aufgaben erforderlich sind. Inwieweit aber auch ein Lerntransfer auf andere (Teil-)Kompetenzen stattfindet, muss offen bleiben. Antworten zu derartigen Fragen nach dem Lerntransfer erfordern validierte Kompetenz*entwicklungs*modelle.

In der Essener Forschergruppe und dem Essener Graduiertenkolleg „Naturwissenschaftlicher Unterricht" wird – neben anderen Fragen – auch das Thema „Aufgaben" bearbeitet (vgl. Fischer et al., 2005), und zwar sowohl aus instruktionspsychologischer als auch aus fachdidaktischer Perspektive. Im Folgenden sollen einige der Ergebnisse zu Aufgaben im Physikunterricht vorgestellt werden. Dabei geht es zum einen um die von Lehrkräften im Unterricht eingesetzten Lernaufgaben, zum anderen um Testaufgaben und ihre kompetenztheoretische Modellierung. In beiden Fällen spielt die Schwierigkeit der Aufgaben und ihre Stufung eine entscheidende Rolle.

2. Lernaufgaben im Physikunterricht

Lernaufgaben, insbesondere solche, die ein hinreichendes Potenzial zur kognitiven Aktivierung der Schülerinnen und Schüler aufweisen, bieten eine Möglichkeit zur intensiven Auseinandersetzung mit den zu lernenden Inhalten, sie fördern ein besseres Verständnis und haben, nach gängiger Auffassung, einen positiven Lerneffekt. Darüber hinaus ermöglichen sie es, bezogen auf den naturwissenschaftlichen Unterricht, die Standards einer angemessenen naturwissenschaftlichen Grundbildung im Unterricht zu erreichen (Bybee, 1997; Fischer, 1998). Zwar ist der grundsätzliche Nutzen von Lernaufgaben für den Lernerfolg empirisch gut belegt (vgl. z.B. Baumert et al., 2004; Hamaker, 1986; Kunter et al., 2006; siehe auch Ditton, 2006; Fischer, 2001; Klauer & Leutner, 2007; Seel, 1981; Renkl, 1991), die Forschung hat aber z.T. auch inkonsistente Befunde erbracht (vgl. Gall & Rhody, 1987; Levin, 2005) und ist bislang kaum auf die von Lehrpersonen im alltäglichen naturwissenschaftlichen Unterricht eingesetzten Lernaufgaben eingegangen. Diesbezüglich gibt es lediglich einige Hinweise, dass die im deutschen Physikunterricht eingesetzten Lernaufgaben weniger das sinnvolle Anwenden von Wissen fördern, sondern eher das Abarbeiten von Algorithmen üben (vgl. Fischer & Draxler, 2002).

Schabram (2007) füllt die Forschungslücke anhand von zwei Studien zur Beantwortung folgender Fragen: (1) Korreliert die durchschnittliche Schwierigkeit von Lernaufgaben, die Lehrkräfte zur Unterstützung des Lernens in ihrem Unterricht einsetzen, mit der auf Seiten der Schülerinnen und Schüler durchschnittlich erreichten fachlichen Kompetenz? (2) Lässt sich die am Ende einer Unterrichtsreihe erreichbare Kompetenzausprägung gezielt erhöhen, wenn man die Schwierigkeit der Lernaufgaben an die sich individuell unterschiedlich entwickelnden Kompetenzen der Schülerinnen und Schüler anpasst, um sie bei ihrem Lernen weder zu unterfordern, noch zu überfordern? Dabei handelt es sich um Fragen, die insbesondere, aber nicht nur, im Physikunterricht von Belang sind – ein Fach, das bei vielen Schülerinnen und Schülern als besonders schwierig gilt. Offen ist allerdings, ob die Schülerinnen und Schüler im Physikunterricht tatsächlich überfordert werden und – wenn ja – ob sich das Lernergebnis verbessern lässt, wenn die Überforderung vermieden wird (vgl. Neumann, Fischer, Kauertz, Lau & Notarp, 2007).

Vor dem theoretischen Hintergrund der instruktionalen Wirkung verschiedener Aufgabentypen mit unterschiedlichen kognitiven Anforderungen wird in der ersten Studie – mit spezifischem Fokus auf der Passung von Aufgabenschwierigkeit und Schülerfähigkeit – der Einsatz von Lernaufgaben im regulären Physikunterricht untersucht. Aus 30 videographierten Physikunterrichtsstunden unterschiedlicher

Hauptschul- und Gymnasialklassen der neunten und zehnten Jahrgangsstufe wurden Lernaufgaben extrahiert, die daran zu erkennen sind, dass von der Lehrperson entweder mündlich (im Unterrichtsgespräch) oder schriftlich (in einer Schülerarbeitsphase) eine Handlungsanweisung in Form von „Nenne…", „Finde heraus…" o.ä. gegeben wird. Die extrahierten Lernaufgaben wurden um weitere Aufgaben unterschiedlichen Komplexitätsgrades ergänzt (definiert in Anlehnung an die von Anderson et al., 2001, revidierte Bloom'sche Taxonomie von Lehrzielen im kognitiven Bereich). Diese Lernaufgaben wurden neu konstruiert und bezogen sich jeweils auf den von der Lehrkraft in der videographierten Unterrichtsstunde behandelten Inhaltsbereich. Die neuen Aufgaben wurden dann zusammen mit einer Auswahl der von der Lehrperson bereits im Unterricht eingesetzten Aufgaben den Schülerinnen und Schülern eine Woche später zur Bearbeitung vorgelegt. Da auch TIMS-Aufgaben als Anker-Items zum Einsatz kamen, ließen sich die Ergebnisse aus 20 der 30 Klassen über die verschiedenen physikalischen Inhaltsbereiche der videographierten Unterrichtsstunden hinweg gemeinsam Rasch-skalieren, so dass die innerhalb der Klassen gemittelten Parameter der Aufgabenschwierigkeiten und Schülerfähigkeiten auf einer Skala miteinander verglichen werden konnten.

Im Ergebnis zeigt sich zunächst, dass mündlich gestellte Lernaufgaben in den videographierten Physikunterrichtsstunden deutlich überwiegen (90%). Zudem dominieren Wissensaufgaben (mündlich: 58%; schriftlich: 63%), während kognitiv herausfordernde Verstehensaufgaben (mündlich: 35%; schriftlich 32%) und erst recht Anwendungsaufgaben (mündlich: 7%; schriftlich 5%) eine eher untergeordnete Rolle spielen. Es zeigt sich weiterhin, dass die Rasch-skalierten Schwierigkeitsparameter der aus den Unterrichtsstunden extrahierten als auch der neu konstruierten Lernaufgaben, die den Schülerinnen eine Woche nach dem Unterricht zur Bearbeitung vorgelegt worden waren, den aus den lehrziel-taxonomischen Komplexitätsmodellen abgeleiteten theoretischen Erwartungen entsprechen: Die Wissensaufgaben sind leichter richtig zu bearbeiten als die Verstehens- und Anwendungsaufgaben. Korreliert man schließlich die in den 20 Rasch-skalierbaren Klassen ermittelte durchschnittliche Aufgabenschwierigkeit (der aus den Unterrichtsvideos extrahierten und eine Woche später wiederholt zur Bearbeitung vorgelegten Aufgaben) mit der in denselben Klassen ermittelten durchschnittlichen Schülerfähigkeit (erfasst über alle Aufgaben, die eine Woche nach dem Unterricht zu bearbeiten waren), ergibt sich in der untersuchten Klassenstichprobe eine Korrelation von $r = 0.26$. Diese Korrelation ist bei $N = 20$ Klassen zwar statistisch signifikant, indiziert dennoch aber eine als unzureichend anzusehende Passung der Aufgabenschwierigkeit an die in Physikklassen vorhandene Schülerfähigkeit. Dabei gibt es insbesondere bei Klassen im oberen Aufgabenschwierigkeitsbereich z.T. sehr große Unterschiede zwischen Schwierigkeit und Fähigkeit im Sinne einer sehr deutlichen Überforderung der Schülerinnen und Schüler: In solchen Klassen beträgt die durchschnittliche Lösungswahrscheinlichkeit der Lernaufgaben nicht mehr als 8% bis 13%, was bei einer Klassenstärke von durchschnittlich 24 Schülerinnen und Schülern bedeutet, dass die Lernaufgaben durchschnittlich nur von 2 bis 3 Personen gelöst werden. Zu beachten ist dabei, dass es sich um genau dieselben Lernaufgaben handelt, die eine Woche zuvor im Unterricht behandelt worden sind. Es liegt nahe anzunehmen, dass die Kompetenzentwicklung in solchen Klassen durch die Überforderung gebremst wird und dass durch eine bessere Anpassung der Aufgabenschwierigkeit an die Schülerfähigkeit die Überforderung reduziert und dadurch die Kompetenzentwicklung verbessert werden kann.

Vor dem theoretischen Hintergrund des adaptiven Testens und Unterrichtens (vgl. z.B. Leutner, 1992a, 2004; Schrader, 2001; Schwarzer & Steinhagen, 1975; van der Linden, 2005; Weinberg, Hornke & Leutner, 1994) wird in Schabrams zweiter Studie ein Experiment durchgeführt um zu prüfen, welchen Schwierigkeitsgrad Lernaufgaben haben sollten, um den Erwerb und die Entwicklung fachlicher Kompetenzen optimal zu fördern. Zu diesem Zweck bildete die Autorin innerhalb von zwei Schulklassen der gymnasialen 10. Klassenstufe zufällig jeweils drei experimentelle Gruppen, die im Verlauf einer zwölfwöchigen Physikunterrichtsreihe in der vierten und in der achten Woche jeweils eine Unterrichtsstunde lang Lernaufgaben bearbeiteten, deren Rasch-skalierte, über kognitive Anforderungen variierte Aufgabenschwierigkeitsparameter an die ebenfalls Rasch-skalierten Fähigkeitsparameter der einzelnen Schülerinnen und Schüler individuell angepasst waren. Dabei wurden in den drei experimentellen Gruppen drei unterschiedliche Schwierigkeitsgrade realisiert, operationalisiert über die aufgrund der Differenz zwischen Schwierigkeits- und Fähigkeitsparameter individuell zu erwartende Lösungswahrscheinlichkeit der Lernaufgaben (mäßig schwierig: ca. 30%, mittelmäßig schwierig: ca. 50%, leicht: ca. 80% Lösungswahrscheinlichkeit).

Im Ergebnis der Studie ist zunächst festzustellen, dass die innerhalb der drei Gruppen beobachteten Aufgabenlösungswahrscheinlichkeiten den erwarteten Aufgabenlösungswahrscheinlichkeiten weitgehend entsprechen. Im Sinne eines „manipulation check" belegt dies, dass der Autorin die experimentelle Variation der Lernbedingung gelungen ist. In einem Nachtest in der zwölften Woche der Unterrichtsreihe zeigt sich dann, dass der Kompetenzzuwachs gegenüber dem Vortest in der experimentellen Gruppe mit mäßig schwierigen Lernaufgaben positiv und statistisch signifikant größer ist als in den beiden anderen experimentellen Gruppen. Die Effektstärke ist mit $d = 0.79$ (gegenüber der Gruppe mit mittelmäßig schwierigen Aufgaben) und $d = 0.97$ (gegenüber der Gruppe mit leichten Aufgaben) sogar als „groß" zu bezeichnen.

Die Autorin zeigt anhand ihrer Studien, dass die Schwierigkeit der im Physikunterricht eingesetzten Lernaufgaben mit dem von den Schülerinnen und Schülern erreichten Kompetenzniveau nur mäßig korreliert und dass bei Klassen, in denen die Schülerinnen und Schüler durch im Vergleich zu ihrer Kompetenz sehr schwierige Lernaufgaben überfordert werden, die Kompetenzentwicklung deutlich hinter den Erwartungen zurückbleibt. Außerdem weist sie nach, dass die Kompetenzentwicklung gefördert werden kann, wenn die Schwierigkeit der Lernaufgaben individuell an die fachliche Kompetenz der Schülerinnen und Schüler angepasst wird. Dabei sollten die Lernaufgaben mäßig schwierig sein (individuelle Lösungswahrscheinlichkeit ca. 30%), nicht aber mittelschwierig (50%) oder gar leicht (80%). Die Beantwortung der Frage, ob noch schwierigere Lernaufgaben der Kompetenzentwicklung im Sinne einer Überforderung abträglich sind, muss allerdings weiteren Studien vorbehalten bleiben.

Im Gegensatz zu Schabram (2007) konnten Nussbaum und Leutner (1986) zeigen, dass Personen mit individuell adaptierten sehr leichten Aufgaben (ca. 90% Lösungswahrscheinlichkeit) die besten Lernergebnisse erzielten. Allerdings handelt es sich bei Nussbaum und Leutner um das entdeckende Lernen von Aufgaben-lösungsregeln und nicht – wie bei Schabram – um das Üben der Bearbeitung von Aufgaben zu Inhalten, die zuvor im Unterricht behandelt worden sind. Wie es scheint, wird die optimal lernförderliche Schwierigkeit von Lernaufgaben durch den Zweck der Aufgaben moderiert: Sollen die Aufgaben entdeckendes Lernen ermöglichen, ist es von entscheidender Bedeutung, dass das, was gelernt werden soll, mit hinreichender Wahrscheinlichkeit tatsächlich auch entdeckt werden kann. In diesem Fall dürfen die Aufgaben nicht zu schwierig sein – im Gegenteil: Sehr leichte Aufgaben scheinen entsprechend den Befunden von Nussbaum und Leutner zum entdeckenden Lernen besonderes lernwirksam zu sein. Sollen Lernaufgaben aber nicht grundsätzlich Neues entdecken lassen, sondern vorhandenes Wissen und vorhandene Fertigkeiten festigen und erweitern und die zugrunde liegenden Kompetenzen auf ein höheres Niveau führen, dann scheinen – entsprechend den Befunden von Schabram – mäßig schwierige Lernaufgaben besonders lernwirksam zu sein. Betrachtet man derartige mäßig schwierige Lernaufgaben aus Wygotskys Perspektive der „Zone der proximalen Entwicklung" (Wygotsky, 1978), befindet sich die Aufgabenschwierigkeit etwas oberhalb des aktuellen Wissens- und Fähig-keitsniveaus der Schülerinnen und Schüler, so dass die Lernaufgaben eine Heraus-forderung darstellen und eine lernförderliche Wirkung auf die weitere Kompetenz-entwicklung der Schülerinnen und Schüler entfalten können.

Als schulpraktische Implikation kann aus Schabrams Befunden die Schluss-folgerung gezogen werden, dass eine vermehrte Binnendifferenzierung innerhalb der Klasse bzgl. der Passung zwischen optimaler Aufgabenschwierigkeit und indi-viduell vorhandener Schülerfähigkeit notwendig erscheint. Bei solch einer Binnen-differenzierung, bei der die in Schabrams erster Studie beobachtete Überforderung der Schülerinnen und Schüler vermieden werden kann, würden nicht nur leistungs-starke, sondern auch leistungsschwache Schülerinnen und Schüler in gleicher Weise profitieren.

3. Testaufgaben zur Kompetenzmessung in der Physik

Neben Objektivität und Reliabilität hängt die Aussagekraft kompetenzdiagnosti-scher Instrumente entscheidend davon ab, wie zutreffend das zugrunde liegende Kompetenzmodell ist und wie valide der Test zur Erfassung der im Modell postulierten Kompetenzen und Teilkompetenzen ist. Dabei ist die Rolle der Fachinhalte bisher häufig im Unklaren geblieben, ihre Berücksichtigung in Tests wie bei TIMSS und PISA hat Fachdidaktikerinnen und Fachdidaktiker sowie Lehrerinnen und Lehrer bisher oft nicht zufrieden gestellt. Dies betrifft zum einen die Auswahl fachlicher Inhalte, zum anderen aber auch die Interpretation der Ergebnisse. Im Rahmen von Kompetenzdiagnostik wird jedoch der Struktur von Fachinhalten normativ große Bedeutung beigemessen, weshalb eine Berücksichtigung in entsprechenden Tests insbesondere aus fachdidaktischer Perspektive unumgänglich ist. Daraus ergeben sich für die Kompetenzdiagnostik sowohl methodische Fragen als auch Fragen nach lern- und leistungsrelevanten Aspekten der fachlichen Inhaltsstruktur.

Ziel der Studien von Kauertz (2007) ist die Untersuchung der Frage, inwieweit sich die empirisch feststellbare Schwierigkeit der Aufgaben eines curricularvaliden Tests zur Kompetenzmessung in der Physik anhand eines fachdidaktisch begründeten theoretischen Modells beschreiben, erklären und vorhersagen lässt. Dabei handelt es sich um eine Frage, die nicht zuletzt auch durch die internationalen Schulleistungsvergleichsstudien aufgeworfen wurde. Sie wurde bisher aber noch nicht zufriedenstellend beantwortet, weil berechtigte Fragen nach der Auswahl, Bedeutung und Schwierigkeitsstufung der physikalischen Inhalte in den dort eingesetzten Tests in den Fachdidaktiken noch nicht befriedigend geklärt werden konnten (Schecker & Parchmann, 2006). Die Frage nach der nicht nur psychometrisch, sondern insbesondere auch fachdidaktisch überzeugenden Modellierung von Aufgabenschwierigkeit ist darüber hinaus in Deutschland auch von aktueller Relevanz, da die Kultusministerkonferenz Bildungsstandards für das Unterrichtsfach Physik festgelegt hat (KMK, 2004), die einer empirischen Normierung zugeführt werden.

Im Umfeld der TIMS- und PISA-Studien gab es erste Ansätze, die Schwierigkeit naturwissenschaftlicher Testaufgaben anhand von Aufgabenmerkmalen zu modellieren (z.B. Klieme, 2000; Prenzel et al., 2002), wobei der fachlichen Inhaltsstruktur der Aufgabenmengen bisher allerdings nur vergleichsweise wenig Aufmerksamkeit geschenkt worden ist. Vor diesem Hintergrund entwickelte Kauertz (2007) ein fachdidaktisch begründetes „Inhaltsstrukturmodell" für Aufgabenschwierigkeit, welches die Dimensionen „Komplexität", „physikalische Leitidee" und „kognitive Aktivität" umfasst. Die Dimension „Komplexität" unterscheidet dabei sechs Stufen, die von einem einzelnen Inhaltselement ausgehend durch Erhöhen der Anzahl von Elementen und ihre Verknüpfung charakterisiert sind: Ein Element, mehrere Elemente, verbundene Elemente (ein Zusammenhang), mehrere Zusammenhänge und verbundene Zusammenhänge. Die höchste Stufe der Komplexität ist durch sogenannte übergeordnete Konzepte gegeben. Dabei handelt es sich um zentrale (physikalisch) Konzepte wie „Energie" oder „System". Umgekehrt lässt sich diese Stufung als Zerlegung eines Konzepts bis hin zu einzelnen Inhaltselementen beschreiben. Entsprechend charakterisiert die Dimension „physikalische Leitidee" das der Aufgabe zugrunde liegende zentrale Konzept. Aus den Bildungsstandards lassen sich vier solcher zentraler Konzepte begründen: Energie, Materie, Wechselwirkung und System. Ergänzt werden sie durch die Konzepte „Naturwissenschaftliche Arbeitsweisen" und „Formalismus", wobei letzteres explizit die mathematische Modellierung in der Physik repräsentiert. Die dritte Dimension (kognitive Aktivität) charakterisiert schließlich, inwieweit der Aufgabeninhalt den Bearbeitern bekannt ist oder sie gezwungen sind, sich diesen aus den gegebenen Informationen abzuleiten. Dabei wird davon ausgegangen, dass curriculum-gemäß unterrichtete Inhalte von den Schülerinnen und Schülern lediglich „erinnert" werden müssen, strukturell ähnliche Inhalte „strukturiert" und im Curriculum nicht vorgesehene Inhalte „exploriert" werden müssen.

Dieses „Inhaltsstrukturmodell" wird dann mit einem „Aufgabendesignmodell" kontrastiert, in dem eher formale, nicht-inhaltsgebundene Schwierigkeitsfaktoren wie Aufgabenformat, Position im Testheft und Abstand zwischen Lern- und Testzeitpunkt thematisiert werden. Die im Inhaltsstrukturmodell zusammengefassten Schwierigkeitsfaktoren definieren Anforderungen, denen auf Seiten der Schülerinnen und Schüler durch spezifische physikbezogene Kompetenzen oder Teilkompetenzen entsprochen werden kann. Dies gilt offensichtlich nicht für die im Aufgabendesignmodell zusammengefassten Schwierigkeitsfaktoren: Diese definieren Anforderungen, denen Schülerinnen und Schüler nur durch sehr allgemeine Dispositionen entsprechen können wie z.B. Testerfahrung (bezüglich des Schwierigkeitsfaktors „Aufgabenformat"), Ausdauer (bezüglich „Position im Testheft") oder Erinnerungsvermögen („Abstand zwischen Lern- und Testzeitpunkt"). Das Inhaltsstrukturmodell hat damit einen unmittelbaren Bezug zu einem Kompetenzmodell: Es definiert in spezifischer Weise die für eine erfolgreiche Bearbeitung der Aufgaben erforderlichen physikbezogenen Kompetenzen. Demgegenüber hat das Aufgabendesignmodell keinen unmittelbaren Bezug zu einem Kompetenzmodell: Es beschreibt lediglich formale Aufgabenmerkmale; diese spielen im Rahmen von Kompetenzmessung zwar keine theoretisch bedeutsame Rolle, können jedoch den Messprozess mit beeinflussen.

Um zu prüfen, ob das Inhaltsstrukturmodell Schwierigkeitsunterschiede zwischen Aufgaben besser erklärt als das Aufgabendesignmodell, wurden insgesamt 120 Physiktestaufgaben entwickelt, die sich anhand beider Modelle ausgewogen klassifizieren lassen. Anhand eines Multiple-Matrix-Designs wurden mit verankerten Testheften Daten von 594 Personen erhoben, wobei mindestens 70 Personen auf eine Aufgabe kamen. Die Daten erwiesen sich als zufriedenstellend Rasch-skalierbar. Varianzanalysen mit den Schwierigkeitsparametern der Items als abhängiger Variable und den im Inhaltsstruktur- und im Aufgabendesignmodell postulierten Schwierigkeitsfaktoren belegen, dass das Inhaltsstrukturmodell (bei Einbeziehung von Komplexität und Leitidee als Prädiktoren $R^2 = .31$) insgesamt deutlich mehr Varianz der Schwierigkeitsparameter der Testaufgaben bindet als das Aufgabendesignmodell (je nach Einbeziehung von Prädiktoren $.10 < R^2 < .21$). Das Inhaltsstrukturmodell erweist sich damit als ein ökonomisches, erklärungsmächtiges Modell, das die Aufgabenschwierigkeit vorhersagen kann. Dabei binden die Faktoren „Komplexität" (partielles $R^2 = .23$) und „Leitidee" (partielles $R^2 = .12$) erhebliche und statistisch signifikante Anteile der Varianz der Aufgabenschwierigkeit, während der Faktor „kognitive Aktivität" nicht signifikant bleibt. Zu beachten ist allerdings, dass sich beim statistisch signifikanten Faktor „Komplexität" die theoretisch postulierte Komplexitätsstruktur nur ansatzweise in der empirischen Struktur der Aufgabenschwierigkeit widerspiegelt.

Die von Kauertz vorgelegten Analysen zeigen, dass die empirisch feststellbare Schwierigkeit von Physikaufgaben anhand eines theoretischen Modells vorhergesagt werden kann, bei dem die fachdidaktisch über Leitideen und Komplexität beschreibbaren inhaltlichen Komponenten der Aufgaben eine maßgebliche Rolle spielen, während eher kognitionspsychologisch beschreibbare Komponenten (hier: kognitive Aktivitäten) und eher formale Aufgabeneigenschaften (hier: Aufgabenformat, Position im Testheft und Abstand zwischen Lern- und Testzeitpunkt) deutlich weniger von Belang sind. Dabei handelt es sich um eine Erkenntnis, die nicht nur für die Physikdidaktik, sondern auch für die Allgemeine Didaktik und die Lehr-Lernpsychologie bedeutsam ist und darüber hinaus Implikationen für kompetenzdiagnostische Problemstellungen bei Large-Scale-Assessments und Bildungsmonitoring haben dürfte.

Aus der Überlegenheit des Inhaltsstrukturmodells kann der Vorschlag gerechtfertigt werden, bei der Konstruktion von Tests zur Diagnose von Physikkompetenz die Inhaltstruktur der Lösung im Hinblick auf Leitidee und Komplexität zunächst theoretisch detailliert zu analysieren und dann gezielt zu implementieren. Die bei der theoretischen Analyse gewonnen Erkenntnisse dienen als gute Richtlinie für die zu erwartende Schwierigkeit der Testaufgaben. Zu beachten ist allerdings, dass sich die Aufgabenschwierigkeit nicht für alle Leitideen in gleicher Weise beschreiben, erklären und vorhersagen lässt, sondern im Hinblick auf jede Leitidee eine andere Qualität hat. Diese andere Qualität ergibt sich, wie bei Kauertz (2007) ausführlich begründet, aus einer für die Leitidee spezifischen Kombination von Inhaltselementen. Die Basiskonzepte der Standards für den mittleren Schulabschluss der KMK (2004) können also tatsächlich unterschiedliche Qualitäten von Kompetenz darstellen, wenn sie, wie bei Kauertz geschehen, als Leitideen verstanden werden.

Wie auch bei Schabram (2007) haben die Untersuchungen von Kauertz praktische Erträge, in diesem Fall zunächst für die Testentwicklung. So objektiviert die Aufgaben-Konstruktionsanleitung die Erzeugung oder Auswahl von Aufgaben für den zu entwickelnden Test, indem sie notwendige Merkmale der Aufgaben im Vorhinein festlegt und ihr Einbringen in den Aufgabentext durch Indikatoren festschreibt. Es ist anzunehmen, dass die so systematisierte Aufgabenkonstruktion schneller zu brauchbaren Aufgaben führt als eine unsystematisierte Vorgehensweise, da mehrere Personen sehr ähnliche Aufgaben erzeugen können. Zudem ist die Aufgabenkonstruktion systematisch erweiterbar, indem zum Beispiel themenbezogene Textbausteine für die Aufgabenkonstruktion zur Verfügung gestellt werden können. Außerdem können die Aufgabenmerkmale, deren Einfluss auf die Aufgabenschwierigkeit nachgewiesen ist, systematisch für die Erzeugung unterschiedlich schwieriger Aufgaben genutzt werden, was wiederum auch für das Design und die Auswahl von Lernaufgaben relevant ist.

4. Zusammenfassende Diskussion

Studien wie die von Schabram (2007) und Kauertz (2007) sind Beispiele für dringend erforderliche Grundlagenforschung zu Kompetenzmodellen, anhand derer die Schwierigkeit von Aufgaben beschrieben, erklärt und vorhergesagt werden kann – und dies nicht nur post-hoc, wie es bisher noch typisch ist für Arbeiten im Umfeld der internationalen Large-Scale-Assessments, sondern apriori, bevor die ersten Daten erhoben worden sind und bevor alle diejenigen Aufgaben aus dem Datenpool eliminiert werden, die mit dem verwendeten Testmodell nicht kompatibel sind (vgl. Klieme & Leutner, 2006, zu den aktuellen Problemen der Kompetenzmodellierung). Es ist davon auszugehen, dass derartige Modelle sich sowohl kognitionspsychologischer als auch fachdidaktischer Konstrukte bedienen müssen. Dabei ist dann im Einzelfall empirisch zu klären, welche Konstrukte in welcher Weise geeignet sind, die Struktur der Aufgabenanforderungen – und damit auch die Struktur der für eine erfolgreiche Aufgabenbearbeitung erforderlichen Kompetenzen – zu erklären. Dabei kann nicht erwartet werden, dass einzelne Wissenschaftler oder Wissenschaftlerinnen die drängenden Fragen allein beantworten werden, da sie in aller Regel ihrer jeweiligen fachlichen Herkunft verhaftet sind und die Dinge durch ihre eigene fachliche Brille betrachten und untersuchen werden.

Was die hier vorgestellten Studien betrifft, ist die fachliche Ausrichtung der Forschung gut zu erkennen: Schabram (2007) näherte sich dem Problem der Aufgabenschwierigkeit aus primär instruktionspsychologischer, Kauertz (2007) aus primär physikdidaktischer Perspektive. Im Kontext der Essener Forschergruppe und des Essener Gaduiertenkollegs „Naturwissenschaftlicher Unterricht" fällt es beiden aber vergleichsweise leicht, über den Tellerrand der eigenen Disziplin hinauszuschauen und die Forschung der jeweils anderen Disziplin mit einzubeziehen. Weitere Forschung ist jedoch erforderlich, um beide Ansätze zur Modellierung von Aufgabenschwierigkeit noch weiter zusammenzuführen und so z.B. zu klären, ob die von den Autoren entwickelten Modelle durch eine noch engere interdisziplinäre Verzahnung profitieren können. Ziel muss es dabei sein, die Qualität von Aufgaben so weit zu verbessern, dass sie – wie eingangs in Anlehnung an *DIN EN ISO 9000* erläutert – spezifizierten Anforderungen entsprechen. Für Testaufgaben bedeutet dies, dass sie als Elemente eines Tests möglichst effizient, präzise und fair die durch Unterricht erreichten und erreichbaren Kompetenzen und Teilkompetenzen von Schülerinnen und Schülern erfassen. Für Lernaufgaben, die sich in ihrer Aufmachung und Art nicht grundsätzlich von Testaufgaben unterscheiden müssen, bedeutet die Forderung nach Qualität, dass sie auf Seiten der Schülerinnen und Schüler erfolgreich Lernprozesse in Gang setzen, damit die durch Unterricht erreichbaren Kompetenzen und Teilkompetenzen tatsächlich auch erreicht werden.

Literatur

Anderson, L.W., Krathwohl, D.R., Airasian, P.W., Cruikshank, K.A., Mayer, R.E., Pintrich, P.R., Raths, J. & Wittrock, M.C. (Eds.). (2001). A taxonomy for learning, teaching, and assessing: a revision of Bloom's taxonomy of educational objectives. New York: Longman.

Baumert, J., Kunter, M., Brunner, M., Krauss, S., Blum, W. & Neubrand, M. (2004). Mathematikunterricht aus Sicht der PISA-Schülerinnen und -Schüler und ihrer Lehrkräfte. In M. Prenzel, J. Baumert, W. Blum, R. Lehmann, D. Leutner, M. Neubrand, R. Pekrun, H.-G. Rolff, J. Rost & U. Schiefele (Hrsg.), PISA 2003. Der Bildungsstand der Jugendlichen in Deutschland – Ergebnisse des zweiten internationalen Vergleichs (314-254). Münster: Waxmann.

Bybee, R.W. (1997). Toward an understanding of scientific literacy. In W. Gräber & C. Bolte (Eds.), Scientific literacy (pp. 37-68). Kiel, Germany: IPN.

Ditton, H. (2006). Unterrichtsqualität. In K.-H. Arnold, U. Sandfuchs & J. Wiechmann (Hrsg.), Handbuch Unterricht (235-243). Bad Heilbrunn: Klinkhardt.

Fischer, H.E. (1998). Scientific literacy und Physiklernen. Zeitschrift für Didaktik der Naturwissenschaften, 4(2), 41-52.

Fischer, H.E. (2001). Einführung in die Konstruktion und Bewertung von Physikaufgaben zur Verbesserung des Physikunterrichts. In C. Burkhard, H.-H. Weiß & D. Meyer (Hrsg.), Qualitätsentwicklung und Qualitätssicherung von Unterricht in der Sekundarstufe I (37–53). Soest: Landesinstitut für Schule und Weiterbildung.

Fischer, H.E. & Draxler, D. (2002). Unterrichtspraxis: Konstruktion und Bewertung von Physikaufgaben. In E. Kircher (Hrsg.), Physikdidaktik in der Praxis (300-322). Berlin: Springer.

Fischer, H. E., Klemm, K., Leutner, D., Sumfleth, E., Thiemann, R. & Wirth, J. (2005). Framework for empirical research on science teaching and learning. Journal of Science Teacher Education, 16, 309-349.

Gall, M.D. & Rhody, T. (1987). Review of research on questioning techniques. In W.W. Wilen (Ed.), Questions, questioning techniques, and effective teaching (pp. 23-48). Washington, D.C: National Education Association.

Hamaker, C. (1986). The effects of adjunct questions on prose learning. Review of Educational Research, 56, 212-242.

Kauertz, A. (2007). Schwierigkeitserzeugende Merkmale physikalischer Leistungstestaufgaben (Naturwiss. Dissertation). Essen: Fachbereich Physik der Univ. Duisburg-Essen.

Kauertz, A. & Fischer, H. E. (2006). Assessing students' level of knowledge and analysing the reasons for learning difficulties in physics by Rasch analysis. In X. Liu & W. Boone (Hrsg.), Applications of Rasch measurement in science education (pp. 212-246). Maple Grove, MA: Jam Press.

Klauer, K.J. & Leutner, D. (2007). Lehren und Lernen. Einführung in die Instruktionspsychologie. Weinheim: Beltz-PVU.

Klieme, E. (2000). Fachleistungen im voruniversitären Mathematik- und Physikunterricht: Theoretische Grundlagen, Kompetenzstufen und Unterrichtsschwerpunkt. In J. Baumert, W. Bos & R. Lehmann (Hrsg.), TIMSS/III, 2, (57-128). Opladen: Leske + Budrich.

Klieme, E. & Leutner, D. (2006). Kompetenzmodelle zur Erfassung individueller Lernergebnisse und zur Bilanzierung von Bildungsprozessen. Beschreibung eines neu eingerichteten Schwerpunktprogramms der DFG. Zeitschrift für Pädagogik, 52, 876-903.

KMK [Ständige Konferenz der Kultusminister der Länder der Bundesrepublik Deutschland] (2004). Bildungsstandards im Fach Physik für den mittleren Schulabschluss. Abgerufen am 11.02.2006 unter http://www.kmk.org/schul/Bildungsstandards/Physik_MSA16-12-04.pdf.

Kunter, M., Dubberke, T., Baumert, J., Blum, W., Brunner, M., Jordan, A., Klusmann, U., Krauss, S., Löwen, K., Neubrand, M. & Tsai, Y.-M. (2006). Mathematikunterricht in den PISA-Klassen 2004: Rahmenbedingungen, Formen und Lehr-Lernprozesse. In PISA-Konsortium Deutschland (Hrsg.), PISA 2003. Untersuchungen zur Kompetenzentwicklung im Verlauf eines Schuljahres (S. 161-194). Münster: Waxmann.

Leutner, D. (1992a). Adaptive Lehrsysteme. Instruktionspsychologische Grundlagen und experimentelle Analysen. Weinheim: Beltz-Psychologie Verlags Union.

Leutner, D. (1992b). Das Testlängendilemma in der lernprozeß-begleitenden Wissensdiagnostik. Zeitschrift für Pädagogische Psychologie, 6, 233-238.

Leutner, D. (1993). Das gleitende Testfenster als Lösung des Testlängendilemmas: Eine Robustheitsstudie. Zeitschrift für Pädagogische Psychologie, 7, 33-45.

Leutner, D. (2004). Instructional-design principles for adaptivity in open learning environments. In N.M. Seel & S. Dijkstra (Eds.), Curiculum, plans and processes of instructional design: international perspectives (pp. 289-307). Mahwah, NJ: Lawrence Erlbaum.

Leutner, D., Orth, G. & Peek, R. (Hrsg.). (2007). Landesweite Lernstandserhebungen in NRW: Herausforderungen, Lösungsansätze, Perspektiven. Münster: Waxmann (in Vorbereitung).

Levin, A. (2005). Lernen durch Fragen. Münster: Waxmann.

Neumann, K., Fischer, H. E., Kauertz, A., Lau, A. & Notarp, H. (2007). Die Modellierung physikalischer Kompetenz und ihrer Entwicklung. Zeitschrift für Didaktik der Naturwissenschaften (im Druck).

Nußbaum, A. & Leutner, D. (1986). Entdeckendes Lernen von Aufgabenlösungsregeln unter verschiedenen Anforderungsbedingungen. Zeitschrift für Entwicklungspsychologie und Pädagogische Psychologie, 18, 153-164.

Prenzel, M., Häußler, P., Rost, J. & Senkbeil, M. (2002). Der PISA Naturwissenschaftstest: Lassen sich die Aufgabenschwierigkeiten vorhersagen? Unterrichtswissenschaft, 30, 120-135.

Renkl, A. (1991). Die Bedeutung der Aufgaben- und Rückmeldungsgestaltung für die Leistungsentwicklung im Fach Mathematik. Heidelberg: Universität.

Schabram, K. (2007). Lernaufgaben im Unterricht: Instruktionspsychologische Analysen am Beispiel der Physik (Phil. Dissertation). Essen: Fachbereich Bildungswissenschaften der Univ. Duisburg-Essen.

Schecker, H. & Parchmann, I. (2006). Modellierung naturwissenschaftlicher Kompetenz. Zeitschrift für Didaktik der Naturwissenschaften, 12, 45-66.

Schrader, F.W. (2001). Diagnostische Kompetenz von Eltern und Lehrern. In D.H. Rost (Hrsg.), Handwörterbuch Pädagogische Psychologie (2. Aufl., 68-71). Weinheim: Psychologie Verlags Union.

Schwarzer, R. & Steinhagen, K. (1975). (Hrsg.). Adaptiver Unterricht. Zur Wechselwirkung von Schülermerkmalen und Unterrichtsmethoden. München: Kösel.

Seel, N.M. (1981). Lernaufgaben und Lernprozess. Stuttgart: Kohlhammer.

Van der Linden, W. (2005). A comparison of item selection methods for adaptive Tests with content constraints. Journal of Educational Measurement, 42, 283-302.

Weinberg, I., Hornke, L.F. & Leutner, D. (1994). Adaptives Testen und Lernen – Effekte von Rückmeldungen unterschiedlichen Informationsgehaltes. In K. Pawlik (Hrsg.), 39. Kongress der Deutschen Gesellschaft für Psychologie (Abstracts, Band II; 780). Hamburg: Psychologisches Institut I der Universität.

Wygotsky, L.S. (1978). Mind in society: The development of higher psychological processes. Cambridge, MA: Harvard University Press.

Lutz Stäudel & Rita Wodzinski, Kassel

Aufgaben als Katalysatoren im Lernprozess am Beispiel Naturwissenschaften

Aufgaben waren, abgesehen von *Berechnungs*aufgaben im Physikunterricht oder *Beobachtungs*aufgaben in der Biologie, in der Vergangenheit eher Stiefkinder des naturwissenschaftlichen Unterrichts. Durch TIMSS, SINUS und PISA wurde die Aufmerksamkeit von Fachdidaktik, Lehrerausbildung, Unterrichtsentwicklung und empirischer Unterrichtsforschung auf dieses inzwischen als ausgesprochen wirkmächtig eingeschätzte Element der Gestaltung von Lernsituationen fokussiert. Der Beitrag will einen Eindruck vermitteln sowohl von der Vielgestaltigkeit möglicher Aufgaben für den naturwissenschaftlichen Unterricht, vom Potenzial dieses Formats für das Lernen wie auch von den Problemen auf dem Weg zu einer entwickelten Aufgabenkultur.

1. Merkmale: Kognitiv anspruchsvoll und motivierend

Erste Hinweise darauf, welche Richtung die „Weiterentwicklung der Aufgaben-kultur" einschlagen sollte, gab die sogenannte Baumert-Expertise, in Auftrag gegeben von der Bund-Länder-Kommission zur Vorbereitung der SINUS-Modellversuche (BLK, 1997). Im gleichnamigen Modul wird neben der durch Aufgaben zu erzielenden Motivation der Lernenden und der „Konsolidierung und Übung des erworbenen Wissens" insbesondere die Erarbeitung „von neuem Stoff im (…) Unterricht" (ebenda, 88) genannt; damit rückt die *Lernaufgabe* in den Mittelpunkt des Interesses. Damit sie beitragen kann zur Ablösung der „Engführung der Erarbeitung des neuen Stoffs im fragend-entwickelnden Unterrichtsgespräch" (ebenda, S. 89), sollte sie aber einer Reihe von anspruchsvollen Bedingungen genügen:

> *„Um zu einer größeren methodischen Variabilität zu kommen, sollten (…) Aufgabentypen entwickelt und erprobt werden, die mehrere Vorgehensweisen und unterschiedliche Lösungsmöglichkeiten zulassen oder geradezu anbieten. (…) Ziel ist es, Schülerinnen und Schüler auf unterschiedlichen Kompetenzniveaus anzuregen, ihnen zugängliche Lösungen zu finden, die dann im Unterricht vergleichend analysiert werden könnten."* (ebenda, 89)

Die gleichzeitig geführte Debatte um die konstruktivistische Sicht auf das Lernen führte dazu, dass sich bald eine schlagwortartige Attribuierung der zu entwickelnden Aufgaben herauskristallisierte: Sie sollten *motivierend, kognitiv anregend und ergebnisoffen* sein. (Blum & Neubrand, 1998)

Während der Mathematikunterricht an eine umfängliche Tradition der Unterrichtsgestaltung mit Aufgaben anknüpfen konnte – hier ging es hauptsächlich um eine Verlagerung der Akzente von der wiederholten Anwendung des gleichen Algorithmus auf leicht variierende Fragestellungen hin zu Aufgaben mit Modellierungscharakter (Büchter & Leuders, 2005, 16ff.) –, stellte die Entwicklung solcherart charakterisierter Aufgaben für die Naturwissenschaftsdidaktiken eine Herausforderung ganz neuer Art dar. Ein Beispiel soll dies veranschaulichen.

Eine klassische Mathematikaufgabe könnte fragen, welches Volumen ein kugelsymmetrisch gebauter Gasbehälter bei gegebenem Durchmesser beinhaltet; vom Schüler gefordert sind Kenntnis und Anwendung der Formel zur Berechnung eines Kugelvolumens.

In ihrer veränderten Gestalt – motivierend, kognitiv anregend und ergebnisoffen – kommt sie, inzwischen mit hohem Bekanntheitsgrad, als *Ballonaufgabe* daher: Die Schüler werden mit einem Foto konfrontiert, das einen Extremfallschirmspringer zeigt, der auf einem Heißluftballon gelandet ist. (Herget, 1998) Aufgabe der Lernenden ist es, eine Abschätzung des Ballonvolumens vorzunehmen. Zur Lösung dieser prototypischen Modellierungsaufgabe muss Mehreres gefunden und zusammengefügt werden: Zum einen muss ein berechenbarer, regelmäßiger geometrischer Körper oder eine Kombination mehrerer solcher Körper als Annäherung an die Form des Ballons ins Kalkül gezogen werden, zum anderen muss die Notwendigkeit für einen Maßstab wahrgenommen werden, praktisch realisiert durch den Vergleich der angenommenen Körpergröße des Sportlers mit der Ausdehnung des Ballons.

Wie lässt sich ein solcher Ansatz auf den naturwissenschaftlichen Unterricht übertragen? Wie könnten entsprechende Aufgaben konkret aussehen? Aus der Vielzahl der inzwischen entwickelten Vorschläge soll hier einer vorgestellt werden, der betreffend möglicher Lösungsansätze eine deutliche Ähnlichkeit mit der Ballonaufgabe aufweist.

Bei der „Regenwaldaufgabe" (Stäudel, 2004, 83ff.) wird den Lernenden das sprachlich oft verwendete Bild des „Regenwalds als grüner Lunge der Erde" vorgelegt. Ihre Aufgabe besteht darin zu prüfen, ob die mit dem Ausdruck *Grüne Lunge* assoziierte Bedeutung des Regenwalds als Sauerstoffproduzent zutreffend ist oder nicht. Zur Unterstützung erhalten die Schüler einen Informationstext, der u.a. darauf eingeht, dass speziell die mittelamerikanischen Regenwälder auf dem meist steinigen Untergrund praktisch keine Humusschichten ausbilden, sondern alle durch biologischen Abbau freigesetzten Mineralstoffe sofort wieder durch neues Pflanzenwachstum absorbieren.

Zur Lösung müssen die Schülerinnen und Schüler auch hier verschiedene Informationen als zielführend identifizieren und schließlich in geeigneter Weise zusammenfügen. Basis ist zum einen die Aktivierung von Vorwissen, hier der Fotosynthese-Gleichung, zum anderen die Informationsentnahme aus einem komplexen Text, eine Leistung im Sinne domänenspezifischer Lesefähigkeit.

Die Identifizierung der Fotosynthesegleichung als Grundlage der weiteren Überlegungen ist vergleichsweise einfach: Sauerstoff, der von Menschen und Tieren zur Aufrechterhaltung der Stoffwechselprozesse benötigt wird, wird praktisch ausschließlich durch pflanzliche Aktivität freigesetzt, angetrieben durch die Energie des Sonnenlichts:

$$6 \, CO_2 + 6 \, H_2O \rightarrow C_6H_{12}O_6 + 6 \, O_2$$

Weitaus schwieriger ist die problemangemessene Interpretation der Fotosynthesegleichung. Während dabei meist eine qualitative Sicht im Vordergrund steht – aus Kohlenstoffdioxid und Wasser werden mit Hilfe der grünen Blattfarbstoffe im Licht Zucker und Sauerstoff –, ist hier eine quantitative Betrachtung gefragt. Aber auch hier gibt es eine nicht unbeträchtliche Hürde, denn üblicherweise steht die Äquivalenz der beiden Seiten, also von Edukten und Produkten im Vordergrund, während es im hier diskutierten Zusammenhang nur auf die Produktseite ankommt: In sehr spezieller Lesart lässt sich folgern, dass Sauerstoff stets im gleichen Maß gebildet wird, wie Zucker entsteht.

Weil der entstehende Zucker als Synonym für gebildete Biomasse stehen kann und weil weiterhin bekannt ist, dass der Regenwald ein nach außen hin statisches System darstellt, das eben gerade keinen Biomassezuwachs verzeichnet, kann der tropische Regenwald auch kein Netto-Sauerstoff-Produzent sein! (Dies schmälert allerdings in keiner Weise seine Bedeutung für die Klimaregulation, für Artenvielfalt und als schützenswerter Lebensraum für vom Aussterben bedrohte Ethnien.)

Eine erste Reflexion

Aufgaben wie die vorgestellte entsprechen zwar in hohem Maß den bei PISA entwickelten Kriterien, indem vorzugsweise Verständnis gefragt ist und weniger Faktenwissen, indem eine Fragestellung aus einem Kontext heraus entwickelt wird und indem es um die strukturiert-kreative Verknüpfung verschiedener Instrumente und Modelle geht (Hammann, 2006, 167ff.); andererseits weiß jede Lehrerin, jeder Lehrer mit elementaren Praxiserfahrungen bereits, dass diese Aufgabe (ohne Hilfen) nur von den wenigen besonders interessierten Schülern gelöst werden kann, die zudem über gut entwickelte Kompetenzen in unterschiedlichsten Feldern verfügen. Wenn das drängendste Problem des naturwissenschaftlichen Unterrichts aber darin besteht, dass fast ein Drittel der Schülerinnen und Schüler am Ende der Mittelstufe kaum die unterste Stufe der Kompetenzleiter (Deutsches PISA-Konsortium 2001) erklommen hat und von einer soliden naturwissenschaftlichen Grundbildung auch sonst kaum gesprochen werden kann, dann kann es nicht zuerst und gewiss nicht allein um Aufgaben dieses Zuschnitts gehen. Was also tun?

Bevor zum Ende des Beitrags, sozusagen zur Versöhnung mit dem aufgeworfenen Problem, noch ein Lösungsansatz in Form eines speziellen Aufgabenformats, der Aufgaben mit gestuften Hilfen, vorgestellt wird, soll hier zunächst die Ausgangsfrage nach der möglichen Funktion von Aufgaben modifiziert und auf die Praxis des naturwissenschaftlichen Unterrichts heruntergebrochen werden.

2. Mit Aufgaben Unterricht gestalten

Aufgaben als Element der methodischen Gestaltung von Unterricht setzen primär an der kritisierten Praxis des fragend-entwickelnden Verfahrens an. Dieses in der Vergangenheit besonders von Erfahrungen als (ehemalige) Schüler/innen und in den Studienseminaren beförderte Unterrichtsskript hat unzweifelhaft den Vorzug, dass eine Unterrichtsstunde stets zu einem glücklichen Ende findet, nachdem ein Spannungsbogen aufgebaut und wieder abgearbeitet worden ist. Weil man für diese Art der Unterrichtsdramaturgie aber nur wenige Akteure braucht und auch, weil der Umfang möglicher Aktivitätsanteile auf Schülerseite praktisch sehr begrenzt ist, gilt der Lehr-Erfolg keineswegs gleichzeitig als Lern-Erfolg: Wer nicht mitkommt, versucht sich wegzuducken, wegen der latenten Bewertungssituation meldet man sich nur dann, wenn man sicher ist, das richtige Stichwort zu kennen usw. Dies gilt auch dann, wenn statt von einem fragend-entwickelnden Vorgehen von einem for- schend-entwickelnden Unterrichtsgang (Schmidkunz & Lindemann, 1999) die Rede ist, der dem Experiment eine wichtige Rolle für den Lernprozess zuschreibt.

Vor diesem Hintergrund hat Josef Leisen (Leisen, 2001, 401ff.) schon früh die Rolle von Aufgaben für eine veränderte Unterrichtsdramaturgie herausgestellt (s. Abbildung 1).

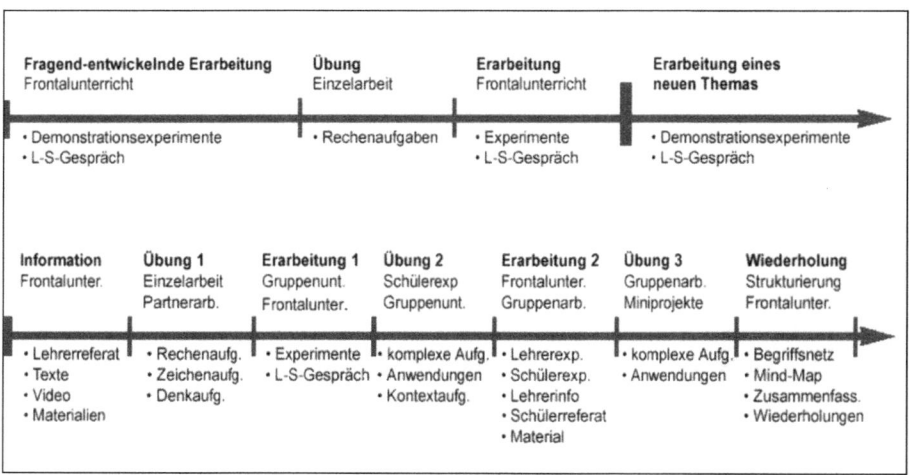

Abb. 1: Herkömmliche versus Aufgaben-orientierte Unterrichtsdramaturgie

Anschaulich zeigt er, wie durch eine Vielzahl unterschiedlichster Aufgaben, meist mit zeitlich eher geringem Umfang, eine grundlegende Umverteilung der Aktivi- täten von Lehrkraft und Lernenden erreicht werden kann. Dabei zählt er klassische „Rechenaufgaben", bei denen etwa gegebene oder ermittelte Werte im Physikunter- richt umgeformt werden müssen, ebenso zu seinem Repertoire wie „Denkauf- gaben", „Anwendungsaufgaben" oder „Kontextaufgaben" (vgl. die untere Hälfte der Abbildung). Dem Lehrer-Schüler-Gespräch kommt in diesem Szenario jetzt eine veränderte aber inhaltlich gut begründete Rolle zu, nämlich die, Ergebnisse von Schülerseite aufzunehmen, zu diskutieren, sie zu würdigen und neue Impulse zu geben.

Leisen bietet zur Gestaltung entsprechender Aufgaben einen ganzen Kasten voller Werkzeuge an, nämlich die sogenannten Methodenwerkzeuge (Leisen, 1999), die sich inzwischen großer Beliebtheit bei vielen Lehrkräften erfreuen. Die etwa 40 Kleinmethoden eignen sich unterschiedlich gut für Einzel- und Kleingruppenarbeit, teilweise auch für die Arbeit mit der ganzen Klasse. Wie damit Aufgaben in ganz praktischen Dimensionen gestaltet werden können, soll an drei Methodenwerkzeugen gezeigt werden.

1. Beispiel: Wissen organisieren mit dem Kärtchentisch

Die Lernenden erhalten einen Satz von Kärtchen, die Abbildungen zeigen oder Begriffe tragen. Aufgabe der Schüler/innen ist es, diese Kärtchen in eine sinnvolle Ordnung zu bringen. So kann am Ende einer Unterrichtseinheit zur Elektrizität ein Kärtchentisch in der Weise eingesetzt werden, dass die Größen Spannung, Stromstärke, Widerstand usw. als Begriffe auf Kärtchen stehen, des weiteren die Einheiten Volt, Ampere, Ohm, dann die zugehörigen Symbole, dann Messgeräte, die man zur Ermittlung der jeweiligen Größen benutzen kann, und schließlich ein je typischer Anwendungszusammenhang. Man erkennt schnell, dass es hier um Festigung von bereits erarbeitetem Wissen geht.

Auch wenn im Biologieunterricht die Fressbeziehungen im Biotop Wald (Stamme, 2003, 90ff.) erarbeitet werden sollen, kann hierzu ein Kärtchentisch eingesetzt werden. Vorgegebene Kärtchen mit Tiernamen, wie Uhu, Maus, Specht, Fuchs, sowie mit Namen von Pflanzen und Pflanzenteilen können durch von den Schülerinnen und Schülern selbst beschriftete Kärtchen ergänzt und – verbunden durch Pfeile – zu einer Art Beziehungsnetz strukturiert werden. Hier wird Vorwissen aktiviert, die Herausbildung eines mentalen Modells wird durch die Ordnung von Realobjekten unterstützt, Wissen wird organisiert und neu entwickelt. In ganz ähnlicher Weise können Methodenwerkzeuge wie Mindmap, Strukturdiagramm oder Flussdiagramm eingesetzt werden (Hepp, 2003, 38).

2. Beispiel: Fachsprache sichern mit Memory oder Domino

Der spielerische Umgang mit einem Memory ist fast allen Schülern in guter Erinnerung. Entsprechend aufgeschlossen sind sie in der Regel, wenn ihnen ein Memory im Fachzusammenhang etwa zur Sicherung von Fachbegriffen angeboten wird.

Im einfachsten Fall können dies Instrumente und Gerätschaften eines Faches sein, etwa von Laborgeräten in der Chemie: Auf der einen Kärtchensorte sind die Gegenstände abgebildet, auf der anderen die zugehörigen Bezeichnungen. Ähnliches lässt sich mit Gefahrensymbolen und deren Bedeutung, mit Elementsymbolen und entsprechenden Namen usw. realisieren (Akademie Dillingen, 2004).

Kombiniert man je ein Bild und eine (andere) Bezeichnung, dann lässt sich zum gleichen Inhalt ein mehr oder weniger umfangreiches Domino gestalten und spielen.

Methodenwerkzeuge wie diese dienen ganz offensichtlich der Übung. Einen zusätzlichen Reiz können sie dann entfalten, wenn sie von den Lernenden selbst gestaltet oder zumindest vorbereitet werden.

3. Beispiel: Übersetzungsleistungen provozieren bei der Stillen Post

Zweck dieses Ansatzes ist das Üben des in den Naturwissenschaften regelmäßig erforderlichen Wechsels von Darstellungsformen: Text, Grafik, Formel, Tabelle, Mindmap, Bildfolge usw. Gegenstand der Stillen Post kann jeder Inhalt sein, der solche unterschiedlichen Darstellungen zulässt. Eine Anwendung aus dem Chemieunterricht betrifft einfache Molekülverbindungen der Organischen Chemie: Die erste Gruppe erhält den Molekülnamen und findet dazu die entsprechende Formel, die zweite baut mit Hilfe eines Molekülbaukastens das Molekülmodell, die nächste beschreibt dieses Modell durch einen kurzen Text und die letzte = erste Gruppe kontrolliert, ob die Information auf diesem langen Weg unverfälscht angekommen ist. So können in einem Set von drei Kleingruppen drei Begriffe kreisen, mit Spaß und gelegentlich auch großer Anstrengung (Freiman & Schlieker, 2001, 50).

3. Mit Aufgaben Unterricht akzentuieren

Der Vergleich der kürzlich für Deutschland verabschiedeten Standards für den mittleren Bildungsabschluss (KMK, 2004) mit der Praxis zeigt, dass die für die naturwissenschaftlichen Fächer beschriebenen Kompetenzfelder keineswegs im wünschenswerten Umfang verankert sind; noch immer führen die im Vergleich zum Feld *Fachwissen* jetzt aufgewerteten Bereiche *Erkenntnisgewinnung*, *Kommunikation* und *Bewertung* eine randständige Existenz. Aufgaben sind auch hier ein geeignetes Mittel, um Abhilfe zu schaffen.

Je nach Zielrichtung können Aufgaben so zugeschnitten werden, dass sie ganz spezifisch für wichtig erachtete Kompetenzen herausfordern und entwickeln helfen. Einige mögliche Zuspitzungen können hier allerdings nur skizzenhaft vorgestellt werden.

Um etwa die Entwicklung im *Kompetenzbereich Kommunikation* zu fördern, können Aufgaben eingesetzt werden, bei denen es gezielt um die Informationsentnahme aus Texten geht oder um die „Übersetzung" von Informationen oder Daten aus einer Darstellungsform in eine andere, etwa aus einem Text in eine Tabelle oder eine Skizze, aus einer Abbildung in einen Text oder aus einer Datenmenge in einen Graphen. (Stäudel, 2006) Eine so angelegte Unterstützung der domänenspezifischen Lesefähigkeit ist auch Grundlage für die (spätere) Bearbeitung komplexerer Aufgaben im jeweiligen Fach.

Ähnlich lassen sich Aufgaben für das *Kompetenzfeld Erkenntnisgewinnung* konzipieren, etwa indem man die Lernenden mit dem Ergebnis eines Experiments konfrontiert und sie die Linie hin zu den Schlussfolgerungen rekonstruieren lässt. Wißner zeigte dies kürzlich am Beispiel eines bekannten historischen Experiments, des Ruhterfordschen Streuversuchs zur Aufklärung des Atombaus. (Wißner, 2004)

Ein vergleichbares Vorgehen bietet sich auch für den Umgang mit den *Basiskonzepten* an, also etwa die Zuspitzung einer Aufgabe in Richtung auf die Nutzung von Teilchenvorstellungen oder den Zusammenhang von chemischer Reaktion und Energieumsatz, um zwei der vier Basiskonzepte für den Chemieunterricht zu nennen. (vgl. Parchmann & Städel, 2007)

4. Aufgaben mit Hilfen versehen

Während Aufgaben unter primär didaktischen Aspekten also ein umfangreiches Wirkspektrum mit ausgesprochen vielfältigen Zielstellungen zugesprochen werden kann, so stellen sich unter dem Gesichtspunkt des Lernens und Arbeitens mit Aufgaben in der Praxis eine Reihe unübersehbarer Probleme dar, insbesondere das der Heterogenität von Lerngruppen, besser gesagt: jeder einzelnen Lerngruppe. Den Ausweg suchten Lehrkräfte oft darin, ein mittleres Anforderungsniveau zu wählen, womit sie jedoch auch nur einer eher kleinen Zahl von Schülerinnen und Schülern gerecht werden konnten. Gleichzeitig bedeutet die Reduktion der Anforderungen meist auch eine Rücknahme von Komplexität, sodass man sich schließlich ähnlichen Schwierigkeiten gegenüber sieht wie beim fragend-entwickelnden Unterrichtsgespräch. Insbesondere steht eine solche Strategie auch dem Ziel entgegen, durch anspruchsvollere Aufgaben kognitive Aktivität bei den Lernenden zu provozieren.

Eine andere, größeren Erfolg versprechende Strategie ist die Ausstattung von mehr oder weniger komplexen Aufgaben mit gestuften Hilfen, die die Lernenden nach Bedarf benutzen können. Dieses Aufgabenformat ist bereits seit einiger Zeit aus dem Mathematikunterricht bekannt, wurde aber erst im Zuge der SINUS-Projekte für den naturwissenschaftlichen Unterricht adaptiert. Es war wiederum Josef Leisen (Leisen, 1999), der erste Beispiele hierfür vorstellte, insbesondere für physikalische Problemstellungen. Nachdem das Format eine gewisse Verbreitung in der Schulpraxis gefunden hatte, wurde es, besonders unter dem Eindruck der Lernschwierigkeiten der Schüler im „unteren Drittel", zum Gegenstand eines Forschungs- und Entwicklungsprojektes gemacht: Begleitet von empirischen Psychologen und gefördert von der DFG (Wodzinski, Hänze & Städel, 2006) wurden mehrere Aufgaben zunächst speziell für den Bereich der Hauptschule entwickelt, in Laborexperimenten erprobt und schließlich für eine größere Feldstudie weiter ausgearbeitet. Erste vielversprechende Ergebnisse sind inzwischen an verschiedenen Stellen publiziert (Schmidt-Weigand, Franke-Braun & Hänze).

4.1 Welche Art von Aufgaben eignen sich für dieses Format?

Wenn die Vorstellung einer sozusagen „eingebauten" Differenzierung funktionieren soll, dann müssen die betreffenden Aufgaben für die stärksten Lerngruppen auch ohne Benutzung von Hilfen lösbar sein; dies schränkt die Verwendungsfähigkeit des Formats grundsätzlich ein. Dies bedeutet gleichzeitig, dass vom Typus der Aufgabe solche besonders gut passen, bei denen es um die Aktivierung von Vorwissen, die Reorganisation von Wissen, die Anwendung von bereits Erarbeitetem auf eine veränderte aber verwandte Fragestellung, mithin um Anwendung von Wissen geht. In Einzelfällen sind inzwischen auch Lernaufgaben im Sinne von „Erarbeitung" (auf dem taxonomischen Niveau Synthese) entwickelt worden, diese betreffen aber überwiegend Aspekte des naturwissenschaftlichen Arbeitens und sind in dieser Hinsicht auch „Anwendungen".

Eine zweite Einschränkung leitet sich davon her, dass die Hilfen sukzessive eingesetzt werden sollen. Dies spricht zwar nicht gegen eine höhere Komplexität von Aufgaben, wohl aber gegen prozess- und ergebnisoffene Problemstellungen, die Verzweigungen im Fortschreiten der Bearbeitung zulassen. Immerhin gelingt es in vielen Fällen, durch Umformulierung der Aufgabe, den verbleibenden Bearbeitungsweg eindeutiger zu machen.

Im Übrigen lassen sich Aufgaben mit gestuften Hilfen auch mit praktischem experimentellem Tun kombinieren, wenn die Aufgabe etwa der Vorbereitung eines Experiments oder der Ausarbeitung einer geeigneten Versuchsanordnung vorangestellt wird.

Eine Übersicht über die bislang entwickelten Aufgaben findet sich bei Stäudel et al. (Stäudel, Franke-Braun & Schmidt-Weigand, 2007).

4.2 Die Art der Hilfen

Gemäß der Philosophie dieses Aufgabenformats, das besonderen Wert legt auf die Aktivierung und Reorganisation vor Vorwissen sowie eine systematische Durcharbeitung gibt es einerseits inhaltliche Hilfen, daneben aber auch lernstrategische Hilfen. Deren Formulierung lehnt sich oft an bekannte Aufforderungen an, etwa „Was weißt du schon über den Sachverhalt und was kannst du daraus folgern?" oder „Kennst du etwas Ähnliches?". Eine besondere Rolle spielen aber eine erste Paraphrasierung sowie der Vorschlag, das zu einem bestimmten Bearbeitungszeitpunkt Erreichte in einer Skizze zu visualisieren.

Wie dies bezogen auf eine konkrete Aufgabe aussieht, soll am Beispiel der Regenwaldaufgabe dargestellt werden.

Beispiel: Der Regenwald – die grüne Lunge der Erde?

Am Anfang steht ein Aufgabentext, der möglichst drei Bedingungen erfüllt: Er entfaltet einen Kontext, er beschreibt möglichst präzise das erwartete Ergebnis und er gibt, explizit oder implizit, Hinweise auf dazu notwendige Wissenselemente bzw. methodische Instrumentarien.

Der tropische Regenwald wird oft als „Grüne Lunge" der Erde bezeichnet. Das legt die Vermutung nahe, dass er mehr Sauerstoff produziert als verbraucht. Aber ist das wirklich so?

Eure Aufgabe:

Findet unter Nutzung der euch bekannten Informationen über den tropischen Regenwald und die Prozesse zur Bildung von Sauerstoff heraus, ob die Bezeichnung „grüne Lunge" im Sinne von Netto-Sauerstoff-Produktion zutrifft oder nicht.

Die erste Hilfe enthält standardmäßig die Aufforderung, die Aufgabenstellung noch einmal mit eigenen Worten zu formulieren. Durch eine solche Paraphrasierung soll das Problem ein erstes Mal begrifflich strukturiert und so verstanden werden. Die erste Hilfe lautet somit:

H1: Erklärt euch die Aufgabe gegenseitig noch einmal in euren eigenen Worten. Klärt dabei, wie ihr die Aufgabe verstanden habt und was euch noch unklar ist.

Die zugehörige Antwort erscheint zwar trivial, es bleibt zum einen aber aus formalen Gründen dabei – bei allen weiteren Hilfen kommt den Antworten auch eine inhaltlich bedeutsame Funktion zu. Zum anderen brauchen manche Gruppen tatsächlich bereits hier eine erste Ermutigung, und sei es nur, indem sie eine Ähnlichkeit zur eigenen Formulierung feststellen.

A1: Ihr sollt ein begründetes Urteil darüber abgeben, ob der tropische Regenwald ein Netto-Sauerstoff-Produzent ist oder nicht.

Mit der zweiten Hilfe erfolgt meist den Hinweis, sich zu vergegenwärtigen, welche Informationen aus der Aufgabenformulierung entnommen werden können; es handelt sich mithin ebenfalls um eine lernstrategische Hilfe. Fortgeschrittene Lerngruppen könnten hier auch aufgefordert werden, sich den Regenwald als System vorzustellen und dieses System grafisch darzustellen. (vgl. Stäudel, 2004)

Im vorliegenden Fall ist dies jedoch nicht angemessen. Konkret werden die Schüler stattdessen unmittelbar auf die Fotosynthesegleichung hingeführt:

H2: Erinnert euch daran, durch welchen Prozess Sauerstoff gebildet wird! Stellt diesen Vorgang auch formelmäßig dar.

A2: Sauerstoff wird in der Natur ausschließlich durch grüne Pflanzen bei der Fotosynthese gebildet. Durch das Sonnenlicht werden aus Wasser und Kohlenstoffdioxid erst einfache Zucker, dann Stärke und andere Kohlenhydrate gebildet. Dieser Vorgang wird durch die Fotosynthesegleichung beschrieben:

$$6\ CO_2 + 6\ H_2O \rightarrow C_6H_{12}O_6 + 6\ O_2$$

Mit dieser zentralen inhaltlichen Information soll das Vorwissen der Lernenden aktiviert werden. Die konkrete Formulierung dieser wie aller anderen inhaltlichen

Hilfen hängt deutlich vom vorhergehenden Unterricht ab, insbesondere von der Tiefe der Behandlung des jeweiligen Themas und von den dabei benutzten Begriffen.

Trotz dieser massiven Orientierung auf die Fotosynthese ist vielen Schülerinnen und Schülern an dieser Stelle noch unklar, wie man diese Information zur weiteren Strukturierung des Problems verwenden kann. Schließlich muss man dazu diese Gleichung in eher ungewohnter Weise lesen und interpretieren. Hilfe 3 ermutigt die Lernenden daher zu einer Plausibilitätsbetrachtung und verweist sie anschließend noch einmal auf die Fotosynthesegleichung.

> *H3: Die Mengen von gebildetem und möglicherweise wieder verbrauchtem Sauerstoff lassen sich im Freien kaum messen. Betrachtet die Fotosynthesegleichung: Kann aus einer anderen, leichter messbaren Größe auf die Sauerstoff-Bildung geschlossen werden?*
>
> *A3: Die Fotosynthesegleichung stellt eine mengenmäßige Beziehung zwischen Edukten und Produkten her.*

Sie stellt außerdem auch eine Beziehung zwischen CO_2 und H_2O einerseits und zwischen Zucker und Sauerstoff andererseits her. Das bedeutet, dass die Bildung von Sauerstoff z.B. mengenmäßig dem Verbrauch (der Aufnahme) von H_2O bzw. CO_2 proportional ist; sie ist auch proportional der Menge des gebildeten Zuckers.

Mit dem letzten, sehr explizit formulierten Satz ist die Lösung für die meisten der Lernenden bereits klar, vorausgesetzt, sie können ‚Zucker' mit ‚Biomasse' identifizieren und sie erinnern sich an Nährstoffmangel und in der Folge fehlende Humusbildung im tropischen Regenwald.

Zur Aktivierung der betreffenden Vorwissenselemente dient entsprechend Hilfe 4.

> *H4: Zucker ist der Basisbaustein für die Bildung von Biomasse. Erinnert euch, was ihr über den Biomasse-Haushalt des tropischen Regenwaldes gelernt habt.*
>
> *A4: Der tropische Regenwald wächst auf kargem, mineralstoffarmem Untergrund. Wegen des Mineralstoffmangels werden abgestorbene Pflanzen sofort wieder mineralisiert und die Nährstoffe in den Kreislauf zurückgeführt. Daher kann der tropische Regenwald keine Humusschichten bilden.*

Mit Hilfe 5 werden die bisher zusammengetragenen Informationen rekapituliert und eine Schlussfolgerung zur Lösung des Problems nahegelegt.

> *H5: Ihr wisst jetzt, dass im tropischen Regenwald kein Biomasse-Überschuss produziert wird. Was bedeutet das für die Sauerstoffbilanz? Wie muss die Ausgangsfrage daher beantwortet werden?*
>
> *A5: Wenn kein Biomasse-Überschuss gebildet wird, gibt es auch keine Netto-Sauerstoff-Produktion! Der gebildete Sauerstoff wird bei der Zersetzung der abgestorbenen Pflanzen auch wieder verbraucht!*

Um den Charakter der letzten Hilfe als Komplettlösung besser wirken zu lassen, können Zusammenfassung und letzte Schlussfolgerung noch einmal getrennt werden. Eine 6. Hilfe würde dann lauten:

H6: Nun habt ihr alle Informationen zusammen, um die Frage der Aufgabenstellung zu beantworten und eine Begründung für euer Urteil zu geben.

Und mit A 6 würde dann eine ausformulierte Antwort vorgeschlagen werden.

4.3 Anmerkungen zum Einsatz von Aufgaben mit gestuften Hilfen im Unterricht

Für die Nutzung im Unterricht kommen verschieden Formen des Zurverfügungstellens der Hilfen in Frage. In kleineren Klassen werden die nummerierten Hilfen z.B. auf dem Lehrerpult ausgelegt; kommt eine Gruppe nicht mehr weiter, schickt sie abwechselnd ein anderes Gruppenmitglied nach vorne, um die Hilfe einzusehen und die Information mit zurück zu bringen. Bei größeren Klassen und vor allen dann, wenn man die Aufgaben in Zweiergruppen bearbeiten lassen will, muss den Lernenden gruppenweise ein Set Hilfen zur Verfügung gestellt werden. Die besten Erfahrungen wurden inzwischen mit einer speziellen Gestaltung der Hilfen gemacht, bei der ein DIN A5-Blatt zweifach gefaltet wird. Außen steht die Nummer der Hilfe, beim ersten Auffalten finden die Schüler den Impulsteil der Hilfe, nach dem zweiten Auffalten können sie die sogenannte Antwort (siehe das obige Beispiel) lesen. Mit diesen Darbietungsformen gelingt es weitgehend zu verhindern, dass die Lernenden die Hilfen einfach nur durchblättern.

Eine wichtige Rolle spielt begleitend die Aufforderung, in den Kleingruppen immer wieder über die Aufgabe und die angebotenen Hilfen zu sprechen. Im Vergleich zu anderen Formen der Aufgabenunterstützung, etwa dem Angebot eines zusammenhängenden Hilfetextes, konnte inzwischen gezeigt werden, dass sich der aufgabenbezogene Kommunikationsanteil bei diesem Format erheblich steigern lässt.

Die erwartete Differenzierung zeigt sich in der Praxis darin, dass – gutes Aufgabendesign vorausgesetzt – immer einige Gruppen ohne Hilfen oder nur unter Nutzung einiger zum Ziel kommen. Die für die Bearbeitung benötigte Zeit gleicht sich weitgehend an, weil die Gruppen, die auf Hilfen verzichten, im Detail oft länger diskutieren. Alle werden am Ende dennoch aufgefordert, die Hilfen der Reihe nach (noch einmal) durchzugehen und schließlich ihr eigenes Ergebnis mit der Komplettlösung in der letzten Hilfe zu vergleichen. Auf diese Weise soll noch einmal das nahegelegte strategische Vorgehen bewusst gemacht werden; für die Gruppen, die alle Hilfen ohnehin genutzt hatten, ist dies eine weitere Auseinandersetzung mit der Musterlösung einer Aufgabe, die ebenfalls lernwirksam sein kann.

Wie für alle methodischen Vorschläge gilt auch für das Format „Aufgaben mit gestuften Hilfen", dass es sich bei zu häufigem Einsatz abnutzen kann. Gegenwärtig wird eine Frequenz von 4 bis 6 solcher Aufgaben im Halbjahr im Physikunterricht mehrerer Mittelstufenschulen erprobt; über die Ergebnisse wird an geeigneter Stelle berichtet werden.

5.   Schlussbemerkung

Aufgaben als Katalysatoren im Lernprozess, diese Vorstellung gilt mit Sicherheit auch für den naturwissenschaftlichen Unterricht, auch wenn sich durch einen vermehrten Einsatz von Aufgaben allein der aktuell diagnostizierte Entwicklungsbedarf kaum decken lässt. Eine besondere Bedeutung des Umgangs mit Aufgaben für die Weiterentwicklung des naturwissenschaftlichen Unterrichts soll aber abschließend noch einmal herausgestellt werden: Sie können auch Katalysatoren für die Entwicklung in den Fachschaften sein, Basis für eine Verständigung über Bildungs- und Unterrichtsziele und konkreter Inhalt von Kooperation und kollegialem Austausch.

6.   Sieben Tipps zur Aufgabenentwicklung (verändert nach Gropengießer 2006, 4ff.)

Klären Sie für sich bzw. mit Ihren Fachkolleginnen, zu welchem fachlichen Inhaltsbereich Sie eine (erste) Aufgabe entwickeln wollen.

- Finden Sie einen geeigneten Kontext für die zu entwickelnde Aufgabe: Das Phänomen oder die beschriebene Situation sollte möglichst einen für die Lernenden erkennbaren Bezug haben, so dass Anknüpfungspunkte für Vorstellungen und Interessen geboten werden.

- Klären und formulieren Sie die mit dem Bearbeiten und Lösen der Aufgabe zu erwerbenden Fähigkeiten, wie z.B. „naturwissenschaftliche Fragen erkennen". Als Hilfe hierfür können die in den Bildungsstandards aufgelisteten Kompetenz-Aspekte dienen.

- Stellen Sie fest, welche fachspezifischen, allgemein naturwissenschaftlichen oder fächerübergreifenden Vorkenntnisse und Kompetenzen zur Lösung der Aufgabe notwendig sind. Entwickeln Sie möglichst begründete Vermutungen, in welchem Umfang die Lernenden über die entsprechenden Voraussetzungen verfügen oder ob sie sich diese erschließen oder erarbeiten können.

- Formulieren Sie den Informationsteil knapp, aber klar und verständlich. Manchmal genügt der Hinweis auf eine lebensweltliche Situation, aber oft sind auch Beschreibungen, Bilder, Diagramme oder Tabellen notwendig.

- Formulieren Sie eine oder mehrere präzise Aufforderungen, was zu tun ist, oder was erwartet wird. Achten Sie darauf, dass die verwendeten Arbeitsanweisungen möglichst zu beobachtbaren Tätigkeiten oder Produkten führen. Präzise Formulierungen dieser Art schließen keineswegs offene Aufgabenstellungen aus.

- Klären Sie, ob und welche Hilfen Sie zur Bearbeitung der Aufgabe für angemessen halten. Bearbeitungshinweise, inhaltliche Impulse und lernstrategische Hilfen können zur Differenzierung beitragen und den Lernenden z.B. als „gestufte Hilfen" zur Verfügung gestellt werden. Zeit sparende Vorgaben, z.B. Leertabellen, Koordinatensysteme oder Zeichnungsvorlagen, erhöhen zugleich die effektive Lernzeit (time on task).

- Planen Sie die Kontrolle der Lösungen ein. Lernende können ihre eigenen Lösung oder die von Mitschülern auch selbst überprüfen. Dabei sind Musterlösungen und Lösungsraster hilfreich.

Literatur

Akademie für Lehrerfortbildung und Personalführung Dillingen (Hrsg.) (2004): Offene Lernformen im Chemieunterricht. Akademiebericht Nr. 395. Dillingen: Akademiepublikation.

Blum, W. & Neubrand, M. (Hrsg.) (1998): TIMSS und der Mathematikunterricht. Informationen, Analysen, Konsequenzen. Braunschweig: Schroedel.

Bund-Länder-Kommission für Bildungsplanung und Forschungsföderung (Hrsg.) (1997): Gutachten zur Vorbereitung des Programms „Steigerung der Effizienz des mathematisch-naturwissenschaftlichen Unterrichts". Materialien Heft 60. Bonn: BLK.

Büchter, A. & Leuders, T. (2005): Mathematikaufgaben selbst entwickeln. Lernen födern – Leistung überprüfen. Berlin: Cornelsen.

Deutsches PISA-Konsortium (Hrsg.) (2001): PISA 2000. Basiskompetenzen von Schülerinnen und Schülern im internationalen Vergleich. Opladen: Leske+Budrich.

Forschergruppe Kassel (2004): Aufgaben mit gestuften Lernhilfen. In: Lernchancen, 7(42), 38-43.

Freiman, T. & Schlieker, V. (2001): Stille Post. In: Unterricht Chemie, 12(64/65), 50-53.

Freiman, T. (2004): Aufgaben – innovativ und entlastend. In: Unterricht Chemie, 15(82/83), 14-16.

Gropengießer, H., Höttecke, D., Nielsen, T. & Stäudel, L. (2006): Mit Aufgaben lernen. Seelze: Friedrich Verlag.

Hammann, M. (2006): PISA und Scientific Literacy. In: Steffens, U., Messner, R. (Hrsg.): PISA macht Schule. Konzeptionen und Praxisbeispiele zur neuen Aufgabenkultur. Band 3 der Reihe: Folgerungen aus PISA für Schule und Unterricht. Wiesbaden: Institut für Qualitätsentwicklung, 127-179.

Hänze, M., Schmidt-Weigand, F. & Blum, S. (2007). Mit gestuften Lernhilfen im naturwissenschaftlichen Unterricht selbständig lernen und arbeiten. In Rabenstein, K. & Reh, S. (Hrsg.), Kooperatives und selbständiges Arbeiten von Schülern: Zur Qualitätsentwicklung von Unterricht. Wiesbaden: VS Verlag S. 197-208.

Hepp, R. (2003): Neues erarbeiten. In: Unterricht Physik, 14 (75/76), 38; siehe auch die Heftbeilage Methodenwerkzeuge in Übersicht.

Herget, W. & Scholz, D. (1998): Die etwas andere Aufgabe – aus der Zeitung. Seelze: Kallmeyersche Verlagsbuchhandlung.

Leisen, J. (2001): Qualitätssteigerung des Physikunterrichts durch Weiterentwicklung der Aufgabenkultur. In: Der mathematische und naturwissenschaftliche Unterricht, 54(7), 401-405.

Leisen, J. (Hrsg.) (1999): Methoden-Handbuch deutschsprachiger Fachunterricht (DFU). Bonn: Varus Verlag.

Parchmann, I. & Stäudel, L. (Hrsg.) (2007): Mit Basiskonzepten Unterricht gestalten. Themenheft der Zeitschrift Unterricht Chemie, 18(100/101).

Stamme, M. (2003): Fressen und gefressen werden. Strukturelles Denken entwickeln. In: Ball. H., u.a. (Hrsg.): Aufgaben. Lernen fördern – Selbstständigkeit entwickeln. Friedrich Jahresheft XXI, 90-92.

Stäudel, L. (2004): Der tropische Regenwald. Eine Aufgaben-gestützte Modellierung von Stoffumsätzen. In: Unterricht Chemie, 15(82/83), 83-86.

Stäudel, L. (2006): Von der Testaufgabe zur Lernaufgabe. In: Steffens, U. & Messner, R. (Hrsg.): PISA macht Schule. Konzeptionen und Praxisbeispiele zur neuen Aufgabenkultur. Band 3 der Reihe: Folgerungen aus PISA für Schule und Unterricht. Wiesbaden: Institut für Qualitätsentwicklung, 181-226.

Stäudel, L., Franke-Braun, G. & Schmidt-Weigand, F. (2007): Komplexität erhalten – auch in heterogenen Lerngruppen: Aufgaben mit gestuften Hilfen. In: ChemKon, 14(3), 115-122.

Wißner, O. (2004): Das Öffnen von Aufgaben. In: Unterricht Chemie, 15(82/83), 192-195.

Wodzinski, R., Hänze, M. & Stäudel, L. (2006): Selbstständigkeitsorientiertes fachliches Lernen in den Naturwissenschaften durch kognitiv anspruchsvolle Aufgaben mit gestuften Lernhilfen. In: Messner, R. u.a.: Selbstständiges Lernen im Fachunterricht. Kassel: University-Press, S. 28-29.

Wodzinski, R., Wodzinski, Ch. T. & Hepp, R. (Hrsg.) (2007): Differenzierung. Themenheft der Zeitschrift Unterricht Physik, 18(99/100). Darin insbesondere:

Wodzinski, R. & Wodzinski, Ch. T.: Unterschiede zwischen Schülern – Unterschiede im Unterricht? Guten Physikunterricht für alle Schülerinnen und Schüler gestalten. Ebenda, 4-9.

Teil 5

Die Bedeutung von Aufgaben in der Aus- und Fortbildung der Lehrer/innen

Konrad Krainer & Thomas Stern, Klagenfurt / Wien

„Aufgaben stellen Lehrkräfte vor große Aufgaben" oder: Die Bedeutung von Aufgaben in der Fortbildung

1. Aufgaben als Katalysatoren von Lernprozessen im Unterricht

In der Fachdidaktik werden Aufgaben seit langem als Katalysatoren von Lernprozessen gesehen. Insbesondere in der Mathematik werden Aufgaben für die Planung und Durchführung von Unterricht (Bromme, 1986) sowie für dessen Evaluierung und Bewertung herangezogen. Dies geht auf die universitäre Tradition der klassischen Zweiteilung der Lehre in „Theorie" (Vorlesung) und „Praktische Erprobung" (Konversatorien oder Übungen) zurück. Für von Harten und Steinbring (1985) sind Aufgaben die kleinsten Einheiten unterrichtlichen Denkens und Handelns sowie „lehrreiche Experimente" für didaktische Diskussionen und Reflexionen über inhaltliche Fragen des Mathematikunterrichts. Um auch größere Themengebiete entlang von Aufgaben bearbeiten zu können, sind sinnvolle Verknüpfungen zwischen ihnen nötig. Die Entwicklung solcher „Aufgabensysteme" wurde als didaktisches Konzept für die Lehrerfortbildung am Beispiel der Stochastik vorgeschlagen (von Harten & Steinbring, 1985) und im Bereich der Geometrie anhand „begriffserzeugender" Aufgaben zum Winkelbegriff weiterentwickelt (Krainer, 1990). In vielfältigen Publikationen standen Aufgaben im Mittelpunkt fachdidaktischer Betrachtungen (Christiansen & Walter, 1986; Bromme, Seeger, & Steinbring, 1990; Bell, 1993).

Vor allem in der deutschsprachigen Mathematikdidaktik beschäftigte man sich bis zur Beteiligung an den internationalen Vergleichsstudien TIMSS und PISA primär mit dem Erstellen von Aufgaben als Mittel zur Unterrichtsgestaltung oder zur Erforschung von Fehlern und Schülervorstellungen. Aufgaben dienten eher der Steuerung von Input und Prozessen im Unterricht. Nur in seltenen Fällen wurden Aufgaben dazu benutzt, um auf Systemebene den Outcome von Lernprozessen zu messen. Man interessierte sich vorrangig dafür, was man in den Unterricht aus fachlicher Sicht hinein steckt, aber weniger, was dabei heraus kommt. Die zunehmende interdisziplinäre Ausrichtung der Mathematikdidaktik führte zu einer Vielfalt von Forschungsthemen (z.B. Projektunterricht, fächerübergreifender Unterricht, Interaktionen im Unterricht, philosophische Grundpositionen der Mathematik, Lehrervorstellungen, Semiotik) und damit zu einer weniger prominenten Beachtung mathematischer Inhalte und auch von Aufgaben. Dies änderte sich mit TIMSS und PISA, die zu einer Renaissance der Auseinandersetzung mit Aufgaben führten. Sie rückte die Qualitätssicherung des Unterrichts in den Vordergrund, ebenso den Zusammenhang von Unterrichts- und Prüfungskultur im Gefolge des Trends in Richtung Aufgabenkonstruktion (Büchter & Leuders, 2006).

Im deutschen Projekt SINUS (bzw. ab 2003 SINUS-Transfer) erweisen sich Auswahl, Konstruktion und Einsatzmöglichkeiten von guten Aufgaben für den Großteil der beteiligten Lehrer/innen als Hauptanliegen. Etwa 60% der Mathematiklehrer/innen (und immerhin 20% der Physiklehrer/innen) wählten unter 11 Möglichkeiten den Modul „Weiterentwicklung der Aufgabenkultur". Davon erwarteten sie sich offenbar entscheidende Impulse für die Unterrichtsqualität (Häußler & Lind, 1998, 2000; Baptist, 1998; Hertrampf, 2003). So bieten etwa Aufgaben, die neben der Ausführung auch Begründungen erfordern, eine gute Gelegenheit, das Verständnis zu vertiefen. Anhand von geeigneten Aufgaben können Schüler/innen auch lernen, Position zu beziehen und eine eigene Meinung zu vertreten. Schließlich können sie ihre Kreativität unter Beweis stellen, indem sie eigene Fragestellungen erfinden und Erklärungen für Musterlösungen formulieren.

Wenn allerdings – wie in den USA – Bücher und CDs mit Testbatterien (nicht immer bester fachdidaktischer Qualität) verbreitet und im Unterricht eingesetzt werden, damit das nächste Testergebnis besser ausfällt, dann läuft der Unterricht Gefahr, Mathematik und mathematische Bildung auf das Lösen von Aufgaben zu reduzieren, den Unterschied zwischen Unterrichtswirklichkeit und Testwirklichkeit zu übersehen und Schule in Richtung einer Testvorbereitungsanstalt driften zu lassen (vgl. Krainer, 2001).

Aufgaben können ganz unterschiedliche Funktionen und Ziele (in der Klammer ist jeweils eines exemplarisch angedeutet) haben, z.B. folgende:

– Schüler/in: Übungsaufgaben (Vorbereitung für die Schularbeit)
– Lehrer/in: Diagnoseaufgaben (Einschätzung des Vorwissens)
– Klasse: Hausübungsbeispiele (Besprechung zu Stundenbeginn)
– Schule: Schularbeitenaufgaben (Beurteilung einer Leistung)
– Bundesland: Exemplarische Maturaaufgaben (Vorgabe von Orientierungslinien seitens der Schulbehörde)
– National: Bildungsstandard-Items (Festlegen von erwarteten Schülereistungen)
– International: PISA-Items (Vergleich der Outcomes von Bildungssystemen)

Aufgaben im Zusammenhang mit Bildungsprozessen haben einen fachlichen Bezug (inhaltliche Dimension), sind jedoch nicht darauf beschränkt. Sie sind immer auch als „Aufgabe" für eine (oder mehrere) Person(en) gedacht (soziale Dimension) und stehen in einem bestimmten Kontext (organisationale Dimension). Erst diese drei verschiedenen Dimensionen[1] machen eine „bildungsbezogene Aufgabe" aus. Das rein mathematische Gerüst einer Aufgabe (z.B. „Gilt für alle reelle Zahlen $y^2+y=y^3$?") reicht also noch nicht aus. Es bedarf eines (in einer bestimmten Situation gestellten) Auftrags, den jemand erledigen soll. Im Mittelpunkt steht die Auseinandersetzung des Menschen mit der Mathematik in einer spezifischen Bildungssituation. Das Bearbeiten der „Aufgabe" ist ein komplexer Prozess, dessen Bewer-

---

1   Diese Dimensionen werden in der mathematikdidaktischen Literatur (vgl. Krainer 2006) als relevante Qualitätsbereiche bei der Frage der Wirkung von Lehrerbildungsinitiativen betrachtet.

tung keineswegs auf das Überprüfen des mathematisch korrekten Resultats (z.B. „richtig" oder „falsch") beschränkt werden muss.

Je nach Anwendungsbereich sind unterschiedliche Ansprüche und Gütekriterien an eine Aufgabe zu stellen. Eine für einen internationalen Test ausgewählte mathematische Aufgabenstellung muss nicht automatisch eine gute Aufgabe im Unterricht sein. Man kann jedoch auch aus simplen geschlossenen Test-Items relativ leicht offene Aufgaben zur Verwendung im Unterricht konstruieren, wie folgendes Beispiel aus TIMSS 1995 (für die 7.-8. Schulstufe) zeigt:

Welche dieser Ausdrücke ist gleichbedeutend mit y^3?

A. $y+y+y$

B. $y\cdot y\cdot y$

C. $3y$

D. y^2+y

Diese Aufgabe eignet sich auch für eine Gruppenarbeit in einer Schulklasse, wenn man sie mit der zusätzlichen Aufforderung verknüpft:

Begründet Euren Lösungsvorschlag! Argumentiert, warum Ihr Euren Vorschlag als richtig erachtet, die anderen Vorschläge aber als falsch.

a) Hinsichtlich der *fachlichen Dimension* unterscheiden sich die beiden Versionen für Nicht-Didaktiker/innen kaum. Es geht in beiden Fällen um algebraisches Denken. Allerdings kommen bei der Gruppenarbeit neben sozialen auch zusätzliche fachliche Kompetenzen ins Spiel. Während bei der TIMSS-Aufgabe ein Gespür für die richtige Lösung reicht, sind bei der Erweiterung auch verbale Argumentationen bezüglich der Unterschiede zwischen den Grundrechnungsarten und deren symbolischer Darstellung gefordert. Es wird nicht nur (algebraisch) gerechnet, sondern auch über das Rechnen reflektiert.

b) Der Unterschied hinsichtlich der *sozialen Dimension* ist offensichtlich. Im ersten Fall geht es um eine Einzelleistung, eine Kommunikation mit anderen ist unerwünscht. Im zweiten Fall liegt gerade darin der Reiz, insbesondere bezüglich der Erweiterung: Unterschiedliche Vorstellungen werden in der Gruppe besprochen, bis sich eine Lösungsvariante argumentativ durchsetzt. Es geht nicht um das momentane Wissen eines Einzelnen, sondern um das in einer Lernumgebung durch kollektives Handeln und Aushandeln erreichbare Wissen einer Gruppe.

c) Die *organisationale Dimension* geht über die soziale Gestaltung der Situation hinaus. Sie betrifft den Hintergrund des jeweiligen Kontexts. Im ersten Fall geht es um das Lösen einer Aufgabe im Rahmen einer Studie, was für die einzelnen Schüler/innen und Schulen keine direkten Konsequenzen hat, wohl aber für das System Monitoring des jeweiligen Landes. Im zweiten Fall geht es um eine Gruppenarbeit im Unterricht; eine Leistungsbewertung kann, muss aber nicht damit verbunden sein. Weitere Hintergründe könnten sein: Offene Einzelarbeit im Unterricht (Fehler sind Anlass, dass weitere, womöglich individuell (noch) bessere Lerngelegenheiten angeboten werden), Prüfungsaufgabe (Fehler haben negative Konsequenzen) oder Matura (Fehler kann zum Durchfallen führen). Auch Fragen bzgl. der Hilfsmittel (nur Papier und Bleistift oder Verwenden von Schulbüchern oder Rechnern), des Ortes (allein in einer Bank sitzend oder beweglich in einer Gruppe) und der Zeit (wenige Minuten oder offen) spielen eine Rolle.

Was eine „gute Aufgabe" ausmacht, hängt also stark vom jeweiligen Kontext ab. Obige (Multiple-Choice-)TIMSS-Aufgabe mag auf dem ersten Blick nicht besonders interessant oder ergiebig erscheinen. Als „gute Testaufgabe" muss sie aber vor allem zwischen Könnern und Nichtkönnern unterscheiden. Die alternativen Antwortmöglichkeiten oder Distraktoren müssen eine gewisse „Anziehungskraft" besitzen. Eine „gute Testaufgabe" muss weiters einem vorgegebenen Framework folgen, das festlegt, welches inhaltliche Wissen bzw. welche Kompetenzen wie zu überprüfen sind (TIMSS, 2003).

Ganz andere Anforderungen sind an „gute Aufgaben für den Unterricht" zu stellen, die zum Beispiel in der Erarbeitungsphase zum Erwerb von Grundkenntnissen oder in der Übungsphase als Lernanregung dienen. Sie können aber auch als neugierig machende Einstiegsbeispiele oder als Gelegenheiten für ein Zwischenresümee genutzt werden. In jedem Fall gilt, dass sie sich nicht nur auf „träges Wissen" (Renkl, 2006) beziehen, sondern zu eigenen Denkleistungen herausfordern und vielfältige Lernwege ermöglichen sollen (Duit et al., 2002). Darüber hinaus sollen sie auch höhere kognitive Fähigkeiten wie Analyse, Synthese und Beurteilung erfassen (Bloom, 1972).

Bei TIMSS waren die Leistungen der deutschen und österreichischen Schüler/innen bei Routineaufgaben passabel, bei anspruchsvollen Denk- und Argumentieraufgaben jedoch schwach (Baumert, 1998; Krainer, 2000). Dies hat in der Folge sowohl in der Fachdidaktik als auch in der Schulpraxis zu einer Aufwertung eigenständiger Schülerarbeit geführt und zu einer Konjunktur von Aufgaben, die über reine Wissenskontrollfragen hinausgehen (MNU 2001, Heft 7). Sie können außer Papier-und-Bleistift-Aufgaben durchaus auch Experimentier- oder Projektaufgaben umfassen (Labudde, 2001). Auch in der aktuellen Diskussion um Bildungsstandards spielt deren Konkretisierung anhand exemplarischer Aufgaben eine Schlüsselrolle (Klieme et al., 2003).

Bezüglich einer Verwendung in der Lehrerfortbildung müssen Aufgaben einer doppelten Güte-Kontrolle genügen. Zum einen sollen sie „gute" Aufgaben für den jeweiligen Kontext sein, in dem Schüler/innen sie bearbeiten. Zum anderen sollen sie aber auch bei den Lehrerinnen und Lehrern eine Auseinandersetzung mit Lernprozessen der Schüler/innen auslösen und zum Erwerb neuer Kompetenzen beitragen. Auch hier spielen die fachlich-inhaltliche, die soziale und die organisationale Dimension eine gewichtige Rolle.

2. Aufgaben als Katalysatoren von Lernprozessen in der Lehrerfortbildung

Die Möglichkeiten, Aufgaben in der Lehrerfortbildung zu nutzen, sind vielfältig. Man kann zum Beispiel in Workshops unterschiedliche Kriterien für unterschiedliche Arten von „gute Aufgaben" – für den Unterricht, für einen PISA-Test oder für Bildungsstandards – herausarbeiten. Oder man lässt die eigene Unterrichts- und Prüfungskultur hinsichtlich der Verwendung von Aufgaben reflektieren und Erfahrungen mit anderen austauschen. Aufgaben können natürlich auch zur Diagnose des Leistungsstands innerhalb einer Klasse und zum Vergleich zwischen Klassen verwendet werden – und dazu sind spezielle Angebote in der Lehrerfortbildung sinnvoll. Man kann z.B. Lehrer/innen das Abschneiden ihrer Schüler/innen zu bestimmten PISA-Aufgaben (im Vergleich zu nationalen Mittelwerten) schätzen lassen, um dann im Unterricht die Probe aufs Exempel zu machen. Es gibt Studien (vgl. u.a. Bergqvist, 2005), in denen (angehende oder praktizierende) Lehrkräfte befragt werden, wie sie die Kompetenzen, Schwierigkeiten oder Fehler von Lernenden bei der Bearbeitung von Aufgaben einschätzen. Solche Forschungsergebnisse eignen sich als Ausgangspunkt für Lehrerfortbildungsaktivitäten, indem etwa die Teilnehmer/innen die Befragung selbst erproben und diskutieren. Im Sinne einer stärkeren Verbindung von Lehre und Forschung scheint es lohnenswert, solche wissenschaftlichen Studien mit der Praxis von Fortbildungen zu verknüpfen. So könnten Lehrer/innen und Lehrerbildner/innen einerseits voneinander profitieren und andererseits zur Professionalisierung des Lehrberufs beitragen.

Aufgaben spielen für Lehrer/innen eine große Rolle und können vielfältige Funktionen haben. Im Folgenden werden drei Beispiele für Verknüpfungen zwischen Lehre und Forschung in der Lehrerfortbildung skizziert.

2.1 Initiierung von Aktionsforschung: Interviews von Lehrkräften mit Schüler/innen im Rahmen der PFL-Lehrgänge

Seit dem Jahre 1982 führt das Institut für Unterrichts- und Schulentwicklung der Universität Klagenfurt die Fortbildungsprogramme „Pädagogik und Fachdidaktik für Lehrer/innen" (PFL) für verschiedene Fächer und Fächerkombinationen durch (Fischer et al., 1985; Krainer & Posch, 1996, Krainz-Dürr et al., 2002). Eine wichtige Ausrichtung dieser Lehrgänge liegt – im Sinne von Aktionsforschung – in der kritischen Reflexion eigener Praxis durch die Teilnehmer/innen. Gleich zu Beginn der Lehrgänge PFL-Mathematik und PFL-Naturwissenschaften führen die Teilnehmer/innen am Seminarort Interviews mit Schüler/innen durch und untersuchen deren fachliches Verständnis und Herangehensweise an Probleme anhand geeigneter Aufgaben.

Die dabei verwendeten Fragestellungen aus den Naturwissenschaften sind alltagsbezogen und komplex, sollen zum Nachdenken anregen (nicht zur Widergabe gespeicherten Wissens) und zu Werturteilen herausfordern. Anhand solcher Fragen soll untersucht werden, wie Schüler/innen sich Phänomene in Natur und technischem Alltag erklären und wie sie methodisch vorgehen, um Probleme zu lösen (Stern, 1998).

Hast du schon einmal vom „Waldsterben" gehört? (Bonn et al., 1998):

Was ist damit gemeint? Weiß man etwas über die Ursachen?

Hast du gewusst, dass dort, wo es heute Wälder gibt, nicht immer welche waren?

– Unser dicht bewaldetes Alpengebirge war zur Eiszeit (bis vor 10 000 Jahren) von Gletschern bedeckt.

– Umgekehrt wächst auf Inseln im nördlichen Eismeer, wo es vor langer Zeit (vor 400 Mio. Jahren) Wälder gab, heute kein einziger Baum mehr.

Wenn das Klima sich ändert, ändert sich auch das Leben.

Die Natur passt sich geänderten Bedingungen an.

Sollen wir uns also wegen des „Waldsterbens" Sorgen machen?

Können wir es der Natur überlassen, damit fertig zu werden?

Oder sollen wir etwas dagegen unternehmen? Was meinst du?

Sehr viele Lehrer/innen staunen über die Schwierigkeiten der interviewten Schüler/innen beim Beantworten dieser Fragen. Jene, die nach dem Seminar ihren eigenen Schüler/innen dieselben Fragen vorlegen und bessere Ergebnisse erwarten, werden meistens zum zweiten Mal erschüttert. Offenbar trägt der Schulunterricht oftmals wenig dazu bei, dass die Schüler/innen naturwissenschaftlich denken und argumentieren können. Vielmehr stellt sich heraus, dass naive vorwissenschaftliche Vorstellungen (etwa über Veränderungen der biologischen Artenvielfalt durch die Evolution oder über physikalische Phänomene wie Licht, Schall und Schwerkraft) sich hartnäckig gegen naturwissenschaftliche Erläuterungen behaupten (vgl. u.a. Krainer & Stern, 1998). Diese Einsicht führte bei einigen Lehrer/innen dazu, eigenständigen Schülerarbeiten und offenen Aufgabenstellungen (mit mehreren Antwortmöglichkeiten) mehr Platz einzuräumen. Eine Lehrgangsteilnehmerin ließ ihre Schüler/innen zusätzlich durch Kolleginnen oder Kollegen über ihre fachlichen Interessen und Lerneinstellungen befragen und erhielt aus den kritischen Rückmeldungen eine Reihe von wertvollen Anregungen zur Verbesserung ihres Physikunterrichts. Sowohl Untersuchungen von Denkweisen und Vorstellungen der Schüler/innen als auch die Berücksichtigung ihrer Perspektiven erweisen sich als wesentliche Grundlagen für die erfolgreiche Weiterentwicklung des Unterrichts (Stern, 1998).

Besonders ergiebige Erkenntnisse über das Denken von Schüler/innen lieferte im Lehrgang PFL-Mathematik folgende Aufgabe:

Es sei S die Anzahl der Studenten und P die Anzahl der Professoren. Auf einen Professor kommen 6 Studenten. Drücken Sie das durch eine Gleichung aus.

Die Aufgabe geht auf eine Untersuchung mit Studentinnen und Studenten unterschiedlichen Alters und unterschiedlicher Studienrichtungen in den USA zurück

(„Rosnick-Clement-Phänomen", vgl. u.a. Malle, 1985), die zu überraschenden Ergebnissen geführt hatte:
– Nur etwa 60% gaben die richtige Lösung an: 6P = S
– Fast alle, die falsche Antworten gaben, machten denselben Fehler: 6S = P.

Jenen Studentinnen und Studenten, welche die Aufgabe nicht lösen konnten, wurden verschiedene Lösungshilfen angeboten. Dennoch verfielen ca. 80% wieder in den alten Fehler.

Im PFL-Lehrgang wurden Schülerinterviews – unter anderem auch zu dieser Aufgabe – durchgeführt. Für die Lehrer/innen war es verblüffend, dass sie zu ähnlichen Erfahrungen wie in obiger Studie kamen. Die Reflexion dieser Erfahrungen sowie fachdidaktische Analysen und Diskussionen führten bei den Lehrkräften zu vielfältigen Lerneffekten (Krainer & Posch, 1996):
– Besseres Verstehen von Gründen für Verständnisschwierigkeiten und Fehler von Schüler/innen
– Besseres Verstehen des eigenen Faches (etwa den Unterschied zwischen Hilfsbuchstaben und Variablen)
– Besseres Verstehen der eigenen Kommunikationsmuster (während des Interviews mit den Schüler/innen).

Vor allem entstand bei vielen Lehrkräften auch ein größeres Interesse, Denk- und Lernprozesse der Schüler/innen genauer zu beobachten und zu untersuchen und fachdidaktische Literatur zu lesen. Aufbauend auf diesen Erfahrungen wurde ein Fortbildungsmodul für drei Halbtage entwickelt, das sich auch für die schulinterne Fortbildung einer Fachgruppe eignet (Krainer & Posch, 1996).

2.2 Nutzung fachdidaktischer Forschung: Unterschiede zwischen Kompetenzen von Schüler/innen und Lehrereinschätzungen als Lernanlass

Im folgenden Beispiel geht es um Aufgaben, in denen von Schüler/innen ausschließlich verbale Begründungen verlangt werden. Damit soll angedeutet werden, dass die Bearbeitung von Aufgaben – wie mathematisches Denken und Handeln im Allgemeinen – keineswegs auf Rechnen oder Zeichnen beschränkt ist.

Der schwedische Mathematikdidaktiker Bergqvist (2000) untersuchte, wie zehn Schüler/innen der oberen Sekundarstufe die Gültigkeit mathematischer Aussagen einschätzten und wie sie dies begründeten (z.B. „Jede lineare Funktion schneidet die y-Achse"). Er analysierte die Kompetenzen und die Argumentationsniveaus mit der vierstufigen Skala seines französischen Kollegen Balacheff (1988) und stellte fest, dass mehr als die Hälfte der Begründungen der höchsten Stufe zuzuordnen waren.

In Interviews mit acht schwedischen Lehrkräften ging er in einer zweiten Studie (Bergqvist, 2005) unter anderem folgenden drei Fragen nach:

– Welche Einschätzungen haben die Lehrer/innen bzgl. der Schüler/innen? (Welche Niveaus erreichen die Schüler/innen?)
– Welche Vorstellungen von „guten" Begründungen haben Lehrer/innen?
– Ändert sich etwas, wenn den Lehrer/innen typische Beispiele von Begründungen von Schüler/innen gezeigt werden?

Die Ergebnisse zur ersten Forschungsfrage zeigten, dass die Schüler/innen von den Lehrkräften meist unterschätzt wurden. Diese hatten nur wenigen Schüler/innen Begründungen auf höheren Argumentationsniveaus zugetraut. Das hat jedoch schwer wiegende Auswirkungen auf das Lernen, wie Bergqvist (2005, 190) ausführt:

> *"The students who are considered unable to use higher level reasoning risk being excluded from mathematical discussions that involve higher level reasoning. Teachers, who believe that only a few students are able to understand high level reasoning, would probably not use this in the classroom."*

Das Unterschätzen von Schüler/innen scheint also zu ihrer Unterforderung beizutragen, und damit zum Nicht-Erreichen höherer Kompetenzniveaus.

Die zweite Forschungsfrage brachte zutage, dass manche Lehrkräfte ein zu enges Verständnis von „gutem Begründen" haben. So wurden Argumentationen unter Verwendung von Fachtermini oder von algebraischen Symbolen höher eingestuft, was keineswegs immer gerechtfertigt ist.

Die Ergebnisse zur dritten Forschungsfrage brachten eine konstruktive Perspektive für die Lehrerfortbildung ins Spiel. Es stellte sich nämlich heraus, dass die Einschätzungen der Lehrer/innen deutlich besser wurden, sobald sie Standardbeispiele für Schülerargumentationen auf den vier Niveaus zur Verfügung hatten. Dies zeigt, dass fachdidaktisches Knowhow für die Lehrkräfte bei der Einschätzung der Argumentationsniveaus ihrer Schüler/innen hilfreich sein kann. Dies wiederum ist eine Voraussetzung für ein besseres Unterrichtsrepertoire und für eine treffsichere individuelle Unterstützung der Schüler/innen.

2.3 Zusammenarbeit bei der Konstruktion einer Aufgabensammlung zum Thema „Verkehrsphysik" als Beispiel für eine Lehrerfortbildung

Das schlechte Abschneiden bei TIMSS und daran anschließende Analysen führten in Österreich zum Start des Entwicklungsprojekts IMST² (Innovations in Mathematics, Science and Technology Teaching). Anfangs (2001/02) wurden 34, später (2003/04) bis zu 62 Schulen und andere Bildungseinrichtungen bei ihrer weitgehend selbst bestimmten Weiterentwicklung des Mathematik- und Naturwissenschaftsunterrichts gefördert (vgl. u.a. Krainer et al., 2002). Im Rahmen des Schwerpunktprogramms „Grundbildung" von IMST² erarbeitete eine Lehrergruppe eine exemplarische Aufgabensammlung zur „Verkehrsphysik". Die Sammlung sollte bezüglich der Formate, Inhalte, Anspruchsniveaus vielfältig sein (Diagramme interpretieren; Rechnungen, Modellversuche, Messungen ausführen; am PC interaktive Simulationsprogramme mit Java-Applets anwenden, etc.) und alltagsrelevante Anwendungen mechanischer Grundbegriffe (Geschwindigkeit, Beschleunigung, Kraft, Energie, etc.) bieten, aber auch Überlegungen über „richtiges" Verhalten bei Risiken als Fußgänger/innen oder Fahrzeuglenker/innen. Dazu zwei Beispiele:

KNAUTSCHZONE FAHRRADHELM (aus: Häußler & Lind, 1998)

Eine Radfahrerin wird in einen Unfall verwickelt und prallt dabei mit ihrem Kopf bei einer Geschwindigkeit von 5m/s = 18km/h frontal auf eine Mauer. Zum Glück trägt sie einen Fahrradhelm. Wie weit muss sich die weiche Innenseite des Helms einknautschen, damit die Verzögerung ihres Kopfes unterhalb des kritischen Bereichs von 100g liegt? ($g = 10$ m/s^2). (Wird dieser Wert überschritten, kann es zu folgenschweren Schäden des Gehirns kommen.)

DEIN SCHÄDEL IST WIE EIN ROHES EI! (Modellversuch)

(a) Probiere, aus welcher maximalen Höhe du ein Ei in eine Pfanne fallen lassen kannst, ohne dass es zerspringt. Ermittle aus der gemessenen Fallhöhe, welche Kraft ausreicht, um die Eierschale zu knacken! Wie groß ist dann die maximale „Knautschzone" für das Ei? Welche Ähnlichkeiten und welche Unterschiede gibt es zu einem Fahrradunfall ohne Helm? Welche maximale Aufprallgeschwindigkeit hält dein Kopf aus?

(b) Bastle aus Styropor einen „Sturzhelm" für das Ei, um seine „Überlebenschancen" zu verbessern! Welche Fallhöhe kann es jetzt ohne Schaden aushalten? Miss die „Knautschzone" (Eindrücktiefe) des Styropors und schätze die auftretenden Kräfte ab.

Nach welchen Gesichtspunkten sollen verfügbare Aufgaben ausgewählt bzw. neue konstruiert werden? Eine Orientierung bieten die Bildungsziele, die von einer Aufgabensammlung insgesamt abgedeckt werden sollten. So stellt das Grundbildungskonzept von IMST (Anton et al., 2002) an den mathematischen und naturwissenschaftlichen Unterricht den Anspruch, alltagsrelevant und anwendungsorientiert zu sein, Einblick in wissenschaftliche Denk- und Arbeitsweisen zu bieten und zu vier Zielbereichen beizutragen:

- Rationales Weltverständnis;
- Begreifen von Mathematik und Naturwissenschaften als Teil der Menschheitskultur (Wissenschafts- und Technikgeschichte);
- Demokratische Partizipation (z.B. bei gesellschaftlich relevanten Entscheidungen zur Bildungs- und Forschungspolitik und bei Technikfolgenabschätzung);
- Nachwuchssicherung (durch Information über wissenschaftliche Berufe).

Die üblichen Aufgaben genügen fast ausschließlich nur den ersten beiden Leitlinien, nur wenige sind darauf angelegt, eigene Meinungen zu kontroversiellen gesellschaftlichen Fragen zu formulieren und zu begründen (z.B. Energiepolitik, Technikfolgenabschätzung ...) oder Einblick in die Arbeitswelt von Wissenschaftler/innen oder Techniker/innen zu bieten.

Im Rahmen ihres (weitgehend selbst gesteuerten) IMST-Projekts setzten sich die Lehrer/innen mit den Bildungszielen auseinander und ergänzten die ursprüngliche Aufgabensammlung um Beispiele mit gesellschaftspolitischer Dimension (z.B. mit einer Rechercheaufgabe über die Hochgeschwindigkeitszüge TGV, Pendolino, Transrapid, Shinkansen und Einschätzungen zukünftiger Verkehrsszenarien).

3. Mit Aufgaben Spannungsfelder guten Unterrichts ausloten – Professionalitätsentwicklung am Beispiel des IMST-Fonds

3.1 Der Fonds für Unterrichts- und Schulentwicklung im Projekt IMST

In Österreich folgte auf das Projekt IMST[2] ab Herbst 2004 das Unterstützungssystem IMST3 (vgl. u.a. Krainer, 2007). Dieses brachte eine Erweiterung auf die gesamte Sekundarstufe und auf verwandte Fächer (Ernährungslehre, Geographie, Informatik, Raumgeometrie & CAD etc.). Eine wichtige Maßnahme ist die Weiterführung der Betreuung von Innovationen im Rahmen des Fonds für Unterrichts- und Schulentwicklung. In diesem Fonds werden pro Schuljahr zirka 150 unterrichts- und schulbezogene Projekte gefördert. Die Lehrkräfte erhalten sowohl finanzielle Beihilfen als auch individuelle Beratung in drei Workshops (a) zur Planung und Durchführung ihrer Projekte unter Berücksichtigung aktueller fachdidaktischer Erkenntnisse (etwa über konstruktivistisch orientiertes Lernen oder Genderabhängigkeit von Interessen und Lerneinstellungen), (b) zur datengestützten Untersuchung und Evaluation (mit Methoden der Aktionsforschung) sowie (c) zur Verschriftlichung in Form von Innovationsberichten, die sie im Internet veröffentlichen (http://imst.uni-klu.ac.at).

Die Kooperation mit den Beraterteams und der organisierte Ideen- und Erfahrungsaustausch mit Fachkolleginnen und -kollegen zielt direkt auf eine Qualitätsentwicklung des mathematischen und naturwissenschaftlichen Unterrichts und indirekt auf eine Weiterbildung der beteiligten Lehrer/innen. Kennzeichen dieses impliziten Fortbildungsprogramms sind die Freiwilligkeit und Selbstständigkeit der Projektnehmer/innen, der Forschungsansatz bei der Unterrichtsentwicklung und die professionelle Kommunikation mit universitären Partner/innen. Eine der empirischen IMST3-Begleitstudien geht der Frage nach, inwiefern eine solche fachdidaktisch akzentuierte Unterstützung von Unterrichtsprojekten zur Professionalitätsentwicklung der Lehrer/innen(teams) beiträgt. Sie kommt zum Schluss, dass die Umsetzung innovativer Ansätze, die Ausrichtung an fächerübergreifenden Lernzielen und Unterrichtskonzepten und die kollegiale Teamzusammenarbeit wesentliche förderliche Faktoren von Professionalitätsentwicklung sind. Berufliche Weiterentwicklung zeigt sich nicht nur in der Erweiterung der Handlungskompetenz im Klassenzimmer, des Methodenspektrums und des fachdidaktischen Wissenshorizonts, sondern in Fortschritten bei einer Vielzahl von unterschiedlichen Merkmalen der Lehrerprofessionalität (Kreis & Stern, 2005; Stern & Streissler,

2006). Diese betreffen vor allem die Dimensionen der Reflexion und der Vernetzung (Altrichter & Krainer, 1996), sodass Veränderungen in der Unterrichtsführung sich mittelbar auf die organisationale und die gesamtgesellschaftliche Ebene auswirken können (Krainer & Stern, 1998).

Ein wichtiges Charakteristikum von IMST ist die „Philosophie der Spannungsfelder". Als Reflexionsgrundlage und Orientierung für die Weiterentwicklung ihres Unterrichts und ihrer Professionalität werden den Lehrer/innen keine Kriterienkataloge dargeboten, die sie beachten und erfüllen sollen, sondern eine Reihe von Anregungen, wie sie sich selbst zwischen gegensätzlichen Handlungsmöglichkeiten positionieren können. Zwei der zehn Spannungsfelder lauten (Krainer, Posch, & Stern, 2004):

– Die Schüler/innen arbeiten sich in bestehendes Fachwissen ein und bauen dabei auf ihrem eigenen Vorwissen auf (individuelles Vorwissen und gesellschaftlich erwartetes Fachwissen). Die Schüler/innen kennen die Ziele, verstehen das Gelernte und sehen einen Sinn darin.

– Die Schüler/innen eignen sich sowohl fachbezogene Kompetenzen und Einstellungen an als auch Kompetenzen, in denen Alltagsbezug und verantwortungsbewusstes Tun im Vordergrund stehen (Theorie und Praxis).

Sollen also zum Beispiel die Lehrer/innen den Schüler/innen eher neues Wissen anbieten oder Vorwissen beachten? Sollen sie eher Lernschritte vorgeben oder die Schüler/innen selbstständig arbeiten lassen? Beides ist grundsätzlich wichtig. Eine Überbetonung des einen Aspekts kann eine Vernachlässigung des anderen zur Folge haben. Jede Lehrperson muss situationsgemäß selbst entscheiden, ob eine Verschiebung bisheriger Prioritäten zwischen diesen Polaritäten zweckmäßig ist. „Die 10 Spannungsfelder eines guten Unterrichts" eignen sich auch zur (Selbst-)Einschätzung von Unterrichtsinnovationen durch Lehrer/innen und der mit den Innovationen verbundenen Veränderungen im Unterricht (Krainer, Posch, & Stern, 2004).

3.2 Neue Aufgabenkultur als Anstoß für die Weiterentwicklung der Unterrichtsqualität und der Lehrerprofessionalität

Die Mitarbeit im IMST-Fonds bietet den Lehrer/innen Gelegenheit, im Dialog mit Fachdidaktiker/innen ihre eigenen Ansätze theoretisch zu untermauern und mit Kolleginnen und -kollegen systematisch zu reflektieren. Wenn ihr Projekt gelingt, dann entfalten sie, wie die folgenden Fallbeispiele illustrieren, beachtliche Kreativität und adaptieren Aufgaben aus unterschiedlichsten Quellen oder entwickeln eigene Fragestellungen und gestalten förderliche Lernumgebungen für deren Bearbeitung. Es zeigt sich nämlich, dass es nicht nur auf die Qualität der Lernanregungen ankommt, sondern auch auf die Möglichkeiten der Schüler/innen, sich damit auseinander zu setzen. Als wesentliche Erfolgsfaktoren erweisen sich erstens Reflexionen über die Innovation mit Fachkolleginnen und Fachkollegen sowie Partner/innen im Team, und zweitens eine Einbeziehung der Schüler/innen durch Befragung und Mitbeteiligung an der Planung und Durchführung des Projekts (Stern & Streissler, 2006).

Anhand von IMST-Fallbeispielen aus den naturwissenschaftlichen Fächern und der Mathematik lässt sich zeigen, wie diese beiden Merkmale der „Aufgabenkultur" (Reflexion mit Kolleg/innen und Einbeziehung der Schüler/innen) zur Verbesserung der Unterrichtsqualität beitragen können. Dadurch, dass die Lehrer/innen ihre Überlegungen verschriftlichen, fachdidaktische Anregungen aufgreifen und deren Auswirkungen auf die Lernerfolge ihrer Schüler/innen überprüfen, entwickeln sie auch ihre eigene Professionalität. Wie die folgenden drei Fallbeispiele illustrieren, erweist sich die IMST-Kooperation dabei als Mittel zur selbst gesteuerten beruflichen Weiterentwicklung, deren Erfolg oder Scheitern sich mit Hilfe der oben angeführten „Spannungsfelder" analysieren und bewerten lässt.

Fallbeispiel 1: Mathematiklernen anhand selbst erfundener Aufgaben

Am Beginn stand eine frustrierende Erfahrung der beiden Mathematiklehrerinnen Heidi Scheidl und Silvia Degenhart an der Europa-Mittelschule in Wien. Für ein Lernprojekt zum Thema Kochen sollte eine Gruppe ihrer 12-jährigen Schülerinnen und Schüler Lebensmittel besorgen und hatte es nicht geschafft, eineinhalb Kilogramm Hackfleisch einzukaufen. Im Supermarkt waren nur Packungen zu je 400 Gramm im Regal. Wie man Schulwissen für solche Alltagsprobleme nutzen könnte, war niemandem in der Klasse klar. Das führte die beiden Lehrerinnen dazu, ihren Mathematikunterricht umzugestalten, von vorgefertigten Rechenbeispielen aus dem Lehrbuch abzugehen und sich auf selbst konstruierte alltagspraktische Aufgaben zu verlegen, zum Besipiel:

MATHEMATISCHE KLASSENPARTY
Eure Gruppe macht Instant-Schokopudding für alle 26 Kinder.
1 Packung reicht für 3 Portionen.
Wie viele Packungen müsst Ihr für die ganze Klasse kaufen?
Und wie viel Milch, wenn auf jeder Packung steht: 300ml Milch für 3 Portionen?

Mehrere Lernziele stecken in einer solchen, nur scheinbar einfachen, für die Schülerinnen und Schüler offenbar hochkomplexen Aufgabe. Um sie zu lösen, mussten sie Maße umwandeln, zwischen Bruch- und Dezimalschreibweise wechseln, Größenordnungen abschätzen und Messbecher verwenden. Laut Projektbericht war das Ergebnis trotzdem einigermaßen genießbar (Scheidl & Degenhart, 2005).

Die Lehrerinnen experimentierten auch mit offenen Aufgaben ohne eindeutige Lösungen, für die Antworten mit persönlicher Note zu formulieren waren. Die erste dieser Aufgaben sollte den Kindern Gelegenheit geben, ihre Umgebung einmal durch eine „mathematischen Brille" zu betrachten.

MATHEMATISCHER TAGESABLAUF – BEGEGNUNGEN MIT DER MATHEMATIK
Hausübung: Lege eine Liste für deinen Tagesablauf an. Notiere, wann und wo du Zahlen und Figuren und sonstigen mathematischen Dingen begegnest!
So könnte deine Liste anfangen:

Zeit	Was geschieht?	Was hat das mit Mathematik zu tun?
7.00	Brrr! Der Wecker läutet!	Das Gehäuse ist ein Zylinder. Das Ziffernblatt zeigt die natürlichen Zahlen von 1 bis 12.
	Ich drehe mich auf die Seite.	....

Diese Aufgabe begeisterte einige Mädchen sehr. Sie schrieben extralange Listen über Schul- wie über Ferientage und meinten bei der Abgabe aufgeregt, sie hätten gar nicht gewusst, wie viel Mathematik es in ihrer Welt gebe. Manche Aufzeichnungen überraschten durch Originalität (Aufsetzen im Bett im rechten Winkel, Betrachten des kreisförmigen Tellers oder der Zimtschnecke beim Frühstück oder der quadratischen Fliesen im Badezimmer), andere beschränkten sich auf eher banale Zahlenangaben.

Die Lehrerinnen gingen noch einen Schritt weiter und ließen die Schüler/innen eigene Aufgabenstellungen erfinden. Diese Produkte waren auf sehr unterschiedlichem Niveau und boten aufschlussreiche Einblicke in Wissensstand und Kreativität.

EIGENE MATHEMATIKAUFGABEN ERFINDEN!
Hausübung: Überlege: Wofür brauchst du Mathematik? Bei welchen Problemen kann es dir helfen, wenn du rechnen oder geometrisch denken, zuordnen oder strukturieren kannst?
- Erfinde selbst 1-2 interessante Mathematikaufgaben über wirkliche Alltagsprobleme (aus Haushalt, Berufswelt, Natur, Technik, Medien, Spiele)!
- Verwende dabei möglichst viel von dem, was du über Mathematik bereits weißt!

Eine junge Sportschwimmerin fragte, wie oft man Wasser aus einem Viertelliterglas in einen Swimmingpool (25m x 10m x 2m) gießen müsste, um ihn zu füllen. Eine Mitschülerin, die Pferde liebte, wollte wissen, wie viele Runden ein Pferd in eindreiviertel Stunden läuft, wenn es für eine Runde 3 Minuten braucht? (Scheidl & Degenhart, 2004)

Manche Schülerleistungen sind hervorragend, manche enttäuschend. Einige Schülerinnen taten sich schwer, eigene Aufgaben zu formulieren, sie protestierten und wollten lieber Beispiele aus dem Buch rechnen. Die Lehrerinnen hatten die Idee, die Ergebnisse nicht nur einzusammeln und schriftlich zu kommentieren, sondern die Schülerinnen und Schüler mit Postern vor der Klasse und auch bei einem Elternabend präsentieren zu lassen. Das führte zu interessanten Klassendiskussionen, Anerkennung für gelungene Einfälle, und viele Kinder waren auf ihre Leistungen stolz, die sie selbstständig erbracht hatten, und für die sie Extrapunkte für die Benotung bekamen.

Die gesamte Aufgabensammlung mit Illustrationen ließen die Lehrerinnen für die ganze Klasse als Broschüre vervielfältigen und veröffentlichten sie später im Internet auf der Schulhomepage. Das Ergebnis war zugleich auch eine Grundlage für eine erweiterte Leistungsbewertung. Die beiden Lehrerinnen berichten von einer „sehr intensiven, vielschichtigen Arbeit und unzähligen motivierenden Erlebnissen sowie positiven Rückmeldungen" der Schüler/innen. Sie sahen in den projektartigen Aufgaben Angebote für die Schüler/innen, „Mathematik als Teil ihres Alltags zu entdecken" und Anregungen dazu, „selbständig(er) zu denken und zu handeln" und „Gelegenheit, möglichst praktisch zu arbeiten" (Scheidl & Degenhart, 2004).

Der Unterricht hatte mit der Reflexion bei den IMST-Workshops über das, was eine gute Aufgabe ausmacht, neue Impulse bekommen (Stern, 2006). Durch ihren innovativen Umgang mit Mathematikaufgaben verschoben sich die Prioritäten der beiden Lehrerinnen im Spannungsfeld zwischen „Lernschritte vorgeben" und „selbstständig arbeiten lassen" um ein großes Stück in Richtung auf mehr Spielräume für eigenverantwortliches Arbeiten der Schüler/innen.

Fallbeispiel 2: Chemielernen anhand von einfachen Experimentieraufgaben

In der Bundesanstalt für Kindergartenpädagogik (BAKIP) in Oberwart galt Chemie als unwichtiges, unverständliches und unbeliebtes Fach. Warum künftige Kindergärtnerinnen sich damit beschäftigen sollten, wenn auch nur ein Jahr lang, war vielen ein Rätsel.

Die beiden Lehrerinnen Susanne Jaklin-Farcher (Chemie) und Hedy Pratscher (Didaktik und Pädagogik) entwickelten ein neues Unterrichtskonzept mit dem Ziel, den Chemieunterricht mit dem Berufsfeld der zukünftigen Kindergärtnerinnen zusammenzuführen. Es ging ihnen darum, den Schülerinnen Chemie beizubringen und dabei auch ihr Repertoire als künftige Kindergärtnerinnen zu erweiterten. Wissen über Alltagschemikalien, die Fähigkeit zu experimentieren und Erklärungen für beobachtete Phänomene zu finden, sollte nicht nur zur Allgemeinbildung beitragen, sondern auch unmittelbaren Nutzen für die Berufstätigkeit haben.

Die Schülerinnen übernahmen die Aufgabe, aus Büchern und Internetseiten einfache, aber interessante und lustige chemische Versuche auszuwählen, um sie dann mit einer Kleingruppe (6-8 Kinder) im Kindergarten auszuführen. Zu diesem Zweck mussten sie auch Hintergrundwissen erwerben (z.B. über Salz, Zucker; Verbrennung, Verfärbung; inklusive chemischer Formelsprache), um selber Zusammenhänge zu durchblicken und den Kindern auf deren Niveau verständlich erklären zu können.

Beispiele für solche Versuche waren:
- Turm- und Brückenbauten aus Zuckerwürfeln mit Eiklar als Bindemittel
- Herstellung von „Slime" (aus Polyvinylalkohol, Borax, Lebensmittelfarben)
- Geruchstest mit natürlichen und künstlichen Aromastoffen.

Aus den Dokumentationen der Schülerinnen und dem Projektbericht der beiden Lehrerinnen (Jaklin-Farcher & Pratscher, 2006) geht hervor, dass fast alle Schülerinnen mit wachsendem Interesse Chemie lernten, schon alleine, um den vielen Warum-Fragen der Kinder gewachsen zu sein. Deren Freude an Beobachtungen, Manipulationen und der Suche nach Erklärungen erwies sich nach übereinstimmender Aussage der Schülerinnen als ansteckend.

Der Verlauf dieses Projekts ist ein Beispiel dafür, wie die Bearbeitung anspruchsvoller und komplexer Aufgabenstellungen den Unterricht radikal verändern kann. Davor war der Chemieunterricht eher konventionell der Fachsystematik gefolgt. Mit Vortrag, Demonstrations- und Schülerexperimenten hatte die Lehrerin versucht, in den Schülerinnen naturwissenschaftliches Interesse und Verständnis zu wecken. Was den Ausschlag für den sprunghaften Anstieg der Lernmotivation im Verlauf des Projekts gab, war nicht nur die herausfordernde Aufgabenstellung, chemische Experimente für kleine Kinder aufzubereiten, sondern auch die Möglichkeit, selbstständig auszuwählen, eigene Ideen für die Umsetzung zu entwickeln und diese schließlich tatsächlich mit den Kindern auszuprobieren. Die Schülerinnen saßen zum Teil nächtelang an ihren Vorbereitungen und wussten dann ziemlich gut über Alltagschemikalien bescheid (Jaklin-Farcher & Pratscher, 2006; Stern & Streissler, 2006).

In mindestens drei der zehn „Spannungsfelder für einen guten Unterricht" gelangen den beiden Lehrerinnen Prioritätsverschiebungen, die zu einer Steigerung der Lerneffektivität beitrugen. Sie stellten nicht nur *fachliche Grundlagen* bereit (Überblick über die Chemie), sondern boten auch *konkrete Anwendungsmöglichkeiten* (in den kindergartenpädagogischen Übungsphasen). Sie sprachen dabei nicht nur den *Intellekt* der Schülerinnen an, sondern ließen sie auch *emotionale Erfahrungen* machen, die ihren Wissensdurst und ihre Unternehmungslust anstachelten. Sie gaben schließlich nicht nur selbst *Rückmeldungen*, sondern regten die Schülerinnen auch zur *Selbstkontrolle* an (durch Beachten der Reaktionen der Kinder).

Insgesamt führte die neue Aufgabenkultur an dieser Schule zu einer Aufwertung des Faches Chemie und zu mehr Anerkennung für die Einbeziehung von Elementen naturwissenschaftlichen Forschens sowohl in die kindergartenpädagogische Ausbildung als auch in die spielerischen Lernaktivitäten der Kinder.

Fallbeispiel 3: Fächer verbinden anhand von kombinierten Aufgabenstellungen

Die Kernidee eines Lehrerteams an einem Grazer Realgymnasium war, Themenstellungen mit einer sechsten Klasse (10. Schulstufe) in Physik und Mathematik unter verschiedenen Perspektiven zu bearbeiten. Das sollte zu einem besseren Verständnis beider Fächer und ihrer Beiträge zu Welt- und Alltagsverständnis und ihrer wechselseitigen Zusammenhänge führen. Der Projektplan knüpfte an das Grundbildungskonzept von IMST an (Anton u.a., 2004). Die *„Fähigkeit zur Anwendung mathematischer Konzepte zur Modellierung und Simulation physikalischer Vor-*

gänge und Objekte" und das *„Analysieren von Daten, Erstellen und Interpretieren von Diagrammen"* wurden als besonders wichtige Kompetenzen genannt (Rath & Knechtl, 2006). Mathematische Methoden sollten die Schüler/innen als Mittel zum Strukturieren und Lösen physikalischer Probleme und umgekehrt physikalische Fragestellungen als Fälle für mathematische Anwendungen erkennen.

Zu diesem Zweck studierten Gerhard Rath und Waltraud Knechtl die Physik- und Mathematik-Lehrpläne und suchten nach Querverbindungen. Für mehrere parallele Unterrichtssequenzen entwickelten sie Aufgabenstellungen, zum Beispiel für exponentielle Vorgänge:

ABKÜHLKURVE

Ein Glas heißer Tee steht auf einem Tisch. Welche Funktion beschreibt die Temperaturabnahme mit der Zeit?

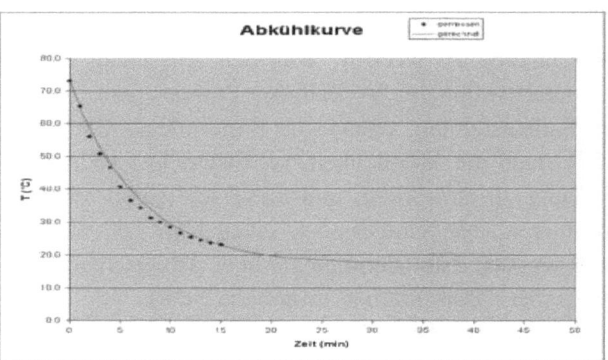

Physik	Mathematik
Vorüberlegungen:	Dateninterpretation & Modellierung
Warum kühlt heißer Tee aus?	Die Newton-Theorie liefert einen
Welche Temperatur ist für ein Getränk bzw.	exponentiellen Verlauf der Temperatur als
ein Bad „richtig"?	Funktion der Zeit:
Messung:	$T(t) = T_{raum} + (T_{start} - T_{raum}) \cdot e^{-\Lambda t}$
Die Temperatur wird jede Minute	Zu bestimmen ist die Abkühlungskonstante Λ
gemessen. Die Messwerte werden in eine	aus den Messwerten (Kurvenverlauf oder
Tabelle eingetragen und der Kurvenverlauf	Tabelle).
T=T(t) gezeichnet (mit EXCEL).	

Weitere Beispiele für gemeinsame Themenbearbeitungen in Mathematik waren Winkelfunktionen und Pendelschwingungen, Vektoren und dreidimensionale Sternbilder, Logarithmen und Lautstärke. Im Physikunterricht wurden jeweils Probleme formuliert, für die dann in Mathematik nach Lösungen gesucht wurde.

Viele Schüler/innen gaben bei der Projektevaluation gegenüber zwei Studentinnen an, dass diese Koordination der beiden Fächer aus ihrer Sicht sinnvoll sei und ihr Interesse und ihre Lernbereitschaft sich dadurch gesteigert habe. *„Es gibt mir das Gefühl, dass das, was man in Mathe lernt, auch eine praktische Anwendung hat"*, meinte ein Schüler im Interview. Nur einige wenige Schüler/innen, die reine Mathematik mochten und die auch leistungsstark waren, äußerten sich ablehnend zum Versuch, Mathematik durch praktische Anwendungsbeispiele attraktiver machen zu wollen.

Um zu zeigen, welchen Erkenntniswert es hat, konkrete alltagsphysikalische Probleme durch mathematisches Modellieren zu bearbeiten, forderten die beiden Lehrer/innen ihre Klasse auf, eigene alltagsphysikalische Probleme zu finden und nach Lösungswegen zu suchen. Zur Orientierung diente die Analyse der Frage, wie schnell man im Regen am besten geht oder läuft, wenn man möglichst wenig nass werden möchte. Einige dieser Fragestellungen waren originell und keineswegs trivial, zum Beispiel:

– Wird es wärmer, wenn es schneit?

– Wie viel Cola muss in einer Dose sein, damit sie am stabilsten steht?

– Könnte ein Mensch von einer aus großer Höhe frei fallenden Euro-Münze erschlagen werden?

Die Suche nach Lösungen dieser Probleme fiel allen Beteiligten schwer. Das war für manche Schüler/innen frustrierend, manche spornte es aber zu interessanten Gedankengängen an und vor allem zu authentischen Erfahrungen, wie in Physik und Mathematik beim Modellieren methodisch vorgegangen wird (Rath & Knechtl, 2006).

In einigen „Spannungsfeldern für einen guten Unterricht" setzte das Lehrerteam andere Prioritäten als zuvor: *Anwendungen und Bezüge zur Alltagswelt* gewannen an Bedeutung gegenüber der *Erarbeitung (zunächst abstrakt bleibender) fachlicher Grundlagen*. Anregungen zum *eigenen Denken anhand komplexer Aufgaben* wurden wichtiger und gingen auf Kosten des *Einübens von Routinen*. Die Auswirkungen auf die Qualität des Lernens und insbesondere auf das fachliche Verständnis bewerteten beide Lehrpersonen positiv, was sie bewog, ihre Zusammenarbeit im folgenden Jahr fortzusetzen und auszubauen.

3.   Resümee und Ausblick

Aufgaben haben eine *doppelte Katalysatorfunktion* für die Weiterentwicklung der Qualität des Lehrens und Lernens.

– Sie haben einerseits im Fachunterricht vielfältige Anwendungsmöglichkeiten (i. zum Einstimmen in einen neuen Lernabschnitt; ii. zum Wiederholen, Üben, Anwenden; iii. zur Überprüfung des Lernstands), sodass eine gute Auswahl und Bearbeitungsmöglichkeiten in anregenden Lernumgebungen wesentlich zum Lernerfolg der Schüler/innen beitragen können.

– Andererseits gibt es eine Reihe von Ansätzen in der Lehrerfortbildung, bei denen anhand konkreter „Aufgaben über Aufgaben" Bildungsziele und Unterrichtsprioritäten konkretisiert und neue Unterrichtskonzepte entworfen werden.

Während in der Mathematiklehrerfortbildung die Diskussion über Unterrichtsqualität anhand von Aufgaben eine lange Tradition hat (man könnte sagen: mindestens seit Adam Riese), gibt es in den naturwissenschaftlichen Fächern erst in den letzten Jahren ein steigendes Interesse an Aufgaben (inkl. Experimenten), die Schüler/innen selbstständig ausführen. Wegen des starken Eindrucks, den die Studien TIMSS und PISA mit ihren zum Teil anspruchsvollen Test-Items gemacht haben, ist es in der Lehrerfortbildung besonders wichtig, die unterschiedlichen Kriterien bewusst zu machen, denen Test- bzw. Lernaufgaben zu genügen haben. Bei allen Arten von Aufgaben lässt sich jedoch der gemeinsame Trend feststellen, dass höheren Kompetenzniveaus und der Individualisierung vermehrt Beachtung geschenkt wird.

Im Projekt IMST entwickeln die Teilnehmer/innen ihre eigenen autonomen Unterrichtsvorhaben und werden dabei von erfahrenen Praktiker/innen und Wissenschaftler/innen unterstützt. Bei vielen dieser Innovationen experimentieren die Lehrkräfte mit neuen Aufgabenstellungen, die sie für oder mit ihren Schüler/innen ausarbeiten, und die den Unterricht oft grundlegend in Richtung auf selbsttätiges und reflexives Lernen verändern. Verbesserungen der Qualität von Aufgaben und von Lernumgebungen gehen dabei meist Hand in Hand und sind ein Anstoß für eine vielschichtige Professionalitätsentwicklung der beteiligten Lehrer/innen. Als förderlich erweist sich dabei ein Fortbildungskonzept, das ihnen Autonomie gewährt und sie in eine Forschungskooperation einbindet. Sie lernen dabei, ihren Unterricht zu evaluieren und dessen Reflexion auf „Spannungsfelder für einen guten Unterricht" zu beziehen, mit dem Ziel, diesen immer weiter zu entwickeln.

Wir danken Josef Thonhauser, Manfred Katzenberger und Stefan Zehetmeier für wertvolle Rückmeldungen zu einer früheren Fassung dieses Beitrags.

Literatur

Anton, M., Kühnelt, H., Malle, G., Unterbruner, U., & Krainer, K. (2002). Ansätze für eine mathematisch-naturwissenschaftliche Grundbildung. In: K. Krainer et al. (Hrsg.), Lernen im Aufbruch: Mathematik und Naturwissenschaften. Pilotprojekt IMST² (63-70). Innsbruck: Studienverlag.

Balacheff, N. (1988). Aspects of proof in pupils' practice of school mathematics. In D. Pimm (Hrsg.), Mathematics, teachers and children (216-235). London: Hodder and Stoughton.

Baptist, P. (1998). Elemente einer neuen Aufgabenkultur. Anregungen zu den SINUS-Modulen 1 und 5. Bayreuth: SINUS/BLK.

Bell, A. (Hrsg.) (1993). Design of Teaching. Educational Studies in Mathematics 24. Dordrecht: Kluwer.

Bergqvist, T. (2000). How students verify conjectures. Research Reports in Mathematics Education 3, Department of Mathematics, Umeå University.

Bergqvist, T. (2005). How students verify conjectures: Teachers' expectations. Journal of Mathematics Teacher Education 8(2), 171-191.

Bloom, B.S. (Hrsg.) (1972). Taxonomie von Lernzielen im kognitiven Bereich. Weinheim: Beltz.

Bonn, G., Hödl, W., Kühnelt, H., Stadler, H., & Stern, T. (1998). Fragen zur Erforschung von Schülervorstellungen. In A. Kern & T. Stern (Hrsg.), Naturwissenschaften im Unterricht. Schulinnovationen 13 (19-21). IUS/IFF: Klagenfurt. http://www.iff.ac.at/ius/mitarbeiterinnen/stern/Naturwissenschaft_im_Unterr.pdf

Bromme, R. (1986). Die alltägliche Unterrichtsvorbereitung des (Mathematik)Lehrers im Spiegel empirischer Untersuchungen. Journal für Mathematikdidaktik 2(4), 283-320.

Bromme, R., Seeger, F., & Steinbring, H. (Hrsg.) (1990). Aufgaben als Anforderungen an Lehrer und Schüler – Empirische Untersuchungen. Köln: Aulis.

Büchter, A., & Leuders, T. (2006). Was ist eine gute Aufgabe? Das kommt darauf an! Praxis der Naturwissenschaften – Chemie in der Schule, 55(8), 9-15.

Christiansen, B., & Walter, G. (1986). Task and Activity. In B. Christiansen, G. Howson, & M. Otte (Hrsg.), Perspectives on Mathematics Education (243-307). Dordrecht: Reidel.

Duit, R., Fischer, H.E., & Müller, W. (2002). Vielfalt und Anregung statt Routine. Der Physikunterricht braucht eine andere Aufgabenkultur. NWU Physik 67, 4-7.

Harten, G.V., & Steinbring, H. (1985). Aufgabensysteme im Stochstikunterricht. Occasional paper 71. IDM Bielefeld.

Fischer, R., Krainer, K., Malle, G., Posch, P., & Zenkl, M. (Hrsg.) (1985). Pädagogik und Fachdidaktik für Lehrer. Ergebnisse eines Modellversuchs zur Lehrerfortbildung des Interuniversitären Forschungsinstituts für Fernstudien. Wien: Hölder-Pichler-Tempsky und Stuttgart: Teubner.

Häußler, P., & Lind, G. (1998). Weiterentwicklung der Aufgabenkultur im mathematisch-naturwissenschaftlichen Unterricht. Erläuterungen zum SINUS-Modul 1. Kiel: IPN.

Häußler, P., & Lind, G. (2000). „Aufgabenkultur" – Was ist das? Praxis der Naturwissenschaften Physik 49(4), 2-10.

Hertrampf, M. (Hrsg.) (2003). Abschlussbericht des BLK – Modellversuchsprogramms „Steigerung der Effizienz des mathematisch-naturwissenschaftlichen Unterrichts". Kiel: IPN.

Jaklin-Farcher, S. & Pratscher, H. (2006). Chemie im Kindergarten. http://imst.uni-klu.ac.at/materialien/

Klieme, E., Avenarius, H., Blum, W., Döbrich, P., Gruber, H., Prenzel, M., Reiss, K., Riquarts, K., Rost, J., Tenorth, H.-E., Vollmer, H. (2003). Expertise zur Entwicklung nationaler Bildungsstandards. Bonn: BMBF.

Krainer, K. (1990). Lebendige Geometrie. Überlegungen zu einem integrativen Verständnis von Geometrieunterricht anhand des Winkelbegriffes. Frankfurt am Main: Lang.

Krainer, K. (2001). Die „Testwirklichkeit" nicht zur „Unterrichtswirklichkeit" machen! Oder: Standardisierte Leistungstests tragen zwar zur Generierung von Steuerungswissen bei, sind aber als Normvorgabe für den Unterricht kontraproduktiv. Journal für Schulentwicklung 2, 33-41.

Krainer, K. (2006). How can schools put mathematics in their centre? Improvement = content + community + context. In J. Novotná, H. Moraová, M. Krátká, & N. Stehliková (Hrsg.), Proceedings of the 30th Conference of the International Group for the Psychology of Mathematics Education (PME 30), Vol. 1 (84-89). Prague: Charles University.

Krainer, K. (2007). Die Programme IMST und SINUS: Reflexionen über Ansatz, Wirkungen und Weiterentwicklungen. In D. Höttecke (Hrsg.), Naturwissenschaftliche Bildung im internationalen Vergleich. Gesellschaft für Didaktik der Chemie und Physik. Tagungsband der Jahrestagung 2006 in Bern. Münster: LIT-Verlag, 20-48.

Krainer, K., Dörfler, W., Jungwirth, H., Kühnelt, H., Rauch, F., & Stern, T. (Hrsg.). (2002). Lernen im Aufbruch: Mathematik und Naturwissenschaften. Pilotprojekt IMST². Innsbruck: Studienverlag.

Krainer, K., & Posch, P. (1996). Auf den Spuren mathematischer Denkprozesse. In K. Krainer, & P. Posch (Hrsg.), Lehrerfortbildung zwischen Prozessen und Produkten. Hochschullehrgänge „Pädagogik und Fachdidaktik für LehrerInnen" (PFL): Konzepte, Erfahrungen und Reflexionen (301-320). Bad Heilbrunn: Klinkhardt.

Krainer, K., Posch, P., & Stern, T. (2004). 10 Spannungsfelder für einen guten Unterricht. Lernende Schule 28, 55-56.

Krainer, K., & Stern, T. (1998). Fachdidaktik auf dem Weg zur Berufswissenschaft? Entwicklungen im Bereich der Didaktik der Mathematik und der Naturwissenschaften In H. Altrichter, K. Krainer, & J. Thonhauser (Hrsg.), Chancen der Schule, Schule als Chance (295-322). Innsbruck: Studienverlag.

Krainz-Dürr, M., Kröpfl, B., Piber, C., Stern, T., Krainer, K., & Rauch, F. (2002). Universitätslehrgänge „Pädagogik und Fachdidaktik für Lehrer/-innen" (PFL). In G. Knapp (Hrsg.), Wissenschaftliche Weiterbildung im Aufbruch? Entwicklungen und Perspektiven (332-359). Klagenfurt: Hermagoras.

Labudde, P. (2001). Chancen für den Physikunterricht in der heutigen Zeit. Zehn Thesen zur physikalischen Bildung. PlusLucis 1/2001, 2-6.

Malle, G. (1985). Zur Fähigkeit von Schülern im Aufstellen und Interpretieren von Formeln. In R. Fischer, K. Krainer, G. Malle, P. Posch, & M. Zenkl (Hrsg.), Pädagogik und Fachdidaktik für Lehrer. Ergebnisse eines Modellversuchs zur Lehrerfortbildung des Interuniversitären Forschungsinstituts für Fernstudien (9-38). Wien: Hölder-Pichler-Tempsky und Stuttgart: Teubner.

Müller W., & Horn, M.E. (2001). Trainieren von Kompetenzen beim Lösen von Physikaufgaben in der Sekundarstufe I. In R. Brechel (Hrsg.), Zur Didaktik der Physik und Chemie, Probleme und Perspektiven (345-347). Alsbach: Leuchtturm.

Pientka, H. (Hrsg.) (2000). Aufgabenkultur. Praxis der Naturwissenschaften 49/4. Köln: Aulis.

Rath, G., & Knechtl, W. (2006). MPH6: Mathematik-Physik in der 6. Klasse Realgymnasium koordiniert unterrichten. http://imst.uni-klu.ac.at/materialien/

Renkl, A. (2006³). Träges Wissen. In: Rost, D. (Hrsg.) Handwörterbuch Pädagogische Psychologie. Weinheim, Basel und Berlin: Beltz, 778-782.

Schäffer, M.-M. (2004). Verkehrsphysik. http://imst.uni-klu.ac.at/materialien/

Scheidl, H. & Degenhart, S. (2004). Nicht für die Schule, für das Leben lernen wir. http://imst.uni-klu.ac.at/materialien/

Stern, T. (1998). Wofür Schülerinterviews? In: Stern, T. & Kern, A. (Hrsg.), Naturwissenschaften im Unterricht. Schulinnovationen 13. 16-18. IUS/IFF: Klagenfurt. http://www.iff.ac.at/ius/mitarbeiterinnen/stern/Naturwissenschaft_im_Unterr.pdf

Stern, T. (2001). Testaufgaben kreativ verwenden! Journal für Schulentwicklung 2, 65-70.

Stern, T. (2006). Schülerinnen und Schüler auf der Suche nach lohnenden Mathematikaufgaben. Praxis der Mathematik in der Schule 48(10), 14-19.

Stern, T., & Streissler, A. (2006). PEL(T) – Professionalitätsentwicklung von Lehrer-(teams). Eine Studie im Auftrag des IMST-Fonds. Klagenfurt: IUS.

TIMSS (2003). TIMSS Framework Mathematics. Hamburg: IEA. http://timss.bc.edu/timss2003i/PDF/t03_AF_math.pdf

Ilsedore Wieser & Maria Schaffenrath, Innsbruck

Die Entwicklung von Lernaufgaben als Beitrag zur Professionalisierung der Berufsschullehrer/innen

Berufsschulen arbeiten unter schwierigen Bedingungen: äußerst heterogen zusammengesetzte Schülerschaft, knappe Unterrichtszeit, Ausbildungsverpflichtung für über 200 Berufe, hohe Erwartungen von Seiten der Wirtschaft. Berufsschullehrer/innen können diesen Herausforderungen nur durch differenziertes Unterrichten begegnen. Bei ihren Indiviudalisierungsbemühungen profitieren sie von Lernaufgaben, die für die Förderung von Basiskompetenzen (z.B. Rechnen, Lesen) – auch schwächerer Schüler/innen – geeignet sind. Wie, unter welchen Bedingungen und mit welchen Auswirkungen auf die Lehrer/innenprofessionalität solche Lernaufgaben entwickelt werden, versuchen Ilsedore Wieser und Maria Schaffenrath darzustellen.

Der Beitrag informiert über Projekte, in denen sich Berufsschullehrer/innen an Lernaufgabenentwicklungen beteiligen und dadurch ihre alltägliche Unterrichtsarbeit zum Vorteil ihrer Schüler/innen professioneller zu gestalten lernen. Zunächst wird auf die im Titel verwendeten Begriffe eingegangen, anschließend sind Abschnitte gewidmet

– den Belegen dafür, dass die Entwicklung von Lernaufgaben die Professionalisierung in der Berufsschullehrer/innen/bildung tatsächlich voranbringt und
– einigen für die Lernaufgabenentwicklung wichtigen Rahmenbedingungen.

1. Begriffsklärungen

1.1 Berufsschullehrer/innen

Berufsschullehrer/innen standen lange Zeit – genauso wie ihre Klientel – bildungspolitisch im Abseits.[1] Weil für sie lediglich ein unsystematisches, institutionell nicht verankertes Aus-/Weiterbildungsangebot vorgesehen war, wurden sie als spezieller Lehrerstand kaum wahrgenommen.

In Österreich sind sie erst seit 1976, mit der Einrichtung von Berufspädagogischen Akademien, (BPA) in das Blickfeld der Öffentlichkeit getreten. Das zunehmende Interesse erklärt sich

– aus der großen Zahl zu betreuender Berufsschüler/innen (in Österreich fast die Hälfte aller 15- bis 19-jährigen), die für über 200 Berufe auszubilden sind;
– aus der Dualität des Systems, das der Jugendarbeitslosigkeit gegensteuert; „dual" bezieht sich auf die beiden Lernorte Betrieb und Schule, wobei die Be-

---

1 Berufsschulen hatten kein Prestige. Ihre Lehrer/innen galten innerhalb des Berufsstandes als untypisch, ihre Schüler/innen als vergessene Majorität (vgl. Winterhager 1972)

triebe über mehr Ausbildungszeit verfügen als die Berufsschulen, die von den Lehrlingen entweder ca. einen Tag pro Woche besucht werden oder lehrgangsmäßig 8–10 Wochen im Jahr;

– aus der Aufhebung des „Sackgassencharakters" (etwa durch die Möglichkeit der Berufsreifeprüfung) und damit der Integration in ein sich als „durchlässig" bezeichnendes Gesamtbildungssystem.

Die Eigenartigkeit der Lehrlingsausbildung geht Hand in Hand mit der Einzigartigkeit der Ausbildung von Berufsschullehrerinnen und -lehrern. Sie erfolgt an den Berufspädagogischen Akademien und an den künftigen Pädagogischen Hochschulen im sog. „Inservice-System"[2], das organisatorisch voraussetzungsreich ist, aber geradezu ideale Praxis-/Theorieverschränkungsmöglichkeiten bietet – so die berufsbegleitenden Studienangebote der permanenten Reflexion des Lehrer/innenalltags zuarbeiten.

Auch in der Fort-/Weiterbildung stehen Aufarbeitungen der täglichen Arbeit mit Lehrlingen und die daraus gewonnenen, möglichst in Verbesserungen einfließenden Erfahrungen im Mittelpunkt.

Das Hochschulgesetz 2005 (BGBl. I Nr.30/2006) bietet den Rahmen für einen Professionalisierungsschub. Das berufsbildende Schulwesen ist dort dezidiert in die Tertiarisierungsbemühungen eingebunden, die Qualifizierung seiner untypischen Lehrerschaft nachdrücklich gefordert. Das ist auch gut so – denn: „Die besten Lehrenden sind für die duale Ausbildung gerade gut genug!" (Wieser, 2005, 169ff.). Berufsschulen sind nämlich Orte höchster Herausforderungen: Die von ihren Sozialisationsbedingungen, Arbeitshaltungen und Lernvoraussetzungen sehr heterogen zusammengesetzte Schülerschaft bedarf einer „maßgeschneiderten" Förderung, was schwer zu realisieren ist, weil wenig Unterrichtszeit zur Verfügung steht und die Erwartungen bzgl. der Lernergebnisse hoch sind. Letztere werden mit Nachdruck von der Wirtschaft an die Berufsschulen herangetragen und im Rahmen der von den Kammern abgenommenen Lehrabschlussprüfungen auch eingefordert.

1.2 Professionalisierung

Professionalisierung ist eine Forderung, die gegenwärtig an alle Lehrerbildungen gestellt wird.

– Begründung: Prosperierende Lern- und Bildungsgesellschaften sind auf Experten des Lehrens- und Lernens angewiesen.

– Hoffnung: Das – mit der obigen Bedeutung unvereinbare – gegenwärtig geringe Prestige des Lehrer/innenberufs kann durch gezielte Maßnahmen angehoben werden.

---

2 Inservice-System bedeutet, dass die sechssemestrige Ausbildung der Berufsschullehrer/innen 4 Semester berufsbegleitend erfolgt und nur 2 Semester als Vollzeitstudium. Die Zulassungsvoraussetzungen für die Berufspädagogischen Akademien liegen im fachlichen Bereich (z.B. Meisterprüfung und Berufspraxis) und in mindestens zweijährigen unterrichtlichen Eigenerfahrungen. Verglichen mit anderen Lehrerausbildungen sind die Anwärter/innen auf das Berufsschullehramt fachlich und unterrichtspraktisch versierter.

Weil der Professionalisierungsbegriff sehr weit gefasst wird (vgl. EPIK[3]), Bastian/ Helsper, 2000, 167-192) ist die Berufsschullehrer/innen/bildung gut beraten, sich in konkreten Qualifizierungsbemühungen auf wenige relevante Professionsmerkmale zu konzentrieren. Im Zusammenhang mit den Lernaufgabenprojekten sind das:

– Fähigkeiten zur Unterrichtsdifferenzierung, die gleichzusetzen sind mit Kompetenzen, sehr heterogen zusammengesetzte Schüler/innen/gruppen lernmäßig so voranzubringen, dass jede/r Einzelne profitiert (auch als „Moderation der Heterogenität" beschlagwortet bzw. als differenzierte/individualisierte Lernförderung);

– Fähigkeiten zu forschendem Lernen, soll heißen: sich durch eigenes Beobachten/Befragen, gemeinsames Reflektieren der erhobenen Daten, durch Diskussion und Erprobung möglicher Handlungsalternativen etc. situatives (statt trägem) Wissen anzueignen und basierend darauf Handlungskompetenzen zu entwickeln.

In den genannten Schwerpunkten stecken viele Einzelkompetenzen: Wahrnehmungs-, Beobachtungs-, Diagnose-, Einfühlungs-, Distanzierungs-, Analyse-, Interpretations-, Reflexions-, Kommunikations-, Kooperations-, Diskurs-, didaktisch-methodische, Handlungs-, Innovations-, Evaluationskompetenz. Jede ist förderungswürdig, trägt zur Professionalisierung des Berufs „Lehrer/in" bei, findet in den Lernaufgabenprojekten Beachtung.

1.3 Lernaufgaben

In Analogie zu den in der dualen Bildung üblichen „Meisterstücken" bezeichnet das Entwicklungsteam Lernaufgaben als „didaktische Meisterstücke". Der damit assoziierte hohe Qualitätsanspruch ist durchaus beabsichtigt, erfordert das duale Bildungssystem doch eine hochkarätige Didaktik, einen meisterschaftlichen Umgang der Lehrenden mit den ihnen anvertrauten Lernendengruppen, die heterogener zusammengesetzt sind als an jeder anderen Schulform.

Die Lernaufgaben verstehen sich als Prototypen (Schaffenrath/Wieser, 2005, 108-145). Sie setzen bei jenen Lehrplanbereichen an,

– die eine hohe allgemeinbildende und berufsbildende Relevanz haben und

– die erfahrungsgemäß häufig Schwierigkeiten verursachen, d.h. von Lehrlingen nicht beherrscht, aber von den Betrieben eingefordert werden.

Lernaufgaben signalisieren Lehrenden in Schulen wie Betrieben, worauf zu achten ist, wenn Lernende mit bestimmten Inhalten konfrontiert werden müssen. Lernaufgaben dürfen Gute nicht unterfordern, haben aber auch Lernschwachen gerecht

---

3   EPIK (Entwicklung von Professionalität im internationalen Kontext) ist eine vom BMBWK eingesetzte Arbeitsgruppe, die fünf Domänen von Professionalität im Lehrer/nnenhandeln (Reflexions- und Diskussionsfähigkeit, Professionsbewusstsein, Personal Mastery, Kollegialität, Differenzierungsfähigkeit) herausgearbeitet hat und international zur Diskussion stellt.

zu werden. Lernaufgaben tragen zur Differenzierung und Individualisierung des Lehr-/Lerngeschehens bei, sie unterstützen Lehrende bei der Verwirklichung didaktischer Kernanliegen und erhöhen somit die von ihnen erwartete unterrichtliche Professionalität. Die prototypischen Lernaufgaben haben Anregungscharakter. Sie zeigen, wie Lerninhalte aufbereitet und für bestimmte Lerngruppen auf unterschiedlichen Schwierigkeitsniveaus adaptiert werden können, degradieren die Lehrenden allerdings nicht zu Anwender/innen, sondern fordern diese zu eigenständigen, ihre jeweiligen Bedingungen berücksichtigenden Veränderungen heraus.

Grundlegende Anforderungen für die Konstruktion von Lernaufgaben finden sich in einer aufwändig entwickelten und jeder Lernaufgabe beigefügten Handlungsanleitung. Diese Strukturvorgabe (formatiert als „Raster") dient den Studierenden/Lehrer/innen als erste Entscheidungshilfe:

Welche Kompetenzen der Lehrlinge können/sollen
– in welchen Lehrplanbereichen,
– fokussiert auf welches Thema,
– gerichtet auf welche Unterrichtsziele,
– unter Beachtung welcher didaktisch-methodischer Hinweise,
– auf welchen Anspruchsniveaus,
– mit welchen Sozialformen,
– in welcher Zeitstruktur,
– mit Hilfe welcher Materialien
gefördert/erreicht werden?

Die dann einsetzende Arbeit bewegt sich im Rahmen konstruktivistischer Lehr-Lerntheorien (Reich 2004). Es geht darum, Balancen zu finden zwischen gut strukturierten, eindeutigen Lerninputs/Arbeitsanleitungen einerseits sowie Freiräumen, in denen Jugendliche Selbstständigkeit und Eigeninitiative entwickeln können. Letzteres ist nicht selten damit verbunden, dass immer wieder Übungen angeboten bzw. verlangt und Fehleranalysen gemacht werden – ohne dass die Lust am Lernen vergeht.

Schließlich hat der „Raster" die Funktion einer Messlatte, mit der die Qualität der Lernaufgabe evaluiert wird:
– Wurden die Informationsangebote/Arbeitsanleitungen verstanden? Ist es gelungen, durch konkrete Hinweise, Fragen nach Vorerfahrungen, bisherigen Kenntnissen etc. zu einer besseren Einordnung des neuen Wissens beizutragen?
– Wurden unterschiedliche Lernvoraussetzungen ausreichend berücksichtigt? Gab es genügend Übungsbeispiele?
– Sind differenzierte Schwierigkeitsgrade notwendig? Konnte dem unterschiedlichen Zeitbedarf der Lernenden durch Aufgaben- und Übungsangebote Rechnung getragen werden?
– Wo tauchten gehäuft welche Fehler auf und wie wurde mit ihnen umgegangen?

–   Wurden – auch von schwächeren Schüler/innen – Aufforderungen zum selbst-
    ständigen Lernen angenommen/genutzt? Waren die vorgegebenen Strukturie-
    rungshilfen geeignet, um insbesondere schwächer Lernende auf dem Weg zu
    mehr Selbststeuerung zu unterstützen und zu einer Verbesserung ihrer Lern-
    strategie beizutragen?

–   Fand Selbstkontrolle statt?

–   Konnten die mit der Aufgabe verbundenen Erwartungen eingelöst/die Lernziele
    erreicht werden?

Die skizzierte Lernaufgabenentwicklung begann 2002 an der BPA Innsbruck mit
dem AQUA(Apprenticeship Quality)-Projekt, das 2005 abgeschlossen wurde. Die
Fortsetzungsprojekte „Integrative Berufsausbildung" und „Leseförderung an
Berufsschulen" schlossen unmittelbar an und laufen, z. T. österreichweit, bis 2009.

Zwei Aufgabenbeispiele, die aus Platzgründen gekürzt wiedergegeben werden,
zur Veranschaulichung:

Beispiel 1 „Runden und Schätzen"

Im vollen Umfang beansprucht diese Lernaufgabe 18 DIN-A4-Blätter.[4] Hier wird
an einzelnen Teilen aufgezeigt, wie aufwändig sich die Entwicklung solcher Aufgaben gestaltet. Meist sind mehrere Evaluierungen notwendig, um jene Problembereiche für schwächer Lernende identifizieren zu können, für deren Lösung in
weiterer Folge zusätzliche Informationen und Übungen angeboten werden sollen.
Ausgangspunkt dafür waren zwei von Studierenden in einem ersten Schritt entwickelte Aufgabenstellungen:

Schätzübung und Setzen des Kommas:
Die Aufgabe bestand aus einem Arbeitsblatt mit dem Titel „Kombinierte Schätzübung" und den Arbeitsaufträgen: Schätze zuerst das Ergebnis! Setze dann die
Dezimalstellen richtig! Eine Musterlösung wurde der Aufgabe vorangestellt. Für
die einzelnen Rechenoperationen wurden jeweils mehrere Übungsbeispiele gemäß
den folgenden Beispielen angeboten:

Zahl	Operation	Zahl	ungefähre Operation	Schätz- ergebnis	Lösung
4,732	x	12,32	= 5 x 12	= 60	0058,298240
1.024,473	+	0,034	=	=	0010245077
27,45	-	26,951	=	=	0000049000
1.024,72	x	1,2	=	=	0012296640
3.425,12	:	12,12	=	=	0282600660

Abb. 1: Kombinierte Schätzübung

---

4   In Exenberger & Schober, 2005, 115-132, ist die Lernaufgabe „Runden und Schätzen" zur
    Gänze abgedruckt. Auf einer diesem Buch beigefügten CD-ROM gibt es noch weitere Auf-
    gabenbeispiele. Im Sommer 2006 wurde eine (noch projektinterne) Plattform eingerichtet, in
    die laufend Lernaufgaben hineingestellt werden.

Berechnung des Prozentwertes nach vorheriger Schätzung:
Die Aufgabe bestand aus einem Arbeitsblatt mit dem Titel *„Prozentrechnung"*. Die Aufgabenstellung lautete: Schätze zuerst das Ergebnis und berechne erst dann die Lösung! Eine Musterlösung wurde vorgegeben; 20 Aufgabenstellungen folgten.

Prozent	Vom Grundwert	ca.	Schätzung	Rechenweg	Lösung
30%	€ 15,00	ca. 1/3	€ 5,00	15 x 30 : 100	€ 4,50
5%	300 kg				
20%	50 l				

Abb. 2:   Berechnung des Prozentwertes nach vorheriger Schätzung

Die erste Evaluierung führte u.a. zur entscheidenden Erkenntnis, dass die Rundungsregeln als Voraussetzung für den Schätzvorgang nicht ausreichend klar waren und auch der Schätzvorgang an sich Schwierigkeiten bereitete.

Auf Basis dieser ersten Ergebnisse gestaltete das BPA-Team die Lernaufgabe *„Runden und Schätzen"* neu. Wesentliche Änderungen waren, dass die Lernaufgabe in drei Hauptbereiche gegliedert wird: Runden, Schätzen und Lösung kombinierter Aufgabenstellungen. Dazu wurden Rundungs- und Schätzregeln aus vorgegebenen Musterbeispielen abgeleitet, zusätzlich erklärt und jeweils eine größere Anzahl von Übungen angeboten. Erst im dritten Schritt wird Runden und Schätzen zusammengefügt und als konstante Regel ein „3-Schritt-Verfahren" von einem Musterbeispiel abgeleitet. Bei den ersten angebotenen Übungsaufgaben mit Praxisbezug wird dieser 3-Schritt durch eine Vorstrukturierung der Aufgaben konsequent eingefordert, bei nachfolgenden Übungsaufgaben sukzessive mehr Freiraum für den Lösungsweg eingeräumt.
    Die Evaluierung dieser zweiten, nun schon recht komplexen Aufgabenversion, forderte zur weiteren Bearbeitung heraus:
–   Das Runden auf Einer- und Zehnerstellen bereitet immer noch Schwierigkeiten.
–   Zu viele Übungsaufgaben (mehr vom Gleichen) wirken demotivierend und sollten lediglich als Angebot gestaltet werden.
–   Das „3-Schritt-Verfahren" muss deutlicher dargestellt und konsequenter eingefordert werden.
–   Die angebotenen Textaufgaben wurden von besseren Schülerinnen und Schülern zwar z. T. richtig gelöst, bedürfen aber insbesondere für schwächer Lernende einer noch besser strukturierten Darstellung.

Diese Evaluierungsergebnisse konnten im laufenden Studienjahr aus zeitlichen Gründen nicht mehr eingearbeitet werden, jedoch wurden die Anregungen bezüglich Gestaltung und Inhalt wie z.B. bildliche Darstellung der Rundungsregeln, Ergänzung durch Bilder, Lösungsblätter zur Selbstkontrolle usw. an das BPA-Team des folgenden Studienjahres zur weiteren Bearbeitung übergeben. Für die erfolgte

Neugestaltung wird hier auszugsweise ein Teil des Blattes für die Aufbereitung der Rundungsregeln dargestellt:

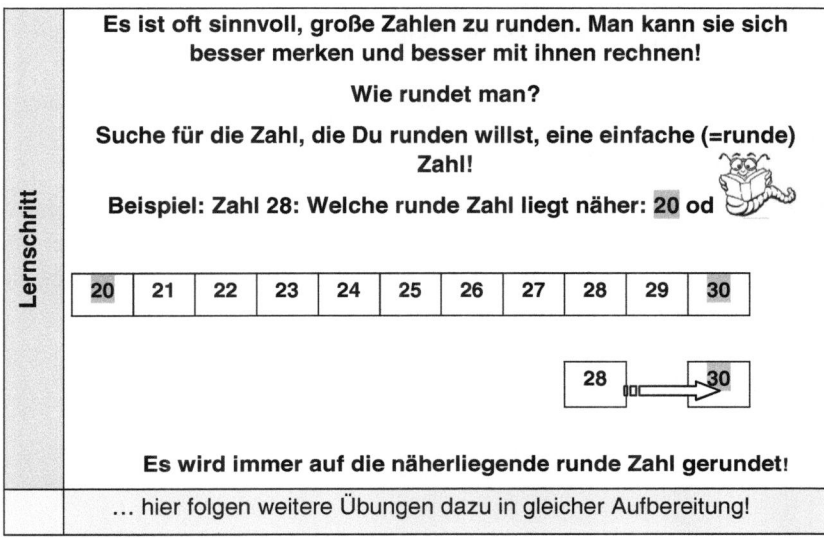

Abb. 3

Im Anschluss daran folgen eine Erläuterung zu den Rundungsregeln bzw. den Rundungsstellen sowie Übungen zum Runden (Arbeitsblatt 1).

Arbeitsblatt 1	
Übe das Runden! Üben gibt Sicherheit	
1. Runden auf die **Einerstelle**:	
Betrag	**gerundeter Betrag**
€ 12,20	€ 12,00
€ 47,30	€
21,50	€
Anschließend:	
2. Runden auf die **Zehnerstelle**:	
3. Runden auf die **Hunderterstelle**: usw.	
… und weitere Beispiele und Übungen dazu!	

(Links vertikal: **Übungen zum Runden**)

Abb. 4

Eine weitere Evaluierung ergab nun häufige Schüler/innen/fragen zu den Begriffen, Einer-, Zehner- und Hunderterstelle und führte zur Einfügung eines weiteren

Blattes „Nach dieser Methode kannst du jede beliebige Zahl runden!", welches insbesondere für schwächer Lernende gedacht war (vgl. Abbildung 5).

Mehrmalige weitere Evaluierungen dieser Letztversion, an der sich auch aktive Berufsschullehrer/innen beteiligten, zeigten folgendes auf:

– Es sind keine weiteren konkreten Änderungen der Lernaufgabe selbst nötig.

– Der Zeitbedarf für die Lösung der Aufgabe ist sehr unterschiedlich – abhängig vom Leistungs- und Konzentrationsvermögen der Schüler/innen.

Um der Heterogenität der Gruppen noch besser entsprechen zu können, wird daher eine Ergänzung mit Textaufgaben steigenden Schwierigkeitsgrades und/oder für langsamer lernende Schüler/innen zum Aufbau ihrer Rechenkompetenz die Lösung von Aufgabenteilen ins Auge gefasst.

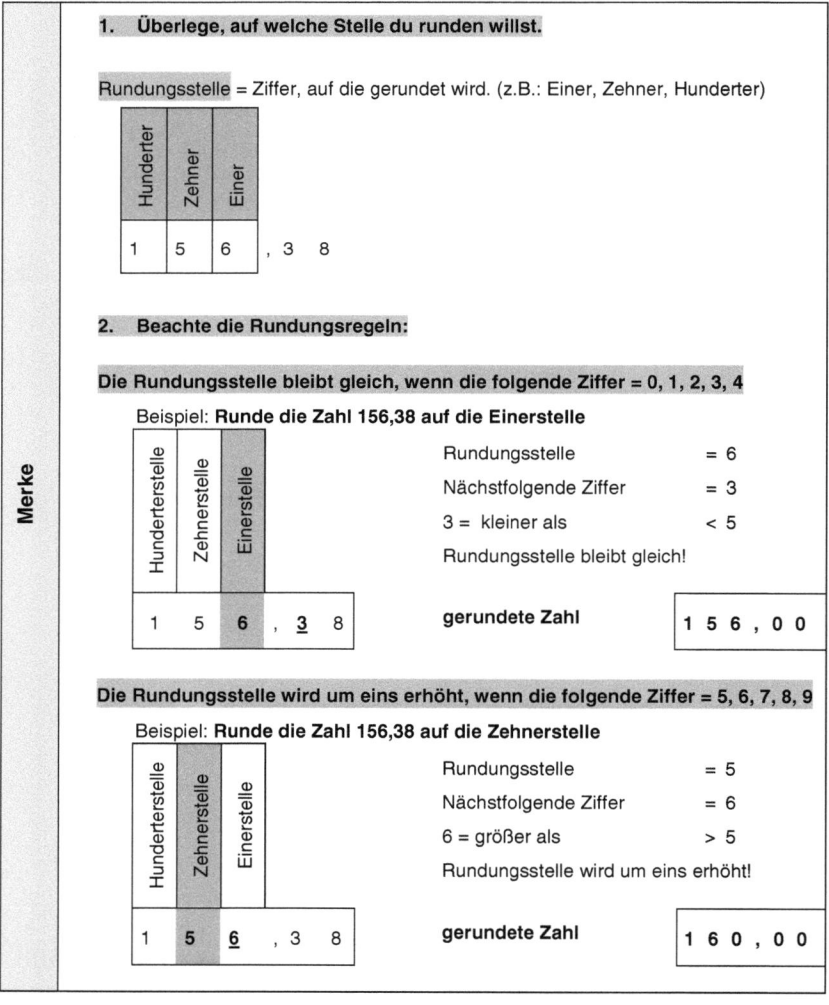

Abb. 5

Beispiel 2 „Berechnung von Materialmengen und -kosten" (Tourismus)

Die Berechnung von Bearbeitungsverlusten (z.B. Schäl-, Schneideverlust etc.) bei verschiedenen Materialien (z.B. Gemüse, Fleisch etc.) ist praxisrelevant und fordert grundlegende Rechenkompetenzen (progressive und retrograde Prozentrechnung) zur Ermittlung von Portionszahlen bzw. notwendigem Rohgewicht (vor Bearbeitung) ein.

In der Lernaufgabe wird diese Problematik – wie beispielhaft gezeigt – durch drei Teilaufgaben grundlegend aufbereitet. Dazu gibt es weiterführende Beispiele mit leicht steigendem Schwierigkeitsgrad mit Übungen, die jedoch alle im grundlegenden Bereich bleiben.

Auszug aus der Lernaufgabe:

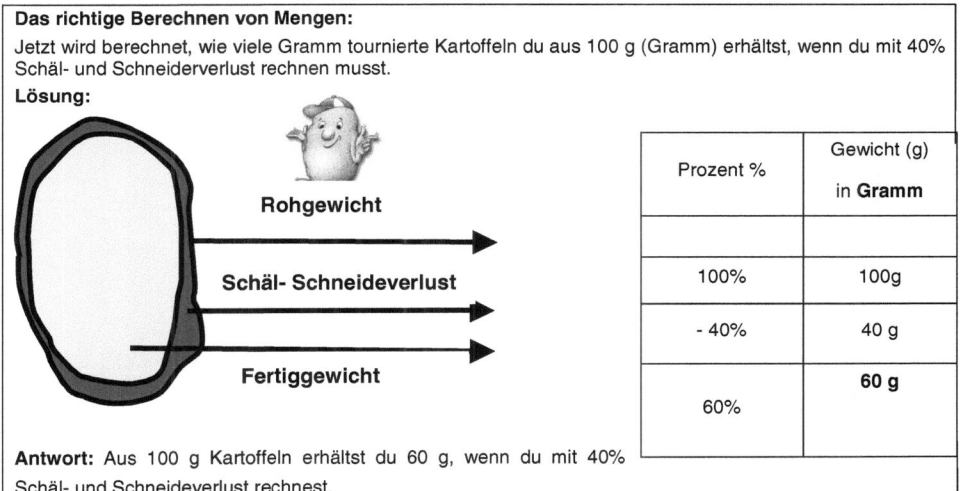

Das richtige Berechnen von Mengen:

Jetzt wird berechnet, wie viele Gramm tournierte Kartoffeln du aus 100 g (Gramm) erhältst, wenn du mit 40% Schäl- und Schneiderverlust rechnen musst.

Lösung:

Rohgewicht

Schäl- Schneideverlust

Fertiggewicht

Prozent %	Gewicht (g) in **Gramm**
100%	100g
- 40%	40 g
60%	**60 g**

Antwort: Aus 100 g Kartoffeln erhältst du 60 g, wenn du mit 40% Schäl- und Schneideverlust rechnest.

Abb. 6

Als Zusatzaufgabe – also primär für besser Lernende – wurde die Arbeitsaufgabe 4 mit der Anmerkung „Jetzt wird's schon schwieriger!" und dem Hinweis auf ein zusätzliches Übungsblatt vorgelegt.

Du sollst für 20 Hauptgerichte tournierte Kartoffeln zubereiten. Das Portionsgewicht beträgt 150 Gramm (Fertiggewicht).

Normalerweise rechnest du mit 40% Schnitt- und Torunierverlust. Weil du aber besonderen Wert auf sauberes Arbeiten legst, musst du nur mit 25% Verlust rechnen.

a) Wie viel kosten die Kartoffeln für die 20 Hauptgerichte?

Ein Kilogramm Kartoffel kostet im Supermarkt € 0,50.

Überlege! Das Rohgewicht ist hier entscheidend.

b) Berechne die Ersparnis in Kilogramm bei 20 Hauptgerichten, die sich durch dein sauberes Arbeiten ergibt.

Abb. 7

Auszug aus dem angebotenen Übungsblatt: Musterbeispiel und Übungsbeispiel

	Prozent %	Gewicht in (g) Gramm	Preis €
Rohgewicht	100	6.400 g	
- Schäl- & Tournierverlust	- 25	1.600 g	
Fertiggewicht	75	4.800 g	
Kontrollsumme		12.800 g	
Fertiggewicht = Portionsgewicht x Portionen		120 g x 40 Port. = 4800 g	
Gesamtpreis = Rohgewicht (g) x Preis (€)		1000 g ---- € 0,60 6400 g ---- € x	€ 3,84
Portionspreis =Gesamtpreis : Portionen		€ 3,84 : 40 Port.=	€ 0,10

zu b)

	Prozent %	Gewicht in (g) Gramm	Preis €
Rohgewicht			
- Schäl- & Tournierverlust			
Fertiggewicht			
Kontrollsumme		12.000 g	
Fertiggewicht = Portionsgewicht x Portionen			
Gesamtpreis = Rohgewicht (g) x Preis (€)			
Portionspreis =Gesamtpreis : Portionen			

Abb. 8

Eine erste Evaluierung der gesamten Lernaufgabe ergab, dass die Schüler/innen
– die vorangegangenen Aufgaben leicht lösen konnten und sie dadurch zum Weiterrechnen motiviert waren;
– bis auf wenige Ausnahmen Aufgabe 4 nicht lösen konnten, weil das dazu angebotene Übungsblatt zu unübersichtlich war und daher bei der Lösung nicht unterstützen konnte;
– gerade diese Teilaufgabe als besonders wertvoll und herausfordernd einschätzten;
– sich weitere (ev. auch schwierigere) Lernaufgaben wünschten.

Konkretes Nachfragen brachte folgende grundlegenden Erkenntnisse bezüglich der Arbeitsaufgabe 4, die in weiterer Folge zu einer Neubearbeitung dieses Lernaufgabenteiles führten:

– Die Stufe der Schwierigkeitsgradsteigerung war selbst für besser Lernende zu hoch, weil die retrograde Prozentrechnung und Preisberechnung ohne Zwischenerklärungen und Übungen eingeführt wurden.

– Zu den im Übungsblatt vorgegebenen Teilschritten wurden keine vertiefenden Erklärungen und Übungen angebotenen.

– Schwächer Lernende fühlten sich trotz Interesses an der Aufgabe durch die Komplexität überfordert.

Obwohl die Berechnung von Materialkosten nicht unbedingt zum Kernbereich dieses Lehrinhaltes lt. Lehrplan gehört, damit dem Additumsbereich zuordenbar ist und ursprünglich nur für besser Lernende gedacht war, interessierte die Materie offensichtlich auch schwächer Lernende. Deshalb sollte dieser Aufgabenteil in mehreren Schritten auch für letztere durch geeignete didaktische Maßnahmen „geöffnet" werden.

Die Arbeitsaufgabe 4 wird in zwei Teilschritte zerlegt, die jeweiligen Teilschritte werden durch Musterlösungen erklärt und durch weitere Übungsaufgaben vertieft. Beispielhaft wird hier auszugsweise dargestellt, zu welchem Ergebnis die Neubearbeitung der Arbeitsaufgabe 4 führte. Wichtig dabei ist, dass diese Teilschritte mit den jeweiligen Erläuterungen und Übungen nach dem Prinzip der Freiwilligkeit angeboten werden, also letztlich die Verwendung dieser zusätzlichen Informations- und Übungsblätter ausschließlich in der Verantwortung der Lernenden bleibt.

Teilschritt 1:
In einem ersten Schritt wird die retrograde Prozentrechnung eingeführt, durch eine Musterlösung der Lösungsweg nachvollziehbar gemacht und durch ein Übungsangebot vertieft (vgl. Abbildung 9).

Teilschritt 2:
Erst in einem zweiten Schritt wird die Berechnung der Materialkosten gemäß des Teilschrittes 1 aufbereitet und angeboten. Der Musterlösung zur nachfolgenden Aufgabenstellung zum Teilschritt 2 „Materialkosten berechnen! Wie geht das!" (vgl. Abbildung 10) folgen Aufforderungen zu Denkprozessen und vertiefende Übungen, die in weiterer Folge zur richtigen Lösung der Arbeitsaufgabe 4 (vgl. Abbildung 7) führen sollen. Bei den einzelnen Aufgaben- und Übungsteilen werden den Schüler/innen Möglichkeiten zur Selbstkontrolle angeboten (vgl. Abbildung 9 und 11).

Vom Fertiggewicht zum Rohgewicht!
Wie geht das?

Du sollst für ein Hauptgericht 40 Portionen tournierte Karotten zubereiten. Das Portions-gewicht beträgt 120 Gramm (Fertiggewicht). Du rechnest mit 25% Gewichtsverlust.

    a. Wie viele Gramm tournierte Karotten (= Fertiggewicht) benötigst du?

    b. Wie viele Kilo Karotten musst du einkaufen (= Rohgewicht)?

	Schema:	Prozent	Gewicht in g
	Rohgewicht	100%	6.400 g
	- Gewichtsverlust	- 25%	1.600 g
	Fertiggewicht	75%	4.800 g
Nebenrechnungen			
Fertiggewicht	1 Port. – 120g FG 40 Port. – x g FG → x = 120g x 40 = 4.800 g		
Rohgewicht	75% – 4.800 g 100% – x g → x = 4.800 g : 75 x 100 = 6.400 g		

    Dazu Übungen für dich!

    Spargel

Für eine große Veranstaltung werden 90 Portionen Spargel mit einem Portionsgewicht von 120g pro Portion benötigt. Der Spargel muss geschält und zugeputzt werden.

Michael arbeitet sehr sauber. Sein Gewichtsverlust beträgt 10%.

Klaus arbeitet heute schlampig! Deshalb beträgt sein Gewichtsverlust 20%.

    a. Wie viel Kilo Spargel (Rohgewicht) verbraucht Michael?

    i.b. Wie viel Kilo Spargel (Rohgewicht) verbraucht Klaus?

Schema	%	Gewicht Michael	%	Gewicht Klaus

Antworten:

Michael verbraucht _____ kg Spargel.   Klaus verbraucht _____ kg Spargel.

Kontrolliere dich selbst! Verbraucht Klaus um **1 ½ kg mehr** Spargel?

Dann hast du richtig gerechnet! **Gratuliere!**

Abb. 9

Materialkosten berechnen!
Wie geht das?

Heute gibt es Gemüse als Beilage. Es müssen 80 Portionen Karfiol (Blumenkohl) mit einem Portionsgewicht von 60 Gramm vorbereitet werden. Dabei entsteht ein Putzverlust von 40%.

Ein Kilo Karfiol kostet € 1,10.

    a. Wie viele Gramm Fertiggewicht benötigst du insgesamt?

    b. Wie viele Kilo Karfiol musst du einkaufen?

    c. Wie viel € musst du für den Karfiol bezahlen?

    d. Wie viel € kostet der geputzte Karfiol (= Fertiggewicht)?

    e. Wie viel € kostet das Material für eine Portion Karfiol?

 **Übungen für dich!**

Schreibe alle Nebenrechnungen sauber in dein Heft!

Grüne Bohnen

Zum Hauptgericht gibt es Bohnengemüse. Dafür werden 80 Portionen zu je 100g Portionsgewicht vorbereitet. Normalerweise beträgt der Putz- und Schneideverlust 20%. Ein Kilo Bohnen kostet € 1,50.

    a. Wie viel € kosten die vorbereiteten Bohnen (= Fertiggewicht)?

    b. Wie hoch sind die Materialkosten für eine Portion Bohnen?

Normalfall: 20% Gewichtsverlust

Schema:	Prozent	Gewicht in g	Preis in €

Patricks Missgeschick

Leider hat der Lehrling Patrick vergessen, die gesamte Bohnenlieferung in den Kühlraum zu stellen. Deshalb sind viele Bohnen verdorben und der Putz- und Schneideverlust beträgt nun 50%.

    a. Wie viel € kosten die vorbereiteten Bohnen wegen Patricks Verhalten?

    b. Wie hoch sind die Materialkosten für eine Portion in diesem Fall?

Patricks Missgeschick: 50% Gewichtsverlust

Schema:	Prozent	Gewicht in g	Preis in €

Abb. 10

Antworten:	bei Patrick:	im Normalfall:
Die geputzten Bohnen (Fertiggewicht) kosten	€	€
Eine Portion Bohnen kostet	€	€

 Kontrolliere dich selbst!

Der Kostenunterschied beträgt beim Fertiggewicht **€ 9,00**, bei einer Portion Bohnen **€ 0,11**.

Ist das auch dein Ergebnis? **Gratuliere! Du hast richtig gerechnet!**

Abb. 11

Wie eine weitere Evaluierung ergab, trug die Neubearbeitung dieser Aufgabe dazu bei, dass besser Lernende im überwiegenden Maße, aber auch schwächer Lernende zumindest zum größeren Teil die Arbeitsaufgabe 4 bewältigen konnten.

Für alle Lernaufgaben gilt ein ähnliches Procedere wie das gezeigte. Mehrschrittige Evaluierungen sollen einerseits den Studierenden deutlich machen, wo die individuellen Problembereiche von Schüler/innen liegen und andererseits ihre didaktische Kompetenz zu deren Lösung herausfordern. Gleichzeitig dürfte damit auch deutlich geworden sein, dass evaluative Bemühungen die Qualität von Aufgaben steigern und gleichzeitig der Förderung von didaktischen Kernkompetenzen der Studierenden dienen.

2. Belege für den Beitrag von Lernaufgaben zur Professionalisierung in der Berufsschullehrer/innen/bildung

Diese Belege sind zahlreich, weil die Projekte ergebnisorientiert, d.h. auch auf evaluative Maßnahmen angelegt sind.

2.1 Auswirkungen auf die Studierenden

Mit Hilfe eines Fragebogens wurde im Juni 2006 bei 47 ehemaligen Studierenden erhoben, welche Verbesserung der Ausbildungsqualität sie ihrer Mitarbeit bei der Lernaufgabenentwicklung zuschreiben.

45 der 47 Befragten weisen dem Ausbildungsbereich „Lernaufgaben" im Rahmen der Gesamtausbildung eine sehr bedeutende bzw. eher bedeutende Stellung zu.

Diese hohe Einschätzung begründen die Befragten besonders häufig damit, dass individualisierender Unterricht geeignete Lernaufgaben mit unterschiedlichen Schwierigkeitsgraden erfordere und die Möglichkeit, sich intensiv mit relevanten Lerninhalten sowie mit Stärken und Schwächen von Schüler/innen konkret auseinanderzusetzen, wichtig sei. Das gemeinsame Arbeiten mit Kolleginnen und Kollegen sowie mit Vortragenden mehrerer Studienfächer bereichere die didaktisch-methodische Unterrichtsgestaltung und ermutige zur Planung von Sequenzen, in denen selbstständiges Lernen erwartet wird. Besonders betont wird die Bedeutung der Aufgabenevaluierung für die persönliche Weiterentwicklung.

Dazu einige Zitate:

- „Lernaufgaben in Büchern und anderen Lernunterlagen sind für unsere Berufsschüler/innen oft zu schwierig bzw. sind die Aufgabenstellungen für sie unverständlich ... Es ist besonders wichtig, Lernaufgaben, die verständlich und dem Niveau und beruflichen/privaten Situation unserer Schüler/innen angepasst sind, zu entwickeln."
- „Ich habe gelernt, differenzierte Materialien herzustellen, die der unterschiedlichen Leistungsfähigkeit gerecht werden. Es fällt mir nun leichter, Lernschwierigkeiten zu erkennen und effizienter auf die individuelle Ausgangssituation der Schüler/innen einzugehen. Ich bin nun mutiger geworden – hinsichtlich des Ausprobierens neuer Ideen aber auch beim Einholen von Feedback. Ich habe erfahren, dass Schüler durchaus in der Lage sind, selbstständig zu arbeiten."
- „Durch das gemeinsame Entwickeln habe ich erfahren, worauf bei der Aufgabenstellung besonders Rücksicht zu nehmen ist ... Diskussionen und Gespräche zwischen Studenten und Vortragenden, der Erfahrungsaustausch unter Mitstudenten sind sehr hilfreich."
- „Wichtig war für mich, dass die Aufgabenentwicklung fachübergreifend stattfand und die Möglichkeit gegeben war, in den einzelnen Fächern zu diesem Projekt arbeiten zu können."
- „Die Entwicklung von Lernaufgaben schult den Blick für das Wesentliche. Die Evaluierung dient dazu, diesen Blick noch zu schärfen."

Insgesamt zeigt das Ergebnis der Selbsteinschätzung der Befragten in Hinblick auf ihre Kompetenzenentwicklung ein deutlich positives Bild (vgl. Abbildung 12). Einzelne Abweichungen bei den Ergebnissen (schattiert dargestellt) lassen sich durch die Zusammensetzung der befragten Gruppe erklären. Dabei ist von entscheidender Bedeutung, ob die Studierenden schwerpunktmäßig in Projektgruppen (Gruppen A und B) arbeiten oder ob sie sich mit Lernaufgaben lediglich im Rahmen von Lehrveranstaltungen wie Didaktik, Fachdidaktik und schulpraktischen Übungen (Gruppe C) beschäftigen.

Das „Lernaufgabenprojekt" soll wesentliche **Lehrer/innen/kompetenzen** fördern. **Inwieweit treffen sich unsere konkreten Absichten mit Ihren bisherigen persönlichen Erfahrungen bzw. Ihrer Einschätzung?**					
Ich kann ...	Stimmt ...	genau	fast genau	eher nicht	gar nicht
... aufgrund von Beobachtungen besondere Lernschwierigkeiten oder -stärken feststellen.		11	24	11	1
... gezielt auf die individuellen Voraussetzungen der Schüler/innen eingehen.		16	21	8	2
... mit dem unterschiedlichen Zeitbedarf von Schüler/innen für ihr Lernen besser umgehen.		15	27	4	1
... Unterrichtsmaterialien herstellen, die selbsttätiges Arbeiten aller Schüler/innen ermöglichen.		34	11	2	
... Unterrichtsmaterialien herstellen, welche die unterschiedliche Leistungsfähigkeit von Schüler/innen berücksichtigen.		22	19	5	1
... individualisierenden Unterricht planen und durchführen.		10	30	7	
... mehr Zeit für Beobachtung und Diagnose im Unterricht aufbringen.		13	25	8	1
... berufs-/lebensrelevante Inhalte und Zielsetzungen für den Unterricht festlegen.		28	12	7	

Abb. 12

Unterschiede im Lernzuwachs konnten bei allen unterrichtsrelevanten Kompetenzen festgestellt werden. Als Beispiel seien die **Diagnosekompetenzen** herausgegriffen (vgl. Abbildung 13):

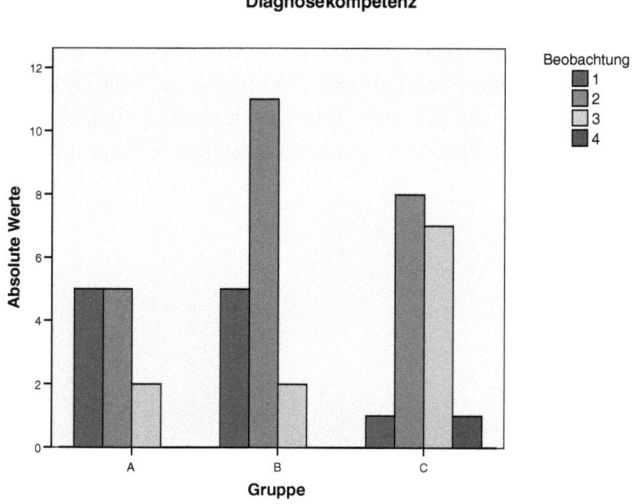

Abb. 13

Eine Analyse der Ergebnisse der einzelnen Gruppen zeigt, dass von den in Projekte eingebundenen Gruppen A und B (insgesamt 30 Studierende) 26 der Befragten angeben, dass sie in hohem bzw. ausreichendem Maße gelernt hätten, aufgrund von Beobachtungen besondere Lernschwierigkeiten oder -stärken ihrer Schüler/innen festzustellen; 4 Studierende zumindest noch einigermaßen. Bei der Gruppe C zeigt sich hier ein deutlich schlechteres Ergebnis. Knapp die Hälfte dieser Studierenden gibt an, diese Fähigkeit lediglich einigermaßen bzw. nicht erworben zu haben.

Die Begründung dafür dürfte darin liegen, dass die Studierenden der Gruppen A und B im Rahmen der Forschungsprojekte deutlich intensiver und regelmäßiger in Evaluierungsprozesse involviert werden. Offensichtlich trägt die in solchen Prozessen notwendige und besonders intensive Beobachtung und Befragung der Schüler/innen bei, Lernschwierigkeiten und -stärken zu diagnostizieren.

Insgesamt hat die Entwicklung von Lernaufgaben – gestützt auf Aussagen wie die zitierten, laufend geführte Einzel- und Gruppengespräche mit allen Beteiligten, Beobachtungen während Lehrübungen und Evaluationen, Feststellungen in diversen Diplomarbeiten[5] – bei den Studierenden vieles eingeleitet und bewirkt:

– Die Möglichkeit eigeninitiativ und selbstverantwortlich arbeiten zu können motivierte und steigerte das Engagement, die Experimentierfreudigkeit, das Selbstzutrauen.

– Die Notwendigkeit, Lernaufgaben mehrmals der Überprüfung auszusetzen und die Evaluationsergebnisse in aufwändige Überarbeitungen einfließen zu lassen, wurde für die Studierenden einsichtig und selbstverständlich. Sie schätzen es, in einem ihnen sinnvoll erscheinenden Kontext lernen zu können. Sie registrieren ihre eigenen Entwicklungsfortschritte, ihre präziser werdende Wahrnehmungs- und Interpretationsfähigkeit, ihren reflektierteren Umgang mit Beobachtungsdaten, ihre genauer werdenden diagnostischen Kompetenzen, ihre zunehmende Vorsicht gegenüber vorschnellen Verallgemeinerungen. Sie machen sich wechselseitig Mut und entwickeln ein problembezogenes Frageverhalten – gegenüber Kolleginnen und Kollegen oder Expertinnen und Experten sowie der Fachliteratur, was insgesamt aktiven Wissenszuerwerb bedeutet.

– Sukzessive stellte sich Sensibilität bezüglich des Ineinandergreifens von Praxis und Theorie ein.

– Unter den Studierenden haben sich enge Kooperationen ergeben. Es ist das Gefühl entstanden, gemeinsam stärker zu sein. Damit ist auch die Bereitschaft gewachsen, sich auf Innovationen einzulassen bzw. sich konkreten Herausforderungen zu stellen.

---

5 Einige Diplomarbeiten, die jeweils mehrere Lernaufgaben enthalten:
  – Hildebrand, St. u.a. (2005): Schnittstelle zwischen Berufsschule und Polytechnischen Schule. Innsbruck: BPA
  – Degler, S. u.a. (2006): Leseförderung an Berufsschulen – Vom Leiden am Lesen zur Leseleidenschaft. Innsbruck: BPA
  – Eisenmann, H. u.a. (2006): Integrative Berufsausbildung – Die neue Herausforderung an der Berufsschule, Innsbruck: BPA

2.2 Auswirkungen auf die Lehrenden/Lehrerbildner/innen

Die in die Lernaufgabenprojekte eingebundenen Lehrenden finden sich zunehmend weniger in der Rolle von Wissensvermittler/innen, sondern werden zu Lernbegleiter/innen und zu selbst Weiterlernenden. Müssen sie sich doch mit den Studierenden gemeinsam in einen Prozess der Wissens- und Könnensaneignung einlassen, zur Verfügung stehen, wenn das „neue (forschende) Lernen" Schwierigkeiten bereitet, gemeinsam nach Lösungen suchen, sich für bestimmte Handlungen entscheiden, deren Auswirkungen wiederum zu überprüfen sind.

In mehreren Bereichen lassen sich bei den BPA-Lehrenden positive Weiterentwicklungen feststellen;

– Sie sind durch die Lernaufgabenprojekte enger aneinandergerückt; die Teambildung wurde durch die Notwendigkeit des gemeinsamen Tuns unterstützt. Von den Studierenden wurden offene Fragen, die sich im Rahmen der Entwicklung und Evaluierung der Lernaufgaben einstellten, in die unterschiedlichen Lehrveranstaltungen getragen. Dies führte dazu, dass die Lehrveranstaltungsleiter/innen zunehmend kooperieren.

– In Qualitätszirkeln und Koordinationstreffen bemühen sich die Lehrenden verstärkt um die Weiterentwicklung von Wissenskompetenz, Reflexionskompetenz, Handlungskompetenz und beruflichen Haltungen. Dies führt auch zu Neukonzeptionen von Lehrveranstaltungen; die Studienanforderungen an die Studierenden orientierten sich zunehmend an einer erwünschten Kompetenzenförderung. Dies macht auch das Suchen nach adäquaten Leistungsbeurteilungsmodellen notwendig.

– Der Studienplan rückt zunehmend in das Zentrum von Diskussionen, neue Inhalte werden eingefordert, bisher unkritisch übernommene Vorgehensweisen bei der Lehrveranstaltungsgestaltung zunehmend in Frage gestellt.

– Auseinandersetzungen über Standards in der Lehrlingsausbildung verdichten sich und werfen Fragen wie die folgenden auf: Muss sich die duale Ausbildung wirklich als Sammelbecken für Lernschwache verstehen? Riskiert sie damit nicht das Abwandern leistungsstarker Jugendlicher? Tut sie genug, um auch für gute Schüler/innen attraktiv zu bleiben? Wie wird im Rahmen der Integrativen Berufsausbildung mit der Möglichkeit der verlängerten Lehrzeit für Schüler/innen mit besonderem Förderbedarf konkret umgegangen, wie mit den Teilqualifizierungen? Wie wirksam kann die Berufsausbildungsassistenz in diesem Zusammenhang sein?

2.3 Auswirkungen auf aktive Berufsschullehrer/innen

Das Lernaufgabenprojekt ist offensichtlich auch für Praktiker/innen „draußen an den Schulen" interessant und wurde als für den Beruf nützlich erkannt bzw. beurteilt. Beispiele dazu:

– Lernaufgaben werden von den BPA-Absolvent/inn/en mitgenommen, im berufs-
  schulischen Alltag verwendet, weiterentwickelt und wieder an die BPA
  zurückgespielt. So verwischen sich die Grenzen zwischen Aus- und Weiterbildung. Damit werden Ex-Studierende gleichsam an die Ausbildungsinstitution
  rückgebunden, bringen ihre Erfahrungen zu Gunsten der dortigen Entwicklungsarbeit ein und profitieren gleichzeitig von dieser.

– Mit steigendem Interesse und immer häufiger sind Berufsschullehrer/innen
  bereit, sich an Evaluierungsprozessen von Lernaufgaben aktiv zu beteiligen.
  Studierende treten dazu mit ihren Kolleg/inn/en in Kontakt, diskutieren Be-
  obachtungsschwerpunkte, mögliche Instrumentarien und Dokumentationen. In
  diese Prozesse eingebundene Berufsschullehrer/innen werden so mit neueren
  Entwicklungen konfrontiert und erleben, dass an der BPA auch für ihre Unterrichtspraxis relevante Inhalte bearbeitet und erforscht werden. Gab es anfangs
  noch Vorbehalte von Seiten einzelner Schulleitungen, werden Kooperationen
  zwischen Studierenden und Berufsschullehrer/innen zunehmend mit der
  Begründung unterstützt, dass sich positive Effekte für die Schulentwicklung
  zeigen.

3 Rahmenbedingungen der Lernaufgabenentwicklungen

Die im vorangegangenen Kapitel angeführten Belege dafür, dass Studierende, Leh-
rerbildner/innen und aktive Berufsschullehrer/innen professionelle Kompetenzen
aufbauen und festigen, enthalten immer wieder Hinweise auf Kontextvariablen, die
für die Entwicklungsarbeit von Lernaufgaben konstitutiv sind. Hier die wichtigsten:

*Theorie-Praxis-Verschränkung, d.h. bestmögliche Ausnutzung der im
Inservice-System liegenden Möglichkeiten.*

Weil Studierende ihre Ausbildung berufsbegleitend absolvieren und Lehrende
(insbes. Fachdidaktiker/innen) zum überwiegenden Teil nur mit wenigen Lehr-
stunden an der BPA verpflichtet sind, gibt es beiderseits ein Nahverhältnis zu den
Schulen und (fast) keine Hindernisse als sinnvoll Erachtetes im Schulalltag zu erproben.

   Wiederholte Evaluationen lassen sich organisieren, die in der Aktionsforschung
immer wieder zitierte „Erkenntnisspirale" unschwer realisieren. Das ständige
Oszillieren zwischen Aktion und Reflexion schärft den Blick für die Unterrichtswirklichkeit, lässt mit zunehmender Beobachtungskompetenz genauer erkennen,
welche Schüler/innen an welchen Stellen im Lernprozess welche Schwierigkeiten
haben, gibt sich allerdings nicht mit Beschreibungen zufrieden, sondern leuchtet in
die möglichen Verursachungen hinein und riskiert den Entwurf von Handlungsalternativen (z.B. Einschub zusätzlicher Erklärungen, Übungsaufgaben oder
verständlicherer Arbeitsaufträge) als Vorstufe für konkrete Interventionen. Mehrfache Evaluierungen bewähren sich insofern, als didaktische Schwachstellen in den

Aufgaben sukzessive erkannt und ausgebessert werden. Verbunden mit diesem Prozess ist eine stete Verfeinerung der Evaluationsmethoden – bis hin zu Triangulationen (vgl. Altrichter/Posch, 2007, 178f.)

Projektzentrierte Fächerbündelung

Das breite und vielfältige Lehrangebot an den Berufspädagogischen Akademien wird nicht selten als Nebeneinander unverbundener und deshalb schwer zu verarbeitender Wissensbestände empfunden. Projekte haben dann Aussicht auf Professionalisierungserfolg, wenn sie als Impuls für die Zusammenführung verschiedener Fächer gesehen werden – besser: wenn sie sich als Orte der Konzentration verstehen, wo es um die gemeinsame Lösung konkreter unterrichtlicher Probleme geht.

Die gute Verankerung von Projekten ist allerdings sehr voraussetzungsreich. Es bedarf einer umsichtigen, fächerintegrierenden Organisation. Mehr noch: der Einführung neuer Lehrveranstaltungen, von denen man sich eine wichtige Projektunterstützung erhofft. Möglichkeiten dafür bieten die Wahlfächer sowie die Vergabe von Werteinheiten an projekttragende Persönlichkeiten. Damit Lehrende, Studierende und Externe eng und konstruktiv kooperieren, müssen von der Projektleitung immer wieder Fragen in den Raum gestellt werden, die gemeinsames Überlegen erfordern. Viele derartige Gelegenheiten bewirken, dass die Beziehungen zwischen den genannten Personengruppen enger, vertrauensvoller und konfliktresistenter werden.

Räume für Selbstständigkeit und Flexibilität

Trotz des skizzierten eng geknüpften Supportsystems sind sehr bewusst Räume für die Eigenständigkeit/Selbstverantwortung der „Lernaufgabenentwickler" offengehalten. Letztere einzuschränken entspräche nicht dem didaktischen Grundprinzip des „eigenverantwortlichen Arbeitens" (Klippert, 2004) und würde weder von Lehrenden noch von Studierenden akzeptiert. Selbst den Berufsschüler/innen wird Eigenständigkeit zugestanden und zwar nicht nur bei der Bearbeitung der Aufgaben, sondern auch bei Verbesserungsvorschlägen.

Flexibilität ergibt sich auf Basis eines kollektiven Stärkegefühls bei gleichzeitiger Offenheit für Neues relativ leicht. Konzepte werden nicht als starr und unveränderbar vorgegeben, sondern sind das immer nur vorläufige Zwischenergebnis gemeinsamen Nachdenkens und konsequenter Entwicklungsarbeit.

Kontinuität

Wer an der Nachhaltigkeit seines Denkens und Tuns interessiert ist, muss sich über längere Zeiträume für dieselbe Sache engagieren.

An der BPA Innsbruck liegen die ersten Bemühungen um selbst entwickelte Aufgaben Jahre zurück. Inzwischen nutzen alle in die Lernaufgabenentwicklung Involvierten die angebotenen Qualifizierungschancen, was die Einzelnen voranbringt, die Kooperation fördert und zur Profilierung der Institution beiträgt. Das

Durchhaltevermögen scheint hochgradig mit dem Zusammen- und Füreinander-einstehen kleiner Forschergemeinschaften zu korrelieren.

Fazit

Jede Professionalisierungsbemühung in der Lehrer/innen/bildung muss sich in der Gestaltung des Unterrichts als dem Kerngeschäft von Lehrer/innen niederschlagen, in der Art wie mit Schüler/innen gearbeitet wird. Entscheidend ist die Frage, durch welche Lernprozesse die Studierenden die dafür unverzichtbaren Kompetenzen als Basis für ihr professionelles Handeln erwerben können. Kompetenzen werden an-geeignet, indem sie praktiziert werden im ständigen Oszillieren zwischen Aktion und Reflexion. Daher brauchen angehende Berufsschullehrer/innen Gelegenheit, Anregung und Unterstützung, um unterrichtsrelevante Tätigkeiten praktizieren, re-flektieren, evaluieren und weiterentwickeln zu können. Genau hier sind die besprochenen Lernaufgabenprojekte angesiedelt: Eingebunden in didaktische Ent-wicklungsarbeiten eignen sich Studierende und mit ihnen ihre Lehrer/innen sowie ihre Kolleg/inn/en an den Berufsschulen professionelles Wissen und Können an so-wie ein berufliches Selbstverständnis, das *weg*geht vom „Vermittler" vorgegebenen Bildungs-/Fach- oder Funktionswissens und *hin*zielt auf den „facilitator" von selbstgesteuerten Lernprozessen, auf den „Lernbegleiter", auf den „reflektierenden Praktiker".

Damit kann den besonderen Herausforderungen des dualen Bildungssystems so begegnet werden, dass stärker als bisher zur „Optimierung der individuellen Förde-rung" beigetragen wird, worauf es in erster Linie ankommt, „wenn die Qualität der beruflichen Bildung nachhaltig verbessert werden soll" (Töpfer 2003,69).

Literatur

Altrichter, H. & Posch, P. (2007): Lehrerinnen und Lehrer erforschen ihren Unterricht. Unterrichtsentwicklung und Unterrichtsevaluation durch Aktionsforschung. Bad Heilbrunn: Klinkhardt.

Bastian, J. & Helsper, W. (2000): Professionalisierung im Lehrberuf – Bilanzierung und Perspektiven. In: Bastian, J. & Helsper, W. u.a. (Hrsg.), Professionalisierung im Lehrerberuf. Von der Kritik der Lehrerrolle zur pädagogischen Professionalität. Opladen: Leske&Budrich.

Exenberger, S. & Schober, P.(Hrsg.) (2005), Baustelle Lehrlingsausbildung. Handlungs-felder einer qualitätsorientierten Berufsbildung. Innsbruck: Studienverlag.

Klippert, H. (2004): Methoden-Training. Übungsbausteine für den Unterricht. Weinheim: Beltz.

Reich, K. (2004): Konstruktivistische Didaktik. Weinheim: Beltz.

Schaffenrath, M./Wieser, I. (2005): Basiskompetenzen für lebenslanges Lernen aufbauen. In: Exenberger, S. & Schober, P. (Hrsg.): Baustelle Lehrlingsausbildung. Innsbruck: Studienverlag. S. 108-145.

Töpfer, B. (2003): Was bedeuten die PISA-Ergebnisse für berufliche Schulen? In: Steffens, U. & Messner, R. (Hrsg.): Macht PISA Schule? Perspektiven der Schulentwicklung. Wiesbaden: Hessisches Landesinstitut für Pädagogik, 58-71.

Wieser, I. (2005): Die besten Lehrenden sind für die duale Ausbildung gerade gut genug! In: Exenberger S. & Schober P. (Hrsg.): Baustelle Lehrlinsausbildung. Innsbruck: Studienverlag.

Winterhager, W. D.: Lehrlinge, die vergessene Majorität. Weinheim u.a.: Beltz, 1972².

Karl-Heinz Flechsig, Göttingen

Komplexe Lernaufgaben in der beruflichen Aus- und Weiterbildung

1. Zum Vorverständnis von „Lernaufgaben"

Wenn im Folgenden von „komplexen Lernaufgaben" die Rede ist (vgl. dagegen den Beitrag von Wieser & Schaffenrath in diesem Band), sind Aufgaben gemeint, die Lernende am Beginn eines Lernprozesses bearbeiten sollen und die auf Grund ihrer Komplexität einen deutlichen Bezug zu einem Lebens- oder Arbeitsbereich haben. Sie sollen gleichzeitig dazu dienen

- bereits vorhandene Kompetenzen und Wissenselemente (aus dem Gedächtnis) zu mobilisieren,
- Wissen und Kompetenzen aus internen Wissensquellen (durch Anwendung verfügbarer Heuristiken und Schemata) zu erzeugen,
- neues Wissen aus externen Wissensquellen anzueignen und zu integrieren und damit
- vorhandene Kompetenzen weiterzuentwickeln und neue Kompetenzen zu erzeugen.

Bei *komplexen* Lernaufgaben geht es in der Regel um die Aneignung mehrerer der folgenden Wissensarten:

- Orientierungswissen („gewusst, dass"),
- Handlungswissen („gewusst, wie"),
- Erklärungs- oder Deutungswissen (gewusst, warum"),
- Quellenwissen („gewusst, wo") und
- Kontextwissen („gewusst, unter welchen Bedingungen"). (Kiel & Rost 2002)

Lernaufgaben als *Aneignungsaufgaben* unterscheiden sich insofern

- von reinen *Arbeits- und Anwendungsaufgaben*, bei denen bereits voll entwickelte Kompetenzen (ggf. in neuen Zusammenhängen) eingesetzt werden;
- von *Kontroll- oder Testaufgaben*, bei denen bereits voll entwickelte Kompetenzen auf ihre Qualität (z.B. den Grad ihrer Beherrschung oder ihrer Perfektion) hin geprüft werden und
- von *Übungsaufgaben*, bei denen bereits entwickelte Kompetenzen gegen „Vergessen" abgesichert, auf gleichem Niveau gehalten oder aber bis hin zur Höchstleistung perfektioniert werden.

Lernaufgaben in diesem Sinne stehen insofern am *Anfang* von Lernprozessen im Unterschied von Kontroll- oder Testaufgaben, *die am Ende* von Lernprozessen stehen oder von Lernkontrollen und Übungsaufgaben, welche *mittlere Phasen* von Lernprozessen kennzeichnen. Im Bereich der beruflichen Aus- und Weiterbildung und in Umschulungsmaßnahmen kommen komplexe Lernaufgaben vor allem dort vor, wo neue Methoden, Strategien, Therapien oder Technologien eingeführt und vermittelt werden sollen.

Die Bearbeitung von komplexen Lernaufgaben dauert nicht – wie im Falle von Test- oder Übungsaufgaben Sekunden oder Minuten – sondern eher Stunden. Komplexe Lernaufgaben konzentrieren sich nicht auf nur wenige technisch-fachliche Anforderungen, sondern umfassen in der Regel auch soziale, organisatorische und allgemeine (kognitive, affektive) Anforderungen. Und sie führen zumeist nicht zu Lösungen, die sich mit „wahr – unwahr", „falsch – richtig" oder „gut – schlecht" bewerten lassen, sondern zu solchen, die eher nach Kategorien wie „angemessen – unangemessen", „besser – weniger gut", „einfallsreich – unoriginell", „realistisch – unrealistisch" oder „einfach – komplex" beurteilt werden können.

Lernaufgaben unterscheiden sich auf der anderen Seite dennoch von Aufgaben in Realsituationen (von, Beruf, Freizeit, Alltag etc.) durch einen geringeren Grad an Komplexität und dadurch, dass bei ihrer Bearbeitung
— Irrtümer und Fehler bewusst akzeptiert und als Lerngelegenheiten genutzt werdenen,
— Lösungen mit einem geringeren Grad an Perfektion akzeptiert werden und
— sie auch zu experimentellen Lösungen führen können, deren Realitätsanspruch geringer sein kann.

Für den Bereich allgemeinbildender Schulen hat Karl Frey vier Merkmale von Lernaufgaben hervorgehoben:
— schriftliche Formulierung
— Neues lernen
— selbsttätige Durchführung individuell oder in Gruppen und
— keine Benotung

> *„Die Lernaufgabe ist ein wichtiges didaktisches Instrument in der modernen Unterrichtsführung. Die Lehrperson gibt während der Stunde eine schriftliche Aufgabe vor. Diese ist so gestellt, dass die Schüler/innen während der Bearbeitung etwas Neues lernen. Deshalb Lernaufgabe. Die erste Hälfte eines Themas unterrichten Sie. Die andere Hälfte erarbeiten die Lernenden selber aufgrund einer schriftlich verteilten Aufgabe für Individuen oder Kleingruppen. Die Lernaufgabe wird in der Regel nicht benotet."* (Frey & Frey-Eiling 2004)

Das folgende (Extrem-)Beispiel aus meiner eigenen Erfahrung soll dazu helfen Möglichkeiten und Grenzen von komplexen Lernaufgaben zu erkennen.

2. Meine erste „komplexe Lernaufgabe"

Im Jahr 1950 war nach dem Abitur mein Berufswunsch „Bergingenieur". Dazu musste ich ein einjähriges Praktikum als „Bergbaubeflissener" ableisten, in dessen Rahmen ich auch 6 sogenannte Beflissenen-Arbeiten anzufertigen hatte.

Vier Wochen nach dem Abitur und 2 Wochen nach Beginn meiner Arbeit unter Tage erhielt ich vom Oberbergamt, das mein Praktikum betreute, das Thema meiner ersten Beflissenen-Arbeit, das sinngemäß lautete: „Beschreiben Sie das Fördersystem der Zeche Bülten-Adenstedt. Umfang ca. 30 Seiten. Berücksichtigen Sie bei Ihren Zeichnungen Standards technischen Zeichnens. Abgabetermin in 4 Wochen!"

Ich hatte nun nicht nur eine komplexe Lernaufgabe zu lösen, sondern deren mehrere. Ich musste herausfinden, wo und von wem ich Informationen bekommen konnte, musste die für das Thema wichtigen Elemente identifizieren, die Erkundungen dieser Elemente organisieren, Notizen anfertigen und diese zu einem Manuskript verarbeiten, von dem ich hoffte, dass es der hohen Behörde genehm war. Hinzufügen muss ich, dass all dies zusätzlich zu einer 48-Stunden-Woche zu geschehen hatte, die mit körperlicher Schichtarbeit ziemlich gut ausgefüllt war.

Dieses Extrembeispiel mag verdeutlichen, wie ein „didaktischer Kulturschock" aussehen kann: In der Schulzeit hatte ich ganz überwiegend Frontalunterricht (manchmal auch nur in Form von teach-as-teach-can) kennengelernt. Das System und die Lehrer sorgten für die zeitliche, inhaltliche und räumliche Organisation meiner Lerntätigkeit. Die zu bearbeitenden Aufgaben waren im wesentlichen Aufforderungen zu Antworten auf Lehrerfragen; es gab mündliche oder schriftliche Hausaufgaben und es gab Klassenarbeiten. In der Regel waren diese Aufgaben von geringer Komplexität, denn sie waren thematisch vom Fach und von der vorgegebenen Lernstruktur, zeitlich von der Unterrichts- und Hausaufgabenzeit und räumlich durch Klassen-, Fach- oder Wohnraum begrenzt. Im Unterschied zu dieser ziemlich klar strukturierten Organisation meiner Lerntätigkeit und den damit verbundenen Aufgaben, musste ich nun nicht nur diese Lerntätigkeiten selbst organisieren, sondern auch die Strukturen entwickeln, in denen sie erfolgen sollte.

Nun soll dieses Beispiel aus der eigenen Erfahrung keineswegs dazu dienen Botschaften zu verbreiten wie „gelobt sei, was hart macht" oder „„selbst ist der Mann". Es soll vielmehr verdeutlichen, was passieren kann, wenn man sich relativ spät vom „aussagenreproduzierenden Lernen" zum „aufgabenbearbeitenden Lernen" umgewöhnen muss.

3. Erste Einsichten

Eine erste Erkenntnis, die ich daraus gewonnen habe: Es ist wichtig und sinnvoll, dass Kinder schon in frühen Jahren mit der Praxis aufgabenbearbeitenden Lernens konfrontiert werden, wie dies z.B. im Arbeitsunterricht, bei Lernprojekten, Erkundungen, Fallmethoden oder Simulationen der Fall ist. Dabei geht es zum einen

darum, Lernaufgaben so zu gestalten, dass Lernsituationen nicht auf den Klassen-
raum, den 45-Minuten-Takt und das Nebeneinander der Lerner in frontal-sitzender
Körperhaltung beschränkt sind, sondern dass es möglich ist, Lernorte zu wechseln,
Lernzeiten flexibel zu gestalten, Lerngruppen zu bilden und vielfältige Medien und
Lernhelfer einzubeziehen.

Die zweite Erkenntnis ist, dass die dabei anstehenden Lernaufgaben – relativ
zum jeweiligen Entwicklungsstand – komplex sein sollten, wie es beispielsweise
fächerübergreifender Unterricht begünstigt. Es gilt nämlich zu lernen, dass
Probleme im Leben sich nicht danach richten, in welchen Fächern das Wissen zu
ihrer Lösung abgelegt ist.

Eine dritte Erkenntnis ist, dass Lernaufgaben möglichst so gestaltet und
beschrieben werden sollen, dass ihre Bearbeitung mit hoher Wahrscheinlichkeit
möglich und erfolgreich ist. Dies hängt nicht zuletzt von den institutionellen Kontexten ab, die zu den wichtigen Rahmenbedingungen ihrer Bearbeitung gehören.

4. Institutionelle Kontexte für Lernaufgaben

Institutionelle Kontexte, in denen komplexe Lernaufgaben sinnvoll sein können,
sind nahezu alle Bereich des Bildungswesens: allgemeinbildende und berufsbildende Schulen, innerbetriebliche Bildungseinrichtungen und freie Bildungs-
träger, Hochschulen und Betriebsakademien. Sie können dort Eingangsvorraus-
setzungen, ausbildungsbegleitende Elemente des Curriculums oder Teile von Abschlussprüfungen sein. Nicht zu vergessen sind Umschulungs- und Qualifizierungsmaßnahmen, die von den dafür beauftragten Einrichtungen der Arbeitsbehörden
veranlasst werden.

An allgemeinbildenden Schulen stehen berufsbezogene Lernaufgaben meist im
Zusammenhang von *Praktika zur beruflichen Orientierung*, so z.B. wenn Schüler
in einem Unternehmen oder in einer sozialen Einrichtung Erkundungen oder kleine
Projekte durchführen sollen. Im „dualen System" beruflicher Bildung kommen sie
im schulischen wie im betrieblichen Bereich *(s.u. „Leittext-Methode")* vor, ebenso
in Berufsfachschulen. Im Hochschulbereich spielen komplexe Lernaufgaben besonders in *experimentellen Fächern* und in *Handlungswissenschaften* eine Rolle, in
denen Konzepte vom *Projektstudium* Eingang gefunden haben. Berufsbegleitende
Maßnahmen beruflicher Weiterbildung werden sowohl im Unternehmen selbst, von
Trägern freier Erwachsenenbildung sowie von kommerziellen Bildungsträgern
durchgeführt. Dort orientieren sich Umfang und Art von Lernaufgaben verständ-
licherweise an den *Inhalten der jeweiligen Berufsfelder*. Entsprechendes gilt für
Umschulungs- und Qualifizierungsmaßnahmen.

Komplexe Lernaufgaben nehmen gegenwärtig aber auch in Kontexten von E-
Learning bzw. „blended learning" eine zentrale Funktion ein. So können z.B. im
Hochschulbereich Studenten und Dozenten, die räumlich getrennt sind, so dass sie
nicht gemeinsam an wöchtlichen Lehrveranstaltungen vor Ort teilnehmen können,
zwischenzeitlich Lernaufgaben bearbeiten, den Dozenten zusenden und indivi-

duelle Rückmeldung erhalten. Außerdem können z.B. in anschließenden Block-
veranstaltungen die Lösungen allen Teilnehmern der Veranstaltung vorgestellt und
von ihnen diskutiert werden.

5. Allgemeine didaktische Kontexte von Lernaufgaben

Bildungsinstitutionen bevorzugen entsprechend ihrer Tradition und ihrer Lernkultur
unterschiedliche didaktische Modelle, wobei hier der Begriff „didaktisches Modell"
im Sinne des „Kleinen Handbuchs Didaktischer Modelle" (Flechsig 1996) verwendet wird. Didaktische Modelle in dem dort verwendeten Sinn sind konkrete
Muster (Schemata) operativer Handlungsempfehlungen. Für jedes der in „Kleinen
Handbuch" beschriebenen 20 Grundmodelle didaktischen Handelns wird auch die
Charakteristik der Lernaufgaben beschrieben, die für dieses Grundmodell typisch
sind. Im besonderen sind es die didaktischen Modelle „Arbeitsunterricht", „Erkun-
dung", „Fallmethode", „Lernprojekt", „Simulation" und „Werkstattseminar" bei
denen Lernaufgaben eine zentrale Funktion haben.

6. Lernaufgaben im Kontext der „Leittext-Methode"

Für den Bereich beruflicher Aus- und Weiterbildung hat das „Bundesinstitut für
Berufsbildung" bereits 1987 unter der Bezeichnung „Leittext-Methode" ein Konzept für die Berufsbildung entwickelt, in dem Lernaufgaben ein wichtiges Element
darstellen (BIBB 1987).

   In der Grundform besteht ein Leittext als System aus den Leitfragen, den Leit-
sätzen, dem Arbeitsplan, dem Kontrollbogen als Kontroll- und Bewertungshilfe.
– Die *Leitfragen* (hierunter sind auch Lernaufgaben zu verstehen*)* sollen den Lernenden Orientierungshilfen vermitteln und ihre Planung und Durchführung der
  zu bearbeitenden Aufgaben unterstützen.
– Die *Leitsätze* vermitteln das Wissen, das zur Durchführung der Aufgabe
  erforderlich ist, mit Hilfe von Texten und AV-Materialien sowie Hinweisen auf
  Informationsquellen.
– Der *Arbeitsplan*, der vor allem die einzelnen Arbeitsschritte festlegt, muss von
  den Lernenden selbst erstellt werden; vorbereitete Arbeitsblätter und Planungs-
  unterlagen können sie dabei unterstützen.
– Die *Kontrollbögen* enthalten Fragen, welche die Lernenden beantworten sollen,
  um ihren Lernerfolg zu bewerten und so die Ergebnissicherung zu unterstützten

Als Voraussetzungen, die von den Betrieben zu erfüllen sind, damit die Leittext-Methode wirksam werden kann, nennt das BIBB fünf Punkte:
- den Zielbezug der Aufgabenstellung,
- die Berücksichtigung unterschiedlicher Lerngeschwindigkeiten der Lernenden,
- die Ermöglichkeit von Selbstkontrollen
- die Verzahnung von Theorie und Praxis,
- sowie Gelegenheiten zu Teamarbeit und zum sozialen Lernen.

Dabei ist in unserem Zusammenhang vor allem interessant, was dort über die Gestaltung von Lernaufgaben gesagt ist: Es gelte den *„Zielbezug der Aufgaben-stellung für den Auszubildenden deutlich machen; dies bedeutet, dass dem Auszu-bildenden die Möglichkeit gegeben wird, sich einen sinnvollen Überblick über den Gesamtzusammenhang einzelner Tätigkeiten zu verschaffen. Dies kann z.B. da-durch geschehen, dass geeignete Aufgabenstellungen vom Ausbilder ausgewählt werden, bei denen der Auszubildende ein vollständiges, fertiges und sinnvoll ver-wendbares Werk herstellt. ... Aufgabenstellungen müssen vom Ausbilder so gewählt werden, dass dem Auszubildenden im Rahmen der Durchführung die Möglichkeit gegeben ist, durch eigenes Probieren herauszufinden, welche Kenntnisse oder Fertigkeiten noch besonders zu schulen sind.“* (a.a.O., S 5.)

Die Leittext-Methode wurde in den letzten 20 Jahren weiterentwickelt (siehe Wikipedia-Stichwort „Leittext-Methode“) und gehört inzwischen zu den Standardmethoden beruflicher Aus- und Weiterbildung.

Für unsere Fragestellung ist vor allem interessant, in welchem Zusammenhang Leitfragen, Lernaufgaben und Arbeitsaufgaben stehen. Die Aneignung und Ver-mittlung von beruflichen Qualifikationen setzt zum einen voraus, dass die Ar-beitsaufgaben (wie sie z.B. in Arbeitsplatzbeschreibungen festgelegt sind) mit den Anforderungen der jeweiligen Organisation übereinstimmen. Zum anderen müssen die Lernaufgaben auf die Arbeitsaufgaben abgestimmt sein, für die Lernende quali-fiziert werden sollen. Zum anderen aber müssen komplexe Arbeitsaufgaben in Se-quenzen von Lernaufgaben geringerer Komplexität transformiert werden. An dem folgenden ausführlichen Beispiel soll dies erläutert werden.

7. Berufliche Anforderungen und Lernaufgaben

In einem 1992 von der Fraunhofer-Gesellschaft veröffentlichten Dokument, werden die dort entwickelten Methoden am Beispiel der Berufsausbildung von Industrie-mechanikern und -elektronikern wie folgt dargestellt (Fraunhofer-Institut, 1992, S. 71 f.):

Technisch/ fachliche Anforderungen	Organisatorische Anforderungen	Mitarbeiterführung/ soziale Anforderungen	Allgemeine Anforderungen
Vorbeugende Instandhaltung Systematische Fehlersuche Maschinen umrüsten Programmierbare Betriebsmittel Steuerungstechnik Qualitätssicherung Spezielle Anforderungen	Schichtpläne erstellen (Typen, Stückzahlen, Personaleinsatz) Schichtbuch führen / Dokumentation Disposition (über Bildschirm: Material, Werkzeuge, Ersatz- und Verschleißteile, Betriebsmittel, Umweltschutz) Lohnzusammensetzung berechnen Reparaturen planen	Sich durchsetzen können Anerkannt sein Umgang mit Rivalitäten Vorbild sein (allgemein) Sicheres Auftreten haben Ehrlich sein Maschinen beherrschen (fachliches Vorbild sein) Weiterqualifizieren von unterstellten Mitarbeitern/ -innen Mitarbeiter/-innen sinnvoll beschäftigen, auch dann, wenn das Band steht	Produktverantwortung Maschinenverantwortung („meine Maschine") Logisch denken/ Ingenieurmäßig denken Geistige Beweglichkeit/Flexibilität

Abb. 1: Anforderungen der Arbeitsaufgabe

„Ausgehend von der Arbeitsaufgabe, dem Betrieb, der Umrüstung, der Wartung und der Reparatur von flexibel automatisierten Produktionslinien, wurde ein System von Lernaufgaben entwickelt. Bei der Analyse der Arbeitsaufgabe konnten die gefundenen Anforderungsbestandteile sinnvollerweise vier Bereichen zugeordnet werden. Bild 1 zeigt ausschnitthaft Bestandteile der vier Bereiche.

Die einzelnen Lernaufgaben wurden daraufhin so konstruiert, dass jede Lernaufgabe idealerweise Anteile aus den vier Bereichen enthält, jedoch in einer vereinfachten und weniger umfangreichen Form als die Arbeitsaufgabe. ....

Jede Lernaufgabe besteht aus Materialien zur Orientierung über die Aufgabe, Angaben über notwendige Voraussetzungen zur Bearbeitung, Aufgabenstellung und Informationsmaterialien zur Aufgabenbewältigung. Die Ausbilder erhalten zu jeder Lernaufgabe zusätzliche Materialien mit didaktischen Hinweisen zu den eingesetzten Methoden, Erläuterungen zum Ablauf der Lernaufgaben und Listen notwendiger Geräte und Werkzeuge.

Jede Lernaufgabe beginnt mit einer kurzen Orientierung über die Aufgabe, der so bald wie möglich der praktische Aufgabenteil folgt, an den sich eine theoretische Vertiefung anschließt. Frühe Lernaufgaben sind weniger komplex als spätere Lernaufgaben. Die technisch-fachlichen Anforderungen werden von Lernaufgabe zu Lernaufgabe umfangreicher und vielfältiger. Die Anteile notwendiger organisatorischer Arbeiten nehmen zu. Die sozialen Anforderungen wachsen von einzeln zu bearbeitenden Aufgabenteilen über Gruppenarbeit bis zur Selbstorganisation von Gruppen. Selbständigkeit – als übergeordnete Anforderung – wird zunehmend zur Aufgabenbearbeitung gefordert.

Mit der Verwendung dieses aufgabenorientierten Lernsystems wird über die Ausbildermaterialien gleichzeitig der Ausbilder schrittweise weitergebildet und so sichergestellt, dass er dieses Lernaufgabensystem selbständig verwenden und weiterentwickeln kann." (a.a.O., S. 71)

Abbildung 2 zeigt dann schematisch die acht Lernaufgaben der ersten Phase und den fortschreitenden Aufbau und die Inbetriebnahme des flexiblen Montagesystems. Die auf diese Weise entwickelten acht Lernaufgaben werden wie folgt beschrieben:

Die ersten acht Lernaufgaben: Aufbau und Inbetriebnahme des flexiblen Montagesystems

Lernaufgabe 1: Aufbau eines Gestells für ein Doppelgurt-Transfersystem aus „Mechanik Grundelementen"

Lernaufgabe 2: Aufbau und Inbetriebnahme eines Doppelgurt-Transfersystems

Lernaufgabe 3: Zusammenschluß von zwei Strecken zu einem Umlaufsystem

Lernaufgabe 4: Steuern eines Doppelgurtumlaufsystems (Kerree)

Lernaufgabe 5: Aufbau eines taktunabhängigen Arbeitsplatzes

Lernaufgabe 6: Montieren aller Elemente zur Steuerung eines taktunabhängigen Arbeitsplatzes

Lernaufgabe 7: Steuern eines Umlaufsystems mit taktunabhängigen Arbeitsplätzen (mit festprogrammierter Steuerung)

Lernaufgabe 8: Steuern eines Umlaufsystems mit taktunabhängigen Arbeitsplätzen (mit SPS)

Abb. 2: Lernaufgaben der ersten Phase

Unabhängig von den konkreten Qualifikationen, auf die sich das Beispiel bezieht, lassen sich die folgenden Gesichtspunkte festhalten:

Die Verwendung „aufgabenorientiertes Lernsystem" im Text weist darauf hin, dass es sich beim aufgabenbearbeitenden Lernen um ein didaktisches Gesamtkonzept und nicht nur eine neue Methode handelt.

Lernaufgaben sollten komplex gestaltet sein, d.h. technisch-fachliche Anforderungen sollten nicht isoliert vermittelt werden, sondern eingebunden sein in organisatorische, soziale und allgemeine Anforderungen.

Die Vermittlung komplexer Qualifikationen verlangt eine Mehrzahl von in sich sinnvollen Lernaufgaben, deren Sequenz einen systematischen Entwicklungsprozess ergibt.

– „Kurze Orientierungen" sollten zur Einführung jeder Lernaufgabe vermittelt werden.

– Ausbilder (Lernhelfer) müssen qualifiziert werden, um ein aufgabenbearbeitendes Lernsystem selbständig gestalten zu können.

Dass sich das Prinzip aufgaben-bearbeitenden Lernens nicht auf Maßnahmen beruflicher Aus- und Weiterbildung im gewerblichen Bereich beschränkt, sondern auch für Bildungsmaßnahmen akademischer Berufe geeignet ist, soll an dem folgenden Beispiel verdeutlicht werden, an dem ich selbst mitgewirkt habe.

8. Lernaufgaben im Kontext einer beruflichen Weiterbildungsmaßnahme

Das folgende Beispiel bezieht sich auf eine Weiterbildungsmaßnahme, die 1991/92 in Halle stattfand. Mit dieser Weiterbildungsmaßnahme sollten Akademiker aus unterschiedlicher Fachdisziplinen zu Wissensorganisatoren (Informationsmanagern) weitergebildet werden. Die Maßnahme dauerte 5 Monate und bestand aus 30 Kursen („Module") zu je 2 ½ Tagen.

Wie im Falle der Leittext-Methode bestand auch hier ein Modul jeweils aus einem Leitfaden für die Teilnehmer. Dieser enthielt
– einen Orientierungstext (den Leittext),
– Beschreibungen der Lernaufgaben und der Qualitätskriterien für erwartete Lösungen,
– Hinweise auf den Arbeitsplan für die Lernenden sowie
– Einen Anhang mit Zusatzinformationen über Informatiosmittel und Informationsquellen.

Hinzu kam ein kurzer Leitfaden für die Tutoren, der Handlungsempfehlungen z.B. für die Moderation der Auswertungsgespräche oder für Beratungsgespräche und Lernhilfen enthielt.

Nach einer kurzen Einführungsphase bearbeiteten die 16 Teilnehmer die Lernaufgaben jeweils in Zweiergruppen, so dass für jede Lernaufgabe 8 Lösungen entstanden. Diese 8 Lösungen bzw. Ergebnisse wurden sodann im Plenum vorgetragen, diskutiert und anschließend von den Projektgruppen überarbeitet. Als Abschluß jeder Phase erfolgte eine Ergebnissicherung, indem die Lösungen in eine gemeinsame Dokumentation aufgenommen wurden, die als Textdateien im PC gespeichert wurden und allen Teilnehmern für spätere Verwendung zu Verfügung standen.

Jeder Kurs enthielt 1 bis 2 Lernaufgaben. Das folgende Beispiel gehört zum Kurs Nr. 10 mit dem Thema „Wissensbedarfs-Analysen in Organisationen und Unternehmen". Der Text enthält die Formulierung der Lernaufgabe, deren Struktur für die anderen Lernaufgaben entsprechend gilt (Flechsig 1992).

Lernaufgabe

Beschreibung
Entwickeln Sie bitte in PARTNERARBEIT einen Fragebogen, den eine Informationsstelle zu erstellen hätte, um das in Kurs 9 entwickelte Konzept für eine Wissensbedarfsanalyse in eine empirische Erhebung zur Ermittlung des tatsächlichen Wissensbedarfs umzusetzen!

Erläuterung

Wenn eine Organisation ihren Wissensbedarf selbst formuliert, ist noch nicht gesichert, dass diese Formulierungen den tatsächlichen Bedarf wiedergeben oder schon eindeutig genug sind, damit ein Dritter (hier eine Informationsstelle) den Auftrag zur Informationsbeschaffung erfüllen kann. Vielmehr besteht zumeist die Notwendigkeit, dass dieser „Dritte" (z.B. die Informationsstelle) den von der Organisation geäußerten Bedarf noch einmal nachprüft, bevor sie sich bemüht, diesen zu decken.

Versetzen Sie sich bei dieser Aufgabe also in die Situation einer externen Informationsstelle, die bei unserer Organisation „Wissensorganisator" auf methodische Weise zu ermitteln versucht, ob der im Auftrag geäußerte Bedarf dem tatsächlichen Wissensbedarf entspricht!

Anzuwenden sind dabei „klassische Methoden" empirisch-sozialwissenschaftlicher Forschung (Beobachtung, Befragung, Inhaltsanalyse von Dokumenten sowie Analyse kritischer Ereignisse). Da unsere Organisation „Wissensorganisator" noch nicht so weit entwickelt ist, dass sie über umfangreiche Dokumente verfügt, aus denen sich Wissensbedarf erkennen läßt, und da sie ihre Praxis noch nicht entsprechend entfaltet hat, um Möglichkeiten der direkten Beobachtung von „kritischen Ereignissen" zu eröffnen, bietet sich die Methode der Befragung mittels Fragebogen an.

Begründung

Diese Aufgabe soll dazu dienen,

– Kompetenzen auf dem Gebiet empirisch-sozialwissenschaftlicher Forschung zu vermitteln,
– die Aneignung von Wissen aus den Ressourcen zu motivieren und zu steuern,
– den eigenen Arbeitszusammenhang zu reflektieren und
– die Anwendung empirischer Methoden der Wissensbedarfsanalyse in der Praxisphase vorzubereiten.

Qualitätskriterien

Der Fragebogen sollte in schriftlicher Form präsentiert werden. Er sollte jedoch nach Möglichkeit nicht mehr als 20 Fragen umfassen.

Zeitrahmen für die Bearbeitung dieser Lernaufgabe:
8-9 Zeitstunden = 10-12 Unterrichtsstunden

Ressourcen:
Dozent als Berater
Orientierungstext „Wissensbedarfsanalyse"
PC mit Software zur Lernaufgaben-Bearbeitung
Handbibliothek: Friedrichs, Methoden empirischer Sozialforschung
Projektor & Folien

Anschlussaktivitäten

Der Fragebogen sollte die Grundlage sein für die in der Anwendungsphase des Programms zu entwickelnden Instrumente der Wissensbedarfsanalyse, insbesondere für die Entwicklung von

weiteren Fragebögen,

Interview-Leitfäden und

„Kategoriensystemen für Inhaltsanalysen von Dokumenten."

Literatur

FRIEDRICH, Methoden empirischer Sozialforschung

WEBB u.a., Nicht-reaktive Meßverfahren

9.   Theoretische Kontexte

Nachdem zwei praktische Beispiele für Lernaufgaben im Kontext beruflicher Aus- und Weiterbildung vorgestellt wurden, sollen im folgenden Bezüge zu theoretischen Aspekten aufgabenbearbeitenden Lernens hergestellt werden, die in aktuellen unterrichtswissenschaftlichen Diskursen behandelt werden.

In den klassischen Diskursen der Didaktik werden spätestens seit der Pädagogischen Reformbewegung zu Beginn des 20. Jahrhunderts Lernaufgaben im Kontext der klassischen Prinzipien der Didaktik „Lebensnähe", „ Selbsttätigkeit", „Entwicklungsgemäßheit", „Anschaulichkeit" diskutiert (Schwerdt 1933).

Gegenwärtig werden Lernaufgaben vor allem im Zusammenhang mit „Didaktischem Konstruktivismus" diskutiert. Die als „didaktischer Konstruktivismus " bezeicheneten Konzepte und Praktiken werden von Gerstenmaier und Mandl wie folgt beschrieben: „Während Lehr-Lernmodelle der traditionellen Unterrichtsphilosophie die Instruktion in den Vordergrund ihrer Bemühungen rücken, zeichnen sich Ansätze der konstruktivistischen Unterrichtsphilosophie dadurch aus, dass der Lernende und die Lernprozesse im Mittelpunkt stehen: Das Lehren tritt zugunsten des Lernens in den Hintergrund. Oder anders ausgedrückt: Vom Primat der Instruktion zum Primat der Konstruktion. Es interessiert weniger das Problem, wie Wissen vermittelt wird, als vielmehr die Frage, wie Wissen konstruiert wird und in welcher Verbindung Wissen und Handeln stehen (Gerstenmaier & Mandl, 1994).

9.1 Konstruktivistische Lehr-Lernpraxis und Lernaufgaben

Wenn konstruktivistische Konzepte der Didaktik eine Akzentverschiebung vom Lehrer – ich selbst bevorzuge den Begriff „Lernhelfer" – bzw. vom Lehrsystem zum Lerner betonen, so darf dies jedoch nicht bedeuten, dass nunmehr die Verantwortung für das Gelingen von Lernprozessen beim Lerner liegt, dass somit der Lehrer von seiner Verantwortung zumindest teilweise entlastet ist. Was die Formulierung von Lernaufgaben anbelangt, so ist zwar wichtig, dass Lerner die Bedeutung der Aufgabe erst „herstellen" und in ihre kognitive Struktur einbinden müssen. Dafür muss die Lernumgebung jedoch so gestaltet sein, dass Lerner alle Informationen erhalten, die zum „Verstehen" der Aufgabe und ihrer Bedeutung erforderlich sind. Dies ist nicht nur eine Frage der sprachlichen Formulierung der Aufgaben- und Problemstellung. Es ist auch eine Frage, wie weit Lerner auf die Aufgabe vorbereitet sind, im besonderen wie weit ihre Vorkenntnisse und Vorerfahrungen für das Aufgabenverständnis ausreichend sind.

Was für die Konstruktion des persönlichen Sinns einer Lernaufgabe durch den Lerner gilt, gilt ebenso wie für die Konstruktion des sozialen, gesellschaftlichen und kulturellen Sinns von Lernaufgaben. Dies kann dadurch geschehen, dass Gelegenheiten bereitgestellt werden, in denen Kommunikation mit anderen über den Sinn der Lernaufgabe möglich ist. Es müssen kulturelle, soziale und organisatorische Kontexte für die Bearbeitung von Lernaufgaben gefunden bzw. ausgewählt werden, die gesellschaftlichen Normen entsprechen (z.B. Arbeitsschutz). Beratungsmöglichkeiten, Werkzeuge und Informationen müssen bereitgestellt werden. Und schließlich müssen Perspektiven eröffnet werden, was mit den Ergebnissen geschehen kann.

In den Unterrichtswissenschaften wurden in den USA seit den 90er Jahren – vor allem unter dem Einfluß der Pädagogischen Psychologie – nahezu zeitgleich drei Konzepte entwickelt, die inzwischen auch in Deutschland rezipiert und weiterentwickelt wurden: „situated learning", „anchored instruction" und „cognitive apprenticeship". Im folgenden soll auf diese Konzepte nur so weit Bezug genommen werden, als sie wichtige Aspekte für die Gestaltung von Lernaufgaben enthalten.

9.2 Unterrichtswissenschaftliche Kontexte

Die von Suchman (1988) und Lave & Wenger (1991) auf Grund empirischer Untersuchungen gesicherte *Theorie situierten Lernens* besagt, dass Lernen (z.B. gegenüber traditioneller Unterrichtspraxis in Klassenräumen) wirksamer stattfindet, wenn es in reale soziale Kontexte eingebettet ist. In diesen Kontexten wird Wissen nicht nur von Praktikern (Experten) und in Gemeinschaft mit andren vermittelt. Es werden auch kulturelle Bezüge hergestellt, zu sozialen Normen und Verhaltensweisen, zu Werkzeugen und Verfahrensweisen, zu Sprach-, Interpretations- und Handlungsmustern. Zu erinnern ist hier an das didaktische Prinzip der „Lebensnähe", wie es von der deutschen Reformpädagogik formuliert wurde.

Eng damit verbunden damit ist das Prinzip der *„kognitiven Lehre"* (cognitive apprenticeship), wie es z.B. von Brown, Collins & Duguid (1989) konzipiert wurde. In Analogie zur Handwerkslehre beobachten Novizen (Lehrlinge) Experten (Meister) bei deren Tätigkeiten, kommunizieren mit diesem darüber und übernehmen ggf. auch helfende Tätigkeiten. Sie können an einem Vorbild lernen, sie können Rollenverhalten erlernen und erfahren die kontextspezifische Bedeutung des Wissens und der Kompetenzen, die sie sich bei diesem Prozess aneignen.

Das Prinzip der *„anchored instruction"* (Bransford et al. 1990), das eng mit den anderen beiden Prinzipien verbunden ist, bemüht sich um die „Verankerung" von Wissen bei Lernenden, so dass dieses bereits angeeignete Wissen nicht „isoliert" bleibt bzw. nur in schulischen Zusammenhängen (z.B. eines Unterrichtsfachs und einer Klassenarbeit) abgerufen und angewendet werden kann, sondern auch in realen Problemsituationen außerhalb von Schulen (z.B. im Alltag oder im Beruf). Geschehen soll dies, indem den Lernenden „Anker" angeboten werden sollen, z.B. in Form von Form von „Geschichten aus dem Leben", in denen Problemsituationen und Lösungen beschrieben werden. Solche Geschichten sollten eher komplex sein und Zugang zu mehreren Fragestellungen und Perspektiven – über einzelne Fachgebiete hinaus – eröffnen. „Anker-Geschichten" in diesem Sinne könnten Einleitung zu Lernaufgaben sein, an die beim Abschluß der Lernaufgabe wieder erinnert und Bezug genommen wird auf die bei der Bearbeitung der Lernaufgabe gewonnenen Einsichten.

Für die Gestaltung von Lernaufgaben in der beruflichen Aus- und Weiterbildung – sicher aber auch für die schulische Allgemeinbildung – ergeben sich aus diesen unterrichtswissenschaftlichen Erkenntnissen und Prinzipien die folgenden Handlungsempfehlungen:

- Die soziale und kulturelle Bedeutung der Lernaufgabe sollte bewußt gemacht werden.
- Für Lernaufgaben sollten authentische Kontexte gefunden werden, in denen sie bearbeitet werden können.
- Lernaufgaben sollten die Form von authentischen Tätigkeiten haben.
- Der Zugang zu Expertenwissen (über Personen oder Medien) sollte gesichert sein.
- Lernende sollten bei der Aufgabenbearbeitung mehrere Rollen übernehmen können (z.B. als Beobachter, Helfer oder Bewerter).
- Lernaufgaben sollten Kooperation und Kommunikation mit anderen Lernern ermöglichen.
- In kritischen Phasen sollten Lerner auf Unterstützung und Beratung zurückgreifen können.
- In die Bearbeitung von Lernaufgaben sollten Phasen der Reflexion und Modellbildung eingebunden sein.
- Prozesse der Aufgabenbearbeitung sollten mit sprachlichen Äußerungen verbunden sein, um implizites Wissen explizit zu machen.
- Lernkontrollen sollten in Prozesse der Aufgabenbearbeitung integriert sein.

10. Qualität von Lernaufgaben

Dass der Lernerfolg bei der Bearbeitung komplexer Lernaufgaben nicht nur vom Kontext abhängt, in dem diese Bearbeitung stattfindet, sondern auch von deren Qualität, dürfte plausibel sein. Hilfreich zur Bestimmung der Qualität von Lernaufgaben sind die Kategorien bzw. Indikatoren, die Brophy & Alleman (1991) vorschlagen. Im folgenden sind diese kurz im Überblick zusammengefasst:

Prinzipien erster Ordnung:
– Kompetenzbezug (Auf welche der zu entwickelnden Kompetenzen ist die Lernaufgabe bezogen?)
– Angemessener Schwierigkeitsgrad (bezogen auf den Lernzustand der Lerner)
– Durchführbarkeit (Kann die Lernaufgabe unter den gegebenen Bedingungen von den Lernern bewältigt werden?)
– Kosteneffektivität (Lohnen sich aufzuwendende Zeit und Mühe?)

Prinzipien zweiter Ordnung:
– Mehrdimensionalität (Werden mehrere Kompetenzen gleichzeitig entwickelt?)
– Motivationswert (Macht die Aufgabe Spaß und/oder erweckt sie Interesse?)
– Integrationsgrad (Ist sie Leitkonzept und anderen Aufgaben zugeordnet?)
– Ganzheitlichkeit (Umfasst sie komplexe und sinnvolle Tätigkeiten?)
– Denkniveau (Ist eine hohen Ebene von Denkoperationen erreicht?)
– Angepasstheit (Ist sie angepasst an individuelle Unterschiede der Lerner?)

Prinzipien, die Gruppen von Lernaufgaben zugeordnet sind:
– Vielfalt und Abwechslung (nicht immer gleiche Aufgaben)
– Abstufung (nach ansteigendem Schwierigkeitsgrad)
– Lebensnähe (Bezug der Aufgaben zu realen Lebenssituationen)
– Flächendeckung (Decken die Aufgaben alle Aspekte der Kompetenz/en ab?)
– Konkretheit (Ist die nötige Erfahrungsbasis hinreichend gesichert?)
– Wissensarten (Verknüpfung von Orientierungs-, Handlungs- und Deutungswissen)
– Kontextualität (Steht die Aufgabe in ihrem „natürlichen" Kontext?)

Zusatzprinzipien (die abhängig sind vom „Weltbild" der Designer):
– induktiv-forschendes Lernen
– Wissenschaftlichkeit bzw. Professionalität
– Lernerzentriertheit
– fächerübergreifender Bezug
– überfachliche Kompetenz
– Aufgaben als Höhepunkte
– Hausaufgaben

Prinzipien für die Art der Aufgabenstellung:
– Begründung geben
– Aufgabenverständnis sichern

- selbständige Bearbeitung (einzeln oder in kleinen Gruppen) ermöglichen
- Rückmeldung geben
- Einbindung in die vorausgehende und folgende Lerntätigkeit sichern
- das optimale Format (schriftlich, mündlich etc.) wählen
- Optimale Nutzung der aktiven Lernzeit sichern (Leerlauf vermeiden)

11. Abschließende Überlegungen

Man kann davon ausgehen, dass künftige Entwicklungen in der Arbeitswelt an Aus- und Weiterbildung in quantitativer und qualitativer Hinsicht zunehmende Anforderungen stellen werden. Dabei werden Formen des Lehrens und Lernens bestimmend sein, bei denen Lernende selbsttätig und in Realsituationen komplexe Lernaufgaben bearbeiten.

Deshalb finden Konzepte aufgabenbearbeitenden Lernens zunehmend Verbreitung und erfahren eine Weiterentwicklung.

Wenn dieses aufgabenbearbeitende Lernen jedoch die Erwartungen erfüllen soll, dann müssen Lernaufgaben eingebettet sein in flankierende Maßnahmen, wie sie oben beschrieben wurden. Im Besonderen geht es dabei auch um Aus- und Weiterbildungsmaßnahmen für diejenigen, die Lernaufgaben gestalten und an diesen flankierenden Maßnahmen mitwirken. Und nicht zuletzt müssen auch die Lernenden selbst auf neue Anforderungen frühzeitig – vom Kindergarten an – vorbereitet werden. Ihre didaktische Sozialisation wird sich dann so entwickeln, dass selbsttätiges Lernen mit komplexen Lernaufgaben allein und mit anderen unter Nutzung vielfältiger Hilfen zur Selbstverständlichkeit geworden ist.

Literatur

Bransford, J. D., Sherwood, R. D., Hasselbring, T. S., Kinzer, C. K. & Williams, S. M. (1990). Anchored instruction: Why we need it and how technology can help. In D. Nix & R. J. Spiro (Eds.), Cognition, education, and multimedia (pp. 115-141). Hillsdale, NJ: Erlbaum.

Brophy, J. & Alleman, J. (1991): Activities as Instructional Tools: A Framework for Analysis and Evaluation. In: Educational Researcher, Vol. 20, Nr. 4, May 1991, 9-23.

Bundesinstitut für Berufsbildung (Hrsg.) (o.J.): Leittexte – ein Weg zu selbständigem Lernen, Teilnehmer-Unterlagen Berlin und Bonn: BIB.

Cognition and Technology Group at Vanderbilt (1993): Designing learning environments that support thinking. The Jasper series as a case study. In Duffy, T. M., Lowyck J., Jonassen D. H u.a. (Eds.), Designing environments for constructive learning. Berlin: Springer. (S. 9-36).

Flechsig, K.-H. (1996): Kleines Handbuch Didaktischer Modelle, Eichenzell: Neuland

Flechsig, K.-H. (1992): Teilnehmer-Unterlage zum Kurs Nr. 10, Wissensbedarfsanalysen, MS Göttingen.

Fraunhofer-Institut für Arbeitswirtschaft und Organisation (1992): Anforderungen und Arbeitsaufgaben in der Berufsausbildung von Industriemechanikern und -elektronikern. Stuttgart: Eigenverlag.

Frey, K. & Frey-Eiling, A. (2004): Allgemeine Didaktik, Zürich: vdf.

Gerstenmaier, J., Mandl, H. (1994): Wissenserwerb unter konstruktivistischer Perspektive. Forschungsbericht Nr. 33. München: Institut für Pädagogische Psychologie und Empirische Pädagogik der Ludwig-Maximilians-Universität München. http://de.wikipedia.org/wiki/Leittextmethode

Kiel, E. & Rost, F. (2002), Einführung in die Wissensorganisation, Würzburg:Ergon.

Lave, J., & Wenger, E. (1990): Situated learning: Legitimate peripheral participation. Cambridge, UK: Cambridge University Press.

Schwerdt, T. (1952): Kritische Didaktik, Paderborn : Schöningh1933.

Suchman, L. (1988): Plans and Situated Actions: The Problem of Human/Machine Communication. Cambridge, UK: Cambridge University Press.

Teil 6

Die Bedeutung von Aufgaben für evaluative Maßnahmen im Bildungswesen

Rolf Dubs, St. Gallen

Qualitätsvolle Aufgaben als Voraussetzung für sinnvolles Benchmarking

1. Ausgangslage

In den letzten Jahren ist die Outputorientierung der Schule zu einer wichtigen Forderung der Bildungspolitik geworden. Schulbehörden, Eltern aber auch verantwortungsbewusste Lehrkräfte möchten den langjährigen „Blindflug" der Schule und des Unterrichts beseitigen, d.h. sie möchten genaue Daten über die von den Schülerinnen und Schülern erbrachten Leistungen ermitteln, um zu wissen, in welche Richtung sich die Schulleistungen entwickeln, wo die Schulen oder die einzelnen Klassen im Vergleich stehen und welche Lernfortschritte die einzelnen Lernenden erzielt haben, um bei ungenügenden Leistungen zielgerichtete Hilfestellungen zu gewähren. Die Daten können nur über Tests gewonnen werden. Das Messen und Vergleichen von Lernleistungen sind dazu unabdingbare Voraussetzungen. Gegen diese Entwicklung stemmen sich viele Lehrkräfte hauptsächlich mit zwei Argumenten, die miteinander verknüpft sind. Erstens wird gesagt, dass die Schule verarmt, wenn sie auf messbare Leistungen ausgerichtet wird, denn bei Weiten nicht alles, was die Schule mit ihrem Bildungsauftrag leistet, kann getestet werden. Je mehr deshalb zweitens getestet wird, desto stärker reduziert sich der Unterricht auf das messbare Kognitive, und desto häufiger degeneriert der Unterricht zu einem „Teaching-to-the-Test", bei welchem insbesondere Fertigkeiten und einfache kognitive Fähigkeiten drillmäßig geübt werden, um gute Lernergebnisse zu erhalten.

Es ist zuzugeben, dass solche Tendenzen bestehen. Verursacht werden sie durch qualitativ ungenügende Testaufgaben, welche schematisch und ohne große Kreativität oft von Lehrpersonen entworfen werden, welche die Gefahren zum „Teaching-to-the-Test" selbst am meisten hervorheben. Dieser Beitrag möchte zeigen, dass sich mit qualitativ originellen und aussagekräftigen Testaufgaben auf der Grundlage klarer Zielvorgaben (Bildungsstandards und Benchmarks) diese Fehlentwicklung nicht einstellen muss. Oder anders ausgedrückt: Ob die Entwicklung in Richtung einer Verarmung des Unterrichts und in Richtung einer ärmlichen Testerei läuft, hängt nicht primär von der Outputorientierung, sondern von der Qualität der Bildungsstandards und der Benchmarks sowie den Testaufgaben ab, und zwar unabhängig davon, ob es sich um formative oder um summative Tests handelt.

2.   Bildungsstandards und Benchmarks

Bildungsstandards geben vor, über welche Kompetenzen (Motivationen, Wissen und Können) die Schülerinnen und Schüler in bestimmten Erschließungsbereichen (Wissenschafts- und Themenbereiche, Problembereiche oder Lernfelder) an einer schulischen Schnittstelle (z.B. am Ende der dritten, sechsten, achten Klasse) verfügen sollen. Noch immer besteht keine Einigkeit darüber, wie Bildungsstandards formuliert werden sollen (siehe die sehr unterschiedlichen Formen bei Hall et al. 2007). Sicher ist jedoch, dass sie mehr als herkömmliche operationale Lernziele sein sollten, indem sie ganzheitlicher und umfassender sind sowie viele Lernschritte erfordern, bis sie erreicht sind. Deshalb sind sie bei der Planung des Unterrichts in einzelne Lernabschnitte zu zerlegen, damit der Unterricht einerseits strukturierter ausfällt und andererseits immer wieder überprüft werden kann, ob die Schülerinnen und Schüler erfolgreich auf dem Weg zur Erreichung der Standards sind. Werden diese Lernabschnitte so umschrieben, dass die Erreichbarkeit mit Testaufgaben systematisch überprüft und die Ergebnisse im Schulhaus mit den durchschnittlichen Resultaten aller Klassen oder mit Normwerten aller Schulen in größeren Hoheitsgebieten verglichen werden können, so stellen diese Durchschnittswerte *Benchmarks* dar, d.h. anzustreben ist, dass jede Lehrperson mit ihren Klassen wenigstens diese Benchmarks erreicht (vergleiche dazu auch Hall et al. 2007). Ein interessantes Benchmark-System, *das Cockpit*, wird im schweizerischen Kanton St. Gallen angewandt (Kantonaler Lehrmittelverlag, o. J.). Lehrpersonen können an gewissen Schnittpunkten im staatlich vorgegebenen Lehrplan von einer zentralen Stelle Tests zu einem Lernabschnitt anfordern, diese Tests mit ihrer Klasse durchführen und sie zur Korrektur und Auswertung an diese Stelle zurückgeben, um schließlich die Testergebnisse für die einzelnen Lernenden ihrer Klasse sowie Vergleichswerte aus einer systematischen Stichprobe zu erhalten. Dank dieser Auswertung befinden sich die Lehrpersonen, die diesen Dienst freiwillig in Anspruch nehmen können, nicht mehr auf einem „Blindflug", sondern sie sehen, wo sie mit ihrer Klasse stehen, können die Ergebnisse ihrer Schülerinnen und Schüler diagnostizieren und erhalten eine Rückmeldung über den Erfolg ihres Unterrichts. Dies erleichtert – im Rahmen dessen, was in größeren Klassen möglich ist – nicht nur die Individualisierung des Unterrichts, sondern die Lehrkräfte werden bei weniger guten Testergebnissen auch dazu angeregt, ihren Unterricht zu überdenken.

Obschon sehr viele Lehrkräfte am System Cockpit freiwillig teilnehmen und erste Erkenntnisse seine Wirksamkeit hinsichtlich der Verbesserung von Lernleistungen nachweisen, bleibt es von der Kritik nicht verschont: Die Vorwürfe des „Teaching-to-the-Test" und der Verarmung des Bildungsauftrages der Schule werden auch hier wieder laut. Deshalb drängt sich eine Auseinandersetzung damit auf.

3. Das Problem des „Teaching-to-the-Test"

Leider ist der Vorwurf des „Teaching-to-the-Test" in vielen Fällen gerechtfertigt, weil einerseits von einem überholten Lehr-Lernverständnis ausgegangen wird, und andererseits schlechte Testaufgaben entwickelt werden. Trotz allen Bemühungen der Lerntheorie nehmen viele Schülerinnen und Schüler erstens vornehmlich „inselartig" Wissen auf und sind deshalb nicht in der Lage, es mit anderen Wissensinhalten zu verknüpfen, was zu viel trägem Wissen führt. Zweitens werden Lernprozesse zu wenig durchgearbeitet und reflektiert, wodurch es nicht gelingt, die Lernenden metakognitiv zu fördern. Und drittens sind die Lehrpläne zu wenig kumulativ aufgebaut, d.h. es herrscht immer noch eine additive Logik vor, indem einzelne Lernabschnitte nur aneinandergereiht und nicht miteinander verknüpft werden, und eine innere Anschlussfähigkeit nicht sichergestellt wird. Entsprechend fallen die Testaufgaben aus: Oft sind sie auf die bloße Wiedergabe von Wissen ausgerichtet, es fehlen die Ideen, um mit geeigneten Aufgaben Lernprozesse und metakognitive Fähigkeiten zu erfassen sowie affektive Fragestellungen in die Überprüfung des Könnens einzubeziehen. Je besser es gelingen würde, diese Aspekte bei der Aufgabenstellung mit zu berücksichtigen und je vielfältiger die Aufgaben eines Tests werden, desto weniger wird ein bloßes „Teaching-to-the-Test" möglich.

Mit anderen Worten: Die Problematik dieser Fehlentwicklung ist von zwei Seiten her anzugehen. Einerseits ist die Qualität aller Aufgaben (Aufgaben im Unterricht, Hausaufgaben und Testaufgaben) zu verbessern, und andererseits ist an der Verbesserung der Lehrpläne und des Unterrichts zu arbeiten, damit gute Voraussetzungen für qualitativ bessere und faire Aufgaben geschaffen werden.

4. Lehr-lerntheoretische Voraussetzungen für qualitativ bessere Aufgaben

In erster Linie muss dem kumulativen Lernen mehr Beachtung geschenkt werden. „Unter kumulativem Lernen versteht man einen Lernprozess, bei dem bereits vorhandene Wissenselemente (...) zum Ausgangspunkt für neu hinzugekommenes Wissen gemacht werden und gleichzeitig das neue Wissen möglichst mit dem vorhandenen verknüpft wird" (Freiman 2001, 1). Dies gelingt erstens nur, wenn eine gut organisierte Wissensbasis (deklarative und prozedurale Wissensstrukturen) aufgebaut wird, das Erkennen von Zusammenhängen durch Wiederholung des Gelernten in immer wieder neuen Kontexten gefordert wird, die Anschlussfähigkeit für nachfolgendes Lernen hergestellt wird, themenverbindende Konzepte in den Mittelpunkt des Unterrichts gestellt werden (komplexe Lehr-Lern-Arrangements) und die Anwendung des Wissens als bedeutungsvolles Lernen erfahrbar wird (Fichten & Schmalriede 2007). Zweitens muss der richtigerweise vorherrschende kognitive Unterricht durch affektive und soziale Aspekte (Werterziehung und Umgang mit Menschen) erweitert werden, wobei diese Themenbereiche nicht separat, sondern in themenverbindende Konzepte eingebaut werden müssen. Für die Gestaltung von Aufgaben ganz entscheidend ist, dass diese lehr-lerntheoretischen Kriterien ihren Niederschlag auch in den Bildungsstandards und Benchmarks finden. Schlechte Vorgaben (z.B. Bildungsstandards, welche sich ohne normative Reflexion und ohne Bezug zu klar definierten Kompetenzmodellen wieder additiven, behavioristischen Lernzielen angleichen) führen weder zu einem veränderten Unterricht noch zu guten Aufgabenstellungen.

Nur unter diesen Voraussetzungen lässt sich das „Teaching-to-the-Test" korrigieren, bei dem in altbekannter Weise nach der Formel „Unterrichten – Testen – Vergessen" gearbeitet wird.

5. Kriterien für qualitätsvolle Aufgaben

5.1 Allgemeines

Die Entwicklung von qualitätsvollen Aufgaben ist in erster Linie eine fachdidaktische Herausforderung, denn ohne fachwissenschaftliche Kenntnisse lassen sich keine Aufgaben erstellen. Ebenso bedeutsam ist jedoch die Kunst der Aufgabenkonstruktion, denn wer im jeweiligen Unterrichts- und Prüfungsbereich keine praktische Erfahrung hat und über keine Intuition verfügt, wird immer Mühe haben, originelle Aufgaben zu entwerfen, welche nicht schemahaft, sondern für die Schülerinnen und Schüler interessant und anregend sind. Ergänzend werden psychometrische Grundlagen benötigt, um die Validität, die Reliabilität und weitere Messgrößen von Testaufgaben zu bestimmen. Darauf wird in diesem Beitrag nur ganz am Rande eingegangen, weil hier das Schwergewicht auf die Aufgabenkonstruktion gelegt und nicht die systematische Evaluation von Testaufgaben mit großen Populationen angesprochen wird.

Im Folgenden werden Kriterien für die Entwicklung von qualitätsvollen Aufgaben vorgestellt (vergleiche dazu auch die Arbeiten von Blömeke et al. 2006, deren Arbeit sich aber auf die Qualität von Aufgaben für den Unterricht bezieht). Unterschieden wird zwischen Kriterien zum Aufgabenentwurf und Kriterien zur Kontrolle der Aufgabenqualität. Abbildung 1 gibt eine Übersicht.

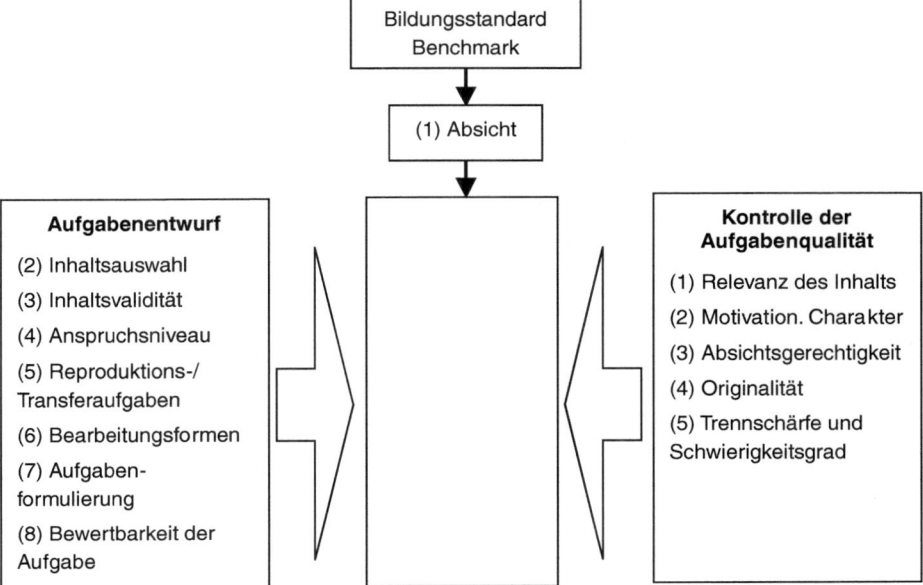

Abb. 1:   Kriterien qualitätsvoller Aufgaben

5.2 Kriterien zum Entwurf von Aufgaben

(1) Auszugehen ist beim Entwurf von Aufgaben von der *Absicht*, die mit ihnen verfolgt wird. Zu unterscheiden sind die folgenden Möglichkeiten:

a) Die Testaufgaben werden für einen Test entwickelt, der *selektioniert* (Aufnahmeprüfungen, Schlussprüfungen usw.).

b) Die Testaufgaben dienen der *Lernsteuerung*, d.h. der Test ist transparent, damit die Schülerinnen und Schüler zielgerichtet lernen.

c) Die Testaufgaben dienen der *Lerndiagnose*, indem die Lehrperson erheben will, welche Lernfortschritte die Lernenden erzielt haben und wo Schwächen bestehen, um den Unterricht im Rahmen des Möglichen zu individualisieren bzw. um die eigene Unterrichtstätigkeit zu verbessern.

Diese drei Absichten prägen primär den Gesamtaufbau eines Tests und damit die im Test vorherrschenden Bearbeitungsformen sowie deren Häufigkeit.

Beispiele:

Bei einem Test, welcher der Lernsteuerung dient, kann es durchaus sinnvoll sein, reine Aufgaben der Wissensabfrage vorzulegen, wenn Begriffe als notwendige Voraussetzung jederzeit verfügbar sein müssen. In der Rechtskunde[1] ist das Wissen über die Gliederung des Rechts unabdingbar. Deshalb macht es Sinn, dieses Wissen unverändert abzufragen. Die Aufgabenstellung könnte also lauten: „Gib eine

---

1   Aus Gründen der fachlichen Kompetenz ist der Verfasser gezwungen, Beispiele aus seinem Fachbereich (Wirtschaft und Recht) einzubringen.

strukturierte Darstellung der Gliederung des Rechts und definiere jeden Rechtstyp."
Will man hingegen eine Lerndiagnose stellen, so ist eine Aufgabe vorzulegen, aus
der ersichtlich ist, dass die Schülerinnen und Schüler fähig sind, rechtliche Situationen einem Rechtstyp durch einen systematischen Denkprozess zuzuordnen. In
diesem Fall sieht eine mögliche Aufgabe etwas ausführlicher und anspruchsvoller
aus: „Jemand bezahlt eine Rechnung zweimal. Beschreibe den Weg, wie du heraus-
findest, zu welchem Rechtstyp dieser Rechtsfall gehört und triff die Entscheidung."

Geht es hingegen um einen Test zur Selektion, sollten viele verschiedenartige
Aufgaben konstruiert werden, welche inhaltlich eine gute Stichprobe der Lerninhalte darstellen, die mit Aufgaben verschiedener Art geprüft werden.

(2) Um zu den zu überprüfenden Inhalten zu gelangen, sind zunächst die Bildungsstandards und/oder Benchmarks zu analysieren, um die *Inhalte* für eine Aufgabe
festzulegen und nach einer *Idee* zu suchen, auf der die Aufgabe aufgebaut werden
kann. Um eine Idee zu finden, sollte zugleich überlegt werden, ob eine Aufgabe im
kognitiven oder im affektiven Lernbereich gestellt werden soll. Tabelle 1 gibt für
die Fächer Wirtschaft und Recht Anregungen, auf welchen kognitiven Prozess-
stufen Aufgaben möglich sind. Tabelle 2 gibt Hinweise für affektive Aufgaben.

Tab. 1:   Ideen für die Gestaltung von Aufgaben

Prozessstufen	Beispiele für die Gestaltung von Ideen
Sinn erfassen	(11) Interpretation eines Textes oder einer Problemstellung anhand von Kriterien (12) Begriffe in neuen Situationen anwenden (13) Beispiele und Nichtbeispiele eines Begriffes in begründeter Weise unterscheiden (14) Zuordnung von Akten, Beispielen oder Tatsachen in ein Begriffs-gefüge
Anwendung	(21) Erlernte Sachverhalte anwenden
Analyse	(31) Statistiken, Daten, Texte nach bestimmten Gesichtspunkten inter-pretieren (32) Normative Gesichtspunkte in einem Sachverhalt, Beispiel oder Text erfassen (33) Zielkonflikte beurteilen
Synthese	(41) Zu Problemen eigene Lösungen entwerfen (42) Eigene Ideen suchen (43) Eigene Beispiele oder Fälle entwerfen (44) Eigene Stellungnahmen beziehen (45) Vernetzungen darstellen
Beurteilung	(51) Tatsachen, Aussagen, Erscheinungen, Daten oder Sachverhalte an-hand vorgegebener oder eigener Kriterien beurteilen
Metakognitive Reflexion	(61) Eigene Lösungswege (Überlegungen oder Lehren) bei einer Auf-gabenstellung beschreiben (62) Eigene Schwierigkeiten beim Lösen von Aufgaben beschreiben bzw. darlegen, warum man eine Aufgabe nicht lösen konnte (63) Eine eigene Prüfungsarbeit bewerten und die Bewertung begründen sowie Ursachen von Schwachstellen beschreiben

Tab. 2: Ideen für die Gestaltung von Aufgaben

Prozessstufen	Beispiele für die Gestaltung von Ideen	
Gefühle und Empfindungen beschreiben	(11)	Eigene und fremde Gefühle anhand eines Ereignisses, eines Testes, einer Beobachtung beschreiben
	(12)	Wahrgenommene Empfindungen bei anderen beschreiben
Werthaltungen erkennen	(21)	Anhand von Texten, Vorfällen, Beispielen und Erscheinungen Werthaltungen erkennen
Eigene Werthaltungen ausdrücken und begründen	(31)	Zu einer normativen Frage persönlich Stellung nehmen und diese persönlich begründen

Aufgrund dieser ersten Idee lässt sich also inhaltlich bestimmen, welche Idee für die Aufgabe gewählt werden soll, um anschließend mehr testtechnische Kriterien zu überlegen. Ganz entscheidend ist dabei, dass den vorausgesetzten Begriffsstrukturen alle Beachtung geschenkt wird und möglichst häufig Aufgaben gestellt werden, in denen auch die Wirkungen des kumulativen Lernens überprüft werden, d.h. Aufgaben entworfen werden, bei denen die Vernetzung von Begriffen erforderlich ist (siehe das Beispiel im Abschnitt 6). Schließlich sollte immer nach Wegen gesucht werden, wie Aufgaben mit Unterlagen (Statistiken, Texte, Fälle) verbunden werden können. Die Erfahrung lehrt, dass solche Aufgaben nicht nur interessanter, sondern auch kognitiv vielfältiger werden.

(3) Qualitätsvolle Aufgaben haben eine hohe *Inhaltsvalidität*, d.h. sie müssen das messen, was gemessen werden soll. Dies setzt voraus, dass ein unmissverständlicher Zusammenhang zwischen dem besteht, was unterrichtet wurde, und was geprüft wird. Über die inhaltliche Umschreibung des Unterrichts muss Klarheit herrschen, und die Lerninhalte müssen für das, was geprüft werden soll, relevant sein.

Beispiel:

Es soll überprüft werden, ob die Lernenden in der Lage sind, in einem wirtschaftspolitischen Text zwischen belegten Tatsachen, unbelegten Behauptungen, offensichtlichen Lügen und normativen Aussagen unterscheiden zu können. Die Aufgabe dazu kann lauten: „Lies den beiliegenden wirtschaftspolitischen Text und bestimme, welche Teile dieses Textes belegt sind, wo behauptet und gelogen wird, und welche Aussagen normativ geprägt sind." Diese Aufgabe erfüllt das Kriterium der Validität nur, wenn im Unterricht die Teilkompetenz der Interpretation wirtschaftspolitischer Texte eingeübt wurde, unter Fachleuten Einigkeit darüber besteht, welche Textteile den einzelnen Textkriterien eindeutig zugeordnet werden können, sowie der Text, für das, was geprüft wird, relevant ist.

(4) Für die einzelne Aufgabe muss abschließend das *Anspruchsniveau* festgelegt werden, damit im gesamten Text nicht immer die gleichen Fähigkeiten (Kompetenzen) überprüft werden. Seit Jahren wird – vor allem bei Fächern, welche ein großes Orientierungswissen verlangen (Geschichte, Geographie, Wirtschaft) – darüber geklagt, dass sich 60–80% der Testaufgaben auf die Wiedergabe (Repro-

duktion) von deklarativem Wissen beschränken und damit wenig valide sind. Solche Aufgaben mögen zwar bei schlechten Standards und Benchmarks durchaus valide sein. Sie genügen aber den heutigen lehr- und lerntheoretischen Ansprüchen in keiner Weise mehr, denn die bloße Reproduktion sagt nichts über das Verstehen des Gelernten sowie die Fähigkeit zur vielseitigen Anwendung des Gelernten aus. Ein Hilfsmittel für Anregungen zum Entwurf von Aufgaben mit kognitiv unterschiedlichen Ansprüchen bietet immer noch die Taxonomie (Bloom 1956), die von Metzger & Nüesch (2004) für die alltägliche Testkonstruktion durch Lehrkräfte in vereinfachter Form gemäss Abbildung 2 vorgeschlagen wird.

Prozessstufen	Untergliederung	Merkmale
1. Informationen erinnern	**Erinnern** 1.1 Wiedererkennen	Erlerntes in unveränderter Weise wieder erkennen
	1.2 Wiedergeben	Erlerntes in unveränderter Weise reproduzieren
2. Informationen verarbeiten	**Verstehen und Anwenden** 2.1 Sinn erfassen	Erlerntes sinngemäss abbilden
	2.2 Anwenden	Erlernte Strukturen in ähnlichen Situationen anwenden
3. Informationen erzeugen	**Probleme bearbeiten** 3.1 Analysieren	Einen Sachverhalt mit eigenen Kriterien systematisch und umfassend untersuchen
	3.2 Synthese	Aus erlernten Strukturen ein neuartiges Ganzes entwickeln
	3.3 Beurteilen	Einen Sachverhalt anhand eigener Kriterien systematisch bewerten

Abb. 2: Die kognitive Taxonomie

Beispiel:

In einem Unterrichtsabschnitt werden die Ziele und die Organisation der Europäischen Union, deren Geschichte sowie die Stellung der Schweiz im Integrationsprozess behandelt. Zu dieser Thematik lassen sich Testaufgaben mit ganz unterschiedlichen kognitiven Anspruchsniveaus entwickeln.

Stufe des Erinnerns:	Welche politischen und administrativen Behörden sind innerhalb der Europäischen Union eingerichtet, und welche Aufgaben und Kompetenzen haben sie?
Stufe des Sinns erfassen:	In einem EU-Land wird das Prinzip der Subsidiarität der nationalen Bildungspolitik diskutiert. Wie interpretierst du dieses Prinzip?
Stufe des Beurteilens:	Wie beurteilst du die Vorteile und die Nachteile der Nichtvollmitgliedschaft der Schweiz in der EU sowie die Lösung mit den bilateralen Verträgen?

Die Zuordnung der einzelnen Aufgaben zu den Taxonomiestufen sensibilisiert aber nur für eine kognitiv vielgestaltigere Aufgabenkonstruktion. Zwei Probleme werden jedoch nicht gelöst. Einerseits sind die aufsteigenden Stufen nicht gleichzusetzen mit höheren kognitiven Ansprüchen der Aufgaben, wie dies immer wieder behauptet wird. Es ist durchaus möglich, dass eine komplexe Aufgabe des „Sinns erfassen" anspruchsvollere kognitive Prozesse voraussetzt als eine einfache Aufgabe der Stufe Bewertung. Zweitens lässt sich das Anspruchsniveau erst endgültig beurteilen, wenn der erfahrene Unterricht mit der Testaufgabe verglichen wird. Deshalb muss zur Beurteilung des kognitiven Anspruchsniveaus einer Aufgabe zwischen Reproduktions- und Transferaufgaben unterschieden werden.

Beispiel:

Die Aufgabe „Wie beurteilst du die Vorteile und die Nachteile der Nichtmitgliedschaft der Schweiz in der EU sowie die Lösung mit den bilateralen Verträgen?" erfordert die Fähigkeit zur Beurteilung. Wurde aber diese Problemstellung im Unterricht unmittelbar auf dieses Ziel hin ausgerichtet behandelt, so erfordert diese Aufgabe nur noch die Reproduktion einer im Unterricht erlernten anspruchsvolleren Fähigkeit.

(5) Um das kognitive Anspruchsniveau einer Testaufgabe genau bestimmen zu können, muss also zwischen *Reproduktions- und Transferaufgabe* unterschieden werden, was aber nur möglich ist, wenn den Aufgabenkonstrukteuren der Verlauf des Unterrichts bekannt ist (Metzger & Nüesch 2004). Die Abbildungen 3 und 4 verdeutlichen diese beiden Aufgabentypen.

Reproduktionsaufgaben
Der Prüfling soll das gemäß Lernziel erworbene Wissen wiedergeben und die damit verbundenen Prozesse nachvollziehen, also das Gelernte reproduzieren. Der Inhalt kann dabei wenig oder hoch komplex sein, der vorangegangene kognitive Prozess konnte mehr oder weniger intensiv sein, je nach Anspruchsniveau des Lernziels.

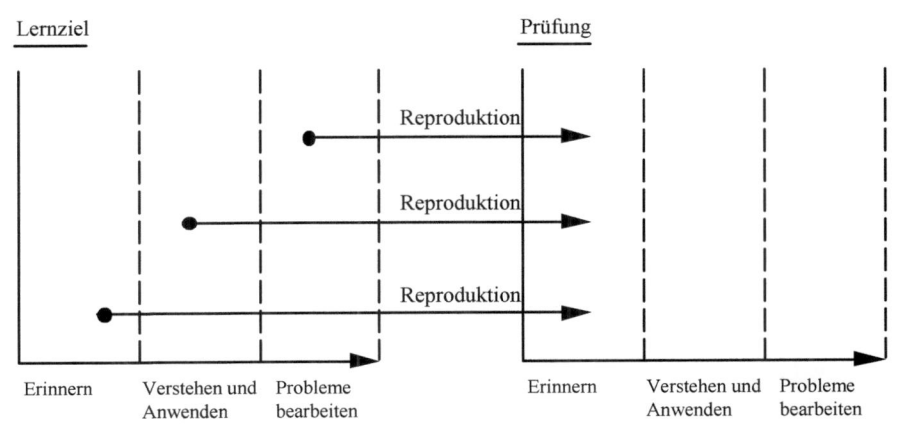

Abb. 3:   Reproduktionsaufgaben

Transferaufgaben

Die Prüfungsaufgabe stellt im Vergleich zum vorangegangenen Lernziel eine **Variation** des Inhalts und/oder kognitiven Prozesses dar. Der Prüfling muss zur Lösung der Prüfungsaufgabe also Wissen und Fähigkeiten so einsetzen, wie er es im Zusammenhang mit dem Lernziel im Unterricht **nicht** genau gleich erlebt hat. Dieser Transfer wird aus zwei Quellen möglich: andere lernzielorientierte Lerngelegenheiten (z.B. andere Themen, andere Fächer, eigenmotiviertes Selbststudium); zusätzliche Lerngelegenheiten außerhalb der eigentlichen Ausbildung (z.B. Familie, Medien).

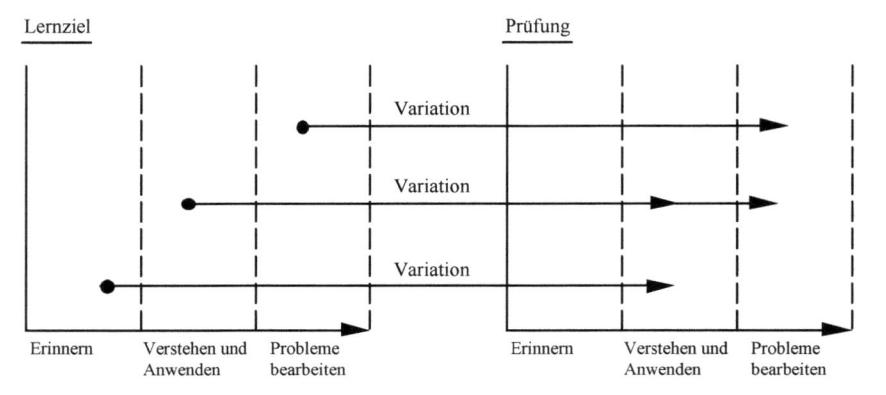

Abb. 4: Transferaufgaben

Sehr viele Testaufgaben sind nicht valide, weil die Unterscheidung dieser beiden Aufgabentypen nicht beachtet wird. Lehrkräfte glauben häufig, kognitiv anspruchsvolle Aufgaben zu stellen, welche auch diesen Eindruck hinterlassen. Tatsächlich handelt es sich aber um bloße Reproduktionsaufgaben, welche statt einer kognitiven Leistung nur die Gedächtnisleistung überprüfen.

Die Konstruktion von Transferaufgaben ist oft anspruchsvoll, weil schwierig zu bestimmen ist, wieweit die Transfererwartungen gehen dürfen. Wenn sie zu sehr vom Unterricht abweichen und wenig Bezug auf das im Unterricht vermittelte Wissen haben, werden sie zu einer wenig bestimmten Form von Fähigkeitstests und erfüllen damit ihre Funktion als Schulleistungstest nicht mehr.

(6) Für die einzelnen Arbeiten können unterschiedliche *Bearbeitungsformen* eingesetzt werden, die sich je nach Freiheitsgrad, der den zu Prüfenden bei der Ausarbeitung ihrer Lösung zugestanden wird, und nach dem Grad der Objektivierung der Aufgabenstellung und deren Korrekturmöglichkeiten unterscheiden. Möglich sind grundsätzlich zwei Bearbeitungsformen:

a) *Auswahlaufgaben:* Die zu Prüfenden wählen aus einer Mehrzahl vorgegebener Antworten oder Lösungen die Richtige aus. Deshalb haben sie bei der Lösung einen geringen Freiheitsgrad, die Beurteilung wird aber objektiviert. Auswahlaufgaben können in der Form von Richtig/Falsch-Aufgaben, Mehrfachwahlaufgaben und Zuordnungsaufgaben entwickelt werden.

b) *Bearbeitungsaufgaben:* Die zu Prüfenden entwerfen ihre Antworten selbst. Deshalb haben sie bei der Lösung einen hohen Freiheitsgrad. Hingegen sinkt die Objektivität bei der Korrektur. Bearbeitungsaufgaben können die Form von Vervollständigungsaufgaben, Kurzantwortaufgaben und freien Bearbeitungsaufgaben haben.

Die Auswahlaufgaben sind leicht auswertbar und haben, wenn sie technisch gut konstruiert sind, eine hohe Validität. Sie eignen sich aber nur für den kognitiven Bereich, und dort sind sie oft bloße Reproduktionsaufgaben auf verschiedenen Stufen. Erkenntnisse zu den vollzogenen Lern- und Denkprozessen liefern sie kaum, so dass sie für diagnostische Zwecke zur Unterstützung des Lernens keine sicheren Grundlagen für Lernhilfen abgeben. Wenn zudem ein „Teaching-to-the-Test" stattfand und die Aufgaben schlecht gestellt sind, steigen die Erfolgschancen mit dem Raten. Bei guten Aufgaben ist der Rateerfolg allerdings gering: Die Wahrscheinlichkeit durch Raten 70% richtige Antworten in einem Test mit 30 Aufgaben mit drei Wahlmöglichkeiten zu erhalten, beträgt 0.0000356 (Downing 2006).

Bearbeitungsaufgaben lassen sich hinsichtlich des kognitiven Anspruchsniveaus vielgestaltiger ausrichten. Sie haben aber üblicherweise eine geringere Validität und bei der Auswertung eine geringere Reliabilität. Zudem ist es bei Tests mit Bearbeitungsaufgaben infolge der längeren Bearbeitungszeit schwieriger, mit zwangsweise weniger Aufgaben eine repräsentative Stichprobe der Lerninhalte zu finden. Deshalb wird immer wieder empfohlen, Bearbeitungsaufgaben nur dort zu wählen, wo die gewünschte Überprüfung mit Auswahlaufgaben nicht möglich ist.

Hier wird eine etwas differenziertere Meinung vertreten: Je nach Zielsetzung einer Lernkontrolle eignen sich unterschiedliche Bearbeitungsformen (siehe Tabelle 3). Eine allgemeine Debatte über die „richtige" Bearbeitungsform macht deshalb keinen Sinn. Insbesondere wenn es um Tests der Selektion geht, sollten die beiden Bearbeitungsformen gemischt werden. Aus Zeitgründen und um die Verfügbarkeit von Strukturwissen zu überprüfen, genügen Auswahlaufgaben vollauf. Sie sind aber immer durch Bearbeitungsaufgaben zu ergänzen, damit die Fähigkeit des Verstehens und des Anwendens sowie der Problembearbeitung ermittelt werden können.

Bezweckt man hingegen eine Lernsteuerung, so genügen in den meisten Fällen einige wenige Auswahlaufgaben, denn die Lernenden sollen wissen, dass Gelerntes kontrolliert wird und sie als Folge davon zielstrebiger lernen. Nur das Wissen, dass etwas überprüft wird, dient dem Zweck des Lernens. Deshalb erübrigen sich zeitaufwändige, lange Tests. Hingegen ist eine Lerndiagnostik nur aufgrund von Bearbeitungsaufgaben möglich.

(7) Geht es schließlich darum, konkrete Aufgaben zu konstruieren, sind zwei Aspekte zu beachten. Einerseits sind die *technischen Regeln der Aufgabenformulierung* zu beachten. Die vielen Regeln, die zur korrekten Formulierung entwickelt wurden, sind allgemein bekannt und werden in den Tabellen 4 und 5 kurz zusammengefasst (vergleiche ausführlich Linn & Gronlund 1995, Freeman & Levis 1998, Metzger & Nüesch 2004, Downing 2006).

Tab. 3:   Zielsetzung der Aufgabe und Bearbeitungsform

Ziel	Bearbeitungsform	Kognitives Anspruchsniveau
Lernsteuerung		
• Wissen und Grundfertigkeiten	Auswahlaufgaben	Erinnern
		Verstehen und Anwenden
• Algorithmische Lernprozesse	Auswahlaufgaben	Anwenden
• Probleme bearbeiten	Bearbeitungsaufgaben	Probleme bearbeiten
Selektion	Kombination von Auswahl- und Bearbeitungsaufgaben	Erinnern Verstehen und Anwenden Probleme bearbeiten
Lerndiagnostik	Bearbeitungsaufgaben	Verstehen und Anwenden Probleme bearbeiten

Tab. 4:   Regeln zur Formulierung von Bearbeitungsaufgaben

(1)   Je weniger anspruchsvoll eine Aufgabe ist, desto kürzer sollen die Aufgabenstellung und die Frage sein, außer wenn es darum geht, die Fähigkeit zur Interpretation oder zur Analyse von Texten (z.B. im Hinblick auf wesentliche Aussagen, auf Widersprüche und Inkonsistenzen) zu prüfen.

(2)   Die zu Prüfenden sollen formell erkennen, was von ihnen erwartet wird (Umfang der Antwort, sprachlich einwandfreier Text oder Stichworte, allenfalls Gliederung der Antwort).

(3)   Die Einleitung der Aufgabe oder die Auftragserteilung soll so erfolgen, dass die zu Prüfenden abschätzen können, was von ihnen erwartet wird (z.B. zählen Sie auf, beschreiben Sie, beurteilen Sie, entwerfen Sie usw.).

(4)   Im Allgemeinen werden Bearbeitungsaufgaben interessanter und kognitiv anspruchsvoller, wenn ihnen Informationsmaterial beigegeben wird (z.B. Statistiken und Graphiken zur Interpretation, Texte zur Beurteilung, Formulare zur Beurteilung).

(5)   Je nach Fachgebiet sollten nicht nur kognitiv-rationale Aufgaben gestellt, sondern Gelegenheit zur Darstellung der eigenen Meinung, zur Auseinandersetzung mit Wertvorstellungen und Einstellungen sowie zur Beschreibung emotionaler Empfindungen gegeben werden, wobei den zu Prüfenden deutlich zu machen ist, dass es keine richtigen und falschen Lösungen gibt und wie sie korrigiert werden.

(6)   Grössere Aufgaben sollten nicht in Teilaufgaben unterteilt werden, die voneinander abhängig sind. Erachtet man Teilaufgaben als notwendig, so ist sicherzustellen, dass die zu Prüfenden folgende Teilaufgaben auch lösen können, wenn sie bei den vorangehenden Teilaufgaben gescheitert sind (z.B. Vorgabe neuer Daten). Bei mathematischen Aufgaben sind Teillösungen, die trotz falscher Zwischenlösungen richtig weitergeführt werden, als richtig zu bewerten.

(7)   Eine Aufgabe ist erst dann richtig entworfen, wenn klar gezeigt werden kann, wie sie korrigiert wird (z.B. wie die Musterlösung aussieht, aufgrund welcher Kriterien bewertet wird).

Tab. 5: Regeln für die Konstruktion von Mehrfachwahlaufgaben

(1)	Jede Mehrfachwahlaufgabe vermittelt zuerst die Informationen. Daran schließt sich eine Frage an, zu der 3–4 Antworten (eine richtige und 2–3 Distraktoren) vorgegeben werden. Distraktoren sind falsche Antworten.
(2)	Die Aufgabenstellung soll klar und nicht zu lang sein. Anzustreben sind positive Formulierungen. Wenn ausnahmsweise eine negative Formulierung gewählt wird, ist diese durch Unterstreichen oder Fettdruck deutlich als solche zu kennzeichnen.
(3)	Fragen im Anschluss an die Information sind angefangenen Sätzen vorzuziehen.
(4)	Die alternativen Antworten (richtige Lösung und falsche Antworten [Distraktoren]) müssen in einem inneren Zusammenhang stehen, damit bei der Lösung die Alternativen gegeneinander abgewogen werden müssen. Zu vermeiden sind unsinnige oder zusammenhangslose Antworten, die offensichtlich falsch sind (Känguruhs). Die Alternativen sollen sich wesentlich und nicht nur durch Feinheiten in der sprachlichen Formulierung unterscheiden. Alle Alternativen sollen von etwa gleicher Länge und in der gleichen Fachsprache abgefasst sein. Fallen (vor allem Doppeldeutigkeiten, vieldeutige Begriffe) sind zu vermeiden. Unzweckmäßig sind bei den Fragen und Antworten Ausdrücke wie „immer, niemals, ausschließlich" usw., weil sie oft auf falsche Lösungen hinweisen.
(5)	Die Lösung soll die bestmögliche Antwort sein, und es ist immer eine einzige richtige Lösung anzustreben. Lösungen wie „es können alle Alternativen zutreffen", „beachten Sie, dass mehrere Antworten richtig sein können" sind also zu vermeiden. Vor allem sollen Aufgaben nicht so gemischt werden, dass bei der einen Aufgabe nur eine Lösung und bei der nächsten mehrere Lösungen richtig sind (selbst wenn darauf ausdrücklich aufmerksam gemacht wird, sollte nicht gemischt werden). Die äußere Form von Aufgabenstellung und Lösung darf die Beantwortung nicht erleichtern. Über mehrere Aufgaben hinweg darf die richtige Lösung nicht immer an der gleichen Stelle (z.B. immer b) stehen und nicht stereotyp variiert werden.
(6)	Alle falschen Antworten (Distraktoren) müssen eine Überlegung abverlangen und in direktem Zusammenhang mit der Aufgabenstellung stehen. Die Formulierung „keine der genannten Möglichkeiten" sollte vermieden werden.
(7)	Die Auswahlantworten sind mit Kleinbuchstaben zu kennzeichnen. Zahlen werden zur Nummerierung der Aufgaben verwendet. Wird bei der Aufgabe eine Frage gestellt, so sollte bei den Antworten mit Grossbuchstaben begonnen und am Ende eines ganzen Antwortsatzes ein Punkt gesetzt werden. Sind die Antworten nur eine Fortsetzung der Aufgabenstellung, so ist klein zu beginnen und am Ende der Antwort jeweils ein Punkt zu setzen. Bestehen die Antworten aus einem Begriff oder Zahlen, so erübrigt sich der Punkt.
(8)	Für falsche Antworten dürfen keine Minuspunkte gegeben werden, weil es ungerecht wäre, für eine fehlende Antwort 0 Punkte, aber für eine falsche Antwort einen Minuspunkt zu geben.

Andererseits geht es um die endgültige *sprachliche Formulierung* der Aufgabe. Sie kann die Prüfungsleistung maßgeblich beeinflussen, indem sprachlich schlechte Formulierungen zu Missverständnissen führen und sie die kognitive Belastung der zu Prüfenden verstärken sowie den Zeitaufwand für die Lösung vergrößern können. Abedi (2006) hat die Forschungen zur sprachlichen Gestaltung von Prüfungsaufgaben nachgezeichnet. In Tabelle 6 werden die Wichtigsten zusammengefasst. Interessanterweise gelten diese Merkmale auch für mathematische Aufgabenstellungen.

Tab. 6:   Sprachliche Anforderungen an Aufgaben

Merkmal	Empfehlung
Häufigkeit und Vertrautheit mit den Wörtern	Häufiger Wörter wählen, die aus der Erfahrung und aus früherem Lernen vertraut sind.
Länge der Wörter	Vor allem bei fremdsprachigen Prüflingen kürzere Wörter verwenden.
Satzlänge	Lange Sätze führen häufiger zu Verständnisschwierigkeiten und zu einer höheren Komplexität bei gleichem Inhalt.
Aktive Sprachform	Passive Formulierungen werden als schwerer verständlich beurteilt und bereiten Fremdsprachigen mehr Mühe.
Substantive	Sätze mit vielen Substantiven sind weniger leicht verständlich.
Fragesätze	Fragestellungen sollen eher einfach und kurz sein.
Sätze und Struktur	Zwei kurze Sätze statt ein Satz bei der gleichen Wörterzahl sind dann nicht vorteilhaft, wenn die Struktur weniger gut erkennbar ist.
Konditionale Sätze	Konditionale Sätze führen vor allem für Fremdsprachige häufiger zu Verständnisschwierigkeiten.
Abstrakte vs. konkrete Darstellung	Vorgaben und Fragestellungen führen zu besseren Testleistungen, wenn sie konkret und in erzählender Form vorgegeben sind.
Negation	Sätze, welche Negationen enthalten, sind weniger gut verständlich (nein, nie, keine usw.).

(8) Ist eine Aufgabe formuliert, so muss sie *prüfbar* und *bewertbar* sein. Diese Problematik stellt sich nur bei Bearbeitungsaufgaben. Grundlage dafür ist eine Musterlösung, die zugleich zeigt, ob eine Aufgabe überhaupt lösbar ist.

Beispiel:

Immer wieder begegnet man Prüfungsaufgaben, in denen eine bestimmte Anzahl von Merkmalen, Kriterien, Vor- und Nachteilen usw. verlangt werden, und bei denen der Konstrukteur, der vorgängig keine Musterlösung entworfen hat, erst bei der Korrektur merkt, dass es gar nicht so viele Merkmale gibt.

Unterschieden wird zwischen einer analytischen und einer globalen Beurteilung (siehe Tabelle 7) (vgl. Metzger & Nüesch 2004).

Tab. 7:   Globale versus analytische Beurteilung

	globale Beurteilung	**analytische Beurteilung**
Begriff	Die Prüfungsleistung, konkret die Lösung einer Aufgabe, wird nur bezüglich eines einzigen Kriteriums beurteilt. Es handelt sich also um eine eindimensionale Beurteilung.	Eine Prüfungsleistung wird bezüglich mehrerer, voneinander unterscheidbarer Kriterien beurteilt. Es handelt sich also um eine mehrdimensionale Beurteilung.
Eignung	Die globale Beurteilung eignet sich dann, wenn • es sich um eine einfache, ganzheitlich gut erfassbare Leistung handelt (z.B. Kurzantworten oder Auswahlantworten), • eine rasche Bewertung wichtiger ist als eine detaillierte Qualitätsbeschreibung.	Die analytische Beurteilung eignet sich dann, wenn • eine in Bezug auf Wissen, Fertigkeiten und Fähigkeiten komplexere oder mindestens umfangreichere Leistung verlangt ist und damit eine zutreffende Beurteilung „auf den ersten Blick" nicht möglich ist, sondern die Gesamtleistung in verschiedene Teilleistungen aufgegliedert werden muss (z.B. bei einer Falllösung oder einer Seminararbeit), • eine detaillierte Qualitätsbeschreibung erforderlich ist, um den Lernenden eine differenzierte Rückmeldung geben bzw. eine Bewertung (Note) angemessen transparent machen zu können.

Innerhalb der Begriff-Zeile, globale Beurteilung:

	Qualität (Ausprägung)
Kriterium	1 2 3 4 5 6

Innerhalb der Begriff-Zeile, analytische Beurteilung:

Kriterium		Qualität (Ausprägungen)					
	a	1	2	3	4	5	6
	b	1	2	3	4	5	6
	c	1	2	3	4	5	6
	d	1	2	3	4	5	6

5.3 Kriterien zur Kontrolle der Aufgabenqualität

Liegt der Entwurf einer Aufgabe vor, so sollte überprüft werden, ob die Aufgabe qualitativ vertretbar ist. Dabei geht es nicht nur um eine Überprüfung der technischen Qualität der Aufgabe wie sprachliche Formulierung, Darstellungsform und Anspruchsniveau, sondern es muss sichergestellt sein, dass es sich um eine sinnvolle und faire Aufgabe handelt. Dazu sind die folgenden Kriterien zu untersuchen:

(1) Die Aufgabe muss sich auf *relevante Inhalte* beziehen, d.h. sie ist so zu gestalten, dass auf klaren strukturellen Wissensgrundlagen eine Problem- oder Aufgabenstellung zu bearbeiten ist, welche grundlegend, für weiteres Lernen bedeutsam und zukunftsträchtig ist.

Beispiel:

An kaufmännischen Berufsschulen werden immer wieder gute Aufgaben zum Thema „Konkurrenzverbot" gestellt, die treffend und valide sind. Sie machen aber nicht mehr viel Sinn, weil das Konkurrenzverbot wesentlich an Bedeutung verloren hat: Wenn eine Unternehmung einen qualifizierten Mitarbeiter anwerben will, zahlt sie häufig die vereinbarte Konventionalstrafe, um den Mitarbeiter sofort einsetzen zu können. Deshalb ist das Konkurrenzverbot nicht mehr sehr bedeutsam.

(2) Die Aufgabe muss einen *motivationalen Charakter* haben, d.h. zu Prüfende sollen nicht nur den Eindruck haben, geprüft zu werden, sondern die Aufgabe soll für sie anregend und interessant sein.

Beispiel:

Im Zusammenhang mit der Entwicklung der Bildungsstandards legen Psychometriker häufig Aufgaben vor, die sie hervorragend auswerten und beurteilen. Analysiert man aber den inhaltlich-didaktischen Gehalt dieser Aufgaben, so stellt man fest, dass sie schon seit langen Jahren immer wieder verwendet werden (siehe etwa die an sich guten Beispiele in der Broschüre des Institutes zur Qualitätsentwicklung, o. J.).

(3) Zu überprüfen ist die *Absichtsgerechtigkeit der Aufgabe*. Ist die Aufgabe valide (prüft sie wirklich den Inhalt des Bildungsstandards bzw. Benchmarks)? Ist die gewählte Bearbeitungsform der Aufgabe geeignet, um das zu überprüfen, was überprüft werden soll? Ist das gewählte Anspruchsniveau sinnvoll und ist der Entscheid zwischen Reproduktions- und Transferaufgabe begründet? Und ist die Aufgabe fair (insbesondere das Ausmaß des Transfers bei Transferaufgaben)?

Beispiel:

Eine Lehrerin will mit einem kurzen Test das Lernen steuern, indem sie nach der begrifflichen Einführung in die Inflation sicherstellen will, dass die Lernenden die Wissensstruktur Inflation verstanden haben, um den Unterricht zum Themenbereich Konjunktur auf einer guten Wissensbasis fortzuführen. Sie entscheidet sich für folgende Auswahlaufgabe (Zuordnungsaufgabe): „Wir unterscheiden fünf grundlegende Arten von Inflation. Ordne den fünf folgenden Situationsbeschreibungen einer Volkswirtschaft (…) die entsprechende Inflationsart zu." Diese Aufgabe ist valide. Und als Reproduktionsaufgabe auf der Stufe des Erinnerns von Wissen zur Steuerung des Lernens (wer die grundlegenden Arten nicht kennt, wird sich in der Konjunkturpolitik nicht zurecht finden) ist sie sehr geeignet.

(4) Die Aufgabe sollte eine gewisse *Originalität* haben, sei es vom Inhalt, der Darstellungsweise oder der Fragestellung her. Je origineller Aufgaben sind, desto weniger verkommt der Unterricht zu einem „Teaching-to-the-Test".

Beispiel:

Im Bereich der Kostenrechnung werden an selektionierenden Prüfungen auf allen Schulstufen immer wieder Reproduktionsaufgaben auf der Ebene Anwendung gestellt und weitere übliche Beispiele aus vorherrschenden Industrie- und Dienstleistungsunternehmen durchgearbeitet sowie meistens schematisch durchgerechnet. Eine originelle alternative Aufgabe kann sein: „Unten findest du eine kurze Beschreibung einer Fabrik, die Kirchenorgeln herstellt. Entwirf für diese Unternehmung das Konzept einer Kostenstellen- und einer Kostenträgerrechnung und beschreibe, welchen Schwierigkeiten du beim Entwurf begegnet bist. Gelingt dir die Lösung nicht, so beschreibe deine Schwierigkeiten." Bezüglich Bildungsstandard (Kostenrechnungssystem entwerfen) ist die Aufgabe valide. Es handelt sich um eine Transferaufgabe auf der Stufe Synthese, weil die Fähigkeit inhaltlich an einem neuen, unüblichen Objekt demonstriert werden muss. Sie eignet sich sowohl für eine selektive Prüfung als auch für die Lerndiagnose, denn im Falle des Scheiterns müssen Ursachen beschrieben werden, die Hinweise auf eine weitere Förderung der Lernenden geben können.

(5) In einer unveröffentlichten Untersuchung von Testaufgaben einer Zulassungsprüfung musste in einer nachträglichen Kontrolle der Qualität der Aufgaben festgestellt werden, dass nahezu 70% der Aufgaben die minimalen Anforderungen bezüglich *Schwierigkeitsgrad* und *Trennschärfe* nach Ebel (1972) nicht erfüllten. Deshalb sollten bei selektionierenden Prüfungen wenigstens im Nachhinein diese beiden Größen berechnet werden, um Erkenntnisse für die qualitative Verbesserung von Aufgaben zu gewinnen.

Zur Berechnung des Schwierigkeitsgrades sind die richtigen Lösungen in der im gesamten Test besseren und der schlechteren Gruppe zu addieren und durch die Summe aller Schüler zu dividieren sowie mit 100 zu multiplizieren:

$$Schwierigkeitsgrad := \frac{B+S}{n_1 + n_2} \times 100$$

n_1, n_2	=	je eine Hälfte der Schülerzahl
B	=	Anzahl richtiger Lösungen einer Aufgabe in der gesamthaft besseren Hälfte der Schüler
S	=	Anzahl richtiger Lösungen einer Aufgabe in der gesamthaft schlechteren Hälfte der Schüler

Der Schwierigkeitsgrad liegt zwischen 0 und 100, wobei eine Aufgabe umso leichter ist, je höher der Wert ist.

Die Trennschärfe differenziert zwischen der Gruppe der Schüler, welche im Test insgesamt besser und schlechter abgeschnitten haben, d.h. eine Aufgabe hat eine umso grössere positive Trennschärfe, je mehr Schüler der besseren Gesamtgruppe die Aufgabe gelöst, und je mehr Schüler der schlechteren Gruppe die Aufgabe nicht oder nicht richtig gelöst haben. Berechnet wird sie wie folgt: Die Summe der richtigen Lösungen in der besseren minus die Summe der richtigen

Lösungen in der schlechteren Gruppe dividiert durch die Grösse der Gruppe ergibt die Trennschärfe.

$$Trennschärfe := \frac{B - S}{n_1}$$

Die Trennschärfe liegt zwischen -1,0 und +1,0, wobei +1,0 heißt, dass diese Aufgabe ausschließlich von den gesamthaft besseren Schülern gelöst wurde. Bei -1,0 wurde die Aufgabe nur von den gesamthaft schlechteren Schülern gelöst.

Idealerweise sollte der Schwierigkeitsgrad bei 50% und die Trennschärfe bei +0,4 liegen.

Beispiel:

Eine Aufgabe wird in einer Klasse mit 20 Schülern von 6 Schülern (B) in der gesamthaft besseren Gruppe (n_1) und von 3 Schülern (S) in der gesamthaft schlechteren Gruppe richtig gelöst. Der Schwierigkeitsgrad beträgt 45, die Trennschärfe +0,3.

Diese Aufgabe hat also einen mittleren Schwierigkeitsgrad (knapp die Hälfte der Schüler löste die Aufgabe). Die Trennschärfe ist gut, könnte aber noch verbessert werden.

6   Ein praktisches Beispiel

Abbildung 5 zeigt die Aufgabe aus einer Prüfung zur Selektion (Schulstufe Anfänger Betriebswirtschaftslehre: Universität).

Analysten der Bank beurteilen für die wichtigen und großen Unternehmungen fortwährend die wirtschaftlichen Entwicklungschancen und die finanziellen Aussichten (Gewinnchancen) für die nahe Zukunft.

X.1 Nennen Sie zwei Gründe, welche die Tätigkeit der Analysten rechtfertigen.

X.2 Nennen Sie zwei kritische Aspekte der Tätigkeit und des Einflusses von Analysten aus unternehmerischer und gesamtwirtschaftlicher Sicht.

Abb. 5: Testaufgabe

Dieser Aufgabe liegt folgendes Benchmark zugrunde: „Fähigkeit, die Spannungsfelder und Zielkonflikte der strategischen Zielsetzungen von Unternehmungen (kurzfristige Gewinnmaximierung vs. langfristige Orientierung mit Gewinnen unter Nebenbedingungen) in alltäglichen Situationen differenziert zu beurteilen.

Abbildung 6 gibt die Musterlösung wieder (Grundlage Dubs et al. 2004).

X.1 Zwei Gründe:

1. Sparer und Kapitalanleger wünschen Angaben von Spezialisten über die Gewinnchancen ihrer finanziellen Anlagen.
2. Die Gewinnaussichten stellen die Grundlage für Investitions- und Anlageentscheide dar. Deshalb erleichtern die Analysen der Analysten die Entscheidungen.

X.2

1. Die Analysten konzentrieren sich auf die Gewinnaussichten und tun dies üblicherweise kurzfristig. Damit verstärken sie den Zwang von Unternehmungsleitungen, ihre Entscheidungen allein auf die kurzfristige Gewinnmaximierung auszurichten, immer mehr, und das kurzfristige Gewinndenken wird immer mehr zum Maßstab des unternehmerischen Tuns.
2. Damit unterstützen und verstärken sie ökonomische Einseitigkeiten und kurzfristiges ökonomisches Denken ohne ganzheitliche Überlegungen der Unternehmensführung. Vernetztes Denken fehlt.

Abb. 6: Musterlösung

Die Begründung dieser Aufgabe anhand der Kriterien gemäß Abbildung 1 sieht wie folgt aus:

Aufgabenentwurf

1. Die Aufgabe ist für eine selektive Prüfung vorgesehen. Angesichts der Komplexität des Lerninhaltes benötigen die Lernenden Darstellungsfreiheiten, die subjektive Gewichtungen zulassen.
2. Angestrebt wird, dass die Lernenden Begriffe (Strategie, Gewinnmodelle, Investitionsentscheide, Anlageentscheide) kumulativ in einem neuen Zusammenhang einsetzen müssen.
3. Die Inhaltsvalidität ist gegeben. Die Tätigkeit von Analysten steht in einem direkten Zusammenhang mit den notwendigen Begriffen.
4. Die Lernenden sollen die Begriffe nicht nur verstehen, sondern sie sollen diese Begriffe in einer spezifischen Situation, die zu analysieren ist, anwenden. Deshalb wird das Anspruchsniveau „Analysieren" gewählt.
5. Da die zur Diskussion stehende Problematik im Unterricht intensiv bearbeitet wurde, drängt sich eine Transferaufgabe auf, bei der eine Situation mit Hilfe der begrifflichen Kenntnisse in einem angewandten Gebiet zu analysieren ist.
6. Angesichts des normativen Gehalts der Aufgabe und der Vielfalt von Anschauungen drängt sich eine Bearbeitungsaufgabe auf.
7. Die Aufgabe ist in Abbildung 11 formuliert.
8. Für die Aufgabe lässt sich problemlos eine Lösung entwerfen, also sind die Lösungen anhand einer Musterlösung problemlos beurteilbar und bewertbar.

Kontrolle der Aufgabenqualität

1. Der Inhalt der Aufgabe ist relevant, weil strategische Zielrichtungen von Unternehmungen sowie die Gewinnproblematik gesellschaftspolitisch immer relevanter werden.

2. Es ist zu erwarten, dass die neuartige und in keinem Lehrbuch angesprochene Thematik etwas motiviert.

3. Die Aufgabe eignet sich für selektive Zwecke: Als Transferaufgabe lässt sich erwarten, dass die verlangten Fähigkeiten zum Tragen kommen und ein „Teaching-to-the-Test" eher nicht stattfinden konnte.

4. Weil diese Aufgabe erstmals so gestellt wurde und die Rolle von Analysten zwar bedeutsam ist, aber im Anfängerunterricht kaum behandelt wird, ist eine gewisse Originalität gegeben.

5. Im Rahmen des Qualitätsmanagements wurde diese Prüfungsaufgabe nachträglich analysiert (ausgewertet wurden 840 Beurteilungsbogen).

Es ergab sich ein Schwierigkeitsgrad von 75%, was zu hoch ist, zum Teil aber darauf zurückgeführt werden muss, dass nur Aufgaben, welche die volle Punktzahl erhielten, als richtig gezählt wurden. Die Trennschärfe lag beim guten Wert von 0,5. Die Prüflinge beurteilten die Aufgabe auch in Worten. Typische Äußerungen waren:

– unfaire Aufgabe, weil man dies nicht lernen konnte;

– unklare Aufgabe: man wusste nicht genau, was erwartet wird;

– die Aufgabe ist zeitlich zu anspruchsvoll;

– zu spezifische Frage;

– es wurde nicht das gefragt, was ich gelernt habe;

– anspruchsvolle Aufgabe;

– herausfordernd interessante Aufgabe;

– faire, neuartige Aufgabenformulierung;

– endlich wurden Zusammenhänge und nicht Begriffe abgefragt;

– gut, dass man Antworten frei erfinden kann;

– das Beherrschen des Stoffes genügt zur Lösung der Aufgabe nicht, was bei der Wissenslastigkeit unserer Prüfungen gut ist.

Diese Hinweise verweisen auf die großen Unterschiede in der Wahrnehmung der Aufgabe durch die Geprüften, was den Schwierigkeitsgrad und die Trennschärfe zweifellos beeinflusst. Interessant war, dass Prüflinge, welche die Aufgabe lösten, tendenziell bessere Urteile abgaben. Am negativsten fiel diese qualitative Beurteilung bei den Prüflingen mit den schlechtesten Prüfungsresultaten aus.

7 Nachwort

Vor allem mit den selektionierenden Prüfungen treffen wir Entscheide, welche lebensbedeutsam sind. Deshalb ist es gelegentlich erschreckend, wie leichtfertig Prüfungsaufgaben und Prüfungen erstellt und bewertet werden. Deshalb bleiben weitere Forschungen zu qualitativ guten Prüfungsaufgaben notwendig. Sie allein reichen aber nicht aus: Ebenso wichtig ist das Prüfungsethos: Widme ich meinen Prüfungen genügend Zeit und Sorgfalt?

Literatur

Abedi, J. (2006). Language Issues in Item Development. In: S. M. Downing & T. M. Haladyna (Eds.). Handbook of Test Development. Mahwah, NJ: Lawrence Erlbaum Associates, 377-398.

Blömeke, S. et al. (2006). Analyse der Qualität von Aufgaben aus didaktischer und fachlicher Sicht. Ein allgemeines Modell und seine exemplarische Umsetzung im Unterrichtsfach Mathematik. In: Unterrichtswissenschaft, 34 (4), 330-357.

Bloom, B. S. (1956). Taxonomy of Educational Objectives: The Classification of Educational Goals. Handbook I. Cognitive Domain. New York: McKay.

Downing, S. M. (2006). Selected-Response Item Formats in Test Development. In: S. M. Downing & T. M. Haladyna (Eds.). Handbook of Test Development. Mahwah, NJ: Lawrence Erlbaum Associates, 287-301.

Dubs, R. & Euler, D. et al. (2004). Einführung in die Managementlehre, Band 1. Bern: Haupt.

Ebel, R. L. (1972). Essentials of Educational Measurement. Englewood Cliffs: Prentice Hall.

Fichten, W. & Schmalriede, A. (2007). Evaluation von Schülerkompetenzen. Wie können Wirkungen eines vernetzten Unterrichts überprüft werden? In: Pädagogik, 59 (2), 24–29.

Freeman, R. & Lewis, R. (1998). Planning and Implementing Assessment in Teaching. London: Kogan Page.

Freiman, T. (2001). Kumulatives Lernen im Biologieunterricht. In: Praxis der Naturwissenschaften-Biologie, 50 (7), 1-3.

Hall, G. E., Quinn, L. F. & Gollnick, D. M. (2007). The Joy of Teaching. Making a Difference in Student Learning. Boston: Pearson.

Institut für Qualitätsentwicklung im Bildungswesen (o. J.). Perspektiven und Visionen. Die Normierung und Präzisierung der nationalen Bildungsstandards in den Ländern der Bundesrepublik. Berlin: Institut zur Qualitätsentwicklung im Bildungswesen.

Kantonaler Lehrmittelverlag (o. J.). Informationen für Lehrpersonen. Verschiedene Einsatzmöglichkeiten von Klassencockpit. Rorschach: Kantonaler Lehrmittelverlag (siehe auch www.klassencockpit.ch).

Linn, R. L. & Gronlund, N. E. (1995). Measurement and Assessment in Teaching (7th Ed.). Englewood Cliffs: Prentice Hall.

Metzger, C. & Nüesch, C. (2004). Fair prüfen. Ein Qualitätsleitfaden für Prüfende an Hochschulen. St. Gallen: Institut für Wirtschaftspädagogik.

Ferdinand Eder, Salzburg

Aufgaben aus TIMSS und PISA als Instrument der Evaluation von Unterricht und Schulen

1. Problemlage

In Schulsystemen, in denen die Beurteilung der Schülerleistungen ausschließlich oder überwiegend durch die unterrichtenden Lehrpersonen erfolgt, besteht das Problem, dass bei Evaluationen keine verlässlichen und akzeptierten Kriterien für die Bewertung der fachlichen Leistungen der Schülerinnen und Schüler zur Verfügung stehen. Das Urteil der Lehrpersonen ist – trotz der häufig konstatierten Verlässlichkeit hinsichtlich einer Leistungsrangfolge der Schüler/innen – nicht geeignet, über die einzelne Klasse bzw. Schule hinausgehende valide Aussagen hinsichtlich deren Kompetenzen zu treffen; sobald der Referenzrahmen einer Klasse verlassen wird, führen die klassenbezogenen Beurteilungsgewohnheiten letzten Endes dazu, dass Noten weitgehend unabhängig vom Leistungspotenzial der konkreten Schülerschaft sich immer wieder einer Gauß'schen Normalverteilung annähern. Eine objektive Beurteilung der Leistungen ist auf diese Weise nicht möglich.

Auf der anderen Seite bleiben Evaluationen von Schulentwicklungsprojekten oder auch Vergleiche zwischen Regel- und Alternativschulen unvollständig und unbefriedigend, wenn die fachlichen Leistungen mangels valider Erfassungsinstrumente ausgeklammert werden. Denn letzten Endes geht es doch immer wieder um die Frage, ob eine Innovation auch im Leistungsbereich zumindest keine schlechteren Ergebnisse bringt als die verglichene Alternative. Wenn es sich beim Objekt des Vergleiches um Schulen mit unterschiedlichen Curricula handelt, wie es beim Vergleich von Regel- und Alternativschulen der Normalfall ist, stellt sich – wenn der Lehrplanbezug nicht unmittelbar gegeben ist – überhaupt die Frage, wie ein fairer Vergleich im Leistungsbereich durchgeführt werden kann.

Ein möglicher Denkansatz dafür liegt darin, Aufgaben zu suchen, deren Bedeutsamkeit für alle Beteiligten evident ist, unabhängig davon, wie genau sie durch die jeweiligen Lehrplanformulierungen abgedeckt sind. Als Beispiel eine in TIMSS 1995 verwendete Aufgabe:

B10. Welche von diesen Zahlen ist die kleinste?
A.   0,625
B.   0,25
C.   0,375
D.   0,5
E.   0,125

Unabhängig vom Schultyp und der zu Grunde liegenden Didaktik lässt sich bei Lehrpersonen Übereinstimmung erzielen, dass die dahinter liegende Kompetenz – Dezimalzahlen ihrer Größe nach unterscheiden zu können – für Schülerinnen und Schüler spätestens am Ende der Sekundarstufe I einen Standard darstellt. Allerdings zeigen die empirisch erfassten Lösungshäufigkeiten, dass dies durchaus nicht durchgehend der Fall ist. In der österreichischen AHS (Gymnasium) wird die Aufgabe von etwa 87% der Schüler/innen richtig gelöst, in der ersten Leistungsgruppe der Hauptschule von 84%, in der 2. Leistungsgruppe von 60% und in der 3. Leistungsgruppe lediglich von 34% (vgl. Eder & Gaisbauer, 2002). Die Verwendung derartiger Aufgaben für Evaluationszwecke erscheint geeignet, nicht nur valide Messungen schulischer Kompetenzen zu gewährleisten, sondern auch eine hohe Akzeptanz bei den Beteiligten zu erreichen.

2.   MATKOMP I: Konstruktion eines Verfahrens zur Messung mathematischer Kompetenzen am Ende der Sekundarstufe I

Es lag nahe, für ein akzeptables Instrument zur Evaluierung von Schülerleistungen von den Aufgaben in TIMSS 1995 auszugehen. Dieses Instrumentarium wurde einerseits im Hinblick auf die Lehrpläne der einzelnen Länder, andererseits aber auch mit dem Anspruch auf internationale Vergleichbarkeit konstruiert. Es war daher notwendig, Aufgaben zu verwenden, die für alle teilnehmenden Länder als valide, aber nicht unmittelbar als lehrplanbezogen erschienen. Obwohl von TIMSS 1995 lediglich ein Gesamtwert für mathematische Fähigkeit zurückgemeldet wurde, waren die Testaufgaben nach einem zweidimensionalen Modell konstruiert, das die mathematischen Kompetenzen nach ihrem Inhalt (content) und nach ihrem Niveau (performance expectations) aufgliedert, wobei inhaltlich 10 Kategorien (Numbers, Measurement etc.) und nach dem Niveau 5 Kategorien (knowledge, using routine procedures, investigating and problemsolving, mathematical reasoning, und communicating) unterschieden wurden.

Da diese Klassifikation zu differenziert erschien bzw. auch neuere Entwicklungen hinsichtlich der allgemeinen mathematischen Kompetenzen vorlagen (vgl. Heugl & Lechner, 2002), erhielt eine Gruppe von Praktiker/innen aus der Sekundarstufe I den Auftrag, die vorliegenden Aufgaben einem überarbeiteten Kompetenzmodell zuzuordnen, das in der Endfassung vier inhaltliche und drei allgemeine mathematische Kompetenzbereiche umfasste:

Inhaltsbezogene mathematische Kompetenzen	Zahlvenverständnis, Rechnen und Grundlagen der Statistik
	Größen, Maße und Verhältnisse
	Algebra und Funktionen
	Raumvorstellung und Grundtatsachen der Geometrie
Allgemeine mathematische Kompetenzen	Modellbilden
	Operieren
	Interpretieren, Rechnen

Die 4 Lehrpersonen klassifizierten die ca. 150 Testaufgaben für Mathematik die unabhängig voneinander nach den oben genannten Kategorien. Zusätzlich erfolgte eine Einstufung der Aufgaben nach ihrer Schwierigkeit, nach ihrer Kompatibilität mit dem Lehrplan sowie nach ihrer vermuteten Attraktivität für die Schüler/innen. Auf Basis dieser Einstufungen wurde dann ein Messverfahren zur Erfassung mathematischer Kompetenzen am Ende der Sekundarstufe I (MATKOMP I) zusammengestellt, das Aufgabengruppen zu folgenden Bereichen enthält:

Zahlenverständnis, Rechnen und Grundlagen der Statistik (ZRS).	Dieser Bereich umfasst neben Aufgaben zum Zahlverständnis auch näherungsweises Rechnen, Abschätzen von Ergebnissen, sowie die Kenntnis von Grundlagen sowie die Interpretation einfacher statistischer Aussagen.
Größen, Maße und Verhältnisse (GMV)	Aufgaben zu Größen und Maßen und dem Verhältnis zwischen ihnen, bezogen auf Situationen des täglichen Lebens
Algebra und Funktionen (ALF)	Aufgaben, in denen es um das Konkretisieren und Verallgemeinern von Sachverhalten, Rechnen mit Variablen, Nutzen von Regeln, Verständnis des Funktionsbegriffs geht
Raumvorstellung und Grundtatsachen der Geometrie (RGE)	Aufgaben zum Erkennen, Beschreiben und Berechnen von grundlegenden Figuren und Körpern; Raumvorstellung
Modellbilden (MOD)	Aufgaben, in denen es darum geht, eine Situation zu erfassen und in die Sprache der Mathematik zu übertragen
Operieren (OPR)	Aufgaben, in denen Verfahren, Rechenmethoden oder Techniken im Vordergrund stehen
Interpretieren (INT)	Aufgaben, in denen die verschiedenen Ebenen des Interpretierens und Dokumentierens, wie etwa: die Analyse der Brauchbarkeit des Modells; das innermathematische Interpretieren der Korrektheit der Lösung im Vordergrund stehen
Gesamtwert (GES)	Durchschnitt aus den Teilkompetenzen.

Das Verfahren existiert in zwei Parallelformen, die jeweils 44 Aufgaben umfassen, wobei alle Aufgaben sowohl inhaltlich als auch nach den allgemeinen mathematischen Kompetenzen klassifiziert sind. Die Anwendung dieses Verfahrens erlaubt die Erstellung eines Kompetenzprofils für die einzelnen Schüler/innen, das anzeigt, wie gut sie Aufgaben aus den einzelnen Kompetenzbereichen lösen.

Abbildung 1 zeigt die Ergebnisprofile von zwei Schülern der 8. Schulstufe, die beide die Note Genügend in Mathematik aufweisen.

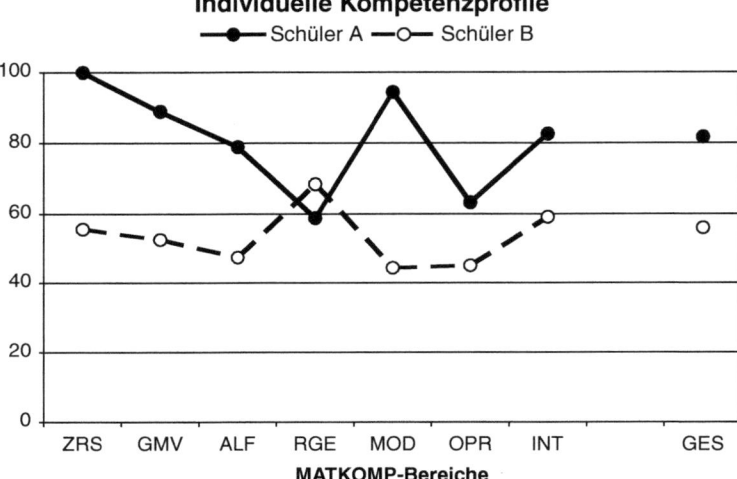

Abb. 1: Kompetenzprofil

Anmerkung: ZRS Zahlenverständnis, Rechnen, Statistik; GMV Größen, Maße, Verhältnisse; ALF Algebra und Funktionen; RGE Raumvorstellung und Geometrie; MOD Modellbildung; OPR Operieren, Rechnen; INT Interpretieren; GES Gesamtwert.

Die Ergebnisse in den Teilbereichen sind als Prozentpunkte dargestellt. Diese besagen im Wesentlichen, wie viele der möglichen Punkte in einem Aufgabenbereich erreicht wurden.

Schüler A liegt mit einem Gesamtwert von ca. 58 Prozentpunkten im Durchschnitt der Hauptschule; sein Profil zeichnet sich – sieht man vom etwas höheren Wert im Bereich RGE ab – durch Gleichmäßigkeit in allen Bereichen aus und erscheint als gute Repräsentation eines leistungsschwächeren Schülers. Schüler B zeichnet sich durch hohes Zahlenverständnis sowie durch gute Kompetenzen im Bereich GMV sowie im Bereich Modellbildung aus. Seine Schwäche liegt im Bereich der räumlich-geometrischen Aufgaben sowie in der Rechenfertigkeit – vielleicht gelingt es ihm aufgrund dieser Schwäche nur unzureichend, Aufgaben in Leistungssituationen rechnerisch richtig zu lösen, was eine Erklärung dafür sein könnte, dass er trotz insgesamt sehr hoher Kompetenzen eine vergleichsweise schlechte Note hat.

Bei der Zusammenstellung des Verfahrens wurde insbesondere darauf geachtet, dass für die Nutzer/innen eine unmittelbare Nachvollziehbarkeit gegeben ist. Daher wurden die Aufgaben innerhalb eines Kompetenzbereiches zwar aufgrund ihrer Schwierigkeit unterschiedlich gewichtet (zwischen 1 und maximal 3 Punkten), es erfolgte jedoch keine Korrektur für den Zufallsfehler, der mit dem überwiegend verwendeten Multiple-choice-Format vor allem bei niedrigen Leistungen gegeben ist. Da in der Regel vier oder fünf Antwortalternativen vorliegen, beträgt dieser Faktor rechnerisch etwas mehr als 20%, die vor allem bei leistungsschwachen Schüler/innen ins Gewicht fallen.

3. Zur Validität des Verfahrens

Für die Überprüfung der Validität eines derartigen Verfahrens war die Überlegung maßgebend, dass nicht nur *eine* mathematische Fähigkeit gemessen werden sollte, sondern dass es auch in der Lage sein sollte, eine bereichsspezifische Validität entsprechend den Aufgabenkategorien zu erreichen. Schüler/innen sollten sich nicht nur im Gesamtniveau ihrer mathematischen Fähigkeit unterscheiden, sondern differenziell unterschiedliche Profile aufweisen. Vor allem bei leistungsschwächeren Schüler/innen sollte es möglich sein, Aussagen darüber zu machen, welchen Aufgabentyp sie bewältigen, und wo Schwierigkeiten auftreten. Um die Validität des Verfahrens zu belegen, soll daher gezeigt werden,

1. dass eine generelle Übereinstimmung mit dem Lehrer/innen/urteil besteht,
2. dass sich Schüler/innen mit unterschiedlichen Noten nicht nur im Niveau, sondern auch in der Form ihrer Kompetenzprofile unterscheiden, und
3. dass Differenzierungen im Bildungssystem nicht nur eine Niveauentsprechung, sondern auch eine Profilentsprechung im Messverfahren zeigen.

Abbildung 2 enthält eine grafische Darstellung dieser Validitätsaspekte. Hier ist für eine Stichprobe von 829 Schüler/innen aus den beiden Schularten der Sekundarstufe I (AHS und Hauptschule) dargestellt, wie sich die gemessenen Profile der Schüler/innen zum Lehrerurteil, ausgedrückt durch die Semesternote in Mathematik, verhalten.

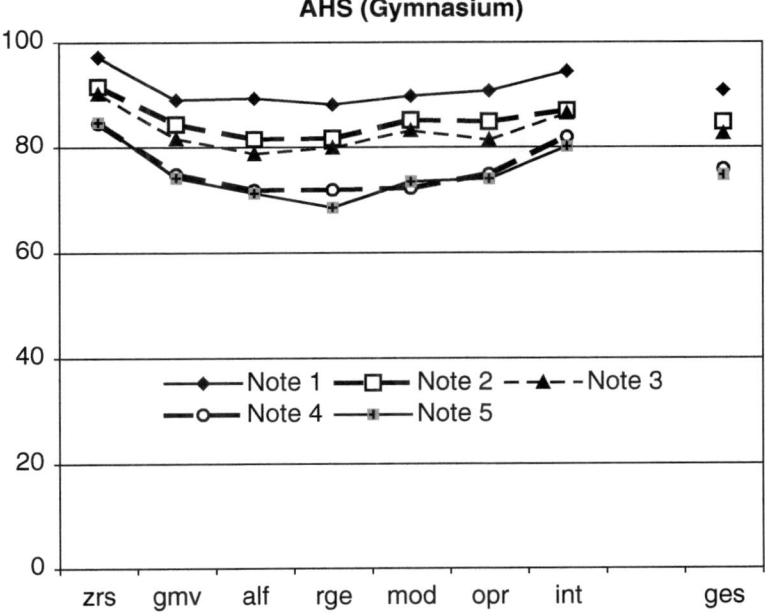

Abb. 2a: Ergebnisprofile und Noten in den Differenzierungsgruppen der Sekundarstufe I

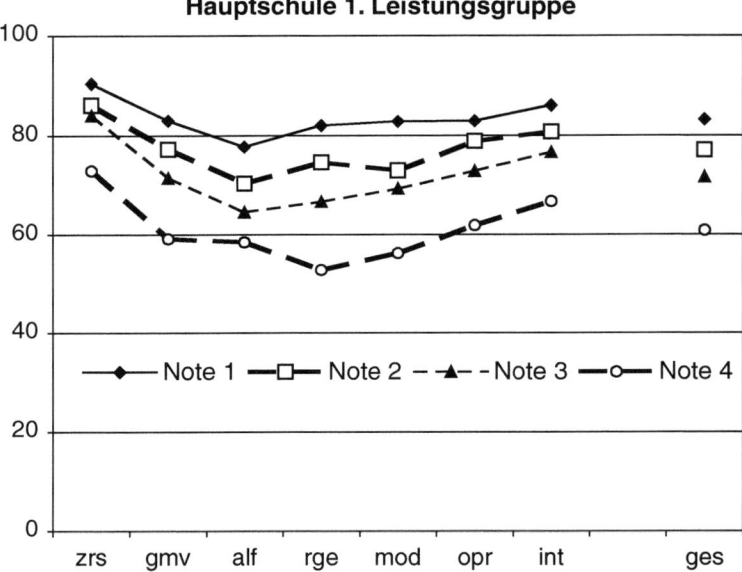

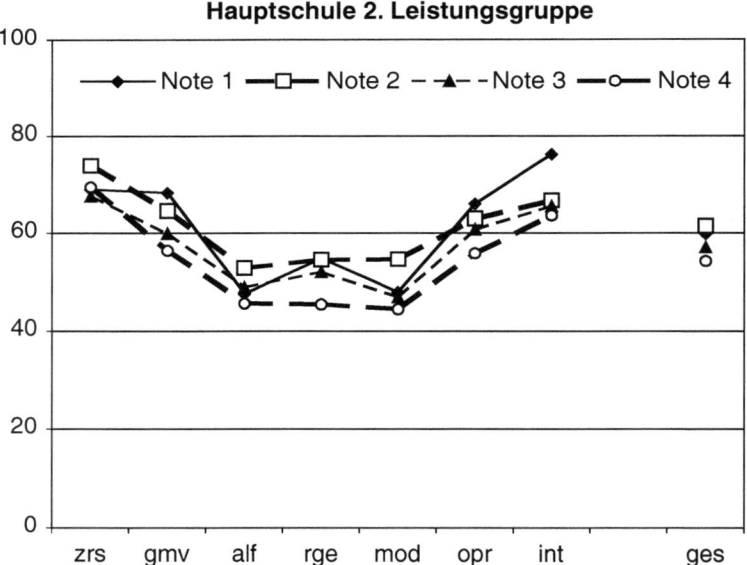

Abb. 2b, c: Ergebnisprofile und Noten in den Differenzierungsgruppen der Sekundarstufe I

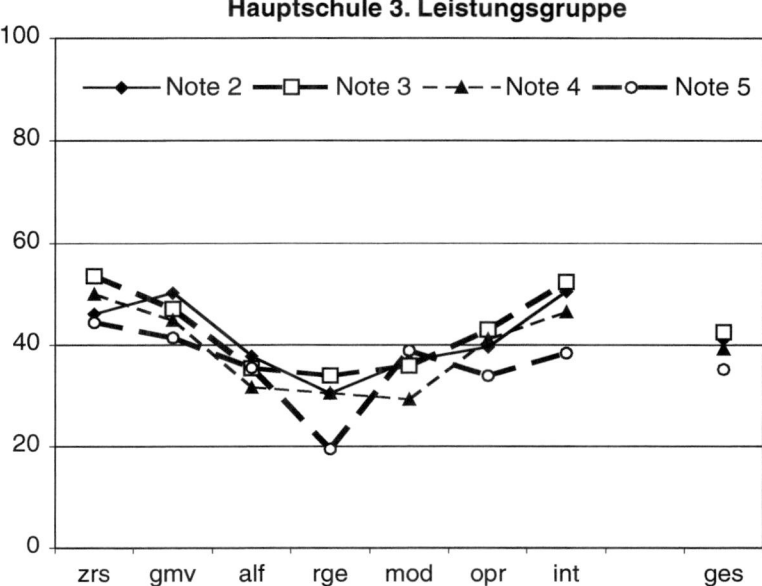

Abb. 2 d: Ergebnisprofile und Noten in den Differenzierungsgruppen der Sekundarstufe I

Anmerkung. Die Daten stützen sich auf eine Stichprobe von 829 Schülerinnen und Schülern aus der 7. und 8. Schulstufe der Sekundarstufe I.

Die Abbildungen zeigen die grundsätzlich erwarteten, in ihrer konkreten Ausprägung aber teilweise überraschenden Zusammenhänge:

1. Für die AHS (Gymnasium) zeigt sich ein durchgehend hohes Kompetenzniveau, das die Schüler/innen eigentlich in drei Gruppen aufteilt: Klar abgegrenzt sind die Schüler/innen mit „sehr gut"; zwischen „gut" und „befriedigend" bestehen relativ geringe Unterschiede; davon sind wiederum Schüler/innen mit „genügend" und „nicht genügend" abgegrenzt, die sich ihrerseits jedoch kaum unterscheiden.

2. Die erste Leistungsgruppe zeigt stärker auseinander gezogene Profile für die verwendeten vier Notenstufen; hier wird bereits eine Tendenz sichtbar, dass die Notenstufe 4 ein etwas anderes Profil aufweist als Notenstufe 1 (mit niedrigeren Ausprägung im Bereich der Aufgaben, die räumliche und geometrische Aspekte betreffen).

3. Die zweite Leistungsgruppe zeigt ein deutlich abgesenktes Niveau sowie eine ausgeprägte „Wanne" im Bereich Algebra, räumlich-geometrische Aufgaben und Modellbildung, während Zahlenverständnis und Interpretieren noch vergleichsweise hohe Werte aufweisen. Die Unterschiede zwischen den Notenstufen sind sehr gering.

4. In der dritten Leistungsgruppe zeigt sich eine weitere Absenkung des Gesamtniveaus, wobei nunmehr auch Zahlenverständnis und Interpretieren deutlich

niedriger ausgeprägt sind. Die Unterschiede zwischen den Noten sind ebenfalls sehr gering.

Insgesamt belegen die Grafiken, dass in den leistungsstärkeren und vermutlich auch homogeneren Gruppen (AHS, 1. Leistungsgruppe) ein klarer Zusammenhang mit dem Lehrerurteil besteht, dieser hingegen in der zweiten und dritten Leistungsgruppe kaum noch sichtbar ist. Hier zeigt sich hingegen generell ein Kompetenzmuster, das auf Defizite in jenen Aufgabenbereichen hinweist, die ein höheres Abstraktionsniveau erfordern: Algebra und Funktionen, räumlich-geometrische Aufgaben und Modellbildung. In diesen Bereichen sind in der 2. und vor allem in der 3. Leistungsgruppe die Durchschnittswerte bereits so niedrig, dass sie das Zufallsniveau kaum noch übersteigen. Hier ist wohl anzunehmen, dass die entsprechenden Kompetenzen überwiegend nicht gegeben sind.

Die folgende Tabelle berichtet Korrelationen zwischen Testleistung und Mathematiknote innerhalb der Differenzierungsgruppen sowie für die gesamte Sekundarstufe I. Da innerhalb jeder Leistungsgruppe der Hauptschule die gleiche Notenskala verwendet wird, wird für die Berechnungen in der Gesamtstichprobe entsprechend der geltenden schulrechtlichen Praxis für die zweite Leistungsgruppe der Wert 2, für die dritte Leistungsgruppe der Wert 3 zur Note hinzugerechnet. Auf diese Weise entsteht eine achtstufige Notenskala. Tabelle 1 zeigt die entsprechenden Korrelationen.

Tabelle 1: Korrelationen zwischen MATKOMP-Kompetenzen und Mathematik-Note

Prädiktor-Bereich	Sek I	AHS	HS-1	HS-2	HS-3
Zahlverständnis, Rechnen und Statistik (ZRS)	**-.59**	**-.30**	**-.33**	-.07	.02
Größen, Maße und Verhältnisse (GMV)	**-.58**	**-.29**	**-.41**	**-.19**	-.15
Algebra und Funktionen (ALF)	**-.62**	**-.32**	**-.35**	-.11	-.13
Raumvorstellung und Grundtatsachen der Geometrie (RGE)	**-.60**	**-.27**	**-.39**	-.14	-.10
Modellbilden (MOD)	**-.61**	**-.28**	**-.35**	-.14	-.11
Operieren (OPR)	**-.63**	**-.32**	**-.36**	*-.16*	-.03
Interpretieren (INT)	**-.58**	**-.27**	**-.40**	-.11	-.16
Gesamtwert (GES)	**-.69**	**-.36**	**-.45**	*-.17*	-.12
N=	760	389	186	118	67

Legende:
SEK I Sekundarstufe 1; AHS Allgemeinbildende Höhere Schule; HS-1, HS-2, HS-3 Hauptschule 1., 2., 3. Leistungsgruppe. fett = p <.05; kursiv= p <.10

Während innerhalb der AHS und der 1. Leistungsgruppe durchgehend signifikante Korrelationen bestehen, wobei jeweils die höchste zum Gesamtwert für mathematische Kompetenzen auftritt, ist in der 2. Leistungsgruppe lediglich noch die Korrelation mit GMV, in der 3. Leistungsgruppe keine einzige Korrelation mehr statistisch signifikant. Die Ergebnisse belegen die erheblichen Probleme, die mit einer ausschließlich con Lehrpersonen durchgeführten Leistungsbeurteilung verbunden sind.

4. Anwendungsbereiche von MATKOMP I

MATKOMP I wurde in erster Linie entwickelt, um Lehrerinnen und Lehrern eine Möglichkeit zu bieten, sich über die mathematischen Kompetenzen in ihren Klassen selbst ein Bild zu machen. Darüber hinaus kann das Verfahren aber auch für Vergleiche zwischen Klassen und Schulen oder zwischen anderen Teilbereichen des Schulsystems verwendet werden. Einen dritten Anwendungsbereich bilden Evaluierungen von schulischen Innovationen, bei denen ein Leistungsvergleich erforderlich ist. Nachfolgend wird die Anwendung durch Lehrer/innen in der Schule charakterisiert sowie zwei Beispiele für die Nutzung des Verfahrens bei Evaluationen beschrieben.

4.1 MATKOMP im Unterricht

Die Entwicklung des Verfahrens steht im Kontext von Konzepten zur Qualitätsentwicklung und Qualitätssicherung im Schulwesen, in denen der Selbstevaluation des Unterrichts ein großer Stellenwert eingeräumt wird. Die dahinter stehende Annahme ist vor allem, dass Evaluation von den Lehrpersonen dann akzeptiert wird, wenn sie dabei die Datenhoheit über die Ergebnisse in ihren Klassen behalten können. Ein entsprechendes Verfahren sollte daher von den Lehrerinnen und Lehrern selbst durchgeführt und ausgewertet werden können und zugleich Vergleiche mit externen Referenzdaten ermöglichen (vgl. Eder u.a., 2002).

Dementsprechend wurde das Verfahren so weit entwickelt, dass es von Lehrpersonen selbst vorgegeben und mit Hilfe eines Excel-Programms mit relativ geringem Aufwand so ausgewertet werden kann, dass für alle Schüler/innen einer Klasse ein Kompetenzprofil erstellt und in Relation zum Klassendurchschnitt oder auch zu einem Durchschnittsprofil von Hauptschulen oder Gymnasien grafisch dargestellt werden kann. Auf diese Weise ist es möglich, eine selbstgesteuerte Evaluation des eigenen Unterrichts durchzuführen und dabei auch den Vergleich mit externen Richtwerten (z.B. Durchschnittswerten der Leistungsgruppen) zurückgreifen zu können. Die Parallelform ermöglicht es zudem, nach einer gewissen Zeit eine zweite Messung vorzunehmen, ohne wegen Erinnerungseffekten eine Verfälschung des Ergebnisses befürchten zu müssen. In diesem Kontext haben vor allem die formativen Rückmeldungen – insbesondere die Profildarstellung der

Ergebnisse – eine unmittelbare Bedeutung für die weitere Steuerung des Lernens in der betreffenden Klasse, weil sie unmittelbare Differenzierungsmaßnahmen ermöglichen. Nicht zu unterschätzen ist aber auch der Impuls zur Weiterentwicklung der diagnostischen Kompetenz, insofern die Lehrer/innen jeweils mit differenzierten Kompetenzprofilen der Schüler/innen konfrontiert sind, die sie mit ihren eigenen Wahrnehmungen in Übereinstimmung bringen müssen.

In dieser Funktion wird das Verfahren inzwischen von zahlreichen Lehrpersonen eingesetzt, die zu einer Nutzer/innen/gruppe vernetzt sind. Für den Zugang ist eine Einschulung in das Verfahren Voraussetzung.

4.2 Unterstützen Laptops das fachliche Lernen?

Im Rahmen der Evaluation einer Laptop-Klasse sollte unter anderem die Frage überprüft werden, ob der verstärkte Einsatz elektronischer Tools zu einer unterschiedlichen Leistungsentwicklung gegenüber der Parallelklasse führt. Da für die Laptop-Klasse auch ein Konzept des Unterrichtens in Mathematik mit intensiver Nutzung von elektronischen Datenbanken und Internet entwickelt worden war, sollte der Vergleich zwischen Versuchs- und Kontrollgruppe nicht auf Basis einer gemeinsamen Schularbeit, sondern im Hinblick auf fundamentalere mathematische Grundkompetenzen, wie sie in den Aufgaben von MATKOMP repräsentiert sind, erfolgen. Die Zuordnung der Schüler/innen zu Versuchs- und Kontrollgruppe erfolgte beim Übertritt in die Hauptschule durch Selbstnominierung, wobei pro Klassse 24 Personen aufgenommen wurden. Das Design entsprach damit einem nicht randomisierten Versuchs-Kontrollgruppen-Plan mit Vorher-Nachher-Testung, bei dem durch Messung von Kovariaten zumindest einige der Mängel der fehlenden Randomisierung ausgeglichen werden sollten. Daher erfolgte zu Beginn des Projekts eine genaue Erhebung der kognitiven Leistungsfähigkeit mit dem KFT von Heller & Perleth (2000), eine Erfassung des sozialen Hintergrundes sowie der Einstellung zur Schule. Die Versuchsgruppe wies in allen Bereichen etwas bessere Werte auf, d.h. es hatten sich eher die leistungsfähigeren Schüler/innen aus den bildungsstärkeren Elternhäusern für die Teilnahme am Projekt gemeldet. Dieses ging relativ schleppend voran, vor allem deswegen, weil die den Schüler/innen versprochenen kostengünstigen Laptops erst nach Ende eines Schuljahres zur Verfügung standen. Nach deren Eintreffen entwickelte die Versuchsklasse u.a. eine intensive vernetzte Spielkultur, die dazu führte, dass die Schüler/innen unmittelbar nach Fertigstellung ihrer unterrichtlichen Aufgaben über das klasseninterne Netzwerk nach Spielpartner/inen suchten und den Rest des Unterrichts und die gesamten Pausen durchspielten, sodass schließlich die Spielerlaubnis auf wenige Tage der Woche beschränkt wurde. Zwischen der Kontrollgruppe, auch räumlich unmittelbar die Nachbarklasse, und der Versuchsgruppe entstand im Laufe der Zeit eine erhebliche Rivalität, die sich vor allem in Kommunikationseinschränkungen, Raufereien und wechselseitigen Herabsetzungen äußerte. Ein Großteil der Lehrpersonen unterrichtete in beiden Klassen.

Von Seiten der Evaluation wurden jährlich begleitende Erhebungen zum Befinden in der Klasse, zum Lern- und Arbeitsverhalten sowie zum Selbstkonzept durchgeführt. Nach vier Jahren erfolgte am Ende des letzten Schuljahres (8. Schulstufe/4. Klasse Hauptschule) eine Messung der Lesekompetenz sowie der naturwissenschaftlichen und mathematischen Kompetenzen. Über letztere wird hier berichtet.

Im direkten Vergleich ergab sich für die Versuchsgruppe ein Gesamtwert von 71,0 und für die Kontrollgruppe ein Gesamtwert von 71,8 Prozentpunkten. Demzufolge waren die mathematischen Leistungen in der Laptop-Klasse von denen in der Regelklasse nicht verschieden. Eine multiple Varianzanalyse mit Versuchs-/ Kontrollgruppe als Faktor und den sieben MATKOMP-Bereichen als abhängigen Variablen ergibt keinen signifikanten Gesamteffekt; für den Bereich INT kann jedoch zumindest bei der univariaten Analyse von einem Trend gesprochen werden, dass hier in der Versuchsgruppe eine höhere Ausprägung gegeben ist.

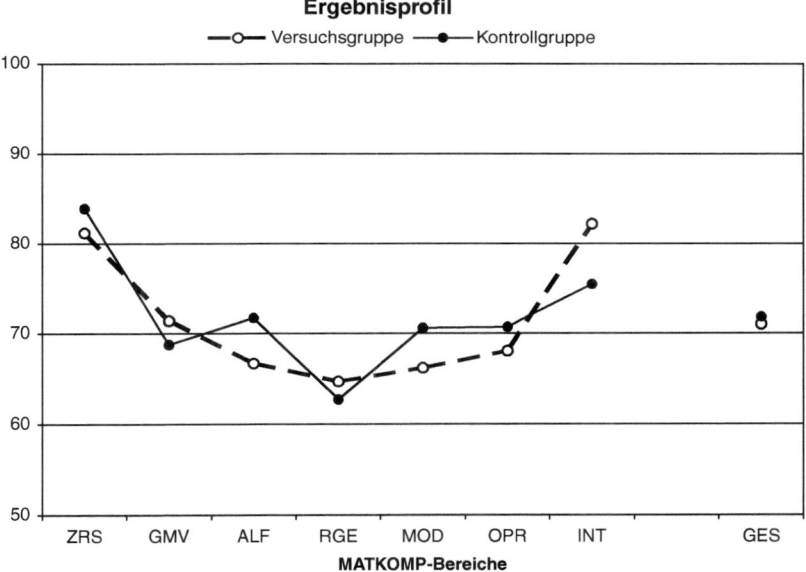

Abb. 3: MATKOMP-Ergebnisse in den verglichenen Klassen

Um die Unterschiede in den kognitiven Voraussetzungen zu berücksichtigen, wurden für die Schüler/innen Residualwerte zwischen den auf Basis der KFT-Ergebnisse aus der 5. und 8. Schulstufe regressionsanalytisch geschätzten und den tatsächlich erreichten Werten berechnet. Sie drücken aus, wie weit die tatsächlich erreichte Leistung über oder unter der aufgrund der Intelligenz zu erwartenden Leistung liegt. Wenn eine der beiden Klassen eine stärkere Förderwirkung entwickelt, sollte sich dies darin zeigen, dass die Residualwerte höher sind als in der verglichenen Gruppe. Die Differenzen sind, nach Geschlechtern getrennt, in Abbildung 4 eingetragen.

Ergebnisprofil Mathematik – Versuchsgruppe

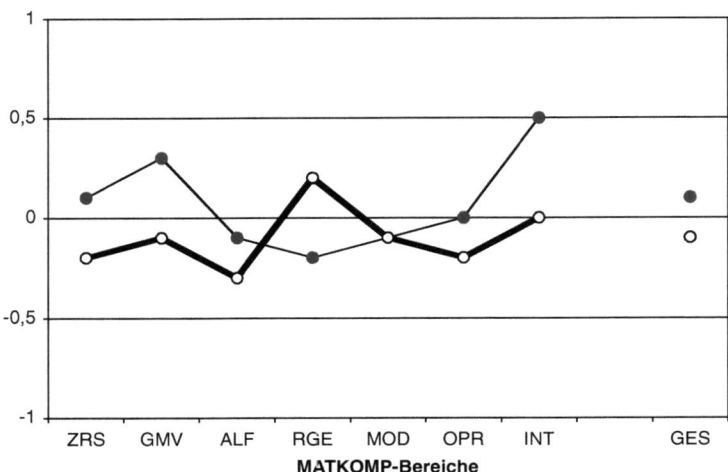

Ergebnisprofil Mathematik – Kontrollgruppe

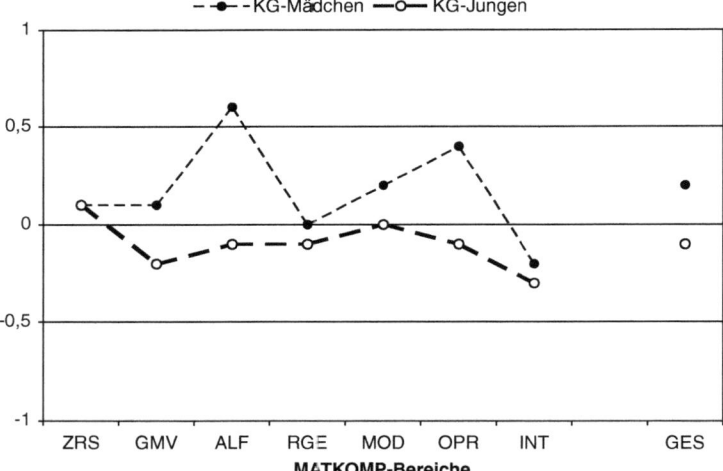

Abb. 4:   Vergleich der Residualwerte (z-standardisiert) zwischen Versuchs- und Kontrollgruppe.

Die differenzierte Analyse zeigt, dass die auftretenden Unterschiede in einzelnen
Kompetenzbereichen mit den unterschiedlichen Leistungen der Geschlechter zusammenhängen könnten. In beiden Gruppen zeigen Mädchen etwas höhere Kompetenzen. In der Versuchsgruppe betreffen sie die Bereiche Interpretieren und
Größe, Maße, Verhältnisse, in der Kontrollgruppe zeigen sich deutliche Unterschiede in Algebra sowie Operieren und Rechnen.

Die statistische Sicherung der beschriebenen Effekte erweist sich aufgrund der
kleinen Gruppenbesetzungen (N=24 in der Versuchsgruppe bzw. N=21 in der
Kontrollgruppe) als schwierig. Eine multivariate Varianzanalyse mit Versuchs-/

Kontrollgruppe und Geschlecht als jeweils zweistufigen Faktoren und den sieben Kompetenzmerkmalen als abhängigen Variablen ergibt weder einen signifikanten Interaktionseffekt noch signifikante Effekte für die Einzelfaktoren. Bei univariaten Analysen über die einzelnen Variablen zeigen sich ebenfalls keine Interaktionseffekte, bei ALF (p <.15) besteht der Tendenz nach ein Geschlechtsunterschied zu Gunsten der Mädchen sowie ein Gruppenunterschied zu Gunsten der Kontrollgruppe (p<.178), ebenso bei INT (p < .11) tendenziell ein Unterschied zu Gunsten der Versuchsgruppe.

Damit lieferte die Evaluation wenige Hinweise, dass die forcierte Verwendung von Laptops im Unterricht für die Entwicklung der mathematischen Kompetenzen von Nutzen wäre; der einzige zuschreibbare Effekt liegt darin, dass im Bereich Interpretieren ein vor allem auf die Mädchen zurückgehender Effekt in der Versuchsgruppe aufzeigbar ist; insgesamt bleibt jedoch die intelligentere Versuchsgruppe numerisch sogar unter der Kontrollgruppe. Hingegen finden sich Hinweise, dass der Regelunterricht im stärker abstraktionsgebundenen Bereich der Algebra für die Mädchen von Nutzen ist.

4.3 Wem hilft das offene Lernen? MATKOMP-Ergebnisse aus der Evaluation einer Montessorischule

Nach etwa 10 Jahren Erfahrung mit dem Schulversuch „Selbsttätiges und individuelles Lernen in freien Arbeitsphasen" war eine Montessori-Hauptschule an einer umfassenden Analyse der Auswirkungen der praktizierten Montessori-Pädagogik auf die Schüler/innen, Eltern und Lehrer/innen interessiert. In der angedachten Evaluation sollten neben Klima und Wohlbefinden in der Schule auch die soziale und persönliche Entwicklung und die Leistungen vergleichend untersucht werden. Das Evaluationsdesign sah daher vor, bei Schüler/innen, Eltern und Lehrer/innen nach Effekten zu suchen, die auf die Montessori-Pädagogik zurück zu führen sind. Als Design wurde eine kombinierte Längs-/Querschnittuntersuchung mit Versuchs- und Kontrollgruppe mit Vorhermessungen, begleitenden Erhebungen während der dreijährigen Laufzeit sowie Nachhermessungen im Leistungsbereich durchgeführt. Die Versuchsgruppe bildeten die ersten drei Jahrgänge der Montessorihauptschule mit jeweils zwei Klassen, die über drei Jahre hinweg fortlaufend untersucht wurden, die Kontrollgruppe bildeten parallele Hauptschulklassen aus einer nach verschiedenen Kriterien vergleichbaren Hauptschule aus einer benachbarten Stadt (vgl. Eder, 2005).

Für den Vergleich zwischen einer Regelschule und einer Schule mit einer alternativen Pädagogik gilt in besonderem Maße, dass die angewendeten Messverfahren im Leistungsbereich auch im Hinblick auf alternativpädagogische Ansätze fair sein müssen, damit die Evaluationsergebnisse von den Betroffenen akzeptiert werden. Auch hier wurde für die Mathematikleistungen auf die TIMMS-Aufgabensammlung zurückgegriffen. Testungen der Mathematikleistungen erfolgten in der 7. und in der 8. Schulstufe; die beiden Messtermine werden für die folgende Darstellung zusammengefasst. Grundlegende Frage der Evaluation im Leistungsbereich war, ob in den Freiarbeitsklassen fachliche Leistungen erzielt werden, die mit denen der Regelschule vergleichbar sind, und darüber hinaus, ob die Förderwirkung des selbstständigen Arbeitens den Schülerinnen und Schülern in gleichmäßiger Weise zugute kommt.

Um Auswirkungen der unzureichenden Randomisierung zu kontrollieren, wurden mehrere Maßnahmen getroffen: Zu Beginn des Projekts wurde neben dem familiären und demographischen Hintergrund mit Hilfe des KFT auch die kognitive Leistungsfähigkeit der Schüler/innen erfasst. Auf Basis dieser Merkmale sowie des Geschlechts wurden aus den beiden beteiligten Schulen Testzwillinge ermittelt, die für wichtige Auswertungen dann anstelle der Gesamtstichprobe herangezogen wurden. Diese Testzwillinge bilden zwei nach den genannten Merkmalen gut vergleichbare Gruppen; ihre Größe ergab sich daraus, dass zu einem bestimmten Punkt nach den aufgestellten Regeln keine Paare mehr gebildet werden konnten.

Für die Auswertung wird für die Schüler/innen wiederum auf Basis von KFT und Geschlecht ein Prädiktorwert für die Leistungen in MATKOMP geschätzt und die Differenz zwischen Prädiktor und tatsächlich erreichter Leistung für die Analyse verwendet. Eine fördernde Wirkung sollte daran erkennbar sein, dass die vorhergesagten Werte empirisch übertroffen werden.

Abbildung 5 zeigt die Gegenüberstellung der erreichten Testwerte sowie der Residualwerte, eingeschränkt auf die Parallelstichprobe.

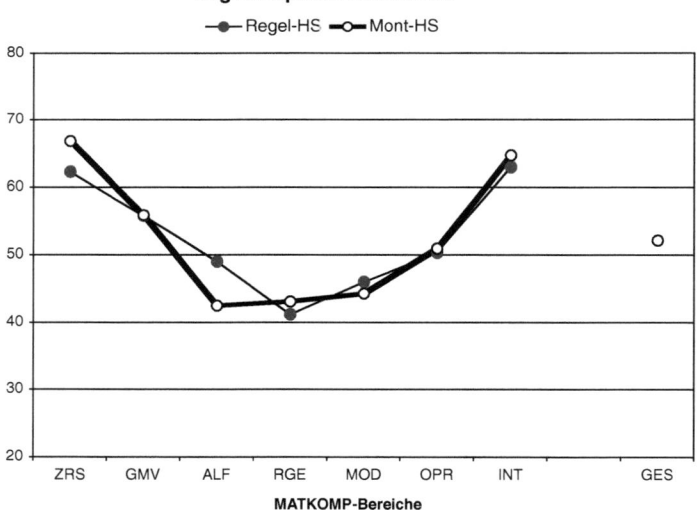

Abb. 5:   Mathematikleistungen im Vergleich von Regel- und Alternativschule

An den Testergebnissen fällt zunächst das in beiden Schulen relativ niedrige Niveau auf; das Ergebnisprofil legt nahe, dass es sich zu einem großen Teil um Schüler/innen handelt, denen die Abstrahierung relativ schwer fällt. Die Unterschiede zwischen den beiden Gruppen sind minimal; lediglich im Bereich der Al-

gebra zeigt sich eine kleine Überlegenheit der Regelschule, im Bereich des Zahlen-
verständnisses eine der Montessorischule. Insgesamt wird also in den Freiarbeitsklassen eine vergleichbare Leistung erreicht wie in der Regelhauptschule.

Davon unabhängig lässt sich jedoch die Frage stellen, ob alle Schüler/innen in
vergleichbarer Weise durch die jeweilige Pädagogik gefördert werden; vor allem
für Freiarbeit wird ja argumentiert, dass die dafür erforderliche Selbständigkeit von
den leistungstüchtigen Schülerinnen und Schülern leichter eingebracht werden
kann als von den leistungsschwächeren. Für die Analyse dieses Sachverhalts wurden die Schüler/innen nach ihrer Intelligenz in drei gleich große Gruppen eingeteilt;
davon ausgehend wurde überprüft, ob zwischen diesen Gruppen systematische
Unterschiede in den Residuen bestehen (vgl. Abbildung 6).

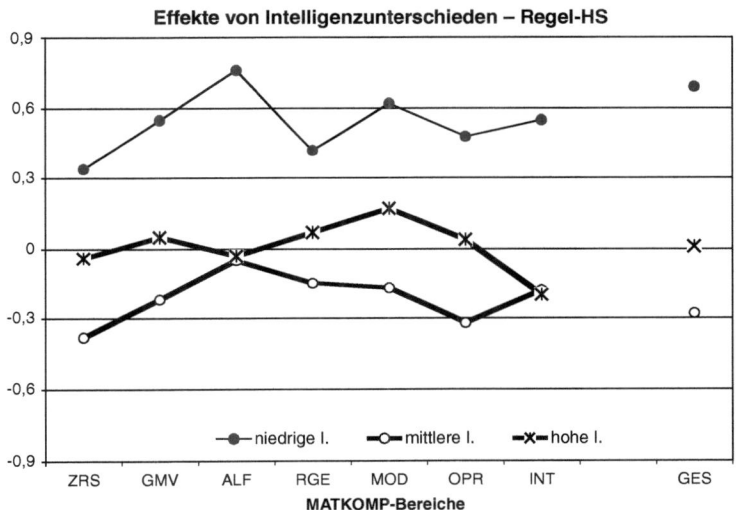

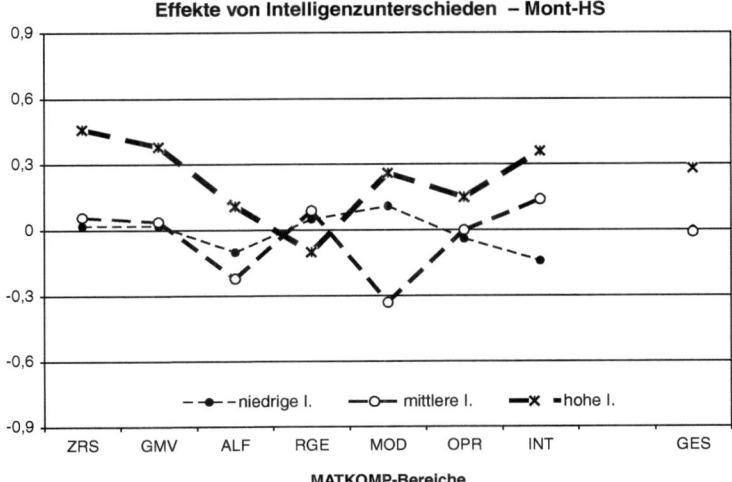

Abb. 6: Unterschiedliche Förderungseffekte auf drei Intelligenzstufen

Eingetragen sind die z-standardisierten Residuen, getrennt für Schüler/innen mit niedriger, mittlerer und hoher Intelligenz.

Die Ergebnisse zeichnen für Versuchs- und Kontrollschule ein nicht erwartetes Bild: In der Regelhauptschule zeigen die Schüler/innen mit niedriger Intelligenz die relativ größten Zuwächse (ihre tatsächlichen Leistungen liegen bis zu 0,8 Streuungseinheiten über den aufgrund ihrer Intelligenz erwarteten), während Schüler/innen mit mittlerer Intelligenz unter den Erwartungen bleiben. Die Förderwirkung der Schule kommt also den Schülerinnen und Schülern mit den niedrigen Fähigkeiten am stärksten zugute. In der Montessori-Schule bleiben die Schüler/innen mit den besten Leistungsvoraussetzungen über den Erwartungen, bei Schüler/innen mit mittleren und geringen Fähigkeiten zeigen sich kaum positive Effekte. Die Förderwirkung der Montessorischule kommt also eher den leistungsstärkeren Schüler/innen zugute; der Regelschule gelingt es besser, die leistungsschwächeren Schüler/innen zu stützen. Die beschriebenen Effekte sind auch statistisch abgesichert (vgl. Tabelle 2).

Tab. 2: Statistische Kennwerte der MANOVA

	Faktor Intelligenz x Gruppe	Faktor Intelligenz	Faktor Gruppe
MANOVA (7 Variablen)			
Lambda	.890	.89	.93
F=	1.56	1.56	2.02
p=	.085	.085	.055
Univariate Analysen	df= 2/194 p=	df= 2/194 p=	df= 1/194 p= ....
ZRS	.390	.049	.129
GMV	.030	.071	.891
ALF	.016	.035	.035
RGE	.240	.287	.472
MOD	.230	.002	.176
OPR	.052	.083	.811
INT	.001	.419	.646

5. Resümee

Die Erprobung einer nach einem mathematischen Kompetenzmodell klassifizierten Aufgabensammlung aus TIMSS zeigte, dass damit eine relativ differenzierte Abbildung von Kompetenzen möglich ist, deren Validität durch das Vorliegen entsprechender Unterschiede nach Schultypen und Lehrer/innen/urteil gestützt wird. Die Erfahrungen mit der Anwendung zeigten, dass Lehrer/innen in der Lage und interessiert sind, ihren Unterricht mit einem derartigen Verfahren zu evaluieren, das

Verfahren aber auch für die Evaluation von mathematischen Leistungen in Situationen herangezogen werden kann, in denen aufgrund konzeptueller Verschiedenheit ein Instrument erforderlich ist, das nicht unmittelbar an den jeweiligen Lehrplan gebunden ist. Der besondere diagnostischem Wert des Verfahrens besteht in der Möglichkeit, nicht nur eine eindimensionale mathematische Kompetenz abzubilden, sondern differenzierte Kompetenzprofile zu erstellen, an die unmittelbare Maßnahmen der Differenzierung im Unterricht angeschlossen werden können. Am Beispiel der Evaluation von Montessori-Klassen wurde schließlich gezeigt, dass das Verfahren ausreichend sensibel ist, um nachzuweisen, dass die spezielle Förderwirkung der evaluierten Montessori-Schule nicht den leistungsschwachen, sondern den leistungsstärksten Schülerinnen und Schülern zugute kam.

Literatur

Eder, F., Gaisbauer, H. & Eder, C. (2002). MATKOMP I – Ein Verfahren zur Erfassung mathematischer Kompetenzen am Ende der Sekundarstufe I. Erstellt auf Basis von TIMSS-Aufgaben. Rohbericht und Testmanual. Linz: Institut für Pädagogik und Psychologie.

Eder, F. u.a. (Hrsg., 2002). Qualitätsentwicklung und Qualitätssicherung im österreichischen Schulwesen. Innsbruck, Wien und München: StudienVerlag.

Eder, F. (2005). Lernen in freien Arbeitsphasen. Rohbericht über die Evaluation des Schulversuchs „Selbsttätiges und individuelles Lernen in freien Arbeitsphasen" an der Hauptschule Salzburg-Liefering. Manuskript. Universität Salzburg: Fachbereich Erziehungswissenschaft.

Heller, K. & Perleth, C. (2000). Kognitiver Fähigkeitstest KFT 4-12+ R für die 5.-12./13. Klassen, Revision. Göttingen: Beltz-Test Gesellschaft.

Heugl, H. & Lechner, F. (2002). Standards. Arbeitspapier. Wien 2002.

Martin, M.O. & Kelly, D.L. (Ed., 1996). Third International Mathematics and Science Study. Technical Report Volume I: Design and Development. Center for the Study of Testing, Evaluation, and Educational Policy, Boston College.

Werner Specht & H. Harald Freudenthaler, Graz

Die Beurteilung der Qualität von Beispielaufgaben durch die Lehrkräfte und ihre Bedeutung für die Akzeptanz von Bildungsstandards

1. Von Bildungsstandards zum wirksameren Unterricht?

In allen deutschsprachigen Ländern ist die Entwicklung von Bildungsstandards eine Antwort auf Schwächen der Bildungssysteme, die durch die international vergleichenden Leistungsstudien – insbesondere PISA – offenkundig geworden sind. Im Mittelpunkt steht dabei die Problematik der so genannten „Risikoschüler", also der alarmierend großen Zahl an Schülern, die am Ende ihrer Schulzeit nicht über die elementaren Fähigkeiten und Fertigkeiten verfügen, die für individuelle Entfaltung, gesellschaftliche Partizipation und die Teilnahme am lebenslangen Lernen erforderlich sind. Das Bemühen, verbesserte Grundlagen für die Förderung von Grundkompetenzen bei allen Schülerinnen und Schülern zu schaffen, stellt den zentralen Focus der Entwicklung und Implementation von Bildungsstandards dar. Bildungsstandards sollen dabei

– jene Grundkompetenzen definieren, die für einen nachhaltigen Bildungserwerb für alle Schülerinnen und Schüler unerlässlich sind,

– und dadurch sowohl Lehrkräften als auch Schülern und Eltern mehr Zielklarheit geben, also Informationen darüber, worauf es beim Lehren und Lernen eines Fachs zentral „ankommt".

– Diese Zielbestimmungen sollen so konkret sein, dass deren Erreichung in der Form von Testungen überprüft werden kann. Die Überprüfung via Tests stellt ein wesentliches Element der Steuerung von Schule und Unterricht über Bildungsstandards dar.

Dass die pädagogischen Funktionen von Bildungsstandards allerdings nur dann erreicht werden können, wenn sie zu einer Veränderung schulischer Praxis – speziell des Unterrichts – führen, kann heute als eine wichtige Quintessenz der mittlerweile über fünf Jahre währenden Diskussion über Chancen und Risiken dieses Ansatzes angesehen werden.

2. Technologielücke

Hier sind berechtigte Zweifel angemeldet worden. Weder die Existenz der Standards selbst, noch deren Testung und Überprüfung können als einigermaßen hinreichende Bedingung dafür angesehen werden, dass Lehrpersonen bereit, vor allem aber in der Lage sind, ihr Unterrichtsverhalten zu verändern (Specht & Freudenthaler 2004). Altrichter und Schratz orten in der Diskussion um die Einführung von Bildungsstandards „Fehlende Implementations- und vage Wirkungsmodelle". Für die Autoren ist völlig unklar,

> *„Wie ... die aus der Überprüfung von Kompetenzen gewonnenen Informationen von wem in welchen Prozessen unter wessen Mitsprache zu produktiven Weiterentwicklungsentscheidungen genutzt werden sollen und wie diese Entscheidungen dann noch in Entwicklungshandlungen umgesetzt werden sollen ... "* (Altrichter & Schratz 2004, 637)

Zwischen den Bildungsstandards und deren Nutzung durch die Lehrkraft klafft ohne Zweifel eine Technologielücke, die auch in den besten programmatischen Schriften, wie etwa bei Klieme et al. (2003), nur unvollkommen und nur verbal geschlossen wird. Tatsächlich setzt für Klieme et al. die Einführung von Bildungsstandards ein „Konzept zur Implementation" voraus, das darauf abzielt,

> *„1. das Verständnis und die Akzeptanz von Bildungsstandards zu sichern,*
>
> *2. in die Arbeit mit Bildungsstandards einzuführen und*
>
> *3. mit den Möglichkeiten der professionellen Nutzung und Auswertung von Bildungsstandards vertraut zu machen."* (Klieme et al., 2003, 111)

Im Rahmen dieses Implementationskonzepts spielen die Einrichtungen der Lehrerbildung und die bestehenden Unterstützungsagenturen eine wichtige Rolle. Die Aufgaben, denen sich diese gegenübersehen, sind außerordentlich komplex und reichen von der einführenden Darstellung der Logik und des Aufbaus von Bildungsstandards über die Darstellung und Erläuterung von Kompetenzmodellen bis hin zum Angebot von Handreichungen und Unterrichtsmodellen.

Ziel dieser Implementationsstrategien ist nicht mehr und nicht weniger, als „Akzeptanz in den Kollegien zu gewinnen" (Klieme et al., 2003, 51), indem Lehrkräfte erfahren, dass Bildungsstandards hilfreiche Instrumente sein können für die Auswahl des Lehrstoffs, die Gestaltung des Unterrichts, die Auswahl und Präsentation von Aufgaben und die Schulung der eigenen Fähigkeit zur Diagnose des Lernstandes von Schülerinnen und Schülern.

> *„Die Lehrkräfte sollten eine klare Vorstellung darüber entwickeln können, welche Chancen auf kürzere und auf lange Sicht mit der Stärkung ihrer professionellen Rolle in der Arbeit mit Bildungsstandards verbunden sind. Vor allem aber müssen ihnen Handlungsgerüste angeboten werden, die Sicherheit vermitteln und eine erfolgreiche Nutzung von Standards gewährleisten."* (Klieme et al., 2003, 51)

3. Was wirkt – und warum?

Angesichts der Tatsache, dass gegenwärtig die in der Klieme-Expertise, aber auch in den österreichischen Bildungsstandardskonzepten (Haider et al., 2004, Lucyshyn 2006) viel bemühten Unterstützungsagenturen selbst noch ganz am Anfang stehen, was das Know-how im Umgang mit Bildungsstandards anbetrifft, muss dies als eine eher langfristig angelegte Hoffnung angesehen werden. Was aber geschieht einstweilen im Rahmen der so genannten „Pilotphasen", in denen ausgewählte Schulen sozusagen ihre ersten „Gehversuche" im Umgang mit den Standards machen? Mit welchen Mitteln kann es hier gelingen, „Akzeptanz in den Kollegien zu gewinnen", wo doch die angekündigte Ergebnisorientierung und die Über-prüfung der Leistungen von Schülern, Schulklassen und Schulen vorderhand in weiten Bereichen des Systems eher als Bedrohungsszenario erlebt werden? Wie begründet ist die Erwartung, dass „mit Blick auf Kompetenzmodelle ... die Lehr-person verschiedenartige Lernwege und interindividuelle Unterschiede einordnen" kann, dass sie „die Heterogenität von Lernprozessen und Lernergebnissen ver-stehen" lernt und dass „durch diesen Vergleichsmaßstab ... die diagnostische Kompetenz der Lehrerin bzw. des Lehrers geschärft" wird? (Klieme et al., 2003, 50)

Tatsächlich lässt sich die Erwartung, Bildungsstandards und Kompetenz-modelle würden per se eine hohe Überzeugungskraft bei Lehrerinnen und Lehrern entfalten und den Wandel des Unterrichtens von der Stofforientierung hin zur Kompetenzorientierung rasch befördern, aus Erfahrungen der Vergangenheit nur schwer stützen.

Darauf weist unter anderem Neuweg (2005) hin. Er geht aus von der „Steuerungsunfähigkeit der Lehrpläne, die von vielen Lehrer/inne/n als informa-tionsarm empfunden und daher kaum gelesen werden", wobei häufig eine „syste-matische Verwechslung des Lehrbuches mit dem Lehrplan" erfolge, mit der be-kannten Folge einer Überfrachtung des Unterrichts mit Inhalten zweifelhafter Be-deutsamkeit (1). Dem gegenüber ist mit Bildungsstandards die Erwartung ver-bunden, dass sie knapper und konkreter auf die Kernlernziele ausgerichtet und daher in der Lage sein werden, der Lehrkraft bessere Orientierung darüber zu geben, worauf es im Unterricht wirklich ankommt.

Neuweg zeigt jedoch am Beispiel der derzeit in Österreich erprobten Mathematikstandards (Stufe 8), dass das Versprechen von mehr Klarheit und Orientierung nur sehr bedingt eingelöst wird. Er vertritt rückblickend auf die frühe-ren Versuche der Etablierung lernzielorientierter Unterrichtsformen die These, dass „im Aufwand vertretbare Lernzielformulierungen ... immer auf eine kompetente Interpretation angewiesen" sind, und dass sie ohne solche Interpretationshilfen nur wenig mehr Orientierungshilfe zu geben vermögen als die „klassischen" Lehrpläne (Neuweg, 2005, 8).

Letzteres dürfte noch verstärkt für die den Standards zugrunde liegenden Kompetenzmodelle zutreffen. Abgesehen davon, dass die Entwicklung wissenschaftlich tragfähiger Kompetenzmodelle noch sehr am Anfang steht,[1] sind die bisher vorliegenden theoretischen Modelle mit Sicherheit als Praxis orientierende Unterlagen für den Unterricht nur sehr bedingt geeignet.

Einen möglichen Ausweg aus diesem Technologiedefizit sieht Neuweg, so wie auch viele andere, der Bildungsstandardsbewegung eher kritisch gegenüber stehende Autoren (s. u.a. Bank 2006, Brügelmann 2006, Hermann 2003) ausschließlich unter der Problemperspektive: Wenn die Bildungsstandards und die ihnen zugrunde liegenden Kompetenzmodelle nicht in hinreichender Weise selbst erklärend seien, dann liege es nahe, dass sich Lehrerinnen und Lehrer vorwiegend oder ausschließlich an jenen Operationalisierungen orientieren, die entweder als illustrative Beispiele, als didaktische Hilfen zur Umsetzung oder aber als Testitems im Rahmen der Überprüfung zur Verfügung stehen.

> *„Die Leerformelhaftigkeit vieler Standards (und das Kernproblem der Alternative dazu: unüberschaubar lange Lernziellisten) in Verbindung mit der mehr oder weniger massiven Kontrollwirkung der standardorientierten Tests legt aber nahe, dass gerade den ‚Beispielaufgaben' und letztlich nur ihnen die eigentlich orientierende Kraft zukommen wird. Nicht die Standards in ihrer curricularen Funktion, sondern die Standard-Tests in ihrer Kontrollfunktion verdienen angesichts des bisherigen Verlaufes der Debatte die eigentliche Aufmerksamkeit.“* (Neuweg, 2005, 9)

Die These ist also, dass – jedenfalls so lange, wie die von Klieme et al. (2003) und auch von Lucyshyn (2006) für Österreich angezielten Implementationsstrategien und Fortbildungsinitiativen noch nicht voll entfaltet sind – die Orientierungsfunktion für die Lehrkräfte und die Steuerungsfunktion der Standards für den Unterricht in erster Linie aus den Beispiel- und Testaufgaben erwächst, in denen die Fachstandards exemplifiziert und illustriert werden. Dies würde gleichzeitig bedeuten, dass die allgemeine Akzeptanz der Bildungsstandards durch die Lehrkräfte ganz wesentlich eine Funktion der eingeschätzten Praktikabilität der Aufgabenbeispiele für die Unterrichtspraxis ist.

Vor allem die letztere These soll im Rahmen dieses Beitrags genauer untersucht werden.

4. Die Evaluationsstudien zur Implementation der Bildungsstandards

Seit Ende 2003 liegen in Österreich Entwürfe für Bildungsstandards, zunächst für die 8. Stufe, später auch für die 4. Schulstufe vor, die im Laufe so genannter „Pilotphasen", also Praxistests, systematisch erprobt, überprüft und auch überarbeitet

---

1   Im Herbst 2006 erst hat die Deutsche Forschungsgemeinschaft ein Schwerpunktprogramm „Kompetenzmodelle zur Erfassung individueller Lernergebnisse und zur Bilanzierung von Bildungsprozessen" ausgeschrieben. (http://www.dfg.de/aktuelles_presse/information_fuer_ die_wissenschaft/schwerpunkt-programme/info_wissenschaft_21_06.html) s. dazu auch Helmke & Hosenfeld (2004).

wurden.[2] Kennzeichnend für das Projekt Bildungsstandards war von Anfang an, dass es mit unterschiedlichen Evaluationsverfahren begleitet wurde. Neben unmittelbaren Rückmeldungen aus der Praxis an die Entwicklergruppen wurden im Rahmen der beiden Pilotphasen auch systematische Evaluationsstudien in der Form von mehr oder weniger ausführlichen Befragungen der teilnehmenden Lehrerinnen und Lehrer durchgeführt (s. Freudenthaler & Specht 2005, 2006).

Die erste dieser Untersuchungen fand im Frühjahr 2004 am Beginn der Pilotphase I statt, an der 18 Sekundarschulen beteiligt waren. Ein Follow-up derselben Untersuchung wurde ein halbes Jahr später durchgeführt. Im Rahmen dieser Befragungen wurden unter anderem erhoben:

– Grundlegende Einstellungen gegenüber Bildungsstandards,

– Bewertungen der Einführung in und der Kommunikation über die Bildungsstandards durch die Projektleitung,

– Klarheit im Hinblick auf die Aufgabenstellung in der Pilotphase,

– Wahrgenommene Nützlichkeit der Bildungsstandards für die Unterrichtsgestaltung,

– Verbesserungsbedarf aus Sicht der Lehrkräfte bei Kompetenzmodellen, Standards und Aufgabenbeispielen

– sowie bilanzierende Fragen über den subjektiven Wert der professionellen Erfahrungen im Rahmen der Pilotphase sowie über die persönliche Kosten-Nutzen-Bilanz dieser Arbeit.

Die zweite größere Untersuchung wurde im Sommer 2005 bei den teilnehmenden Lehrkräften der Pilotphase II durchgeführt. In diesem Versuchsdurchlauf, an dem ca. 100 Schulen der Primar- und der Sekundarstufe teilnahmen, wurden überarbeitete Versionen der Bildungsstandards eingesetzt. Der Evaluationsfragebogen enthielt im Wesentlichen Kurzversionen der bereits im Jahr zuvor eingesetzten Instrumente. Auf die im Rahmen dieses Beitrags ausgewerteten Fragen und Instrumente wird in der folgenden Ergebnisdarstellung noch näher eingegangen.

4.1 Bildungsstandards oder Aufgabenbeispiele?

In beiden Pilotphasen lag der Schwerpunkt der Anforderungen an die beteiligten Schulen weniger im Einsatz der Standards im Unterricht, sondern vielmehr in der fachlichen Begutachtung der Unterlagen (Kompetenzmodelle, Standards, erläuternde Materialien, Aufgabenbeispiele) aus der Sicht der Praxis (in der Pilotphase I) bzw. in der praktischen Erprobung von Aufgabenbeispielen (Pilotphase II). Allerdings erhielten alle an den Pilotphasen beteiligten Lehrpersonen sämtliche schriftlichen Unterlagen und wurden im Rahmen von Einführungs- und Fortbildungsveranstaltungen auch mit diesen vertraut gemacht. Insofern waren die

---

2 Für eine chronologische Darstellung des Entwicklungsprozesses von der politischen Programmatik bis zum Vorliegen elaborierter Versionen der Bildungsstandards s. Specht (2006).

wesentlichen Voraussetzungen dafür gegeben, dass einzelne Lehrpersonen, Fachgruppen an Schulen oder Jahrgangsstufenteams sich intensiver damit hätten auseinandersetzen können, wie man mit Unterstützung der Bildungsstandards Unterricht plant, wie Kompetenzmodelle Unterricht strukturieren können und wie man, an den Standards orientiert, eigene, sinnhafte Aufgaben entwickelt, die kompetenzorientiertes Lernen befördern können.

Wie häufig dies tatsächlich geschah, kann durchaus als Indikator dafür angesehen werden, wie hoch der Anreiz für die Beschäftigung mit den Standards für die an der Pilotphase beteiligten Lehrerinnen und Lehrer tatsächlich ist. Im Rahmen aller begleitenden Erhebungen zur Implementation wurde den Lehrkräften daher die Frage gestellt, ob und in welchem Maße die Standards im Rahmen der Erprobungsphasen für die Planung und Durchführung des Unterrichts genutzt wurden. Als Antwortalternativen waren vorgegeben:

- intensiv und regelmäßig
- hin und wieder
- nein

In der Pilotphase I, in der die Praktiker aufgefordert waren, sich individuell und in Fachgruppen mit den angebotenen Materialien auseinanderzusetzen, gaben insgesamt 14% der Lehrer/innen an, die Standards „intensiv und regelmäßig" im Rahmen der Unterrichtsarbeit zu nutzen, 56% taten dies „hin und wieder", und 30% verneinten diese Frage.

Im Rahmen der Pilotphase II, in der der Fokus der Erprobungsarbeit auf den Beispielaufgaben lag, war der Anteil der Lehrer/innen, die sich im Unterricht mit den Standards (und nicht nur mit den Aufgabenbeispielen) auseinandersetzten, deutlich niedriger: Nur 2% der HS- bzw. der AHS-Lehrkräfte gaben an, die Standards „intensiv und regelmäßig für den Unterricht zu nutzen. Insgesamt über die Hälfte der Pilotlehrkräfte gab an, über die Erprobung der Beispielaufgaben hinaus überhaupt *nicht* mit den Standards im Unterricht zu arbeiten.

Diese Ergebnisse können als erste Hinweise für die Bestätigung der These angesehen werden, die oben im Anschluss an die Argumente der kritischen Autoren formuliert wurde: Ohne intensive Einführung und Schulung in die Verwendung, und ohne wirkliche Klarheit im Hinblick auf die Funktionen der Bildungsstandards im Gesamtzusammenhang des Schulwesens, werden sich die Lehrkräfte Orientierung in erster Linie (oder gar ausschließlich) dort verschaffen, wo an konkreten Unterrichtsbeispielen Operationalisierungen vorliegen. Wie das Schulbuch zum heimlichen Lehrplan wurde, scheinen sich Aufgabenbeispiele zu heimlichen Standards zu entwickeln.

Gibt es darauf noch mehr Hinweise?

4.2 Aufgabenbeispiele und Akzeptanz von Bildungsstandards: Pilotphase I

Die Bedeutung der Aufgabenbeispiele im Implementationsprozess der Bildungsstandards zeigt sich in den Daten der Evaluation vor allem darin, dass grundlegende Dimensionen der Einstellungen und der Akzeptanz zu Bildungsstandards sehr eng damit zusammenhängen, wie nützlich, hilfreich und unterrichtsangemessen die begleitenden Aufgabenbeispiele eingeschätzt werden. Auch die Gesamtbilanzierung der Erfahrungen im Rahmen der Pilotphasen durch die Lehrkräfte ist abhängig von deren Einschätzung der Qualität der Aufgabenbeispiele.

Hierzu sollen im Folgenden noch einige Befunde berichtet werden.

Die in diesem Abschnitt dargestellten Daten entstammen der Evaluation im Rahmen der Pilotphase I und beruhen auf den Angaben von 115 Lehrkräften (42 HS- bzw. 60 AHS-Lehrer/innen, bei den restlichen 13 Personen fehlen die Angaben zum Schultyp) aus allen neun Bundesländern, welche die Standards für Deutsch (n = 33), Englisch (n = 40), und Mathematik (n = 42) am Ende der Pilotphase I (Juni 2004) beurteilten.

4.2.1 Erfasste Dimensionen und Merkmale

Die Untersuchung zielte nicht spezifisch auf die hier behandelten Fragestellungen ab, doch können einige der verwendeten Items und Dimensionen für die Überprüfung des Zusammenhangs zwischen der Bewertung der Aufgabenbeispiele, der allgemeinen Akzeptanz der Bildungsstandards und des eingeschätzten Wertes der Pilotphase für die professionelle Entwicklung herangezogen werden:

Bewertung der Aufgabenbeispiele: Für die Bewertung der Aufgabenbeispiele können aus dem Evaluationsfragebogen vier Items als Indikatoren dienen. Zwei dieser Items wurden den Lehrkräften in Form von Aussagen zur Bewertung vorgelegt:

– „Etliche Aufgabenbeispiele scheinen mir ungünstig gewählt" (ungünstige Auswahl), bzw.

– „Einige der Standards oder Aufgabenbeispiele sind meines Erachtens nicht durch den Lehrplan abgedeckt" (keine Lehrplan-Abdeckung).

Die beidem Items waren jeweils mit „stimmt"/„stimmt nicht" zu beantworten.

Mit zwei weiteren Items sollte der Verbesserungsbedarf bei den Aufgabenbeispielen („Würden Sie zusätzliche Klärungen, Erläuterungen oder Verbesserungen bei den Aufgabenbeispielen für wichtig halten?") sowie die Klarheit ihrer Verwendung („Wie klar geht aus den Unterlagen hervor, wie die Aufgabenbeispiele zu verwenden sind?") erhoben werden. Beide Items waren auf 7-stufigen Ratingskalen (Verbesserungsbedarf: von „sehr wichtig" bis „nicht notwendig" bzw. Klarheit – Verwendung: von „sehr klar" bis „gar nicht") zu beantworten.

Mittels Faktorenanalyse konnte festgestellt werden, dass sich diese vier Beurteilungsaspekte zu zwei Bewertungsdimensionen verdichten lassen. Auf dem ersten Faktor, der 42,5% der Varianz aufklärt, weist das Item zur „Klarheit – Verwendung" von Aufgabenbeispielen die höchste Ladung (.87) auf. Darüber hinaus laden auf diesem Faktor noch die beiden Items „Verbesserungsbedarf" (.80) bzw. „ungünstige Auswahl" (.54). Während dieser Faktor einen Indikator für die praktische Handhabung der Aufgabenbeispiele repräsentieren dürfte, scheint der zweite Faktor (Varianzaufklärung: 33.65%), auf dem vor allem das Item „keine Lehrplan-Abdeckung" (.93) aber auch das Item „ungünstige Auswahl (.64) laden, die fachliche Angemessenheit (Adäquatheit) der Aufgabenbeispiele zu erfassen.

Akzeptanz der Bildungsstandards: Zur Erfassung dieses Bereiches können drei unterschiedliche Indikatoren herangezogen werden:

1. Einstellungen zu Bildungsstandards im Allgemeinen: Diese wurden mit insgesamt 23 Items erfasst, wobei 11 Items zentrale Argumente, die für die Einführung von Bildungsstandards sprechen, zum Inhalt haben (Itembeispiel: „Bildungsstandards sind ein nützliches Instrument zur Qualitätssicherung im Schulwesen"). Die übrigen 12 Items beziehen sich auf häufig debattierte problematische Aspekte (Unklarheiten, Befürchtungen, Ängste, Einwände), die mit dieser Innovation assoziiert sein könnten (Itembeispiel: „Von Bildungsstandards zu Schulrankings ist der Weg nicht weit"). Die Beantwortung dieser Items, die zu einer Gesamtskala „Einstellung" (Cronbach's Alpha = .90) zusammengefasst wurden, erfolgte jeweils auf einer 5-stufigen Ratingskala (von „stimmt genau" zu „stimmt gar nicht").

2. Nützlichkeit der Bildungsstandards: Mit neun Items wurde erfasst, inwieweit die Standards den Lehrkräften diagnostische und handlungsleitende Hilfestellungen für die Planung und Gestaltung eines zielorientierten Unterrichts im Sinne der Förderung von Grundkompetenzen bieten (Itembeispiel: „Wie hilfreich sind die Standards für die Selbstreflexion der Lehrperson über das Gelingen von Lehr- und Lernprozessen im Unterricht?"). Die Beantwortung der Items, die zu einer Gesamtskala „Nützlichkeit" (Cronbach's Alpha = .87) zusammengefasst wurden, erfolgte jeweils auf einer 7-stufigen Ratingskala (von „gar nicht hilfreich" bis „sehr hilfreich").

3. Die Gesamtbilanz der Pilotphase I seitens der Lehrkräfte wurde dahingehend erfasst, dass diese angeben sollten, welche der folgenden Aussagen ihre Erfahrungen, die sie im Zusammenhang mit der Arbeit mit den Bildungsstandards gewonnen haben, am besten zusammenfasst:
   - „Die Arbeit hat mich beruflich weiter gebracht."
   - „Ich habe Wichtiges dabei gelernt."
   - „Es war eine interessante Erfahrung."
   - „Ich habe wenig Neues erfahren."
   - „Ich bin heute genauso klug wie zuvor."
   - „Es war vor allem Frustration und Ärger".

4.2.2 Analysen und Ergebnisse

Eine Analyse der Zusammenhänge zwischen den verschiedenen Aufgabenbewertungen und Akzeptanzindikatoren ergab, dass insbesondere die praktische
Handhabung der Aufgabenbeispiele, die mit allen Akzeptanzindikatoren signifikant
assoziiert ist (s. Tabelle), für die Akzeptanz der Bildungsstandards durch die Lehrkräfte von Relevanz zu sein scheint.

Aufgabenbewertungen	Akzeptanzindikatoren		
	Einstellung	Nützlichkeit	Gesamtbilanz
Einzelitems			
ungünstige Auswahl	-.19	-.25*	-.13
keine Lehrplan-Abdeckung	-.01	-.05	-.03
Klarheit – Verwendung	.52**	.27**	.19
Verbesserungsbedarf	-.14	-.23*	-.09
Bewertungsdimensionen			
Adäquatheit	-.08	.13	.05
Handhabung	.40**	.32**	.26*

* $p < .05$, ** $p < .01$

Tabelle 1: Zusammenhänge zwischen Aufgabenbewertungen und Akzeptanzindikatoren

Eine ganz zentrale Rolle spielt hier die Klarheit der Verwendung von Aufgabenbeispielen, welche – verglichen mit den übrigen spezifischen Aufgabenbewertungen – die höchsten Zusammenhänge mit den erfassten Akzeptanzindikatoren
(vor allem mit der allgemeinen Einstellung: $r = .52$) aufweist.

Gegenüber der eingeschätzten Praktikabilität der Aufgabenbeispiele scheint die
Beurteilung ihrer fachlichen Angemessenheit (Adäquatheit) keine nennenswerte
Bedeutung für die Akzeptanz von Bildungsstandards zu haben. Dies zeigt sich ins-
besondere darin, dass die Ausprägungen aller drei Akzeptanzindikatoren von der
Einschätzung der Lehrplankonformität der Aufgabenbeispiele völlig unabhängig
sind.

4.2.3 Diskussion

Die Ergebnisse zeigen, dass vor allem die *Nützlichkeit für den Unterricht*, die den
Standards attestiert wird, wesentlich mit der Qualität der Aufgabenbeispiele (oder
vielmehr deren Einschätzung) in Zusammenhang steht. Wird die Auswahl der Aufgaben kritisiert, ist deren Verwendung unklar oder wird Verbesserungsbedarf

gesehen, dann werden auch die Standards insgesamt als weniger nützlich für die Gestaltung des Unterrichts wahrgenommen.

Die *allgemeine Einstellung* gegenüber den Bildungsstandards steht insbesondere mit einem spezifischen Item in hohem Zusammenhang, nämlich mit der Klarheit des Verwendungszusammenhangs der Aufgabenbeispiele ($r = .52$). Man kann spekulieren, worin die Ursachen für diesen auffällig hohen Zusammenhang liegen. Am plausibelsten scheint zu sein, dies in einem Zusammenhang zu sehen, der die Ergebnisse insgesamt kennzeichnet: Einer der wichtigsten Problemaspekte der Bildungsstandards aus Sicht der Lehrkräfte ist, dass ihnen nicht transparent genug ist, wozu Bildungsstandards entwickelt werden und worin letztlich ihre Funktion bestehen wird. Viele befürchten eine „hidden agenda", in der der Kontrollaspekt größer geschrieben wird als der Entwicklungsaspekt.

> *„Es bestehen verbreitete Zweifel darüber, dass die mit der Standards-Initiative verbundenen Ziele tatsächlich jene sind, die von den Lehrkräften unterstützt werden ... Befürchtet werden Rankings von Schulen ebenso wie der Einsatz der Standard-Überprüfung als Disziplinierungsinstrument für Lehrer/innen. Besonders deutlich kommt zum Ausdruck, dass diesbezüglich nicht offen genug gesprochen wird. Die Lehrer/innen erwarten klare Aussagen darüber, was im Zusammenhang mit den Bildungsstandards längerfristig auf sie zukommt. "* (Freudenthaler & Specht, 2005, 55)

Dies dürfte speziell auch die Funktion der Beispielaufgaben betreffen. Vermutlich glauben viele Lehrerinnen und Lehrer nicht daran, dass diese primär den Unterricht unterstützen sollen. Sie argwöhnen vielmehr, dass sie hier Instrumente erproben, die später vor allem zu Kontrollzwecken eingesetzt werden. Je geringer Befürchtungen dieser Art sind, desto positiver sind die Grundeinstellungen gegenüber der Standards-Initiative.

Die *Bilanzierung* der Arbeit im Rahmen der Pilotphase ist unter den drei Akzeptanz-Indikatoren mit der Beurteilung der Aufgabenbeispiele am schwächsten korreliert. Dies hängt aber vermutlich mit der untypischen Verteilung und der geringen Varianz des Bilanzierungsitems zusammen (70% der Befragten stuften ihre Mitarbeit als „interessante Erfahrung" ein). Immerhin ist auch die Gesamtbilanz positiver, wenn der praktische Nutzen der Aufgaben hoch eingeschätzt wird.

4.3 Aufgabenbeispiele und Akzeptanz von Bildungsstandards: Pilotphase II

Die folgenden Daten beruhen auf den Angaben von insgesamt 859 Lehrkräften (82 VS-, 468 HS- bzw. 292 AHS-Lehrer/innen; bei den restlichen 17 Personen fehlen die Angaben zum Schultyp), die am Ende des ersten Jahres der Pilotphase II (Juni 2005) mittels eines von den Autoren in Zusammenarbeit mit den zuständigen Landeskoordinatoren und Landeskoordinatorinnen entwickelten Evaluationsfragebogens erhoben worden sind (s. Freudenthaler & Specht, 2006).

4.3.1 Erfasste Dimensionen und Merkmale

Bewertung der Aufgabenbeispiele: Ausgehend davon, dass die primäre Aufgabe der Pilotlehrkräfte im ersten Jahr der Pilotphase II in der Erprobung von Beispielaufgaben bestand, können aus unserer Sicht drei Items zur Erfassung dieses Bereiches herangezogen werden. Diese beziehen sich auf die diagnostischen und handlungsleitenden Orientierungshilfen der Aufgabenbeispiele / Standards („Wie hilfreich sind die zu erprobenden Aufgabenbeispiele für die Einschätzung / Diagnose des Lernstandes der Klasse? bzw. „Wie hilfreich sind die Standards / Aufgabenbeispiele für die Planung und Gestaltung eines an nachhaltigem Kompetenzaufbau orientierten Unterrichts?) sowie den notwendigen Verbesserungsbedarf („Würden Sie im Zusammenhang mit der Einführung von Bildungsstandards Verbesserungen bei den Aufgabenbeispielen für wichtig halten?"). Alle drei Items waren auf 7-stufigen Ratingskalen (diagnostische und handlungsleitende Hilfestellungen: von „sehr hilfreich" bis „gar nicht hilfreich" bzw. Verbesserungsbedarf: von „sehr wichtig" bis „nicht notwendig") zu beantworten.

Mittels Faktorenanalyse konnte festgestellt werden, dass sich diese drei Beurteilungsaspekte zu einem globalen Gesamtbewertungsindikator zusammenfassen / verdichten lassen. Auf dem extrahierten Generalfaktor, der 57,42% der Varianz erklärt, weisen die beiden Items zur Erfassung der diagnostischen bzw. handlungsleitenden Hilfestellungen sehr hohe Landungen von .89 bzw. .87 auf. Demgegenüber weist das Item „Verbesserungsbedarf" mit -.41 zwar eine vergleichsweise geringe, jedoch immer noch bedeutsame Ladung auf.

Akzeptanz von Bildungsstandards: Das umfangreiche Instrument zur Erfassung der allgemeinen Einstellungen gegenüber Bildungsstandards war im Rahmen der Pilotphase II aus Ökonomiegründen nicht eingesetzt worden. Mit zwei Items wurden aber wiederum die bilanzierenden Gesamtbewertungen der Lehrkräfte am Ende des ersten Jahres der Pilotphase II erhoben. Analog zur Evaluation der Pilotphase I bezog sich eines der beiden Items auf die von den Lehrkräften im Zusammenhang mit der Arbeit mit den Bildungsstandards gewonnenen professionellen Erfahrungen (s. oben Seite 306). Darüber hinaus wurde zusätzlich die Kosten-Nutzen-Bilanz der Lehrkräfte mit folgendem Item erfasst: „Wenn Sie den Arbeitsaufwand, den die Erprobung der Standards mit sich gebracht hat, dem daraus resultierenden Nutzen gegenüber stellen, was ergibt sich daraus?" Zu beantworten war dieses Item anhand einer 7-stufigen, bipolaren Ratingskala (von „Aufwand um vieles größer" bis „Nutzen um Vieles größer").

Diese beiden Akzeptanzindikatoren, die eine Interkorrelation von $r = .44$ aufweisen, wurden ebenfalls zu einem globalen Gesamtbilanzurteil zusammengefasst.

4.3.2 Analysen und Ergebnisse

(a) Zusammenhänge zwischen Aufgabenbewertungen und Akzeptanzindikatoren
Eine Analyse der Beziehungen zwischen den verschiedenen Aufgabenbewertungen
und Akzeptanzindikatoren ergab (s. Tab. 2), dass die Beurteilungen der diagnostischen und handlungsleitenden Hilfestellungen der zu erprobenden Beispielaufgaben wiederum bedeutsame Zusammenhänge mit den bilanzierenden Gesamturteilen der Lehrkräfte – insbesondere im Hinblick auf die von ihnen im Rahmen
ihrer Arbeit mit den Bildungsstandards gewonnenen Erfahrungen – aufweisen. Die
Zusammenhänge zwischen dem wahrgenommenen Verbesserungsbedarf und den
bilanzierenden Gesamturteilen sind vergleichsweise geringer, jedoch immer noch
signifikant.

Ein Zusammenhang in der Höhe von $r = .55$ zwischen der Aufgaben-Gesamt-
bewertung und der globalen Gesamtbilanz scheint jedenfalls eindeutig dafür zu
sprechen, dass die Beurteilung der Qualität von Beispielaufgaben (im Sinne von
Nützlichkeit) für die Akzeptanz von Bildungsstandards von beträchtlicher Relevanz
ist.

Tab. 2:   Zusammenhänge zwischen Aufgabenbewertungen und Akzeptanzindikatoren

Aufgabenbewertungen	Akzeptanzindikatoren		
	Gesamtbilanz Erfahrungen	Gesamtbilanz Rentabilität	Globale Gesamtbilanz
Diagnostische Hilfestellungen	.45**	.36**	.48**
Handlungsleitende Hilfestellungen	.53**	.38**	.52**
Verbesserungsbedarf	-.12**	-.17**	-.17**
Gesamtbewertung	.54**	.41**	.55**

* $p < .05$, ** $p < .01$

*(b) Relative Bedeutung von Aufgabenbewertungen für die Akzeptanz von Bildungs-
standards*
In einem nächsten Auswertungsschritt wurde mittels hierarchischer Regressionsanalysen untersucht, welche (relative) Bedeutung den Aufgabenbewertungen für
die Akzeptanz von Bildungsstandards zukommt. Dabei sollte unter anderem auch
überprüft werden, welche Beiträge die Aufgabenwertungen – verglichen zu
anderen relevanten Bewertungen („rivalisierende Prädiktoren"), die im Rahmen der
Evaluation von den Lehrkräften erhoben worden sind (s. Freudenthaler & Specht,
2006) – zur Vorhersage der beiden Akzeptanzindikatoren (bilanzierende Erfahrungen bzw. Rentabilitätsurteile) leisten.

Bei diesen rivalisierenden Prädiktoren handelt es sich um zwei Gruppen von Einschätzungen:

– Beurteilung der *Informations- und Kommunikationsqualität im Rahmen des Implementationsprozesses*: Hier wurde erfasst (a) wie gut sich die Lehrkräfte über die Zielsetzungen der Einführung von Bildungsstandards informiert fühlen, (b) inwieweit sie sich im Klaren darüber sind, was von Ihnen während des Pilotjahres erwartet wird, (c) ob sie wissen, an wen sie sich bei Problemen oder zusätzlichen Informationsbedürfnissen wenden können, (d) wie gut die Kommunikation zwischen der Projektkoordination und der Praxis insgesamt funktioniert hat, bzw. inwieweit sie das Gefühl hatten, in ihrer Funktion als Versuchslehrkräfte geschätzt und wirklich ernst genommen zu werden.

– Beurteilung des notwendigen *Verbesserungsbedarfes bei den Standards-Materialien* (also der Darstellung der Standards selbst) sowie der *begleitenden Betreuung* (Gestaltung der Einführungsveranstaltungen, laufende Unterstützung durch Landes- und Fachkoordinator/in, begleitende Fortbildung)

Im Rahmen von Regressionsanalysen wurden in einem ersten Auswertungsschritt die Aufgabenbewertungen und die rivalisierenden Prädiktoren blockweise in die Regressionsgleichung aufgenommen, um festzustellen, welche Beiträge diese beiden Prädiktorengruppen insgesamt zur Vorhersage der beiden Akzeptanzindikatoren leisten können (s. Tabelle 3).

Weiters haben wir in einem zweiten Auswertungswertungsschritt überprüft, ob bzw. in welchem Ausmaß die Aufgabenbewertungen bzw. die rivalisierenden Prädiktoren eigenständige Beiträge zur Vorhersage der beiden Akzeptanzindikatoren leisten können, die sich nicht bereits durch die andere – bereits in der Regressionsgleichung berücksichtigte – Prädiktorengruppe erklären lassen. Dazu wurden die Aufgabenbewertungen bzw. rivalisierenden Prädiktoren jeweils wiederum blockweise, in unterschiedlicher Reihenfolge in die Regressionsgleichung aufgenommen.

Aus Tabelle 3 geht hervor, dass sowohl Aufgabenbewertungen als auch rivalisierende Prädiktoren relevante eigenständige Beiträge zur Vorhersage beider Akzeptanzindikatoren, die im Bereich von 4% bis 10% liegen, leisten. Nichtsdestoweniger lässt sich auch klar erkennen, dass diese Beiträge deutlich geringer sind als jene, die beide Prädiktorengruppen jeweils gemeinsam zur Aufklärung der Kriteriumsvarianz leisten können:

Tab. 3: Hierarchische Regressionsanalysen zur Vorhersage der beiden Gesamtbilanz-Indikatoren

Kriterium	Schritt	Prädiktor	R^2	R^2
Gesamtbilanz: Erfahrungen	1	Rivalisierende Prädiktoren	.32	
	2	Aufgabenbewertungen	.42	.10
	1	Aufgabenbewertungen	.34	
	2	Rivalisierende Prädiktoren	.42	.08
Gesamtbilanz: Rentabilität	1	Rivalisierende Prädiktoren	.16	
	2	Aufgabenbewertungen	.23	.07
	1	Aufgabenbewertungen	.19	
	2	Rivalisierende Prädiktoren	.23	.04

* p < .05, ** p < .01

– *Erfahrungen*: Die aufgeklärte Gesamtvarianz von $R^2 = .42$ wird zu 24% durch die Aufgabenbewertungen ($R^2 = .10$), zu 19% durch die rivalisierenden Prädiktoren ($R^2 = .08$) bzw. zu 57% durch beide Prädiktorengruppen gemeinsam ($R^2 = .24$) determiniert.

– *Rentabilität*: Die aufgeklärte Gesamtvarianz von $R^2 = .23$ wird zu 31% durch die Aufgabenbewertungen ($R^2 = .07$), zu 17% durch die rivalisierenden Prädiktoren ($R^2 = .04$) bzw. zu 52% durch beide Prädiktorengruppen gemeinsam ($R^2 = .12$) determiniert.

Während beide Prädiktorengruppen für die bilanzierenden Gesamterfahrungen von vergleichbarer Relevanz sind, scheint die Beurteilung der Aufgabenqualität insbesondere für die bilanzierenden Rentabilitätsurteile (Verhältnis des Ertrages / Nutzen zum investierten Aufwand) von vergleichsweise größerer Bedeutung zu sein.

(c) Nivellierung von Akzeptanzunterschieden zwischen Lehrkräften der drei Schulformen

Bereits die Befunde zur Evaluation der Pilotphase 1 hatten gezeigt, dass es bezüglich der Akzeptanz der Bildungsstandards bei den Lehrkräften ausgeprägte Schulformunterschiede gibt. Auf allen Einstellungsdimensionen, aber auch bei den bilanzierenden Gesamtbewertungen zeigten sich Lehrer/innen der AHS deutlich kritischer als ihre Kolleginnen und Kollegen an den Hauptschulen (Freudenthaler & Specht 2005). Dieselben Unterschiede traten in den Daten zur Pilotphase II wieder auf. Hier zeigte sich deutlich, dass Lehrpersonen der Volksschule die positivsten Haltungen gegenüber den Standards aufwiesen (Freudenthaler & Specht 2006).

Im vorliegenden Kontext stellt sich die Frage, ob diese schulformspezifischen Besonderheiten in den Grundhaltungen eher grundsätzlicher, sozusagen „theoretischer" Natur sind, oder ob ihnen unterschiedliche Erfahrungen im Umgang im Unterricht zugrunde liegen. Letzteres ließe sich dann folgern, wenn die Akzeptanzunterschiede primär oder ausschließlich durch Unterschiede in der Beurteilung der Beispielaufgaben bedingt wären.

Um dies zu überprüfen, wurde untersucht, ob sich die Unterschiede in den bilanzierenden Gesamtbewertungen der Lehrkräfte der drei Schulformen verringern/nivellieren, wenn man deren Aufgabenbewertungen kontrolliert. Die Ergebnisse der Varianzanalysen (ohne Berücksichtigung der Aufgabenbewertungen) bzw. Kovarianzanalysen (unter Berücksichtigung der Aufgabenbewertungen als Kovariaten) sind in Tabelle 4 einander gegenüber gestellt.

Bei Betrachtung der Ergebnisse lässt sich klar erkennen, dass sich die Unterschiede in den bilanzierenden Gesamtbewertungen der Lehrkräfte der drei Schulformen substantiell verringern/nivellieren, wenn man deren Aufgabenbewertungen – in Form von Kovariaten – kontrolliert. Während sich – unter Berücksichtung der Beurteilung der Qualität von Beispielaufgaben – überhaupt keine Unterschiede in den Rentabilitätsurteilen mehr feststellen lassen, bleibt nur noch ein relativ geringer Effekt der Schulform auf die bilanzierenden Erfahrungen der Lehrkräfte bestehen.

Tab. 4: Bilanzierende Gesamtbewertungen (Mittelwerte) der Lehrkräfte vor und nach Berücksichtigung von Aufgabenbewertungen als Kovariaten – getrennt nach Schulformen

Abhängige Variable	Gruppierungsvariable: Schulform			
	VS	HS	AHS	*F*-Wert
Erfahrungen				
ohne Kovariaten	4.07	3.63	3.31	15.97**
mit Kovariaten	3.80	3.58	3.47	3.84*
Rentabilität				
ohne Kovariaten	3.78	3.33	3.10	5.87**
mit Kovariaten	3.46	3.28	3.27	0.50

* $p < .05$, ** $p < .01$

Eine vorsichtige Schlussfolgerung könnte dahin gehen, dass die Beispielaufgaben zu den Standards an Hauptschulen, vor allem aber an Volksschulen, den typischen Unterrichtssituationen und -anforderungen besser angemessen sind als an allgemein bildenden höheren Schulen. Es scheint eher *nicht* so zu sein, dass Lehrkräfte an Gymnasien aus prinzipiellen Erwägungen heraus dem Bildungsstandards-Konzept kritischer gegenüber stehen. Näher liegt nach diesen Ergebnissen, dass die Operationalisierungen speziell auch in der Form von Aufgabenbeispielen hier bisher noch weniger gut gelungen sind, und daher der Gewinn für den Unterricht von den Lehrkräften als sehr begrenzt angesehen wird.

4.3.3 Diskussion

Wir waren in dieser Arbeit ausgegangen von den in der gegenwärtigen Entwicklungsphase noch unzureichenden Implementationskonzepten und Begleitmaßnahmen, über die Bildungsstandards in der Praxis zu fruchtbaren Unterrichtskonzepten umgesetzt werden können. Fehlen entsprechende Fortbildungs- und Unterstützungssysteme, welche die Interpretation der Standards für den Unterricht anleiten können, dann werden Beispiel- und Testaufgaben zu den zentralen Orientierungshilfen bei der Umsetzung – ganz so, wie heute Schulbücher oft die Stelle der Lehrpläne einnehmen.

Die hier präsentierten Daten und Ergebnisse scheinen diese These zu unterstützen. Die (beurteilte) Qualität und Praktikabilität der Aufgabenbeispiele ist eines der entscheidenden Kriterien dafür, wie Lehrkräfte, die im Pilotversuch arbeiten, den Standards gegenüber insgesamt eingestellt sind. Bei der Beurteilung der Aufgabenbeispiele wirken sich aber nicht nur subjektive Präferenzen und Einschätzungen von Lehrpersonen aus, sondern auch strukturelle Faktoren, die auf konzeptionelle Unzulänglichkeiten verweisen: AHS-Lehrer nehmen die Beispielaufgaben weniger unterrichtsangemessen wahr als Hauptschullehrer, letztere wiederum weniger als Lehrkräfte an Volksschulen.

Offen ist dabei aber noch die Frage, wie diese Befunde zu bewerten sind.

Von einiger Verbreitung ist eine Vorstellung, die zumeist als Befürchtung einher kommt: Kompetenzorientierte Lehr-Lern-Konzepte mit Überprüfungs- und Rückmeldeverfahren würden, sofern sie nicht mit systematischen Schulungs- und Entwicklungsmaßnahmen gekoppelt sind, fast zwangsläufig in ein simples „teaching to the test" münden. Sie würden damit weit unter den pädagogischen Möglichkeiten bleiben, die eigentlich angestrebt werden.

Abgesehen davon, dass wir diese noch gar nicht haben, scheint die Vorstellung einigermaßen idealistisch, auf theoretisch gut fundierten Kompetenzmodellen beruhende Bildungsstandards würden per se Lehrpersonen, Fachgruppen und Kollegien dazu herausfordern, eigenständig und kooperativ schulinterne Curricula zu erarbeiten und alternative Unterrichtsmethoden anzuwenden. Der chronische Mangel an Zeit und Ressourcen an den Schulen wird in der Regel eher dazu führen, dass Lehrer nach Rezepten Ausschau halten, die ohne allzu großen Entwicklungsaufwand im Unterricht einsetzbar sind. In einem auf Bildungsstandards basierten Unterricht werden solche Rezepte in der Form von Aufgabenbeispielen bereitgestellt.

Allerdings ist es auch an der Zeit, das Konzept des „teaching to the test" zu entdämonisieren. Natürlich muss es das Ziel von Bildungsstandards sein, Lehrkräfte zu befähigen, eigenständig und im kollegialen Kontext an der Entwicklung des eigenen Unterrichts im Sinne kumulativen, vernetzenden und nachhaltigen Lernens zu arbeiten. Sinnvoller als das Lamento darüber, dass dies derzeit noch zu wenig geschieht, scheint es jedoch zu sein, anspruchsvolle Aufgabenbeispiele zu entwickeln, die dafür gute Orientierungshilfe leisten.

Literatur

Altrichter, H. & Schratz, M. (2004): Bildungsstandards und die Weiterentwicklung von Unterricht und Schule. Erziehung und Unterricht, 154(7-8), 630-645.

Bank, V. (2006): Bildungsstandards: einige kritische Fragen zu einem Oxymoron. sowi-onlinejournal 2006,3. Internet: [http://www.sowi-online.de/journal/2006-3/bank_bildungsstandards.htm].

Brügelmann, H. (2006): Bildungsstandards und zentrale Kompetenztests: Ansprüche, Probleme, Perspektiven. Recht und Bildung, 3(1), 8-17.

Freudenthaler, H. H. & Specht, W. (2005): Bildungsstandards aus Sicht der Anwender: Evaluation der Pilotphase I zur Umsetzung nationaler Bildungsstandards in der Sekundarstufe I. Graz: ZSE, Abt.: Evaluation und Schulforschung.

Freudenthaler, H. H. & Specht, W. (2006): Bildungsstandards: Der Implementationsprozess aus der Sicht der Praxis. Ergebnisse einer Fragebogen-Studie nach dem ersten Jahr der Pilotphase II. Graz: ZSE, Abt.: Evaluation und Schulforschung.

Haider, G., Eder, F., Specht, W. Spiel,. C. (2004): Entwicklung, Einführung, Überprüfung und Nutzung von Bildungsstandards im österreichischen Schulsystem. Positionspapier der Zukunftskommission. Salzburg.

Helmke, A. & Hosenfeld, I. (2004): Vergleichsarbeiten – Kompetenzmodelle – Standards. In M. Wosnitza, A. Frey & R. S. Jäger (Hrsg.), Lernprozesse, Lernumgebungen und Lerndiagnostik. Wissenschaftliche Beiträge zum Lernen im 21. Jahrhundert (56-75). Landau: Verlag Empirische Pädagogik.

Hermann, U. (2003): „Bildungsstandards" – Erwartungen und Bedingungen, Grenzen und Chancen. Zeitschrift für Pädagogik, 49(5) 625-639.

Klieme, E., Avenarius, H., Blum, W., Döbrich, P., Gruber, H., Prenzel, M., Reiss, K., Riquarts, K., Rost, J., Tenorth, H.-E., Vollmer, H. J. (2003): Zur Entwicklung nationaler Bildungsstandards. Eine Expertise (Bildungsreform Band 1). BMBF: Berlin.

Lucyshyn, J. (2006): Implementation von Bildungsstandards in Österreich. Arbeitsbericht. Salzburg: Bundesinstitut für Bildungsforschung, Innovation und Entwicklung des Bildungswesens (BIFIE).

Neuweg, G. H. (2005): Vorsichtsstandards für den Umgang mit Bildungsstandards. In: bwp@ Nr. 8. Internet: [http://www.bwpat.de/ausgabe 8/neuweg_bwpat8.pdf]

Specht, W. (2006): Von den Mühen der Ebene. Entwicklung und Implementation von Bildungsstandards in Österreich. In F. Eder, A. Gastager, & F. Hofmann (Hrsg.): Qualität durch Standards? Beiträge zum Schwerpunktthema der 67. Tagung der AEPF (13-37). Waxmann: Münster.

Specht, W. & Freudenthaler, H. H. (2004): Bildungsstandards – Bedingungen ihrer Wirksamkeit. Erziehung und Unterricht, 154(7-8), 618-629.

Sachregister

Autorinnen und Autoren

Astleitner, Hermann, Mag. Dr. Ao. Univ.-Prof., Universität Salzburg, Fachbereich Erziehungswissenschaft.
Hauptarbeitsgebiete: Lehr-Lern-Forschung, Empirische Sozialforschung, Medienpädagogik

Blum, Werner, Dr. Prof., Universität Kassel, Professor für Mathematik-Didaktik.
Hauptarbeitsgebiete: Vergleichsstudien zum Mathematikunterricht, Qualitätsentwicklung im Mathematikunterricht und empirische Untersuchungen zum Mathematikunterricht und zur Expertise von Mathematiklehrern; Mitarbeit auf nationaler und internationaler Ebene an der PISA-Studie; inhaltliche Federführung für die Normierung und Illustration der deutschen Bildungsstandards Mathematik und Leitung von DFG-Projekten.

Dubs, Rolf, dipl. Handelslehrer, Dr.oec. Dr. h.c.mult., em. Professor für Wirtschaftspädagogik an der Universität St. Gallen, ehemaliger Rektor.
Hauptarbeitsgebiete: Schulmanagement, Lehr-Lern-Theorie, Didaktik der Wirtschaftsfächer. Berater in Führungs- und Schulfragen sowie Präsident und Mitglied des Aufsichtsrates verschiedener Unternehmen.

Eder, Ferdinand, Dr., Univ. Prof., Universität Salzburg, Fachbereich Erziehungswissenschaft.
Hauptarbeitsgebiete: Schulforschung, Berufs- und Interessenforschung, Evaluation von Bildungsmaßnahmen.

Finkbeiner, Claudia, Dr., Univ. Prof., Universität Kassel, FB 2, Anglistik/ Amerikanistik: Fremdsprachenlehr- und -lernforschung und Interkulturelle Kommunikation.
Hauptarbeitsgebiete: Strategien, Interessen, Literacy; handlungsorientierte Konzepte, Lehrerbildung.

Fischer, Hans E., Dr. rer. nat., Univ.-Prof., Universität Duisburg-Essen, Lehrstuhl für Didaktik der Physik und DFG-Forschergruppe „Naturwissenschaftlicher Unterricht".
Hauptarbeitsgebiete: Unterrichtsforschung, Lehrerbildung, Unterrichtsentwicklung.

Flechsig, Karl-Heinz, Dr., Univ. Prof (emeritiert), Georg-August-Universität Göttingen; Sozialwissenschaftliche Fakultät.
Hauptarbeitsgebiete: Allgemeine Didaktik, Interkulturelle Didaktik, Unterrichtsforschung.

Fleischer, Jens, Dipl.-Psych., Universität Duisburg-Essen, wissenschaftlicher Mitarbeiter am Lehrstuhl für Lehr-Lernpsychologie.
Hauptarbeitsgebiete: Problemlösen, Kompetenzdiagnostik, Large-Scale-Assessment.

Freudenthaler, Harald, Mag. Dr., Mitarbeiter am Zentrum für Schulentwicklung / bifie sowie am Institut für Psychologie der Universität Graz.
Hauptarbeitsgebiete: Qualitätsentwicklung im Bildungswesen, Evaluation der Erprobung nationaler Bildungsstandards, Entwicklung und Validierung von Verfahren zur Erfassung emotionaler Kompetenzen.

Fuchs, Karl Josef, Mag. Dr. Ao. Univ. Prof., Universität Salzburg, Interfakultärer Fachbereich Fachdidaktik – LehrerInnenbildung, Abteilung für Didaktik der Mathematik und Informatik; Gastprofessor für Didaktik der Mathematik an den Universitäten Innsbruck und Bozen.
Hauptarbeitsgebiete: Integration neuer Medien im Mathematikunterricht mit Schwerpunkt Computer Algebra Systeme, Kompetenzen für einen sinnstiftenden Informatikunterricht, Fundamentale Ideen, Lehrerbildung.

Hascher, Tina, Dr., O. Univ. Prof., Universität Salzburg, Fachbereich Erziehungswissenschaft.
Hauptarbeitsgebiete: Empirische Schul- und Bildungsforschung, Lehrerbildung, Lehr-Lernforschung.

Helmke, Andreas, Dr., Prof., Universität Koblenz-Landau, FB8/Psychologie.
Hauptarbeitsgebiete: Unterrichts- und Lehr-Lern-Forschung, Kompetenzmessung, Kulturvergleichende Sozialisations- und Bildungsforschung.

Hofmann, Franz, Dr., Ao. Univ. Prof., Universität Salzburg, Fachbereich für LehrerInnenbildung und Fachbereich Erziehungswissenschaft, Referent in der Weiterbildung.
Hauptarbeitsgebiete: Lern-/Lehrforschung, Evaluation von Lern-/Lehrprozessen, Moralpädagogik.

Jacobs, Bernhard, Dr., Universität des Saarlandes, Medienzentrum der Philosophischen Fakultäten.
Hauptarbeitsgebiete (unter anderem): Versuchsplanung und Pädagogische Diagnostik (insbesondere auch Aufgaben und Feedback)

Kauertz, Alexander, Universität Duisburg-Essen, wiss. Mitarbeiter am Lehrstuhl für Didaktik der Physik und an der DFG-Forschergruppe „Naturwissenschaftlicher Unterricht".
Hauptarbeitsgebiete: Kompetenzdiagnostik, Naturwissenschaftliche Arbeitsweisen, Videoanalyse.

Knierim, Markus, M.A. (USA), Universität Kassel, wissenschaftlicher Mitarbeiter am FB 2, Anglistik/Amerikanistik: Fremdsprachenlehr- und -lernforschung und Interkulturelle Kommunikation.
Hauptarbeitsgebiete: Lern- und Kommunikationsstrategien, aufgabenorientiertes Fremdsprachenlernen, computerunterstütztes Fremdsprachenlernen.

Krainer, Konrad, Mag. Dr., Univ.-Prof., Universität Klagenfurt, Institut für Unterrichts- und Schulentwicklung.
Hauptarbeitsgebiete: Mathematikdidaktik, Lehrer/innen/weiterbildung, Bildungssystementwicklung.

Leutner, Detlev, Dr. phil., Univ.-Prof., Universität Duisburg-Essen, Lehrstuhl für Lehr-Lernpsychologie und DFG-Forschergruppe „Naturwissenschaftlicher Unterricht".
Hauptarbeitsgebiete: Selbstreguliertes Lernen, Lernen mit Multimedia, Kompetenzdiagnostik.

Müller, Andreas, Dr. Prof., Universität Koblenz-Landau, FB7/Physik und Zentrum für Lehrerbildung
Hauptarbeitsgebiete: Verbindung Physiklernen-Instruktionspsychologie; Lehrerbildung; Alltagsphysik; Freihandexperimente

Neuweg, Georg Hans, Mag. Dr. rer. soc. oec. a.Univ.-Prof., Johannes Kepler Universität Linz, Institut für Pädagogik und Psychologie.
Hauptarbeitsgebiete: Implizites Wissen, Lehrer/innen/bildung, Wirtschaftspädagogik, Allgemeine Didaktik und Wirtschaftsdidaktik, schulische Leistungsbeurteilung.

Schabram, Katharina, Dipl.-Psych., Doktorandin, Universität Duisburg-Essen, Lehrstuhl für Lehr-Lernpsychologie und DFG-Graduiertenkolleg „Naturwissenschaftlicher Unterricht" (seit 2007: SAP-AG).
Hauptarbeitsgebiete: Kognitive Anforderungen von Aufgaben im naturwissenschaftlichen Unterricht.

Schaffenrath, Maria, Berufspädagogische Akademie des Bundes in Innsbruck, Abteilungsleiterin an der Abteilung für Berufsschulen und technisch-gewerblichen Fachunterricht.
Hauptarbeitsgebiete: Berufsbildung, Lehrer/innen/bildung, Didaktik und Fachdidaktik, Fachliche Bildung (Politische Bildung und betriebswirtschaftlicher Unterricht).

Specht, Werner, Mag. Dr., Wissenschaftlicher Leiter des Bundesinstitut für Bildungsforschung, Innovationn und Entwicklung des Bildungswesens (Bifie), Graz und Honorarprofessor für Schulqualitätsforschung an der Universität Salzburg.
Hauptarbeitsgebiete: Qualitätsentwicklung im Bildungswesen, Steuerungsfragen des Schulwesens, Bildungsstandards und Entwicklungsarbeiten für die Sonderpädagogik.

Stäudel, Lutz, Dr., Universität Kassel, Wissenschaftlicher Mitarbeiter am Fachbereich Naturwissenschaften, Chemiedidaktik.
Hauptarbeitsgebiete: Lehrerausbildung, Modellversuch SINUS Naturwissenschaften, Mitherausgeber von Naturwissenschaften im Unterricht: Chemie, Mitherausgeber des Friedrich Jahresheftes, Forschungsprojekt Lehren, Lernen, Literacy.

Stern, Thomas, Mag. Dr., Universität Klagenfurt, Wissenschaftlicher Mitarbeiter am Institut für Unterrichts- und Schulentwicklung (Standort Wien).
Hauptarbeitsgebiete: Naturwissenschaftsdidaktik, Lehrer/innenweiterbildung, Professionalitätsentwicklung.

Thonhauser, Josef, Mag. Dr. Univ. Prof. i. R., Universität Salzburg, Fachbereich Erziehungswissenschaft an der Universität Salzburg.
Hauptarbeitsgebiete: Schul- und Unterrichtsforschung, Lehrer/innen-Bildung, Evaluation.

Wieser, Ilsedore, Mag. Dr. Univ. Prof. i. R., Universität Innsbruck, Institut für Erziehungswissenschaften und Institut für Lehrer/innenbildung und Schulforschung.
Hauptarbeitsgebiete: Schulpädagogik, Berufsbildung, Lehrer/innenbildung

Winter, Felix, Dr., Universität Zürich, Institut für Gymnasial- und Berufspädagogik.
Hauptarbeitsgebiete: Neue Formen der Leistungsbewertung, Portfolioarbeit, Diagnose und Förderung.

Wodzinski, Rita, Prof. Dr., Universität Kassel, Fachbereich Naturwissenschaften, Physikdidaktik.
Hauptarbeitsgebiete: Lehrerausbildung, Modellversuch Physik im Kontext, Mitherausgeberin von Naturwissenschaften im Unterricht: Physik, Forschungsprojekt Lehren, Lernen, Literacy

Waxmann

MÜNSTER · NEW YORK · MÜNCHEN · BERLIN

Sigrid Blömeke, Gabriele Kaiser, Rainer Lehmann (Hrsg.)

Professionelle Kompetenz angehender Lehrerinnen und Lehrer

Wissen, Überzeugungen und Lerngelegenheiten deutscher Mathematikstudierender und -referendare – Erste Ergebnisse zur Wirksamkeit der Lehrerausbildung

2008, 520 Seiten, br., 39,00 €, ISBN 978-3-8309-1940-7

Dieser Band präsentiert die grundlegenden Ergebnisse der Studie „Mathematics Teaching in the 21st Century *MT21*", in der erstmals in Deutschland das fachbezogene und fächerübergreifende Wissen angehender Lehrerinnen und Lehrer getestet wurde. Als Teil einer internationalen Vergleichsstudie zur Wirksamkeit der Mathematiklehrerausbildung erlaubt *MT21* zudem Einsichten in Stärken und Schwächen der deutschen Lehrerausbildung.

Analysen zur Dimensionalität professioneller Kompetenz und deskriptive Ergebnisse zum Wissensniveau sowie zu den Überzeugungen der Studierenden und Referendare am Ende der Ausbildung werden durch Detailanalysen zu den beiden untersuchten Ausbildungsgängen – angehende Mathematiklehrkräfte der Grund-, Haupt- und Realschule sowie des Gymnasiums und der Gesamtschule – und Mehrebenenanalysen ergänzt.

Die Ergebnisse sind repräsentativ für vier Ausbildungsregionen in Deutschland, in denen die jeweiligen Universitäten und die umliegenden Studienseminare teilgenommen haben und die das vorhandene Spektrum an Lehrerausbildungssystemen weitgehend abdecken. Ein internationaler Vergleich der deutschen Ergebnisse mit *MT21*-Ergebnissen aus Bulgarien, Mexiko, Südkorea, Taiwan und den USA ermöglicht die Herausarbeitung und Einordnung spezifischer Stärken und Schwächen der deutschen Stichprobe.

Waxmann

Doris Lemmermöhle, Martin Rothgangel, Susanne Bögeholz,
Marcus Hasselhorn, Rainer Watermann (Hrsg.)

professionell lehren – erfolgreich lernen

2007, 320 Seiten, br., 24,90 €, ISBN 978-3-8309-1820-2

Dieser Band beinhaltet Beiträge aus dem Themenkreis „Professionell lehren – erfolgreich lernen". Im Fokus stehen empirische Arbeiten aus schulpädagogischer, fachdidaktischer und pädagogisch-psychologischer Perspektive, die auf einer Fachtagung des Zentrums für empirische Unterrichts- und Schulforschung (ZeUS), des Stifter-verbandes für die Deutsche Wissenschaft und der Stiftung Mercator in Göttingen präsentiert wurden. Vorgestellt werden Themen zum Mathematik-, Physik- und Biologieunterricht, zu Neuen Medien und deren Bedeutung für das Lehren und Lernen, Themen rund um die Vermittlung von Kompetenzen in der Lehrerbildung und die Orientie-rung an Standards, und es geht um die Evaluation von Lehr- und Lernprozessen. Beiträge von Lee S. Shulman und Hans N. Weiler mit Impulsen zur Reform der Lehrerbildung arrondieren diesen Band.

MÜNSTER · NEW YORK · MÜNCHEN · BERLIN

Waxmann

MÜNSTER · NEW YORK · MÜNCHEN · BERLIN

Christian Kraler, Michael Schratz (Hrsg.)

Wissen erwerben, Kompetenzen entwickeln

Modelle zur kompetenzorientierten Lehrerbildung

2007, 200 Seiten, br., 29,90 €, ISBN 978-3-8309-1916-2

Wie sollen Lehrerkräfte aus- und weitergebildet werden, um Schülerinnen und Schülern das Rüstzeug für ein erfolgreiches persönliches und berufliches Bestehen mitgeben zu können? Eine Antwort auf diese zentrale Frage spiegelt sich in den berufsspezifischen Anforderungsprofilen wider, die derzeit über den Kompetenzansatz, meist verbunden mit einer Orientierung an spezifischen Standards, umgesetzt werden. Inhaltlich lassen sich noch keine einheitlichen Trends identifizieren – zu viel ist in Bewegung, wird in lokalen Modellen erprobt, befindet sich in der Phase einer Suchbewegung.

Anliegen dieses Sammelbands ist es, innovative Ansätze der kompetenzorientierten Lehrer/innen/bildung zu präsentieren und reflektieren, um in der Phase der gegenwärtigen Diskussionen Orientierungs- und Steuerungswissen anzubieten. Die Beiträge zeigen theoriebasierte, heterogene Zugänge, Möglichkeiten und Wege auf und eröffnen neue Perspektiven zur Professionalisierung im Lehrerberuf. Über das Exemplarische hinaus spielt dabei die Reflexion des kompetenzorientierten Zugangs insbesondere in verschiedenen Phasen und auf unterschiedlichen Ebenen eine zentrale Rolle. Der Bogen der behandelten Themen reicht von grundlegenden Fragen zum Kompetenzkonzept über curriculare bzw. ausbildungsspezifische Aspekte, den Transfer in den Berufsalltag bis hin zu organisationalen und systembezogenen Fragen der Implementation kompetenzorientierter Curricula.

Manfred Prenzel, Lars Allolio-Näcke (Hrsg.)

Untersuchungen zur Bildungsqualität von Schule

Abschlussbericht des DFG-Schwerpunktprogramms

2006, 414 Seiten, br., 29,90 €, ISBN 978-3-8309-1743-4

Vor sieben Jahren hatte die Deutsche Forschungsgemeinschaft (DFG) das Schwerpunktprogramm Bildungsqualität von Schule eingerichtet. Das unter dem Kürzel „BiQua" bekannte Programm untersuchte, wie schulische und außerschulische Bedingungen die Entwicklung mathematischer, naturwissenschaftlicher sowie fächerübergreifender Kompetenzen beeinflussen.

Dieser Band präsentiert wichtige Ergebnisse dieses Programms. Die beteiligten Projekte stellen ihre Forschungsvorhaben, Methoden und die Erkenntnisse über Bedingungen der Bildungsqualität vor. Sie berichten ebenfalls über Materialien und Interventionen, die in dem Programm entwickelt und erprobt wurden, um das Lehren und Lernen an Schulen zu unterstützen. Damit vermittelt der Band einen Eindruck von der empirischen Bildungsforschung der letzten Jahre. Die Projekte identifizieren Gründe für die bei TIMSS und PISA entdeckten Schwächen und untersuchen, wie in Zukunft bessere Bildungsergebnisse an den Schulen in Deutschland erreicht werden können.

WAXMANN
VERLAG GMBH
Münster · New York · München · Berlin
www.waxmann.com · info@waxmann.com